Roland Lambrecht

Melancholie

Vom Leiden an der
Welt und den Schmerzen
der Reflexion

rowohlts enzyklopädie

rowohlts enzyklopädie
Herausgegeben von Burghard König

Originalausgabe
Veröffentlicht im Rowohlt Taschenbuch Verlag GmbH,
Reinbek bei Hamburg, Januar 1994
Copyright © 1994 by Rowohlt Taschenbuch Verlag GmbH,
Reinbek bei Hamburg
Umschlaggestaltung Meta-Design / Jens Kreitmeyer
Satz Bembo (Linotronic 500)
Gesamtherstellung Clausen & Bosse, Leck
Printed in Germany
2290-ISBN 3 499 55541 7

Inhalt

Einleitung: Reflexion und Melancholie   9

Erster Teil
Zwischen Krankheit und Sünde

1. Metamorphe Schwarzgalligkeit *(melancholia)*   13
Problematische Melancholie – conditio sine
qua non   13
Saturnische Verwicklungen – Mythologumena
der Melancholie   18
Schwarze Galle – Humoralpathologie und
Temperamentenlehre   27

2. Gottferne Trübseligkeit *(acedia/tristitia)*   35
Sündenverdacht gegen die Traurigkeit –
ein Kampf um die Seele   35
Acedia / Melancholie als mittelalterliche Todsünde   41
Der «Melancholische Teuffel»   44
Verschwinden und Wiederbelebung des
Acedia-Konzepts   49

**3. Weltschmerzliche Empfindsamkeit
*(hypochondria)***   59
‹Hypochondrie› als melancholieverwandter
Leidensbegriff   59
Hegels Kritik der jugendlich-romantischen
Hypochondrie   62
Kleists idealistisches Ungenügen an der
Normalität   75
Chateaubriands Weltschmerzkapitel und sein
junger Held   82

Zweiter Teil
Zwischen Anderswann und Anderswo

4. Verfolgtes Glück 93
Verspätungserfahrung bei der Frage
nach dem Glück 93
Vergeblichkeitserfahrung bei der Suche
nach dem Glück 97
Anderswo/ Alibi im Glücksraum:
Erfahrungsmodell ‹Reise› 106
Anderswann/ Alias in der Glückszeit:
Kontemplationsmodell ‹Ruine› 115

5. Unglückliches Bewußtsein 128
Einblicke: Das ‹unglückliche Bewußtsein›
in Hegels «Phänomenologie des Geistes» 128
Rückblick: ‹Unglückliches Bewußtsein›
im Christentum – Augustinus als Probe 133
Querblick: ‹Unglückliches Bewußtsein›
in der Romantik – Kierkegaards Problem 141
Ausblicke: ‹Unglückliches Bewußtsein›
in der Moderne – Sartre als Phänomen 147

6. Traurige Wissenschaft 155
Bewußtes Unglück, trauriges Wissen:
Melancholieprobleme in der
Frankfurter Schule 155
Die nicht mehr fröhliche Wissenschaft:
Melancholieprobleme bei Nietzsche 168

Dritter Teil
Zwischen Nicht-mehr und Noch-nicht

7. Nostalgische Rückbezüglichkeit   177
In der Zwischenzeit: Homo viator,
der Mensch auf dem Weg   177
Nostalgia, die Sehnsuchtskrankheit: Heimweh
nach dem Paradies der Kindheit   184
Ungelebtes Leben, gescheitertes Selbst   189

8. Verlorene Zeiten   193
Versäumte Vergangenheit – verhinderte Zukunft   193
«Hätte...» – Leben im Modus vergangener
Möglichkeit   198
Die verzweifelte Liebe zur getöteten Möglichkeit:
Salomes Kuß   207
Die Tragik der Vergangenheitsverhaftung:
Benjamins Engel der Geschichte   210

9. Metaphysische Enttäuschung   218
Langeweile in der Moderne oder das Übel
des Guten   218
Überdruß im Überfluß – ein Gegenwartsbild   222
Unendlichkeitssehnsucht und endliche
‹Enttäuschung›   230
Melancholie der Erfüllung   239

Schlußbemerkung: Zwischen Sehnsucht und
Hoffnung   246

Anmerkungen   249
Literaturverzeichnis   277
Namenregister   286

Einleitung:
Reflexion und Melancholie

> *Philosophie steht als schöpferische, wesentliche Handlung des menschlichen Daseins in der Grundstimmung der Schwermut.*
>
> Martin Heidegger, Die Grundbegriffe der Metaphysik (1929)

‹Melancholie› ist kein originär philosophischer Begriff. Einen eigens philosophischen Terminus für das Phänomen der Melancholie, das spätestens mit den Aristoteles zugeschriebenen «Problemata Physica» zum Problem der philosophischen Reflexion geworden war, hat es auch nie gegeben. Darüber können auch begriffsgeschichtlich teilweise parallel laufende Problemersatzworte für Melancholie wie Acedia und Tristitia, Hypochondrie, Weltschmerz, Nostalgie oder Ennui, Schwermut, Trübsinn und Depression nicht hinweghelfen: Keine von diesen ist eine originär philosophische Vokabel.

Hat die Philosophie also keinen Begriff von Melancholie, kein Gespür für die damit zusammenhängenden Phänomene und Probleme? Vielleicht sogar zu Recht nicht, weil die Melancholie ihren adäquaten Behandlungsplatz im Laufe ihrer Entwicklungsgeschichte längst in anderen Gebieten des Geistes – in Medizin, Psychiatrie, Psychologie, Soziologie, Theologie, Kosmologie, Astrologie, Poetik – gefunden hat und also gar kein ‹philosophisches› Problem darstellt?

Eine Arbeit, die sich – wenngleich interdisziplinär inspiriert – vornimmt, den spezifisch ‹philosophischen Anteil› der Melancholieproblematik aufzuspüren, indem sie Melancholie als eine Herausforderung für das philosophische Denken begreifen und den Antworten auf diese Herausforderung nachspüren will, könnte also der Eingangsfrage begegnen, wieso überhaupt eine besondere Beziehung zwischen Philosophie, der bedachten Reflexion, und Melancholie, der ‹grundlosen› Traurigkeit, vermutet wird. Einen ersten Anhaltspunkt zur Beantwortung könnte hier der Hinweis bieten, daß unter den sinn- und sachverwandten Bedeutungen von ‹melancholisch sein› sich auch der bemerkenswerte Ausdruck *sich hintersinnen* findet. Wenn irgend etwas die besondere Melancholiegefährdetheit der Reflexion und die problematische Reflexionsgesättigtheit der Melancholie auf die kürzeste Formel zu bringen vermag, dann wohl diese Wendung.

Sich hintersinnen, d. h. melancholisch sein: Dieser Zusammenhang scheint auszudrücken, daß das Leiden der Melancholie ein reflexives ist und womöglich gerade der ‹Schmerz der Reflexion›. Das sich hintersinnende, sich selbst reflektierende Bewußtsein findet sich im Prozeß seines Sich-besinnen-Wollens noch fremder, meint sich noch weiter von sich zu entfernen, fühlt seinen Identitätsbruch noch mehr aufreißen, als das im Akt naiven Erleidens der Fall ist. Nicht (mehr) *bei* sich, aber gleichwohl (noch) nicht *zu* sich gekommen, *von* sich reflexiv distanziert und dies wiederum reflektierend, scheint sich ein solch unglückliches, melancholisches Bewußtsein *hinter* sich noch in den Rücken zu fallen und so, mit dem eigenen Spielbein gegen das eigene Standbein tretend, sich des verbliebenen Halts an Selbstverständlichkeit noch zu berauben, um nun – hingestreckt zwischen Nichtmehr und Noch-nicht – ganz und gar im Leben leer zu hängen: in ‹grundlosem› Unglück.

Diese dialektisch verschlungene Struktur beschreibt das philosophieaffine Grundmuster der ‹Krise der Melancholie›, des einzigen reflexiven unter den vier Temperamenten. Denn wenn das sanguinische, cholerische oder phlegmatische Gemüt traditionellerweise ein (jeweils verschiedenes) Verhältnis *zur Welt* zum Ausdruck bringen sollte, dann dagegen das des Melancholikers wesentlich ein Verhältnis *zu sich selbst*: «Der zur Melancholie Gestimmte (...) gibt allen Dingen, die ihn selbst angehen, eine große Wichtigkeit», konstatiert Kant in seiner «Anthropologie in pragmatischer Hinsicht» (A II, 2 b).

Es gehört offenbar zur Conditio humana, daß der Mensch an der Welt wie an sich selbst leidet. Melancholie – als Seelentrübnis, Weltschmerz oder Temperamentsache – scheint ein anthropologisches Grundphänomen zu sein. Zugleich aber ist sie ein Kulturphänomen. Philosophie sieht sich aufgefordert, sich beidem zu stellen, und hat dies in ihrer Geschichte auch immer wieder versucht.

Erster Teil
Zwischen Krankheit und Sünde

Wenn wir also von der Wirklichkeit sprechen und an ihr leiden, so handelt es sich um eine Konstruktion, von der wir vergessen haben, daß wir selbst ihre Architekten sind.

Ludwig Wittgenstein,
Philosophische Untersuchungen (1953)

1. Metamorphe Schwarzgalligkeit
(melancholia)

Problematische Melancholie –
conditio sine qua non

> *Warum erweisen sich alle außergewöhnlichen Männer in Philosophie oder Politik oder Dichtung oder in den Künsten als Melancholiker...?*
> Ps.-Aristoteles, Problemata Physica XXX, 1
> (Ende 4. Jahrhundert v. Chr.)

Die philosophische Beschäftigung mit dem Melancholiephänomen beginnt, soweit die Überlieferungsgeschichte der antiken ‹auctores› und mithin ‹klassischen› Autoritäten hiervon Zeugnis gibt, mit diesem Satz der Autorität in der Philosophie schlechthin: Aristoteles, unangezweifeltem Autor der «Problemata Physica» und damit des dort (XXX, 1) gestellten «Melancholie-Problems», als dessen Autor er jedenfalls so lange galt, wie er als höchste und unbestrittene philosophische Autorität Geltung besaß, also zumindest über das Mittelalter bis in die Renaissance und auch noch in die frühe Neuzeit hinein.[1]

Seitdem aber im Zuge der Aufklärung die Wirkungen und Nachwirkungen der Kantischen Philosophie der Autorität des vormaligen ‹Quasi-Kirchenvaters› Aristoteles den Rang streitig gemacht haben und ihm wenig später die historische Forschung auch die Autorenschaft der unter seinem Namen überlieferten ‹Probleme› entrissen hat, dürfen wir hinsichtlich des Melancholieproblems nicht mehr ehrfürchtig-gläubig auf den großen Aristoteles verweisen, sondern, kleinlautkritisch geworden, nur noch auf den Ps.-Aristoteles, also den «Pseudo-Aristoteles». Und das ist für unseren problematischen Melancholie-Beginn vermutlich sein Schwiegersohn Theophrast gewesen. Immerhin, das ‹Problem› bleibt – sozusagen peripatetisch – in der Familie.

Es braucht nicht verwundern, daß die Philosophen aus dem *Phänomen* der Melancholia / Schwarzgalligkeit – als vermeintlicher medizinischer Sachverhalt und als Bezeichnung (μελαγχολία heißt ‹schwarzer Gallensaft›) längst vor der Zeit des Peripatos (also von Aristoteles und seiner Schule) formuliert und überliefert – ein *Problem* gemacht haben.² Im Gegenteil, nachdem mit Sokrates das Philosophieren zum Dauerproblematisieren geworden ist, erwartet man das geradezu von ihnen; aber man nimmt daran seit der einmalig gelungenen Revanche, der Hinrichtung jenes dämonischen Dauerproblematisierers mittels gerichtlich verordnetem Gifttrunk, keinen größeren Anstoß mehr.

Dennoch sei die Erkundigung gestattet, wieso eigentlich die Melancholie in den «Problemata Physica» problematisiert worden ist. Warum wird das Phänomen Melancholie überhaupt bzw. warum wird es ab einer gewissen Zeit in einer bestimmten Kultur und kulturellen Entwicklungsstufe ‹problematisch›? Anders gefragt: Was ist eigentlich die Schwierigkeit, auf die hin das Melancholieproblem thematisch Bedeutung und philosophisch seine Vorwurfsgestalt gewinnt? Welches ist die unausgesprochene Notlage, die überhaupt erst die Dringlichkeit, diese Frage zu stellen, herbeiführt? Vergegenwärtigen wir uns die fragliche Stelle der «Problemata Physica» (XXX, 1) noch einmal in aller Ausführlichkeit:

«Warum erweisen sich alle (!) außergewöhnlichen Männer in Philosophie oder Politik oder Dichtung oder in den Künsten als Melancholiker; und zwar ein Teil von ihnen so stark, daß sie sogar von krankhaften Erscheinungen, die von der schwarzen Galle [Melancholie] ausgehen, ergriffen werden, wie man z. B. aus den Heldensagen berichtet, was dem Herakles widerfuhr? Denn auch jener scheint eine derartige Naturanlage gehabt zu haben (...). Sowohl der ekstatische Anfall gegen seine Kinder als auch das Aufbrechen seiner Wunden vor seiner Entrückung auf dem Öta zeigt dies an; denn auch das entsteht bei vielen von der schwarzen Galle her. Auch mit den Wunden des Lysander aus Sparta geschah vor seinem Tod dasselbe, ferner bei Aias und Bellerophontes, von denen der eine völlig wahnsinnig wurde, der andere die Einsamkeit aufsuchte, weshalb Homer folgende Verse gedichtet hat:

Aber nachdem auch jener verhaßt war allen Göttern, / da nun irrt er durch die Aleische Flur einsam umher, / sein Herz in Kummer verzehrend, das Gewimmel der Menschen meidend.

Aber auch vielen anderen Heroen ging es offenbar ähnlich wie diesen. Von den Späteren aber waren es Empedokles, Platon, Sokrates und viele andere bekannte Männer, ferner aber auch von den Dichtern die meisten. Denn bei vielen von ihnen zeigen sich Krankheiten, die von einer solchen Mischung im Körper herrühren, bei anderen wieder neigt offenbar die Naturanlage zu derartigen Leiden. Alle aber, um es im großen ganzen zu sagen, sind also, wie schon gesagt, derartig ihrer Natur nach. Wir müssen nun den Grund dafür zu erfassen suchen.»[3]

Weshalb mußte im 4. Jahrhundert v. Chr., in jenem Selbstreflexionsprozeß des antiken Menschen, den die Griechen Philosophie nannten, im Peripatos ihres größten Denkers, des Aristoteles, dieses Problem, die Frage nach der *Melancholie der Besten*[4], so gestellt werden?

Denkbare Rückfrage: Warum wird es denn im 20. Jahrhundert, in jenem Selbstreflexionsprozeß des modernen Menschen, den wir heute neben Philosophie noch einerseits die ‹Geisteswissenschaften›, andererseits die ‹Geisteskrankheitswissenschaften›, nämlich Psychiatrie und Psychopathologie, nennen, in der kulturwissenschaftlichen Strömung der anthropologisch-hermeneutischen Schule mit unvermindertem Interesse erneut bzw. immer noch gestellt?

Eine Antwort darauf ist zunächst nur Vermutung, wird aber jedenfalls auf eine Selbstbetroffenheit der Philosophie durch diese Frage nach der Melancholie der Besten hinauslaufen. Denn es ist doch auffällig, daß die philosophische Melancholieproblemformulierung die Fragwürdigkeit des Phänomens vorzüglich am Beispiel der Philosophen selbst konstatiert. «Empedokles, Platon, Sokrates und viele andere Männer»: Die Hochrangigkeit dieser Gestalten und die zum Teil noch verbindliche Nähe ihrer Meisterschaft (schließlich war Aristoteles Platons Schüler) lassen das Melancholieproblem philosophischerseits zu einer selbstbezüglichen Frage werden. Und nicht zufällig stehen die «außergewöhnlichen Männer in Philosophie» zuerst in der Adressatenreihe des Eingangssatzes der «Problemata Physica» XXX, 1.

Tua res agitur: Stehen wir also vor einem Melancholieproblem der geistig Besten – der Philosophen selbst? In neuerer Zeit dürften wohl viele weitere berühmte Namen zu Empedokles, Platon und Sokrates hinzukommen, nennen wir bloß Kant, Hegel, Schelling, Schopenhauer, Kierkegaard und Nietzsche. Kant jedenfalls kränkelte nach eigener Ansicht an einer konstitutionell bedingten Anlage zur Hypochondrie, was seinerzeit ein nahezu identischer Ausdruck für Melancholie war, und man hat sich in der Forschung zudem wegen seiner philosophischen Ausführungen zur Hypochondrie/Melancholie mit der

Frage beschäftigt, ob Kant Melancholiker gewesen ist.[5] Auch Hegel bekundet, in seinen jungen Jahren nach dem Studium an Hypochondrie gelitten zu haben, wobei insbesondere seine Berner Zeit nicht wenig depressiv gewesen sein muß.[6] Schellings Schwermut, ebenfalls persönlich von ihm bezeugt, ist auf der Tagung aus Anlaß seines 100. Todestags Gegenstand heftiger Kontroversen gewesen.[7] Schopenhauer endlich hat auch aufgrund eigener Lebenserfahrung der klassischen Melancholiefrage seine Reverenz bezeugt.[8] Erst recht war für Kierkegaard die Schwermut lebenslang ein brennendes und spektakuläres Problem, sowohl in persönlicher als auch in christlich-religiöser, theologisch-philosophischer Hinsicht[9], und selbst Nietzsche, gewiß ein konträres geistiges Temperament, bekundet die Schwermut oder Melancholie in seinen philosophischen und poetischen Werken.[10] Die Reihe ließe sich fortsetzen. Einschlägige Beispiele zu diesem Problemzusammenhang, modern formuliert als der von ‹Genie und Wahnsinn› bzw. ‹Genie, Irrsinn und Ruhm›, bieten die gleichnamigen Standardwerke der Geniepathographie.[11]

Es war Cicero, der für diese Besten, diese außergewöhnlichen Männer in den relevanten Bereichen des Staates und der Öffentlichkeit, den Begriff der «ingeniosi», der Begabten, mit besonderer angeborener Begabung Versehenen, als Kennzeichnung der μελαγχολικοί geprägt und damit den Grundstein der Begriffsgeschichte von ‹Genie› gelegt hat.[12] An der betreffenden Stelle seiner «Gespräche in Tusculum» geschieht dieser Rückgriff auf das Melancholieproblem der «Problemata Physica» XXX, 1 jedoch am Ende mit einem häufig übersehenen Vorbehalt:

«Es kommt auch für die Seele viel darauf an, in was für einen Körper sie versetzt ist. Denn der Körper trägt außerordentlich dazu bei, den Geist zu schärfen oder abzustumpfen. Aristoteles jedenfalls sagt, daß alle *Begabten* schwarzgallig seien» – das ist der Kernsatz: «Aristoteles quidem ait omnes *ingeniosos* melancholicos esse»; aber Cicero folgert nun daraus: «(...) so daß ich nicht darüber betrübt bin, nicht so begabt zu sein.» Dieser Nebensatz wird oft nicht recht wahrgenommen, zumal Cicero gleich im nächsten Satz wiederum die Autorität des Aristoteles auch in diesem Punkt, dem Melancholieproblem, erkennen läßt: «Er zählt eine Menge solcher Fälle auf, behandelt es als feststehende Tatsache und gibt Gründe an, weshalb es so sei»[13].

Ciceros Reserviertheit hinsichtlich des von ihm genannten Aristoteles-Worts, die in dem betonten Nicht-Betrübtsein darüber, kein so hervorragender Geist wie die melancholiegefährdeten «ingeniosi» zu sein, zum Ausdruck kommt, zeigt eine skeptische Vorsichtshaltung gegenüber dem Konzept genialischen Melancholischseins an, die zu denken gibt. Offenbar ist schon für Cicero das Melancholieverständnis, wie es ihm die aristotelischen Quellen überliefern, nicht gerade dasjenige einer unbedingt erfreulichen und zu befürwortenden, sondern zumindest einer bedenklich ambivalenten (psycho-physischen) Gegebenheit. Sie wird auch an einer anderen Stelle seiner «Disputationes», wo er auf das Phänomen der Schwarzgalligkeit allerdings eher beiläufig zu sprechen kommt, betont kritisch diskutiert, nämlich im Zusammenhang einer Unterscheidung von Irrsinn (insania) und Wahnsinn (furor), wobei Cicero hier der griechischen Terminologie, also der Gegenüberstellung von μανία (mania) und μελαγχολία (melancholia), Begriffs- und Phänomenverwirrung vorwirft:

> «Woher die Griechen das Wort μανία haben, kann ich nicht leicht sagen. Doch ihr Wesen unterscheiden wir besser als jene. Denn jenen Wahnsinn, der, mit Torheit verbunden, weit verbreitet ist, unterscheiden wir vom Irrsinn. Die Griechen wollen dies auch, sind aber mit ihren Worten nicht hinreichend dazu in der Lage. Was wir Irrsinn nennen, nennen jene Melancholia – wie wenn der Geist bloß durch schwarze Galle und nicht häufig auch durch schweren Zorn oder Angst und Schmerz in Bewegung gesetzt würde!»[14]

Obwohl also Ciceros Haltung gegenüber dem von ihm referierten aristotelischen Melancholie-Genie-Gedanken alles andere als affirmativ ist und obwohl er gegen die Tauglichkeit des griechischen Begriffs der «melancholia» überhaupt großen Vorbehalt anmeldet, hat sein kurzer Hinweis «Aristoteles quidem ait omnes ingeniosos melancholicos esse» die mächtigsten Wirkungen in der Überlieferung dieser vermeintlich kanonischen ‹Wahrheit› gezeigt. Ciceros Zitat ist durch das gesamte lateinische Mittelalter hindurch, genauer gesagt bis zur Wiederbeschäftigung mit den schließlich durch arabische Gelehrsamkeit vermittelten griechischen Originaltexten in der Renaissance, der wichtigste und hauptsächliche Stützpfeiler für die Herausforderung der Philosophie durch eine Problematisierung der Melancholie gewesen, für jene Sichtweise nämlich, in der die Schwarzgalligkeit mehr war und blieb als nur ein krankhaftes Ungleichgewicht imaginierter Körpersäfte. Das hatte Cicero mit seiner Bemerkung vermutlich kaum intendiert, im Gegenteil. Daß es dennoch dazu kam, dürfte nicht zuletzt dem Umstand geschuldet sein, daß Cicero in seinem so kurzen und so folgenreichen Satz über Aristoteles und dessen Melancholieauffassung einen neuen, geradezu magischen Begriff in die philosophische Sprache eingeführt hatte: den des «Ingeniums», der «genialen» Begabung. Nicht bloß das Faktum des «Außergewöhnlich-» und «Großseins», nicht nur die einfache Größe des Handelns und Wirkens war damit angesprochen. Sondern eine problematische Weise des *aus sich selbst heraus* zu Großem Berufenseins, die geheimnisvoll erscheinen mußte, wurde durch diese Begriffstransformation erstmals ins Bewußtsein gebracht – geheimnisvoller jedenfalls, als es die eigentliche aristotelische Fragestellung nach den außergewöhnlichen Schwarzgalligen in Philosophie, Politik, Dichtung und den Künsten der betreffenden «Problemata Physica»-Passage war.[15]

Aber nicht nur in der antiken griechischen Philosophie, sondern auch in der Mythologie der Griechen und Römer finden sich jene Wurzeln und Keimzellen, die in der Tradition der abendländischen Melancholieproblem-Entwicklung ausschlaggebend werden sollten.

Saturnische Verwicklungen –
Mythologumena der Melancholie

> *Animalia melancholica de jure dicuntur Saturnina.*
> *(Melancholische Wesen heißen zu Recht saturnisch.)*
> Arnaldus de Villanova,
> «Judicia astronomiae» (1291)

Als der berühmte katalanische Arzt und Gelehrte des 13. Jahrhunderts, Arnaldus (1234–1311), diese Feststellung eines Einflusses des Planeten Saturn auf die kreatürliche Melancholie in seinen «Einsichten der Himmelskunde» notierte[16], geschah dies mit der sicheren Gewißheit einer vollkommenen Übereinstimmung mit den uralten Überlieferungen und der Wissenschaft seiner Zeit. Genauso nämlich wurde es an den Universitäten gelehrt; schon die Form der Bezugnahme – «de jure dicuntur» – spiegelt die Überzeugung, damals gängiges Allgemeinwissen zu rekapitulieren, wider.

Wenn aber heute noch die Engländer einen melancholisch-düsteren Charakter als «saturnine» bezeichnen und sogar einen Wochentag, den «saturday», nach dem Planeten und Gott der Melancholie benannt haben oder wenn das portugiesische «soturno» einen finsteren, unfrohen Gesichtsausdruck meint, der wiederum etwa an das verdunkelte Antlitz der dräuend grübelnden, schwermütig den Kopf stützenden Gestalt auf Dürers bekanntem Kupferstich «Melencolia I» erinnern mag, so beziehen sich diese und andere sprachliche und bildliche Reminiszenzen[17] zwar letztlich noch auf denselben Sinnzusammenhang wie den von Arnaldus besagten; dessen bewußte Überlieferung aber ist gebrochen, und das geistige Allgemeingut, welches jener Gelehrte in seiner Zeit als selbstverständlich in seinem Satz «animalia melancholica de jure dicuntur Saturnina» voraussetzen konnte, muß für uns erst rekonstruiert werden, wenn die saturnischen Verwicklungen, welche die Schwarzgalligkeit im Laufe ihrer «zweitausendjährigen Metamorphosen», wie Walter Benjamin sie einmal genannt hat[18], erlebte, dem heutigen Betrachter aufgelöst werden sollen. Hilfestellung dazu mögen die folgenden Ausführungen zu den Mythologumena der Melancholie als Saturnkindschaft leisten.

Das im Mittelalter präsente Wissen hat sich nicht nur aus dem Studium der Heiligen Schrift (samt Kommentaren) sowie aus dem der griechischen Philosophie gespeist, sondern auch aus einer magisch-naturspekulativen Astrologie und Mikro-Makro-Kosmologie, deren weitausgebautes Beziehungsgefüge und Verweisungssystem letztlich auch das gesamte naturwissenschaftliche und naturphilosophische Denken der Zeit enthielt und zu repräsentieren vermochte. In diesem astrologischen Weltbild war die enge und grundlegende Beziehung zwischen dem Phänomen Melancholie und dem Planeten Saturn seit dem 9. Jahrhundert fest verankert. Arabische Gelehrte, etwa Abu-Maschar in seiner «Einführung in die Astrologie»[19], hatten systematisiert, was seit der Antike an verschiedenen, oft noch diffusen und disparaten Vorstellungen bestand über den Zusammenhang von Schicksal und planetarischer «Konstellation»[20]. Dabei hat neben den rein astronomischen, naturwissenschaftlichen Bestimmungen vor allem die seit dem vierten vorchristlichen Jahrhundert vorgenommene Identifizierung der Planetengestirne mit den mythologischen Göttern eine entscheidende Rolle gespielt – in unserem Fall diejenige des Planeten Saturn mit dem Gotte Kronos/Saturn und seiner ausgedehnten Mythologie.

Wenn Arnaldus also die *animalia melancholica* mit Saturn verbindet und auf das astrologische Gedankengut der Epoche verweist, so reicht die Verwurzelung von dessen Sinnbildern bis in die griechische und römische Götterwelt zurück.

«Was den Saturn anbetrifft, so ist seine Natur trocken, bitter, schwarz, dunkel, sehr rauh. Oft aber ist sie kalt, feucht, schwer und hat einen stinkenden Wind. Er bezeichnet die Arbeiten der Feuchtigkeit, des Pflügens und der Landwirtschaft, die Besitzer der Landgüter, das Gedeihen der Ländereien, (...) Langsamkeit und Bedächtigkeit, Verständnis, Erfahrung, (...) Beharrlichkeit und Festhalten an einem Weg. (...) Er wünscht niemandem etwas Gutes. Ferner weist er hin (...) auf Furcht, Schicksalsschläge, Sorgen und Trauer (...). Er weist ferner hin auf Selbstzerstörung und Langeweile» (Abu-Maschar).[21]

Die disparaten Eigenschaften, die dem Saturn in diesen astrologischen Textstellen zukommen, sind Resultat der komplexen mythologischen Beziehungen, die in das Bild des Planetengottes eingegangen sind. Zum einen ist die spätantike Saturnvorstellung an sich schon durch die Synthese dreier ursprünglich verschiedener Gottheiten geprägt, nämlich durch die des Saturnus, die des Kronos und die mit letzterem schon frühzeitig vermischte des Chronos. Dabei ist der Mythos des Kronos der tragende Bestandteil, dem die anderen beiden assimiliert werden. Zum anderen ist die für das Ganze entscheidende mythologische Gestalt des Kronos wiederum an sich keineswegs durchgängig und einsinnig, sondern in sich widersprüchlich und gespalten.[22] Dies liegt vielleicht an dessen dunkler Genesis, die nicht nur griechischen Überlieferungsströmen entstammte. Vor allem ist das mythische Denken selbst in sich doppelgesichtig.[23] Diese wesentlich janusköpfige Struktur der hier zu untersuchenden Mythen hat im weiteren auch die aus ihnen sich entwickelnde Kosmologie bis hin zum astrologischen Weltbild bestimmt.

Die Kronos-Mythologie. – Wichtigste Quelle ist die im 8. vorchristlichen Jahrhundert entstandene «Theogonie» des Hesiod (Verse 137ff). Kronos ist demnach der jüngste Sohn des Himmels (Uranos) und der Erde (Gaia) und dem Vater wegen dessen Fruchtbarkeit feind. Uranos zieht sich Gaias Zorn zu, als er drei seiner und ihrer weiteren ungeheuerlichen Nachkommen, wohl aus Furcht vor ihnen, in die Mutter-Erde zurückstößt und dort eingeschlossen läßt. Gaia stellt eine

Sichel her und versucht, ihre anderen Kinder gegen den Vater Uranos aufzuwiegeln. Kronos als einziger schreckt vor dem Frevel nicht zurück und erhält von der Mutter die Waffe. Als Uranos sich nachts wieder anschickt, auf die Erde niederzusinken, schneidet Kronos ihm hinterrücks die Genitalien ab und wirft sie ins Weltmeer, wobei aus deren schäumendem Blut noch einmal weitere Gottheiten entstehen, beispielsweise Aphrodite, die ‹Schaumgeborene›.

Kronos übernimmt die Herrschaft. Aber auf ihm lastet ein Fluch: Künftiger Sturz sei ihm bestimmt von dem eigenen Sohn. Kronos verschlingt deshalb seine ihm von Rhea geborene Nachkommenschaft sofort nach deren Geburt. An der Vertilgung des sechsten Kindes, des Zeus, wird er jedoch von Rhea unter Mithilfe Gaias durch eine List gehindert. Denn Rhea bringt das Kind heimlich auf Kreta zur Welt und gibt dem Kronos anstelle des Kindes einen in Windeln gehüllten Stein. Den verschlingt Kronos unbesehen und besiegelt damit sein Schicksal. Zeus wird erwachsen und zwingt seinen Vater, die verschlungenen Geschwister wieder herauszuwürgen. In dem sich nach Hesiod daran anschließenden, Jahre währenden Kampf werden Kronos und die mit ihm verbündeten Titanen von Zeus und seinen Olympiern am Ende tief unter der Erde im Tartaros eingesperrt und quasi begraben.[24]

In Hesiods «Theogonie» wird die Entmachtung des Kronos zwar erzählt, aber nicht symbolisiert – seltsamerweise, denn das Symbol der Entmachtung, die entmannende Sichel, ist ja bereits (bei der Entmachtung des Uranos) ein Bestandteil des Mythos. Demgegenüber betont die orphische Überlieferung des Mythos, daß Kronos von Zeus ebenfalls verstümmelt wurde, genau wie vordem Kronos den Uranos entmannt hatte.[25] Damit wird die Doppelgesichtigkeit der Kronosgestalt in ‹negativer Symmetrie› vervollkommnet und die latente Todesaffinität offenbar. Denn ein entmannter Gott ist mytho-logisch natürlich ein toter und gehört ins Totenreich, wohin er schon bei Hesiod verbannt worden war. Für den Melancholie-Zusammenhang ist dabei wichtig, daß diese Version sich im Altertum weit verbreiten und tradieren konnte, wobei es übrigens für das Mittelalter gerade die Kirchenväter gewesen sind, die mit unchristlicher Schadenfreude für die weitere Überlieferung dieser spezifischen Kronos-Geschichte sorgten.

Die Chronos-Mythologie. – In den Gedichten der orphischen Religionsgemeinschaft, deren Entstehung bis vor die Zeit des 6. Jahrhunderts v. Chr. zurückreicht, wurde auch die Vorstellung von Kronos (Κρονος), dem entmachtenden und entmachteten Götterherrscher, und Chronos (Χρονος), dem Zeit-Gott, der personifizierten Zeit als Schicksalsmacht, vermischt.[26] Für deren gegenseitige Gleichsetzung ist die Ausdeutung von Bestandteilen des Kronos-Mythos bedeutsam, nämlich das Verschlingen der Kinder wie auch die Waffe gegen den herrschenden Vatergott. (Bei der Verbindung der beiden Mythengestalten ist also die des Kronos die entscheidende und tragende; denn sie wird dabei zwar ausgebaut und differenziert, aber nicht absorbiert, wie es der des Chronos ergeht, der seinen Sinnbildcharakter an den Kronos verliert.) Während das Motiv des Verschlingens des zuvor Generierten an die schon auf ägyptische Quellen zurückgehende Vorstellung der Zeit als sich selbst verzehrende Schlange (Uroboros-Symbol) Anschluß findet, wurde die Sichel, mit der Kronos entmannt und entmachtet und später selber entmannt und entmachtet wird, in Form der Sense bis in die heutige Bildmetaphernwelt hinein zur sinnbildlichen Beigabe für das Ende der Zeit, den Tod. Die im Spätmittelalter geprägte Figur des ‹Schnitters Tod› ist wohl zuletzt auf diese zur Assimilation des Chronos erweiterte Gestalt des Kronos zurückzuführen.

Die Saturnus-Mythologie und die Legende vom «Goldenen Zeitalter». – Es tritt jedoch diesem Bild noch ein weiterer Gedankenkomplex hinzu, welcher ursprünglich der Vorstellung vom altrömischen Gott Saturnus anhing. Im Zuge der Hellenisierung wurde schon verhältnismäßig früh dieser Gott der Aussaat mit dem Titanenherrscher Kronos identifiziert.[27] Daß der eine, Gott der Fruchtbarkeit, mit dem anderen, dem entmachteten Kastrator, über diese Widersprüche hinweg überhaupt so vorbehaltlos verschmolzen werden konnte, wie es in der Antike geschah, hat wohl seinen Grund in einer bisher noch nicht erwähnten Nebenlinie der griechischen Kronos-Mythologie, in der Legende vom glücklich-paradiesischen «Goldenen Zeitalter».

Daß ein solches den Menschen einst unter der Herrschaft des Kronos beschert gewesen sein soll, läßt sich mit der übrigen Mythologie des Kronos, speziell mit der Vorstellung vom gestürzten Weltherrscher im Tartaros, auf den ersten Blick nur schwerlich sinnvoll in Beziehung setzen. Um so bemerkenswerter erscheint es daher, daß trotzdem beide

Vorstellungsvarianten in der antiken mythologischen Tradition unvermittelt nebeneinander andauerten. Dies geschah aber nicht etwa in getrennten Überlieferungen durch verschiedene Autoren. Verblüffenderweise lassen sich sogar bei ein und demselben Autor beide konträre Mythosvarianten auffinden, nämlich eben bei Hesiod. Außer seiner bereits angeführten «Theogonie», die das eine Gesicht des Kronosmythos liefert, stammt von Hesiod noch ein weiteres Werk, «Werke und Tage» (Erga). Dort nun stößt man auf jene alternative Kronos-Vorstellung, nach welcher der Titan einem «Goldenen Zeitalter» vorstand:

«Golden war das Geschlecht der redenden Menschen, das erstlich / Die unsterblichen Götter, des Himmels Bewohner, erschufen. / Jene lebten, als Kronos im Himmel herrschte als König, / Und sie lebten dahin wie Götter ohne Betrübnis / Fern von Mühen und Leid, und ihnen nahte kein schlimmes / Alter, und immer regten sie gleich die Hände und Füße, / Freuten sich an Gelagen, und ledig jeglichen Übels / Starben sie, übermannt vom Schlaf, und alles Gewünschte / Hatten sie. Frucht bescherte die nahrungsspendende Erde / Immer von selber, unendlich und vielfach. Ganz nach Gefallen / Schufen sie ruhig ihr Werk und waren in Fülle gesegnet, / Reich an Herden und Vieh, geliebt von den seligen Göttern.»[28]

Daß Hesiod in seinen beiden Werken diese zwei schwer miteinander zu vereinbarenden Gesichter des Kronos-Mythos wiedergibt, mag vielleicht für deren vorgeschichtliche Ursprünglichkeit als solide Bestandteile der mündlichen Überlieferung sprechen – woran Hesiod als ihr erster schriftlicher Übermittler nichts zu ändern wagen konnte, was dann wiederum Indiz sein könnte für die fundamentale Bedeutung der doppelgesichtigen Weltstruktur in der Archaik, wo das Gute auch immer zugleich das Schlechte ist und die Wesenskräfte seiner Welt für den Menschen nie nur einseitig verstehbar waren. Aber eine solche Erwägung stellt noch keine Erklärung dafür dar, warum die Gegensinnigkeit der Kronos-Vorstellungen so bestand, wie gerade dargelegt. Für diese Erklärung sind zusätzliche Quellenmaterialien über die Legende vom «Goldenen Zeitalter» heranzuziehen. Wiederum sind es die Überlieferungen der Orphik, deren Literatur mehr eine parallele Strömung zu Hesiods Werken bildete, als daß sie eine Fortsetzung derselben darstellte, in welchen die ‹paradiesische› Seite der Kronos-Mythologie weiter ausgeleuchtet ist. Insbesondere in der orphischen Sekte der Pythagoreer wird hervorgehoben, daß in jenen goldenen Zeiten unter Kronos die Menschen Vegetarier gewesen seien, man damals kein

Vieh geschlachtet habe. Weiterhin wird ausgeführt, «daß das Kriegshandwerk damals fehlte, auch der Kaufmann noch nicht seine Straße zog, weil es Schiffe und Fahrstraßen noch nicht gab, und der Ackerbau das einzige Geschäft der unschuldsvollen Zeit war, in welcher womöglich nicht einmal gepflügt ward und die jugendliche Erde unverwundet ihre üppigen Gaben spendete»[29].

Ähnlich also, wie schon beim Phänomen der Entmachtung/Entmannung in dem dunkel überschatteten Teil des Kronos-Mythos festzustellen war, sind auch, hier im lichten Teil, die Zeugnisse der orphischen Theologie den hesiodischen an Entwicklung und Abgeschlossenheit der Struktur deutlich überlegen. Denn während Hesiod den Gedanken der Unversehrtheit der Natur nur auf die Vegetation bezieht: «Frucht bescherte die nahrungsspendende Erde / Immer von selber, unendlich und vielfach» («Werke und Tage» V. 117f), wird er in der Orphik auch auf die Tierwelt ausgedehnt und damit zu Ende gedacht. In die Vergangenheit hinein wird Utopie projiziert; denn es ist die Idee der universellen Versöhnung, welche dem Mythos vom «Goldenen Zeitalter» zugrunde liegt. Diese Versöhnung gilt dem Menschen mit der Natur, dem Menschen mit seinem Mitmenschen und dem Menschen mit seiner Vergänglichkeit. Noch jenseits vom Elend technisch-kultureller Gewaltherrschaft über sich selbst und ihre Umgebung sind die Menschen weder zur Ausbeutung der Natur noch zur gesellschaftlichen Bekriegung und Unterwerfung von Feinden, noch zur Verdinglichung ihrer Beziehungen durch Warentausch verdammt. Die Menschen stehen noch vor jener ‹einschneidenden› Änderung ihres Weltbezugs, welche sie mit Hilfe der Technik instand setzen wird, sich die Erde untertan zu machen und auszubeuten.

Griechische Schriftsteller übertrugen die mythische Vorstellung von den glücklichen goldenen Zeiten, welche den Menschen unter der Herrschaft des Kronos beschieden gewesen sei, mit Vorliebe auf Italien.[30] Mit den dort einheimischen Götterbildern konfrontiert, ließ sich das positive und den Menschen günstige Gesicht, das Kronos in dieser Mythos-Variante gezeigt hatte, leicht mit dem freundlichen des altrömischen Ackerbaugottes Saturnus in Vergleich und Beziehung setzen, so daß die nach und nach entstehenden Neuerzählungen über das Goldene Zeitalter in ihrer Dramaturgie schon bald Kronosgeschichtszüge mit denen des Saturnus vermischten, indem sie den entthronten, flüchtenden Gott (ursprünglich Kronos) per Schiff die Küste

Latiums anlanden, dort als König paradiesischer Zustände regieren und die Bewohner des Gastlandes im Ackerbau (urspr. Domäne des Saturnus) unterweisen ließen. Die Legende ist dann vor allem in ihrer durch Vergil ausgeformten klassischen Version zum Bildungsgut der Spätantike und des Mittelalters geworden.

Bei der hellenisierenden Verschmelzung von Kronos- und Saturnus-Attributen fand die Sichel des Titanen in der Übertragung zur Gestalt des Ackerbaugottes sinnvollen Bezug als Erntewerkzeug, wie es uns noch heute geläufig ist. Damit ergibt sich für die bereits vorgestellte Entwicklung des metaphorischen Bildes vom Tod als Sensenmann folgender Gesamtzusammenhang, zu welchem jedes der drei ursprünglich verschiedenen Götterbilder ein signifikantes Merkmal beisteuert: Von Kronos stammt die signifikante Gerätschaft mit der Bedeutung des Verlustes der leiblichen Kraft und damit der bedeutsamen Existenz, von Chronos die Vorstellung des Endes der Zeit in der Verschlingung des Anfangs und von Saturnus der Gedanke der Lebensernte. Daß dieselbe Verschmelzung von Kronos, Chronos und Saturnus, astrologisch zum Planetengott Saturn weiterentwickelt, spätmittelalterlich die Basis des versinnbildlichenden Verstehens der Melancholie als Saturnkindschaft werden wird, sagt schon jetzt manches aus über die fundamentale existentielle Nähe des Melancholikers zur Vergänglichkeitsproblematik, wie sie im Memento-mori-Bild vom «Schnitter Tod» anklingt.

Die Entwicklung des mythologischen Kronos-Saturnus zum Planetengott Saturn war das Ergebnis des Vordringens assyrisch-babylonischen Gedankenguts in den griechischen Kulturraum im Zuge der hellenistischen Expansion. Während zuvor der betreffende Himmelskörper von den Griechen noch ganz unmythologisch «Painon» genannt worden war, wird diese Bezeichnung seit dem 4. Jahrhundert v. Chr. mehr und mehr durch die vom «Stern des Kronos» verdrängt, eine Folge der zu jener Zeit vollzogenen Identifizierung der einheimischen griechischen Großgötter mit den fremden babylonischen Gottheiten, welchen im Perserreich und seinen Vorgängern seit unvordenklichen Zeiten schon bestimmte Planeten zugeordnet waren.[31] In diese neue Planetengott-Vorstellung flossen nun alle verschiedenen, gar widersprüchlichen Züge der mythologischen Göttergestalten von Kronos, Chronos und Saturnus ein, ganz abgesehen von weiteren orientalischen Versionen und Entsprechungen der Kronos-Gestalt.[32]

Da nach dem der Planetengott-Idee zugehörigen babylonischen Glauben die Schicksale der Welt und der Menschen von den göttlichen Planetenwesen und der Konstellation ihrer Charaktere am Sternenhimmel abhängen, eröffnete sich in Anbetracht der vielfältig und reichhaltig charakterisierten Geschichtsverwurzelung der Kronos/Saturnus-Mythologie den antiken Geheimwissenschaften Astrologie und Alchemie ein weiter spekulativer Raum für ihre magischen Analogiebildungen.

Für den Charakter des «Stern des Kronos/Saturnus» wurde die dunkle Seite der Kronos-Mythologie außerordentlich dominant, wenngleich die lichte dabei nie völlig in Vergessenheit geraten ist. Babylonischer Tradition gemäß wurden alle fünf Planetengötter danach unterschieden, ob sie auf die Menschenschicksale überwiegend günstige oder ungünstige Auswirkung besäßen. Während demgemäß Jupiter und Venus als guten Wesens und der Merkur als neutral angesehen wurden, waren der Mars und insbesondere der Saturn von üblem Einfluß. Es liegt auf der Hand, daß diese Lehre, welche die verwickelte Wesensart des Saturn in einem ausgesprochen finsteren und unheilvollen Licht erscheinen ließ, von großer Bedeutung für die spätere Zuordnung der Melancholie in seine Sphäre war.[33]

Dieses astrale Einflußnehmen des Makrokosmos auf den Mikrokosmos wurde über Analogiebildungen verdeutlicht und erklärt. Beim Saturn ließen sich einzelne mythologische oder astronomische Kennzeichen, etwa die verhängnisvolle Vaterschaft aus dem Kronos-Mythos oder die scheinbar langsamste Bewegung des Planeten (aufgrund der weitesten Entfernung von der Erde und damit längsten Umlaufbahn), dann so auf die irdischen Verhältnisse beziehen, daß zum Beispiel Vaterschaft, Greisenalter, Kälte, Bedächtigkeit und, aus diesen abgeleitet, Erfahrung, Beharrlichkeit, Nachgrübeln, Sorgen oder Todesnähe als allgemein menschliche wie individuelle Eigenschaften diesem Planetengott zugeordnet waren und in ihrer Stärke von ihm ‹abhingen›. Auf diese Weise konnte nach und nach eine sehr weitläufige, sozusagen ‹planetarische Anthropologie› als quasi-wissenschaftliches Bedeutungsverweissystem entstehen, in welche sich religiöse ebenso wie naturphilosophische Wissenselemente eingliedern ließen, so daß schließlich auch die «melancolia» darin besonderen Eingang und ihren spektakulären Platz fand – als das hauptsächliche und typische Attribut des bösen Saturn.

Schwarze Galle –
Humoralpathologie und Temperamentenlehre

> Sunt enim quattuor humores in homine,
> qui imitantur diversa elementa; crescunt
> in diversis temporibus, regnant in diversis
> aetatibus. [...] Melancholia imitatur
> terram, crescit in autumno, regnat in
> maturitate. [...] Hi cum nec plus nec minus
> iusto exuberant, viget homo...
> Ps.-Beda, «De mundi celestis terrestrisque
> constitutione» (12. Jahrhundert)

Die Entstehung des Wortes Melancholie (μελαγχολία) verweist in die antike griechische Medizingeschichte. Dort ist es vor ungefähr zweieinhalb Jahrtausenden geprägt worden und bedeutet wörtlich ‹schwarze Galle›, besser und genauer noch gesagt ‹schwarzer Gallensaft›. Zuerst erwähnt findet es sich im Corpus Hippokraticum in der Schrift «Von der Natur des Menschen», welche allgemein Polybos, dem Schwiegersohn des Hippokrates, zugeschrieben wird.[34]

Mit der Bezeichnung μελαγχολία ist dort und an anderen Stellen des Corpus Hippokraticum ein von der antiken Medizin angenommener Körpersaft (lat. humor) im Menschen gemeint, nicht ein Organ. Es wäre irreführend, würde man ‹schwarze Galle› mit unserem heutigen Verständnis der Galle als einem Organ irgendwie identifizieren. Der schwarze Gallensaft der antiken Krankheitslehre von den «humores» (Körpersäften), der Humoralpathologie, stellte nämlich ein bloß hypothetisches Gebilde dar, dem letztlich, anders als bei den übrigen Körpersäften, jegliche somatische Grundlage fehlte. Die Melancholie als ‹schwarze Galle› war mithin von Anfang an ein schlichter, aber ungeheuer folgenreicher und aufschlußreicher Irrtum. Als medizinische Fehlbezeichnung und Fehlkonzeption freilich wurde sie um so bedeutsamer, je mehr sie sich schließlich als eine aus Metaphern genährte Chimäre entpuppte. Denn darin wiederum – in ihrer substratlosen, zu ‹bodenloser› Begriffsakrobatik und poetisierender Spekulation geradezu einladenden metamorphen Metaphorik, in ihrer Ungreifbarkeit, ja Unbegreifbarkeit aufgrund der Grundlosigkeit jener Bezeichnung – liegt paradoxerweise ihre Stärke. Nicht zufällig ist, gerade auch aus Sicht ihrer ärztlichen oder seelsorgerischen Diagnostiker, immer wieder von der ‹grundlosen› Melancholie die Rede. Als epistemologisches Hirngespinst aus der Frühzeit des abendländischen Denkens, an dem wir bis heute konzeptuell partizipieren, geistert die Schwarzgalligkeit seitdem als Metapher durch unsere Hirne und Seelen, begeisternd oder entgeisternd und mit eigentümlicher Sogwirkung. Alle theoretisch-konzeptionellen Ausbesserungsversuche der Philosophen, Psychologen, Psychiater haben an dem grundlegenden Defizit ihrer krankheitssignifikanten Generierung letztlich nie etwas zu ändern vermocht, sie bleibt ein defizitärer Begriff der Conditio humana. Und genau darin beruht wohl ihre eigentümliche Stärke und intellektuelle Faszinationskraft: Die Melancholie/Schwarzgalligkeit ist gewissermaßen das Schwarze Loch im Universum der menschlichen Selbsterkundung und Selbsterkenntnis.

Der schwarze Gallensaft, in der antiken Medizin als physiologischer Grund jener traurigen und bitteren Verstimmungen angesehen und verstanden, die noch heute ‹melancholisch› genannt werden, fand um 400 v. Chr. Eingang in die im Corpus Hippokraticum entwickelte Viersäftelehre.[35] Außer der schwarzen Galle (melancholia) umfaßte diese noch die folgenden drei Körpersäfte, die im Gegensatz zu jener im menschlichen Leib immerhin vorhanden und nachweisbar waren: Blut (sanguis), Schleim (phlegma) und gelbe Galle (cholera). Die Viersäftelehre bedeutete den Versuch einer Systematisierung der verschiedenen bis dahin existierenden theoretischen Ansätze zur Erklärung von speziellen Krankheitssymptomen und allgemeinen menschlichen Körpereigenschaften. «Es gibt nämlich vier Säfte im Menschen, welche den verschiedenen Elementen entsprechen», heißt es ganz im Sinne dieser Lehre im ersten Satz der diesem Kapitel vorangestellten lateinischen Textpassage, worin ein unbekannter Autor des 12. Jahrhunderts die humoralpathologischen Zentralgedanken rekapituliert. Eingegangen in die Viersäftelehre waren, was ihren nicht-medizinischen systematischen Gehalt angeht, vor allem die Naturphilosophie des Empedokles und die Zahlenlehre aus der Schule des Pythagoras.[36]

Seit den Pythagoreern, bei denen die Vier als vollkommene Zahl und daher als heilig galt, war die Idee der Vierheit für die naturphilosophischen Betrachtungen der Griechen sehr wichtig geworden. Entsprechungen von Zusammenhängen zwischen den materiellen Einzeldingen und der Ideenwelt durch das Medium der alles durchwaltenden Zahl(en) aufstellen zu können hieß, Harmonie und Symmetrie im Weltgefüge zu beweisen – und damit Bewältigung des Chaos, Erkenntnis des Kosmos, der schönen Ordnung. Zwar war die Vierheit als kosmisches Prinzip besonders beliebt, aber auch andere Zahlensystematiken waren akzeptabel wie die auch biblisch belegte Heptomade (Siebenheit). Von Empedokles hatte hingegen die erste Idee zu einem naturphilosophischen Ordnungsprinzip gestammt, mit dem sich das Chaos der Naturdinge in das Viererschema umsetzen ließ. Alles Körperliche ließ sich ihm zufolge als eine Mischung verstehen, und die Prinzipien, aus denen sich diese verschiedenen Gemische zusammensetzen sollten, hieß er die vier Elemente: Feuer, Wasser, Luft und Erde. Wenn in der oben zitierten mittelalterlichen Wiedergabe der antiken Viersäftelehre also davon gehandelt wird, daß die vier Körpersäfte den verschiedenen Elementen entsprächen, so sind genau jene vier Prinzipien der Materie und des Kosmos – dort dann Sonne, Meer, Himmel und Erde genannt – damit gemeint.

Als medizinische Theorie war die Viersäftelehre vor allem darauf angelegt, das Rätsel von Gesundheit und Krankheit aufzulösen. Diese Erklärungskraft erwuchs ihr aus der Zuhilfenahme des pythagoreischen Harmoniegedankens zur empedokleischen Idee der Gemischtheit alles Materiellen. Die Gesundheit des Menschen, der als Ganzes durch die Mischung der vier den Elementen ‹entsprechenden› Körpersäfte bestimmt sei, resultierte demzufolge aus der Ausgewogenheit (Eukrasie) des Verhältnisses der humoralen Bestände, während Krankheit aus einem Ungleichgewicht (Dyskrasie) durch Vorwalten eines der Säfte begründet wurde. So heißt es im letzten Satz der eingangs zitierten medizingeschichtlichen Überlieferung über die Humores dementsprechend: «Wenn diese nicht mehr und nicht weniger als ausgeglichen vorkommen, steht der Mensch in voller Kraft.»[37]

Durch dieses differentielle Gesundheits- bzw. Krankheitstheorem konstituierte sich die Viersäftelehre inhaltlich als Humoralpathologie, als Erklärungssystem also von Erkrankungen auf der Basis einer mischungsanalytischen Körpersäfteverhältnis-Diagnostik. Der griechisch-römische Arzt Claudius Galenus hat sie dann im 2. Jahrhundert n. Chr. kanonisiert und zu ihrem bis ins 18. und 19. Jahrhundert überdauernden Erfolg gebracht, indem er die vier Säfte und Elemente mit allen anderen einschlägigen Vierheiten (Qualitäten, Lebensalter, Jahreszeiten, Tageszeiten) in ein Analogiesystem brachte.[38]

In dem noch nicht behandelten mittleren Satz des lateinischen Mottos wird die die schwarze Galle betreffende Analogisierung ihres Elements, ihrer Jahreszeit und ihres Lebensalters so umrissen: «(...) die Melancholie entspricht der Erde, sie gedeiht im Herbst, sie herrscht im Erwachsenenalter.» Und über die anderen Körpersäfte heißt es in dem ausgelassenen Zitatteil sinngemäß, das Blut entspreche der Luft, gedeihe im Frühling, herrsche im Kindesalter; die gelbe Galle entspreche dem Feuer, gedeihe im Sommer, herrsche im Jugendalter; der Schleim entspreche dem Wasser, gedeihe im Winter, herrsche im Greisenalter.

Es zeichnet sich ein deutliches Schema ab und damit ein Modell von Seinserfassung und Welterklärung, wie es denn auch der Titel jener Schrift, der über dieser Textpassage steht, klar artikuliert: «De mundi celestis terrestrisque constitutione», Über den Aufbau der Himmelswelt und der Erdenwelt. Das Konstruktionsprinzip eines derartigen Schemas ist offenbar die Parallelisierung von Erscheinungen vermittels einer bestimmten ‹magischen› Zahleneinheit, in diesem Fall der Tetrade. Es stiftet damit auf überschaubare Weise Ordnung und Zusammenhalt – wenn auch etwas mühsam und nicht immer zutreffend. Welche starke und (er-)klärende Bindungskraft solch ein auf einem einfachen Zahlenprinzip beruhendes Analogiesystem auf Dauer dennoch besitzt, zeigt die Geschichte der Melancholie. Am Beginn ihrer etymologischen und epistemologischen Voraussetzung in ein medizinisches Tetradenmodell der griechischen Naturphilosophie geraten, ist sie danach über zwei Jahrtausende hinweg nie in einem anderen Zahlenschema aufgetaucht als in diesem ihrem ‹heimatlichen›. Mag sie auch, was ihre Auswirkung auf Körper und Seele betrifft, sehr unterschiedliche medizinisch-moralische Bewertung erfahren haben, ihre Eingliederung in das im Corpus Hippokraticum zuerst etablierte und von Galenus vervollkommnete humorale Vierersystem blieb davon immer unberührt. In ihrer kanonisierten Form sah die Viersäftelehre nach Galens Schriften unter anderem folgende Analogiebeziehungen vor (die Temperamente traten allerdings erst mit gewisser Verspätung hinzu) (siehe Tabelle).

Anhand dieser durch die Kommentatoren des Galenus sozusagen klassisch gewordenen Auflistung kann das neben der ‹magischen› Zahleneinheit weitere Konstruktionsprinzip der Analogie deutlich werden. Es bedarf dabei nämlich außer des formellen numerischen Rahmens (der strukturellen Analogie) auch der sorgfältigen Abstimmung und Bezugnahme der jeweils parallelisierten Inhalte untereinan-

[Element]	Luft	Feuer	Erde	Wasser
[Humor]	Blut	gelbe Galle	schwarze Galle	Schleim
[Qualität]	warm/feucht	warm/trocken	kalt/trocken	kalt/feucht
[Jahreszeit]	Frühling	Sommer	Herbst	Winter
[Lebensalter]	Kindheit	Jugend	Mannestum	Greisentum
[Tageszeit]	Morgen	Mittag	Nachmittag	Abend
[Farbe]	rot	gelb	schwarz	weiß
[Geschmack]	süß	bitter	scharf (sauer)	salzig
[Stimmung]	heiter	kühn	trotzig	träge
[Temperament]	Sanguiniker	Choleriker	Melancholiker	Phlegmatiker

der beziehungsweise der neu hinzukommenden auf die bereits bestehenden Verbindungen (funktionale Analogie).

Zur Erläuterung: Es versteht sich durchaus nicht von selbst, daß der Körpersaft Blut dem Element Luft ‹entspricht›, wie es unser eingangs zitierter Anonymus ausdrückt. Genauso ließe sich analogisierend probeweise vertreten, daß das Blut – als Flüssigkeit – dem Wasser oder – wegen seiner Hitze – dem Feuer zugehören müsse. Bezeichnenderweise wird im Corpus Hippokraticum als der ersten Quelle der Viersäftelehre selbst noch keine genaue Zuordnung der vier Säfte zu den vier Elementen vollzogen. Eine solche erfolgte erst über den gedanklichen Umweg der vier Qualitäten, als da sind warm, kalt, feucht und trocken, genauer gesagt über deren Kombinationspaare warm/feucht, warm/trocken, kalt/trocken und kalt/feucht (die beiden weiteren denkbaren Paarverbindungen sind ja unsinnig). Nun mußte dem Blut wegen seiner Flüssigkeit und wegen seiner Hitze zweifelsfrei das Qualitätspaar warm/feucht zugesprochen werden. Weil der Schleim ebenfalls natürlicherweise als feucht und folglich als kalt/feucht anzusehen war, blieben für die beiden Gallensäfte nur die trockenen Qualitätspaare.

Was nun die Elementzuordnung angeht, so ist das Feuer in naheliegender Weise warm und trocken wie der entsprechend farbige Gallensaft und das Wasser kalt und feucht wie der Schleim. Warm und feucht dagegen ist das Blut, und für sein analoges Element steht nunmehr nur noch die Wahl zwischen Luft und Erde, wobei den Mittelmeerbewohnern die Entscheidung, warm/feuchte Eigenschaften eher der Luft als der Erde zuzusprechen, nicht schwergefallen sein dürfte. Bleibt somit die dunkle Erde als kalt/trockenes Element für den gleichfarbigen Gallensaft übrig.[39]

Auf diese etwas umständliche Weise stimmen die einzelnen strukturellen Bestandteile der Säfte-, Qualitäten- und Elemente-Tetraden sich funktionell aufeinander ab, und so sind die Bezüge der vier humores zu ihren ‹zugehörigen›, aber eben im Corpus Hippokraticum noch nicht zugeordneten «elementa» von Galenus für seine Systematisierung der Viersäftelehre (re)konstruiert worden. Daß nun die Qualitätenpaare, klimatisch gewendet, die Zuordnung der Jahreszeiten zu diesem Schema festlegen und diese dann wiederum die Bezüge der Tageszeiten und Lebensalter in inhaltlicher Abstimmung zu den bereits bestehenden Analogieverbindungen usw. – daß also strukturell wie funktionell Konvergenz erreicht wird –, genau das macht den substantiellen Bauplan eines vollendeten Analogiesystems aus, und genau daraus erhält ein solches Analogienschema seine verblüffende inhaltliche Suggestivität und Plausibilität. Es verwundert daher nicht, daß die meisten poetischen Topoi und Metaphern der Melancholie-Geistesgeschichte von dort ihre verbindliche Ausgangskraft hernehmen. Freilich hat es in der Geschichte nicht viele derartige vorstellungsmächtige Analogiesysteme in wirklicher Vollendung gegeben, da die alltäglichen Analogiebildungen sich zumeist mit der partiellen Ausbildung entweder des strukturellen oder des funktionellen Konstruktionsanteils begnügen.

Dem kanonisierten Viererschema des Galenus sind im Verlauf des Mittelalters noch weitere Inhalte durch Analogisierung angegliedert worden. Die wichtigsten dieser Ergänzungen betrafen und bedeuteten eine Umgestaltung der eher physiologischen Interpretation von Melancholie und der übrigen Säfte zu einem eher psychologischen Verständnis hin. Gemeint ist die Typentheorie der Temperamentenlehre, eine Idee, welche im galenischen Tetradenmodell schon latent angelegt ist, nämlich in den Stimmungstönen (siehe vorletzte Zeile der Tabelle). Auf diese bezogen sich die zusätzlichen Analogiegebungen des Mittelalters besonders. Es wurden dem bestehenden Erklärungsschema nämlich noch die Tonarten, die Apostel und die vier Temperamente zugeordnet sowie die diesen Temperamenten entsprechenden Planeten. Für den Melancholiker war das bekanntlich der dunkle, widersprüchliche Saturn, der nun zum Gott des von Schwermut und Trübsinn Geplagten avanciert war.

Die Überlieferung dieser seit Galenus alles überragenden antiken Humoralpathologie ins Mittelalter geschah in der Spätantike und auch darüber hinaus zuerst durch arabische Ärzte und Gelehrte. Nach Europa drang die galenische Tradition im Hochmittelalter dann über Italien durch Constantinus Africanus und die medizinische Schule von Salerno sowie über Spanien durch Avicenna und Averroes vor. Zu der hippokratischen Interpretation der melancholischen Verstimmung als Folge eines krankhaften Überhandnehmens des schwarzen Gallensaftes, wie sie von jenen Gelehrten überliefert wurde, bestand aber in der Antike schon seit dem 4. Jahrhundert v. Chr. eine konkurrierende Auffassung. Diese gründete in der Annahme, daß auch im gesunden, natürlichen Zustand ebenfalls einer der vier Säfte ständig vorherrsche.[40] Damit war die Basis für eine Konstitutionslehre des gesunden Menschen geschaffen und somit ein Kernstück für jeden weiteren Versuch einer Typologie und Charakterologie.

Diese Konstitutionslehre lag als Idee beispielsweise auch der im ersten Kapitel behandelten pseudo-aristotelischen Melancholieproblematisierung zugrunde. Aber auch die echten Schriften des Aristoteles kennen den konstitutionell Melancholischen, und zwar als einen Menschen, «der in seiner Jugend schon μελαγχολικός ist (und) eine κρᾶσις besitzt, die seinen Leib ständig beißt, so daß er immer in heftigem Streben ist».[41] Vor allem aber wurde in der peripatetischen Schule um die Mitte des 3. Jahrhunderts v. Chr. durch das bekannte Problem XXX, 1 nicht nur erstmals eine neue medizinische Erklärung der melancholischen Phänomene unter Zuhilfenahme von Platons Lehre aus dem «Phaidros» (244 A) vom Wahnsinn als einer göttlichen Gabe geliefert, sondern – in Beantwortung der selbstaufgeworfenen Frage – auch eine eindeutig positive Bewertung einer bestimmten ausgeglichenen Form von Melancholie und des entsprechenden Melancholiker-Typus vorgenommen: «Wenn ihre Verfassung besonders stark (mit dem Saft der schwarzen Galle) gesättigt ist, sind sie in zu hohem Maße Melancholiker, wenn sie aber einigermaßen gemischt sind, sind sie außergewöhnliche Menschen.»

Von der Antike zum Christentum – Paradigmenwechsel. – Es ist im weiteren zu verfolgen, wie das Melancholieproblem mit der Erstarkung des Christentums in einem dramatischen Paradigmenwechsel unter eine wesentlich andere, neue Perspektive gerückt wurde. Dabei hat es auch eine begriffsgeschichtlich folgenreiche Horizonterweiterung erfahren. Die christliche Theologie des Mittelalters hat nämlich das dem Melancholieproblem innewohnende Konfliktpotential als die

Sünde der «acedia» (Trägheit) bzw. der «tristitia» (Traurigkeit) zu begreifen und bewältigen versucht. Innerhalb der abendländischen Depressionshistorik, der «Geschichte der Trauer», wie Carl Gustav Carus sie genannt hat[42], ist diese spezifisch christliche Neuerfassung und Neubehandlung der Melancholieproblematik philosophisch sogar noch ergiebiger und psychologisch tiefgreifender als die naturspekulative Überlieferungsgeschichte der Schwarzgalligkeit im engeren, medizinischen Sinn.

Denn bewegte sich die humoralpathologische Diskussion der Melancholie auch auf dem durchaus interessanten und problematischen Terrain der ‹Krankheit›, so wechselt nun die Diskussion mit dem Konzept der Acedia/Tristitia-Melancholie in das unvergleichlich faszinierendere Reich der ‹Sünde› hinüber, also in die Dimension des Problematischen der Conditio Humana an sich. Hier nämlich, im Konzept und in der Kritik des Lasters Acedia/Tristitia, ist der depressive Doppelkonflikt – das melancholische Unbehagen an der Kultur und das kulturelle Unbehagen an der Melancholie – in der ethischen Schärfe und mit der moralischen Rigorosität des polemisch-jungen Christentums erfaßt, und das heißt: mit einer eigentümlichen, einseitigen Radikalität, welche dem auf das Ideal der ausgewogenen Mischung bedachten Denken der heidnisch-antiken Philosophenärzte fremd und der von ihnen begründeten Tradition des Melancholieverständnisses unbekannt gewesen ist.

2. Gottferne Trübseligkeit
(acedia/tristitia)

Sündenverdacht gegen die Traurigkeit – ein Kampf um die Seele

Ein schwermütiger Kopf
ist des Teufels Bad.

Martin Luther, Tischreden (1566)

Der Streit um und gegen die depressive Verstimmtheit, welche die Griechen der schwarzen Galle zugeschrieben und deshalb Melancholie genannt hatten, gegen die Traurigkeit und Niedergeschlagenheit, Trübseligkeit und Lebenslangeweile (oder wie immer man es bezeichnen mag) – diese Auseinandersetzung wurde im Bereich des christlichen Glaubens mit verschärfter Gangart ausgetragen als ein Kampf um die unsterbliche Seele. In der theologischen Fassung des Melancholieproblems findet sich die Frage nach der Bedeutung menschlicher Schwermut ungleich polemischer gestellt als in der griechischen Naturphilosophie, denn nun erfolgt sie unter dem Verdacht und unter dem Vorwurf einer möglichen Versündigung wider den Heiligen Geist. Diese Möglichkeit, der Herausforderung durch die Melancholie philosophisch-polemisch so zu begegnen, hat es vorchristlich nicht gegeben. Tatsächlich ist im Christentum mit der Konzeption einer gemeinsamen «Todsünde» (vitium capitalum) der «Trägheit» (acedia) bzw. «Traurigkeit» (tristitia) ein Instrument zur jahrhundertelangen Ächtung, Verdammung und Verfolgung der schwermütigen Seelen entwickelt worden. Was war – so fragt man sich, da ein moderneres Seelenproblemverständnis vor solch untherapeutischer Härte erstaunt zurückschreckt – dafür eigentlich der besondere Grund?

Warum ist im christlichen Wertesystem die depressive Gestimmtheit des Individuums ein solch unvergleichlicher Skandal gewesen? Unvergleichlich in dem Sinn, daß es in den auf Ausgleich bedachten antiken humoralpathologischen Homöostase-Ansätzen eine derartige Zuspitzung, wie sie mit dem Blickwechsel vom Krankheits- zum Sündenparadigma erfolgte, nie gegeben hat; nicht ganz unvergleichlich aber insofern, als es später eine gewisse Parallelerscheinung zu der theologischen Verbannung der Melancholie gegeben zu haben scheint, nämlich das ‹Melancholieverbot› in den Utopieentwürfen der frühen Neuzeit. Welche Erklärung gibt es also für diese Bannung der melancholischen Trübsinnigkeit, warum erscheint sie als Sünde und Skandalon?

Melancholieverbot in Utopia. – Für eine Antwort auf diese Frage bietet die Utopie-Parallele eine gewisse Hilfe, wenngleich sie melancholiespezifisch ihre Tücken hat. Denn die Frage nach dem Zusammenhang von Melancholie und Utopie taucht in unterschiedlichen Konstellationen auf. Melancholie sei im geheimen unbefriedigte Sehnsucht nach Utopie, so lautet der eine – gesellschaftskritische – Ansatz, der einen positiven Zusammenhang von Melancholie und Utopie unterstellt. Dagegen steht mit dem Hinweis, Utopie verbiete Melancholie, die umgekehrte – utopiekritische – Position und Vermutung, in Utopia seien die Menschen nur deshalb so glücklich, weil sie die Gehirnwäsche schon hinter sich hätten.

Was die Verbannung der Trübseligkeit angeht, so gibt es aber möglicherweise vergleichbare Gründe dafür in der mittelalterlich-christlichen Denkordnung wie im neuzeitlich-utopischen Ordnungsdenken: Die Traurigkeit des Melancholischen wird in beiden insofern verpönt, als sie als Indiz des Ungelungenen und des damit verbundenen Erwartungserfüllungsdefizits (erwartet wird in beiden immer: totale Erfüllung) in beiden Systemen keinen Platz hat, weder in einer Heilslehre noch in einer Utopielehre, da sie störend wirkt in der Präsentation der bestgelungenen Verwirklichung des Guten, wie es das neue ‹Utopia› und erst recht sein altes eschatologisches Vorbild, das verheißene ‹Neue Jerusalem›, vorstellt. Die Melancholie paßt in keine heile Welt, weder in die von den gesellschaftlichen Übeln geheilte des utopischen Staatsromans noch in die geheiligte (weil vom Erzübel, der Erbsünde, erlöste) der christlichen Heilsverheißung.[1]

Halbierte Freud, doppeltes Leid: frohe Botschaft und trauriges Echo. – Nun erscheint aber das Evangelium des Christentums in religionskritischer Perspektive – und zwar ‹leider Gottes› bis heute – als die frohe Botschaft des Halb-Gelungenen, der halben Lösung, nämlich der halbierten Erlösung. Denn das verheißene Reich Gottes, mag es auch gelingenderweise noch so im Kommen sein, ist hier und jetzt noch nicht verwirklicht; es bleibt in seiner permanenten Parusieverzögerung für eine melancholische Weltsicht bis zum heutigen Tag diejenige prekäre Halb-Lösung, die es von Anfang an war: Versprechen von Erlösung ohne entsprechende Einlösung.

Dem entspricht, daß es in der christlichen Tradition auch eine halbierte bzw. ambivalente Haltung gegenüber dem Problem der Traurigkeit gibt, oder anders gesagt: eine doppelte Haltung, eine antagonistisch gedoppelte Traurigkeitskonzeption. Die Melancholie ist innerhalb der ‹Halbgelungenheit› des Christentums halb im Unrecht und halb im Recht. Denn einerseits hat sich Gott der Menschheit als Liebender bereits offenbart, weshalb die heidnische Trauer über die Sinnlosigkeit menschlichen Daseins nicht mehr angebracht sein kann. Andererseits hat Gott den Christenmenschen in diesem irdischen Jammertal vorerst noch belassen und läßt mit der verheißenen endgültigen Einrichtung einer künftig ganz gelungenen Schöpfung, einer vom Sündenfall und allem nachfolgenden Leid erlösten Welt, auf sich warten. Deshalb ist Traurigkeit über den anhaltenden schlechten Zustand der irdischen Welt durchaus zulässig, ja geboten. Allerdings ist strikt auf die Einhaltung der zuweilen schwierigen Abgrenzung der einen Trauer von der anderen zu achten: Die Trauer wegen der Unvollendetheit der Erlösung, die einen Christen nötigt, in sündigem Leid und Elend zu leben, darf nicht über das Ziel hinausschießen und umkippen in eine (wegen aufgegebener Hoffnung) trübsinnige Verzweiflung an der Erlösungsvollendung, an der Güte der Erlösungstat selbst; sie darf also nicht zum melancholischen Zweifel am prinzipiellen Gelingen des Offenbarungswerks des Erlösergottes werden.

Es war Paulus, der in das christliche Denken diese wichtige Unterscheidung zwischen zwei Arten der Traurigkeit eingeführt hat (2. Korintherbrief 7,10–11a), welche nach ihm als diejenige zwischen nützlicher, heilsbefördernder Traurigkeit («tristitia utilis/salutaris») und todbringender Traurigkeit («tristitia mortifera») überliefert wurde. Die nützliche Traurigkeit ist demzufolge diejenige Verzweiflung an sich selbst und seinen Sünden, die nicht zu weit geht. Nicht so weit nämlich, in absoluter Depressivität zu versinken und überhaupt an der Tröstbarkeit oder Erlösbarkeit von so viel Leid und Schuld durch Gottes Güte verzweifeln zu wollen. Denn das wäre nicht mehr (gutwillige) Verzweiflung an sich selbst, an der eigenen menschlichen Schwäche, sondern (böswillige) Verzweiflung am Schöpfungswerk, an der Stärke des Schöpfers – aus wie lauter auch immer vermeinten, verblendeten Untröstlichkeitsmotiven. Eine gewisse radikale Art der Untröstbarkeit mußte von der katholischen Kirche, der für Erlösungsfragen zuständigen Heilsverwaltung, als gefährlicher Angriff auf ihre Gnadenzuteilungskompetenz begriffen werden. «Kommt alle zu mir, die ihr mühselig und beladen seid», spricht der Herr und meint damit speziell die betrübtesten und gedrücktesten der Sünder; und er erwartet nicht, daß man ihm daraufhin in typisch melancholischer Manier antwortet: «Ach, nein danke! Laß gut sein, aber mir ist doch nicht mehr zu helfen!»

Doch im Ernst: Wie untröstlich darf der Mensch sein? Verbirgt sich hinter einer radikalen Untröstlichkeit vielleicht eine nicht minder radikale Unversöhnlichkeit? Es ist eine der subtilen Erkenntnisse moderner Sensibilität, daß die «Verzeihung des Bösen», in der Genitivmetapher präzise gefaßt, ein doppelseitiger, dialektischer Prozeß ist [2], ja daß die eigentliche Leistung möglicherweise noch eher im Annehmen der Vergebung durch den Sünder und weniger im Akzeptieren der Reue durch den Vergebenden liegt und daß daher die größere und eigentliche Tat die des ‹Bösen› ist, seinen gegen sich selbst empörten Trotz aufzugeben und sich vom ‹Guten› vergeben zu lassen.

Man könnte dieses traurige Verhältnis zwischen einem wohlmeinenden Schöpfer- und Erlösergott und seinen der geistigen Schwermut anheimgefallenen, erlösungsunfrohen Geschöpfen auch als einen typischen ‹Generationskonflikt› interpretieren, nämlich als die – mehr oder weniger große – Weigerung der untröstbar mit sich und der Welt Zerfallenen gegenüber dem Vater, sich die Absolution für ihr trübsinniges Ungenügen erteilen zu lassen und damit den Reintegrationsschein in eine letztlich – wäre sie nicht ‹zwischenzeitlich› immer noch ein Jammertal – doch bejubelnswert gut eingerichtete, jedenfalls gut gemeinte Welt. Jedoch: «Das Gegenteil von gut ist gut gemeint» – dieses kabarettistisch tiefsinnige Philosophem, Erich Kästner zugeschrieben, ist auch in metaphysischer Hinsicht relevant und kann daher Geltung beanspruchen gerade beim Problem einer in Melancholie gefallenen Schöpfung einerseits und eines wohlmeinend helfen wollenden Ansinnens des neutestamentlichen Erlösergottes gegenüber seinen trostlosen Wehmutskindern und Leidenskreaturen andererseits.

Gottes Herausforderung: von Luther zu Byron. – Vom Standpunkt der Kirche aus muß es jedoch als eine Ungehörigkeit, ja als Provokation erscheinen, wenn der Mensch in der depressiven Vermessenheit seiner Bekümmernis den tolldreisten Trübsinn besitzt, die begnadigende, begütigende Hand Gott-Vaters aus Kleinmütigkeit von sich zu weisen. Solcher melancholischer Kleinmut erscheint als nichts anderes denn die Kehrseite eines verborgenen manischen Hochmuts. An den schwermütigen Teufel höchstpersönlich, diesen gefallenen Engel, oder an den dämonischen Melancholiker Lord Byron, der gerade an dem Gefallen – schön, weil böse traurig – Gefallen fand, ließe sich in einem solchen Fall denken.[3] Kann ein solcher erlöst werden?

Es sind im Extremfall diese zwei entgegengesetzt aufeinander bezogenen Verhaltensweisen und Gestimmtheitspole, zwischen denen der Christenmensch gemäß der katholischen Seelenbearbeitung des Mittelalters ‹umspringen› soll: reuige Zerknirschung und tiefe Verzweiflung über die eigene Sündhaftigkeit – vor der Beichte; begeisterte Gottesgnadenbejubelung und erlöstes Jauchzen – nach der Absolution. Das manisch-depressive Erscheinungsbild, so läßt sich vermuten, wird kulturell hierin seine jahrhundertelange Einübung erfahren haben. Jedoch mußte diese von Dritten, der Heiligen Kirche bzw. dem Heiligen Geist, vermittelte ‹Umschaltung› der gläubigen Seelen in dem Moment problematisch werden, wo sich der psychische Apparat des Christenmenschen unter dem ständigen Druck des Verfahrens der Sündenbewältigung so weit umgestaltet hatte, daß die innerliche Instanz des Gewissens und Sündenbewußtseins eine gewisse stabile, autonome Selbständigkeit erlangen konnte. Spätestens mit Luther beginnt die Geschichte der ‹Hypertrophie der Innerlichkeit›; bei ihm setzt sie ein mit seinem bekanntlich unaufhebbaren Selbstzweifel, ob er wohl einen gnädigen Gott finden könnte. Es stand aber nach der bis dato geltenden katholischen Sicht der Dinge diesem Mönch gar nicht zu, daran zu zweifeln und darüber selbstquälerisch befinden zu wollen.

Luthers manisch-depressive Haltung, sich selbst als so schlecht und sündig und wertlos zu bezichtigen, daß die übliche Dialektik von (Selbst-)Herabsetzung und (Selbst-)Erhöhung aus den Fugen geraten mußte, zielte auf den im Grunde ungeheuerlichen Punkt, daß auch Gottes Gnade gelegentlich Grenzen gesetzt sein könnten. In seinem «Wie finde ich einen gnädigen Gott?» lag die Betonung noch auf dem «Für-mich erbärmlichsten unter den Sündern». Luther machte sich in seiner Verzweiflung dabei so klein, daß er gewissermaßen unter lauter Asche auf seinem Haupt dem Gnadenblick Gottes drohte entgehen zu können. Das war acediös und masochistisch; und nicht ohne Folgen. Denn wer oder was drohte da wem? Eine spätere Geisteshaltung jedenfalls drehte gleichsam die Sichtweise um; sie zweifelte an Gottes Gnädigkeit und Güte überhaupt, da ihr doch Grenzen gesetzt seien, und legte in der Frage «Wie finde ich einen gnädigen Gott?» (wobei ihr auch ein ungnädiger willkommen gewesen wäre, wenn er sich nur überhaupt würde zeigen wollen) die Betonung nicht mehr auf den Zweifel an sich selbst, sondern auf den Zweifel an der Möglichkeit der Existenz eines solchen Gottes überhaupt, der in seiner Gutheit und seinem Gericht der Größe des Bösen in der Welt gewachsen sein könnte. Das war superb und sadistisch, nämlich schließlich De Sades und Byrons Saat der Herausforderung Gottes in der schwarzen Romantik.[4]

Was jener falschen, depressiven Art der Traurigkeit letztlich abgeht, ist, wenn die Theologen recht haben, die für die richtige Traurigkeit (die «tristitia secundum Deum») konstitutive Reue, und das heißt schließlich: das für einen Neubeginn nötige Gott-Vertrauen dahinein, daß trotz allem immer ‹alles wieder gut› werden könnte. – Aber: Kann es das wirklich auch heute noch, im aktuellen Bewußtsein des 20. Jahrhunderts? Wir werden spätestens im letzten Teil dieser Arbeit auf die zeitphilosophische Dringlichkeit dieser Frage wieder stoßen. Das Problem der Reue gehört jedenfalls im Denken der Gegenwart nicht mehr zu den philosophischen Themen. Ob geistige Wiedergeburt oder nostalgisches Irreversibilitätsbedauern, mit Max Scheler und Vladimir Jankélévitch liegen die letzten Stichwortgeber eines Reuebewußtseins längst hinter uns.[5]

Außertheologisch und nichtchristlich konzipiert aber wird die Reue modern zu einem allenfalls psychologischen, vielleicht noch existentialistischen Problem, oder sie ist gar keines mehr: «Je ne regrette rien» – «Ich bereue gar nichts», singt Edith Piaf auf dem Höhepunkt der Bewegung des Existentialismus in Frankreich und bringt diesen damit gleichsam in die populärste Form und Formel. Und was sollte man auch bereuen, wenn die Existenz der Essenz vorausgeht bzw. das Sein einem Dasein hinterherhumpelt, das sich existentialistisch in freier Spontaneität stets neu entwirft? Sag ja zu dir und guten Tag zur Traurigkeit, lautet zur selben Zeit die novellistische Botschaft der Françoise Sagan, denn du kannst ihr bzw. dir nicht entgehen. Die Sünde und ihre Bereuung sind wir los, das Leiden an uns selbst ist geblieben. Der Kampf um die Seele dauert an.

Acedia/Melancholie als mittelalterliche Todsünde

Melancholie ist des Teufels Amme.
Müssiggang ist aller Laster Anfang.
Der Träge ist des Teufels Miethling.
Müssiggang ist des Teufels Polster.
Melancholei ist des Todes Buhlerei.
Sammlung deutscher Sprichwörter

Der Begriff *Acedia* gehört, anders als derjenige der Melancholie, nicht mehr zu den gebräuchlichen, also den in fortwährendem Gebrauch traditionsstiftenden Vokabeln des die Jahrhunderte umspannenden Diskurses der Philosophie. Erst recht ist kaum mehr ein ‹alltagsphilosophisches›, moralistisches oder lebensweltliches Erfahrungswissen in unserer Zeit damit verknüpft.

Über diesen Befund darf die spezialwissenschaftlich informierte Gelehrsamkeit einiger neuerer Forschungsunternehmungen zum Thema Acedia nicht hinwegtäuschen.[6] Denn es gedeihen solche mit großem und bewunderswertem Aufwand betriebenen Vergegenwärtigungsbemühungen im Gegenteil überhaupt erst auf dem Hintergrund eines generellen Plausibilitäts- und Wissensverlustes, der dann wiederum solche historischen Erinnerungsleistungen nötig und sinnvoll macht.

Sicherlich hängt es mit dem allgemeinen Verfall der Bedeutsamkeit theologischer Denktraditionen für das moderne Selbstverständnis im ganzen zusammen, daß auch das spezielle Acedia-Konzept als ‹theologisches Pendant› in der Melancholiegeschichte ebenso viel bzw. wenig Bekanntheit besitzt wie die alte katechetische Hauptlaster- bzw. Todsündenlehre des Katholizismus generell, in die es im weiteren Zusammenhang eingebettet (gewesen) ist. Zwar «gehört seit Petrus Canisius (1521–1597) zum allgemeinen Katechismuswissen eines Katholiken» (und das sind heutzutage wohl eine Milliarde), «daß es 7 Hauptsünden gibt»[7], nämlich Superbia (Hochmut), Avaritia (Habsucht), Luxuria (Wollust), Ira (Zorn), Gula (Völlerei), Invidia (Neid) und eben Acedia (Trägheit); aber daß heute dieses ‹Wissen› noch wie zu Zeiten des Canisius religiöse Bedeutung haben sollte, daran sind doch starke Zweifel angebracht.

Anders als in der Theologie stellt sich innerhalb der Geisteswissenschaften die Frage nach dem Gehalt und der Relevanz des Acedia-Konzepts eher sekundär, nämlich in Verbindung mit der Untersuchung des ideengeschichtlichen Hintergrunds im poetischen Werk dreier exponierter Repräsentanten der europäischen Literatur auf der Schwelle vom Mittelalter zur Neuzeit: Dantes (1265–1321), Petrarcas (1304–1374) und Chaucers (um 1340–1400). In Dantes «Divina Comedia» stellt die Todsünde Acedia im siebten Höllenkreis des «Purgatorio» ein interessantes und vielfach erörtertes Problem dar[8], bei Petrarca erhält sie eine ganz neue, ‹weltschmerzlich-individualistische› Note[9], während sie in Chaucers Werk noch ganz nach alter Tradition ähnlich wie bei Dante im Komplex der sieben Hauptlaster der moralisierenden Darstellung des Guten und Bösen im menschlichen Leben dient.[10]

Seltsamerweise hat in der geisteswissenschaftlichen Erforschung der Literatur des deutschen Spätmittelalters und der Frühneuzeit eine entsprechende Gestalt bislang immer gefehlt, an welcher in vergleichbarer Weise wie an Dante, Petrarca oder Chaucer dem Problemfeld der Acedia ein allgemeineres Interesse hätte zuteil werden können. Dennoch gibt es eine solche spezifische und einmalige Gestalt durchaus, nur wurde der Acedia-Bezug daran bisher kaum beachtet. Bei dieser Gestalt aus der deutschsprachigen Dichtung handelt es sich allerdings weniger um die Person eines Dichters als um ein Syndrom, nämlich um den Zusammenschluß der traditionellen Lasterlehre mit der Figur des Teufels in der spätmittelalterlichen, reformatorischen und barocken deutschen Teufelliteratur. Dafür drei Beispiele (jeweils eins für ein Jahrhundert): Da ist «Des Tüfels Segi» (Des Teufels Netz) eines Anonymus aus dem Spätmittelalter (1441), «Der Melancholische Teufel» (1569) von Simon Musaeus aus der Reformationszeit und «Luzifers Königreich und Seelengejaidt» (1617) von Aegidius Albertinus aus dem Frühbarock. Es handelt sich bei diesen Texten aus dem 15., 16. und 17. Jahrhundert um Vertreter einer umfangreichen Tradition von Warn-, Trost- und Erbauungsliteratur, die über Jahrhunderte hinweg die Lehre vom ‹richtigen Leben› nach christlicher Ethik alltagsspezifisch vermittelt und popularisiert hat und dabei auch und gerade dem Problem der seelischen Anfechtung des Christen durch Melancholie und Trübsinn, Trägheit, Traurigkeit, oder wie immer wir die Haupt- und Todsünde der Acedia ins Deutsche übersetzen wollen, gebührende Aufmerksamkeit widmete.

Die breitenwirksame Popularisierung der Lehre von den Sieben

Todsünden im allgemeinen und der Verdammung einzelner Laster im besonderen erfolgte in jener Zeit, der frühen Neuzeit im weiteren Sinn, über den Rahmen der katechetischen Unterweisung hinaus auch unter Zuhilfenahme der volkstümlich-literarischen Teufelsmotivik. In satirisch-kritischen bis drastischen Warnschriften wurde dem Gläubigen der Weg gewiesen, wie er «Des Teufels Netz» entgehen konnte; und ein wichtiger Teil dieses teuflischen Netzes war neben den anderen Todsünden natürlich diejenige der Melancholie bzw. Acedia. Denn Luthers Vers aus derselben Zeit – «Und wenn die Welt voll Teufel wär» – traf damals unzweifelhaft zu: Es war die Welt der frühen Neuzeit nachgerade überfüllt von ‹Teufeln› jeglicher Art als den Personifizierungen aller möglichen Verfehlungen und Laster.

Einen Höhepunkt erreichte die Dämonisierung der Übelstände zur zweiten Hälfte des 16. Jahrhunderts in der protestantisch geprägten quasi-belletristischen Teufelbücherliteratur im Gefolge des Lutherischen Teufelsglaubens: Da gibt es polemische Schriften gegen den «Spielteuffel» (1561) und «Zauberteuffel» (1563), «Eheteuffel» und «Fluchteuffel», «Hosenteuffel» und «Jagdteuffel» (1566), nicht zu vergessen gegen den «Tanzteuffel» (1569) – und viele andere mehr. Man fragt sich, wofür es damals eigentlich keinen einschlägigen Teufel gegeben hat. Erst recht gilt dies für die voluminösen Teufelbücheranthologien, Bestseller jener Mode und Zeit. Das barocke «Theatrum Mundi» des 17. Jahrhunderts wird im 16. Jahrhundert präludiert durch ein wüstes «Theatrum Diabolorum», wie die originelle Titelfindung der von der ersten (1569) zur dritten Auflage (1587/88) rasch auf den doppelten Umfang anschwellenden Mainfrankfurter Teufelbüchersammlung lautet. Nicht weniger als 33 verschiedene Laster-Teufel werden darin schließlich an die Wand des schlechten Gewissens gemalt. In diesem «Theatrum Diabolorum» findet sich ab der zweiten Auflage jener bereits genannte Traktat über den Teufel der Acedia und Melancholie, der «Melancholische Teuffel» des Simon Musaeus von 1569 (bzw. 1572), welchen es sich lohnt, im folgenden genauer anzusehen.

Der «Melancholische Teuffel»

> *Die Melancholey ist des Teufels*
> *Schlachthaus.*
> Simon Musaeus, Warnung und
> Trost wider die grawsame plage
> der Melancholey (1557)

Es gibt, unter differierenden Betitelungen in den verschiedenen Auflagen (1569, 1572 u. ö.), eine bemerkenswerte Trostschrift wider den Teufel der Melancholie von einem kaum mehr bekannten lutherischen Theologen und Prediger aus dem 16. Jahrhundert, Simon Musaeus (1521–1576); sie deklariert sich selbst im weiteren Titel als ein «nützlicher Bericht und heilsamer Rat, gegründet aus Gottes Wort, wie man alle melancholischen, teuflischen Gedanken von sich treiben» solle, und sei insbesondere «allen schwermütigen Herzen zum Trost» geschrieben. Als «Melancholischer Teuffel» beschrieben und vertrieben wurde diese Philippika im Zuge der außergewöhnlichen literarischen Konjunktur an sogenannten Teufelsbüchern, die im letzten Drittel des 16. Jahrhunderts in Deutschland publizistisch große Erfolge und gedanklich merkwürdige Blüten hervorbrachte. Tatsächlich war diese antimelancholische Abhandlung zunächst, das heißt vor ihrer Neubearbeitung beim Einsetzen des Teufelliteraturbooms, eine in kleiner Ausführung eher unspektakuläre Schrift von «Warnung und Trost wider die grausame Plage der Melancholie» gewesen und 1557 als schmales Heftchen anhangsweise einer umfangreicheren Auslegung des ersten Gebots durch den Doktor der Theologie Simon Musaeus beigefügt worden, gleichsam als predigthafte Umsetzung und Verdeutlichung der Thesen des Haupttraktats.[11]

Dementsprechend bezog sich gleich der Anfang jener Kurzausführung von 1557 anknüpfenderweise auf das erste Gebot «Du sollst keine anderen Götter haben neben mir» (2. Mose 30,3), indem Musaeus die Behauptung aufstellte: «Djese plage fleust eigentlich her / aus dem abweichen vom Ersten Gebot». Die Erklärung für diese frappierende These liefert der Nachsatz: denn, so Musaeus, sie treibe den Menschen hinaus aus Gotteserkenntnis, Gottesfurcht und Gottvertrauen, worin allein beständige Ruhe und Frieden steckten, und hinein in eigene vermessene und ungläubige Gedanken und Spekulationen, so daß der

Mensch aus Gottes Wort und Herrschaft und folglich auch aus seinem Schutz und Geleit herausspaziere und in das große, weite, freie Feld des Teufels schreite, wo er dann von allen Ereignissen und Sachverhalten des zeitlichen und ewigen Lebens nicht mehr im Blick auf Gott den Herrn, in dem allein sie ruhten, urteile und aussage, sondern außer Gott und seinem Wort nach der blinden Vernunft und nach des Teufels Eingebung (S. 28).

Melancholie bewirkt also eine Abwendung des Blicks und der Orientierung von Gott weg, dem sie nach dem ersten Gebot allein zu gelten haben, so lautet die primäre Feststellung; deshalb sei die «grawsame plage der Melancholey» als eine Versündigung gegen das hauptsächliche und zentrale Gebot Gottes, nichts und niemanden neben ihm zu haben, zu betrachten. Dieses Argument verdient insofern Beachtung, als wir in ihm den Versuch einer Neulösung der Verortung des Melancholieproblems im christlichen Koordinatensystem erkennen können. Eine Neulösung war damals deshalb geboten, weil die alte katholische Weisheit von den Vitia Capitalia nach Luther keine substantielle Verbindlichkeit mehr beanspruchen konnte. Dazu war die Tod- und Hauptsündenlehre zu sehr scholastisch-schematisch, vor allem zu wenig biblisch. Die Orientierung der christlichen Melancholiekritik an der Acedia der alten Lasterlehre mußte nach deren Autoritätsverlust also durch eine neue Anknüpfung ersetzt werden. Indem Musaeus es mit dem ersten Gebot versucht, tut er dreierlei: Er orientiert sich erstens am alttestamentarischen Dekalog, was verständlich ist, da in der neutestamentarischen Liebesethik (beispielsweise der Bergpredigt) sicherlich wenig Verbindliches in traurigkeitspolemischer Hinsicht zu finden sein dürfte (und die Paulus-Stelle von den zweierlei Traurigkeiten zu beiläufig ist). Weiterhin nimmt er sich das einzige der Zehn Gebote zur Argumentationsgrundlage, das überhaupt in tieferer psychologischer Hinsicht etwas hergibt; und anders als das Bilder-, das Fluch- und das Götzendienstverbot, das Sabbath- und das Ehrengebot, das Mord-, das Ehebruch-, das Diebstahl-, das Lüge- und Neidverbot, die alle sehr präzise eingeschränkt sind, bietet gerade das erste Gebot einer amplifikatorischen Auslegung und hermeneutischen Vertiefung durch seine vieldeutige Formulierung genügend Spiel- und Anknüpfungsraum. Drittens bezieht Musaeus sich natürlich mit diesem Rekurs auf das erste Gebot auf das wichtigste und heiligste der biblischen Güter, womit er der Anklage gegen die Melancholie den besonderen Stellenwert einer Haupt- und Staatsaktion, gleichsam einer Hochverratsbeschuldigung in Sachen Gottesmißachtung verschafft. Es findet sich in dieser Neufassung des überdauernden Melancholieproblems also das herrschende Unbehagen an der Melancholie wieder einmal auf das äußerste angespannt.

Welches sind nun die teuflischen Eingebungen und törichten Gedanken der blinden Vernunft, die durch die melancholische Abweichung aus Gottes Schutz und Geleit nach Meinung unseres Predigers entstehen? Er nennt an erster Stelle zwei Themen, nämlich die antikrenaissancehafte Fortunalehre vom zufälligen, blinden Glück und die augustinisch-calvinistische Prädestinationslehre, nach der Glück und Unglück der Menschen von Gott vorherbestimmt seien – «vnd was Gott einmal beschliesse / da lasse ers bey bleiben / vnd verendere es nimmermehr», so daß die Menschen im verordneten Unglück ohne Barmherzigkeit Gottes verderben müßten, «vnd könnens Gott dem Herrn weder abbitten noch abbüssen» (S. 29).

Es geht also, nicht ganz zufällig bei diesem Thema, um das Glück. Im ersten Fall wird Gott als mehr oder weniger abwesend und sich enthaltend vorgestellt, was das menschliche Leben und Streben nach Glück angeht; es ist vielmehr Fortuna, die ungerechte Göttin auf dem Glücksrad, die willkürlich die Geschicke der Menschen regiert. Im zweiten Fall dagegen wird Gott zwar nicht als uninteressiert am Glück seiner Geschöpfe, aber als gnadenlos und unbarmherzig in seiner Wahl angesehen. Die Frage, wie ein gnädiger Gott zu finden sei, braucht dann jedenfalls nicht mehr gestellt zu werden, wenn zuvor doch schon an die Güte Gottes kein Appell mehr zu richten ist, da alles in vorherbestimmter Anordnung abzulaufen hat.

Musaeus kommentiert diese beiden Ansichten:

«Das ist denn eine rechte grewliche Melancoley / vnd vnchristliche gedancken / dadurch Gott mit allen seinen Tügenden / Weisheit / Barmhertzigkeit / Wahrheit / vnd Allmechtigkeit / aus dem hertzen geruckt wird / als einer / der weder sehe / höre / noch etwas mit vns thun könne oder wölle. Darüber auch aller glaube / gebet / gedult vnd hoffnung / zu boden gehet / vnd folget eitel lauter furcht / sorge / harm / gram / vnsinnigkeit / vnd endtliche verzweifelung. Solchen jammer verhenget Gott offt vber die Melancholische / zur straffe jhrer vermessenheit vnd vnglaubens» (S. 29f).

Bemerkenswerterweise hält Musaeus die Fehlhaltung der Melancholie gegenüber Gott und dem ersten seiner Gebote für eine Vermessenheit. Wie ist das im Kontrast zur traurigen Gedrücktheit, die dem Melancholischen ansonsten eigen ist, zu verstehen?

Musaeus meint damit, daß die ‹melancholischen Selbstversorger› sich im Überschwang ihrer depressiven Unmäßigkeit, die nichts anderes als eitler Unglaube sei, <u>mit ihren Spekulationen über Glück und Unglück an die Stelle des göttlichen Herrschers</u> stellten, anstatt ergeben ihm und <u>seinem Ratschluß zu</u> vertrauen, daß «sie sich an seine stadt setzen / greiffen jhm in sein Regiment / rauben jhm seine Göttliche ehr / Wöllen sich selbs versorgen / reich / gesund vnd selig tichten / Welchs alles die höchste schmach vnd vnehre Gottes ist» (S. 30).

Der Verstoß gegen das erste Gebot besteht mithin darin, daß der Melancholiker sein Elend nicht transzendieren will, sondern in seinem traurigen Kosmos befangen bleibt und gleichsam Autonomie im Gefängnis seines Unglücks beansprucht. Damit, daß er sich weigert, sich selbst zu überwinden und also sich Gottes unerfindlichem Ratschluß zu überlassen, befördert er sich an die Seite oder sogar an die Stelle des Weltenlenkers, dessen Führung und Geleit er in seiner depressiven Verstimmtheit nicht mehr zu erkennen vermag.

Nachdem Musaeus an einigen biblischen Beispielen noch einmal vorgeführt hat,

«wie eine grawsame / schedliche plage die Melancholey sey / wie sie vns aus dem glauben an Gott / in eigene vermessenheit treibe / vnd reisse vns aus seinem schutz vnd regiment / inn das blosse offene feldt / oder grundtlosz Meer des Teuffels / darinne wir so lange schwümmen vnd zappeln / bis wir endtlich ersauffen / krencken vnd fressen vns tag vnd nacht / mit eigenen gedancken / darüber der Teuffel sein triumpf vnd frewdenspiel / Gott aber mit allen Engeln im Himmel / eitel klage vnd trawren vber vns hat / das wir jhm so wenig vertrawen» (S. 35),

endet der erste Teil seiner «Warnung (...) wider die (...) Melancholie» von 1557, und er geht von der Diagnose (Gottvertrauensverlust gepaart mit grüblerischer Vermessenheit) zur Therapie über und offeriert in einem zweiten Abschnitt eine «Köstliche Artzney vnd Recept / wider die grawsame seuche der Melancholey / aus der Apoteck des heiligen Geistes».

An vorderster Stelle unter den dort aufgeführten Remedien, die

Gott, weil er «ein liebhaber der menschen ist /vñ nicht lust hat an vnser trawrigkeit vnd todt / sondern das wir inn fröligkeit vnd gesundtheit leben» (S. 35), gegen die Melancholieplage verordnet hat, nennt Musaeus interessanterweise die Musik, auch wenn sie das einfachste der geistig-geistlichen Mittel sei, und er verweist natürlich zur Begründung auf den berühmten Fall, «1. Samuleis 16. Das durch Dauids Musicam / der Melancholische Teufel im Könige Saul gestillet sey».[12] Sodann führt er an «den messigen brauch des Weins» und als drittes «ehrlicher vnd Gottfürchtiger Leute gesprech vnd gesellschafft»; denn es sollten melancholische Personen nicht viel allein sein, sondern immer jemanden um sich haben; schließlich sei ein einziger Mensch allein dem Teufel gegenüber zu schwach und werde leicht sein Raub (S. 36f).

Nun können aber, vereinfacht ausgedrückt, ‹Wein, Weib und Gesang› nicht im Ernst schon die wesentlichen Rettungsmittel aus der Apotheke des Heiligen Geistes gewesen sein. Und in der Tat, das eigentliche Lebenswasser, womit ein betrübtes Herz gestärkt, erquickt und erfrischt werden soll, ist weder das Saitenspiel noch mäßiger Weingenuß, noch gute Gesellschaft, sondern einzig Gottes Wort und das Gebet. Dadurch allein werde der Melancholiker, so Musaeus, zu einer geänderten Perspektive seiner verhängnisvollen traurigen Ansichten und zur Einsicht in die Gutheit des Übels, das über ihn verhängt worden sei, kommen:

«Vnd ist zwar auch kein wunder / denn der heilige Geist / als der höheste Tröster vnd Paracletus / ist alleweg bey solcher übung vnd betrachtung des worts / tröstet vnd zeucht die betrübten hertzen aus dem grundtlosen Melancholischen summpf / hinauf zu Gott / das sie all jhre sachen / hendel vnd felle / glückselige vnd widerwertige anschawen / Nicht wie sie an jhnen selbst scheinen / Sondern wie sie allein inn Gott dem Herrn schweben / der alles durch sein vnermessliche weisheit / güte vnd macht / zu vnserem heyl verhengt / schicket / messiget / regieret vnd füret / viel mehr als wir verstehen vñ begreiffen mögen» (S. 37f).

Dem Melancholiker kann also allein demütige Unterwerfung helfen, die Anerkennung einer Weltanschauung sub specie bonitate, die gerade seine, die melancholische Sicht auf die Einrichtung der Welt, nicht ist. Wie soll er das machen? Am Ende steht auch hier nichts anderes als der gefährlich doppeldeutige Imperativ an ihn: Du mußt dran glauben! – so oder so.

Verschwinden und Wiederbelebung des Acedia-Konzepts

Gewaltsam die Stimme erheben oder weiter mitmurmeln, bis daß man sich selbst vergißt? – Dantes accidiosi, die Schwermütigen, Verdrossenen, Apathischen, die Nachbarn der Jähzornigen im Sumpf des Trauerbachs – sie haben die Fähigkeit verloren, eine deutliche Sprache zu sprechen...

Botho Strauß, Die Widmung (1977)

Was muß geschehen, die heutzutage undeutlich gewordene Stimme der Acedia wieder zu verstehen? Und wieso eigentlich ist diese Stimme so unvernehmbar geworden? Wie ist das geschehen und in welchen Schritten?

Das allmähliche Verschwinden des Acedia-Konzepts ließe sich wohl durch einen Vergleich der einschlägigen Lexikonartikel in den Enzyklopädien und Glossarien vom Beginn der Neuzeit bis zur Gegenwart im einzelnen ausführlich vorführen; wobei es dann vor allem interessant wäre festzustellen, wann und wo die Acedia nicht mehr eigens vorkommt. Einige wenige Beispiele mögen die bei einem solchen Unternehmen einzuschlagende Untersuchungsrichtung andeuten.

Im 17. Jahrhundert ist es das einzigartige «Glossarium ad scriptores mediae et infimae latinitatis» des Charles du Fresne DuCange (1678), in welchem die Acedia durch einen langen, belegstellenreichen Artikel gleichsam ‹begriffsgeschichtlich› fixiert und der historischen Gelehrsamkeit überliefert worden ist. Ein halbes Jahrhundert später wird im ersten Band (1732) von Zedlers «Großem vollständigen Universallexikon aller Wissenschaften und Künste» zwar noch ein eigener Acedia-Artikel geführt; in diesem wird aber nicht mehr das traditionelle Problem thematisiert, sondern das schon selten gewordene Fremdwort «Acedia» mehr schlecht als recht übersetzt als «Faulheit, Commoditat, Unachtsamkeit etwas zu verrichten». Das eigentliche theologische Problem findet sich vielmehr, ohne daß darauf beim «Acedia»-Stichwort verwiesen worden war, erst Jahre später im 44. Band (1745) als letzter Eintrag in der Gruppe der «Trägheit»-Artikel unter dem Stichwort «geistliche Trägheit»:

«Lat. Socordia spiritualis Topor, Tepiditas, Somnus spiritualis, Gr. ἀκήδια von ἀ privativo und κᾶδησ cura, ist in Theologisch-Moralischem Verstande eigentlich die Nachläßigkeit, die ein Christ in geistlichen Dingen bezeugt, und an sich spüren läßt. Deßwegen beschreibet selbige der Moralist Escobar durch einen Eckel und Abscheu vor geistlichen Dingen, durch eine Traurigkeit, die daher entstehe, daß geistliche Güter sind. Z. E. wenn es einem gleichsam leid ist, daß GOtt ihn zu seinem Bilde geschaffen, daß GOtt ihn seelig haben welle, und Gnaden-Mittel und Sacramente verordnet habe, und also lieber wünschete, daß dergleichen nicht sey, damit er mit alle diesem seine Noth nicht haben möchte» (Sp. 1857).

Die sich anschließenden Ausführungen dieses Artikels stützen sich jedoch interessanterweise nicht mehr auf ein irgendwie noch populäres Wissen, sondern beziehen sich, abgesehen von dem unumgänglichen Verweis auf den unersetzlichen DuCange, weitgehend auf eine theologische Spezialuntersuchung damaliger Universitätsgelehrsamkeit, nämlich auf die Dissertation «Tractatio de Peccato Acediae (Der geistlichen Trägheit)» von Johann Daniel Herr[e]nschmid[t] (1675–1723), die, wie man wird sagen dürfen, gerade zur rechten Zeit für Zedlers Artikel noch einmal eine annäherungsweise Erinnerung und Vergegenwärtigung dieses seltsam-seltenen Sündenkonzepts versucht hat. Denn, so lautet der für uns besonders aufschlußreiche Hinweis im Zedler, «es sey diß eine rare Materie, die wenigsten Leute gedächten an diese Sünde, als welche man selten nennen höre», und es sei das Verdienst Herrnschmids bzw. seines Übersetzers Mayer, daran erinnert zu haben, «daß dieses die gemeinste und auch zugleich die grössesste Sünde sey, welche mache, daß viele gar ausser Bekehrung fortgehen, und so sie eines und das andere gute am Hertzen erfahren, doch *zu keinem rechten Durchbruch ins rechte Evangelische Wesen des Christenthums* kommen können» (Sp. 1858). – Was den Fortbestand des Acedia-Sündenbewußtseins im beginnenden Aufklärungsjahrhundert behindert, ist demnach eine zunehmende innere Distanz zur Kirchenlehre, sei es aus verhohlenem Atheismus oder aus mehr oder weniger unverhohlener religiöser Gleichgültigkeit, wie sie gleich noch am Beispiel der französischen Enzyklopädisten deutlich werden wird.

Die nachfolgende zweite Hälfte jenes Artikels im Zedler besteht aus einer ausführlichen Inhaltsangabe dieses theologischen «Unterrichts von der Geistlichen Trägheit» aus dem Jahr 1712 bzw. 1724 (deutsche Übersetzung):

«Was nun des Herrn Herrnschmidts Dissertation anbelangt, so besteht dieselbige aus sechs Capiteln: Im ersten wird das Wort *Acedia* umständlich erkläret, und gesagt, es heisset, so viel als *Ekel am geistigen Guten, Launigkeit, Verdruß,*

Faulheit im Christenthum und Gebet (...). Das andere Capitel stellet vor die mit der geistlichen Trägheit behaffteten Menschen [...]. Wie solche alle Theile des Leibes und der Seelen angreife, wird p. 41 erinnert. Und sodann Cap. III von den Kennzeichen der geistlichen Faulheit gehandelt. Diese sind: 1) Nachlässigkeit der Seelen. 2) Unterlassung gottseeliger Uebungen auch bey den Lehrern selbst, p. 56. 3) Wiederwille gegen den innerlichen oder äußerlichen Beruff. 4) Die Liebe und der Mißbrauch der Welt. 5) Feindschafft gegen Gott. 6) Verdorbenes Singen geistlicher Lider. 7) Die Schwäche des Gebets. 8) Die Liebe äußerlicher Geschäffte. [...] Im vierdten Cap. endecket er die Ursachen dieses Lasters, benimmt auch denen Geistlich-trägen alle Ausflüchte. Es sind dieselben äusserlich und innerlich. Der Satan der Welt, die uns anklebende Sünde, ja unser Leib tragen alle das ihre bey. Das fünffte handelt von der Schuld und Strafe, und zeiget, daß dieses eine Haupt- und Tod-Sünde sey [...]. Im sechsten zeiget er, was man vor Mittel darwider brauchen müsse» (Sp. 1859f).

Verwiesen wird deshalb so ausführlich auf diesen Eintrag in Zedlers Universallexikon, weil er in der neueren Diskussion der Acedia-Problematik nirgends berücksichtigt ist und damit auch nicht die besagte Dissertation über Geistliche Trägheit von Herrnschmid, die immerhin eine prekäre (pikanterweise protestantische) Bemühung um das Wachhalten der alten scholastischen Acedia-Lehre noch zu Beginn der Aufklärungszeit bedeutet hat. Wie aus der im Zedler gegebenen Inhaltsbeschreibung hervorgeht, waren die Themen der antimelancholischen bzw. -acediösen Verurteilung dabei dieselben geblieben – ein gelehrtes Rückzugsgefecht also.

Trägheit in Diderots Enzyklopädie. – Lexikographisch bereits nicht mehr gedacht wird der Acedia dann in der einige Jahrzehnte später erscheinenden «Encyclopédie ou dictionnaire raisonné des sciences, des arts et des métiers», und zwar weder in Form eines Einzelartikels noch in den maliziös eingerahmten Ausführungen dort zur Sünde und Todsünde. Die kritisch-ironische Haltung der Enzyklopädisten zum moraltheologischen Zentralbegriff Sünde (frz. «péché») kommt bezeichnenderweise schon dadurch zum Ausdruck, daß sie einem Homöonym, dem bis auf die Akzente buchstabengleichen «pêche» (Fischfang), ausführlich acht Spalten widmen, dem «péché»-Artikel (inklusive Todsünde und Erbsünde) aber gerade nur zweieinhalb (Encyclopédie, Bd. 12, S. 225–227). Nicht genug damit, daß der sich an «péché» anschließende gleichklingende «pêcher» (Pfirsichbaum), ein

Homonym also diesmal, mit auffallender Ausführlichkeit wiederum acht Spalten zugestanden bekommt; es wird obendrein das wichtige Verb «pécher» (sündigen) danach mit einem bloßen Verweis auf den mit so wenig Aufmerksamkeit bedachten (und mit um so mehr Ausführlichkeit umrahmten) kurzen Sündenartikel abgefertigt. Mit anderen Worten: Es war diesen Denkern der Aufklärung die Beschäftigung mit «Fischfang» und «Pfirsichbaum» wichtiger, als umständlich «Sünde» und «sündigen» zu erörtern.

Im übrigen könnte eine Analyse jener drei Teilartikel zum Stichwort «péché» in der «Encyclopédie» leicht zeigen, daß dort geschickt, ohne die Zensur bei einem so brisanten Artikel zu provozieren, Distanzierung von kirchlichen Dogmen durch betonte Wissenschaftlichkeit geübt wird, so daß eben auch die überkommene Lasterlehre hier keinen Platz mehr finden konnte.

Auch in den beiden Artikeln zur «Trägheit» («paresse»: Bd. 11, S. 939) sind keine Referenzen – geschweige denn Reverenzen an die katholische Lehre von deren Todsündenhaftigkeit – mehr anzutreffen. Im Gegenteil wird die Trägheit als herrschende Zuständlichkeit, insbesondere der «beau monde», ironisiert und so in eine interessante Beziehung zum «Ennui», der vornehm-depressiven Langeweile, gesetzt. Wenn man gelegentlich die Herrschaft der Trägheit unterbricht, heißt es da, dann geschehe das eher, um die Langeweile zu vertreiben als aus Vorliebe für Beschäftigung. Insofern wird dann auch der zweite Teilartikel zur «paresse» verständlich, in dem Trägheit von Müßiggang zu unterscheiden versucht wird.

Die besondere Pointe, der eigentliche Hieb gegen die kirchlich-katechetische Auffassung von Acedia / Trägheit aber ist wohl in der Schlußbemerkung des ersten Teilartikels zu sehen, wo nämlich die herkömmliche moralische Wertung von den Enzyklopädisten bewußt auf den Kopf gestellt wird. Vielleicht, räsonieren sie, sei es ja ein Glück für die Gesellschaft, daß dieses Laster der Trägheit nicht ausgerottet werden kann, glaubten doch viele Leute, die Trägheit allein habe mehr schlechte Handlungen verhindert, als alle Tugenden zusammengenommen bewirken.

Wenn Tugend bedeutet, Laster zu vermeiden, wie schon Horaz in einer seiner «Episteln» meinte (1, 41: «Virtus est vitium fugere»), dann kann das Laster der Trägheit, da es zur Vermeidung anderer Laster beiträgt, in dieser Sichtweise der Enzyklopädisten nachgerade zur

Quasi-Tugend aufsteigen. Die dargestellte Argumentationsfigur nimmt dabei eine spätere gereimte Einsicht von Wilhelm Busch aus «Die fromme Helene» beinahe vorweg: «Das Gute – dieser Satz steht fest – / Ist stets das Böse, was man läßt», etwa weil man zu faul zum Bösen ist. Das Gute kommt auch zustande, indem man das Böse aus Trägheit unterläßt: Auf diese Weise wird aus der bösen Trägheit, aus der Sünde, «nicht tief und innerlich genug das Gute zu wollen», wie Kierkegaard sie später nennen sollte, die gute Trägheit, die nicht tief und innerlich genug das Böse, die brutale Selbstsucht, das Verbrechen will und es deshalb zu begehen versäumt. Dies erscheint wie eine späte Wiederaufnahme jener einzigartigen mittelalterlichen Ehrenrettung der Melancholie, die im 13. Jahrhundert der geistreiche Bischof von Paris, Wilhelm von Auvergne, unternommen hatte, indem er argumentierte, als natürliche Anlage sei die Melancholie insofern von Vorteil, als man durch sie vor der Versuchung durch körperliche Freuden und weltliche Unruhe gesichert sei und durch diese Unterlassung des sündhaften Lebens offen für den Einfluß göttlicher Gnade.[13]

Wenn diese Nichtbehandlung eines Acedia-Stichworts und Nichtachtung der Todsündenproblematik durch die Enzyklopädisten noch als religionspolemisch motiviert angesehen werden mag, so verhält es sich eine Generation später in der ganz unkämpferisch konzipierten «Allgemeinen Encyclopädie der Wissenschaften und Künste» von J. S. Ersch und J. G. Gruber schlechterdings nicht anders: 167 Bände, aber kein Stichwort «Acedia». Für die Konversationslexika des 19. Jahrhunderts ließe sich ähnliches zeigen: Die Acedia ist nicht mehr im Gespräch.

Die Wiederentdeckung der Acedia im 19. Jahrhundert. – Um so erstaunlicher ist, daß, wie und durch wen die Acedia wieder heimlich ins Gespräch gebracht wird, und zwar noch in der zweiten Hälfte des 19. Jahrhunderts, aber abseits des traditionellen Denkwegs. Die neuerliche Angabe, der Begriff sei erst im 20. Jahrhundert wiederentdeckt worden, kann wohl mit guten Gründen vordatiert werden.[14]

Schon die französische Literatur- und Kulturkritik hat um die Mitte des vorigen Jahrhunderts dem Acedia-Begriff auf dem Feld der ästhetisch-ethischen Auseinandersetzung um die Pathologie des Romantischen in der zeitgenössischen Kunst, also um das romantische Leiden am Leben und der Welt («ennui» und «mal du siècle»), historisch zu einer erneuten Bedeutsamkeit verholfen. Auf der Suche nach den

Gründen des modernen Lebensüberdrusses, des Ennui weiter Kreise der Gesellschaft und insbesondere der literarischen Intelligenz, stoßen Saint-Beuve und Saint-Marc Girardin bei ihren Versuchen, dem gegenzusteuern, wieder auf das Konzept der Acedia als einer spezifischen seelengeschichtlichen Vorform des modernen Mal du siècle.

Charles Augustin Saint-Beuve (1804–1869) hat in «Port Royal», seiner Ideengeschichte des 17. Jahrhunderts, die Acedia im Ersten Buch («Origines et renaissance de Port-Royal», 1840) anmerkungsweise kurz behandelt. Die Acedia, erklärte er, sei die dem Klosterleben eigentümliche Art des Ennui, des Überdrusses, vor allem in der Wüste und wenn der Gläubige allein lebe, sei eine unbestimmte, dunkle, zarte Traurigkeit, die Langeweile der Nachmittage; das Bedürfnis nach dem Unendlichen ergreife einen, man verirre sich in unerklärliche Wünsche. In diesem Zusammenhang zitiert Saint-Beuve schon hier aus dem noch zu behandelnden «René» Chateaubriands.[15]

Einige Jahre später ist er in seinem großen literaturgeschichtlichen Werk «Chateaubriand et son groupe littéraire sous l'empire» (1848/49 gelesen, 1860 veröffentlicht) wieder auf das Phänomen «Acedia» zurückgekommen. Die moderne Melancholie, schreibt er dort, sei weit früher geboren worden; man werde sie nicht vergeblich bei Lukrez, dem Dichter der Natur, suchen; der Heilige Augustinus habe sie bereits bei Virgil gefunden, und selber sei er das deutlichste Beispiel für sie; sie sei es gewesen, die der Heilige Chrysostomos an dem jungen Stagyrus zu behandeln versucht habe; man finde sie wieder, diese zunehmende Melancholie, in der ersten Zeit des Christentums auf der Suche nach Zuflucht im Kloster, beim Versuch, sich dort zu heilen, oft nur mit dem Ergebnis, dort darin gestärkt zu werden; es sei dies im Grunde nichts anderes gewesen als *Acedia*.[16]

Bei Saint-Marc Girardin findet die Wiederentdeckung der Acedia beinahe gleichzeitig mit der von Saint-Beuve ebenfalls am Anfang der 40er Jahre des 19. Jahrhunderts statt und gleichfalls in literarhistorischem Kontext.[17] Damit hatte die Acedia, außerhalb des obsoleten katechetischen Lasterschemas, vermittels der religions- und zivilisationspathographischen Betrachtungsweise des Historismus wieder Anschluß an die Moderne gewonnen.

Das aber bedeutet: Die Acedia ist von einem moraltheologischen Begriff zu einem kulturpsychologischen mutiert. Es kann an dieser Stelle nicht genug betont werden, daß die Sünde der Acedia in religiöser Hinsicht modern so gut wie keine Bedeutung mehr hat; auf Ausnahmen wird gleich noch zu sprechen zu kommen sein. Zu bemerken ist daher, daß sie eben nur deshalb auf anderen Feldern als der Theologie, nämlich in den modernen wissenschaftlichen Betrachtungsweisen der Psychologie und Soziologie, wichtig werden konnte, weil ihre traditionelle theologische Sündendimension konzeptuell verblaßt und verschwunden war und ist.

Indem die literarhistorischen, bewußtseinsgeschichtlichen Kulturkritiker des 19. Jahrhunderts den Acedia-Begriff aus patristischen und glossarischen Quellen reaktivierten und polemisch auf ihr aktuelles zeitgenössisches Problemfeld bezogen, eröffneten sie eine neue, bis heute dauerhaft interessante Perspektive der «Nachforschungen über die Acedia», wie es wenig später nach Saint-Beuves und Saint-Marc Girardins Pionierleistungen programmatisch formuliert wurde.[18] Von einem der bekanntesten Psychiater jener Zeit, Bierre de Boismont, wird schon bald eine Problemsynthese hinsichtlich Ennui, Acedia, Lebensekel und Selbstmordtendenz versucht.[19] Baudelaire zeigt sich von dieser Verquickung ästhetischer, ethischer und pathologischer Fragen fasziniert und übernimmt in seinen «Fusées» (1860) dieses erneuerte psychologische Acedia-Verständnis[20], und ähnliches findet sich in der Baudelaire-Nachfolge noch bei Huxley und T. S. Eliot, wo auch der Baudelairesche Ennui als moderne Form der Acedia begriffen wird.[21]

Aber auch philosophisch ist die Acedia im 19. Jahrhundert als zeitgenössisches Problem wiederentdeckt worden, und zwar zunächst durch Kierkegaard in ähnlichem Zusammenhang und fast zur selben Zeit wie durch die französische Kulturkritik. In Kierkegaards Tagebuch findet sich schon 1839 die Bemerkung: «Was wir in bestimmter Richtung mit dem Wort ‹Spleen› bezeichnen, das kennt das Mittelalter unter dem Namen ‹acedia›.»[22] Die leidige Frage, woher ihm diese Kenntnis zugewachsen war, beantwortet sich bei Kierkegaard ähnlich wie schon bei Saint-Beuve: Er hatte sie wohl aus direkter Kenntnis der alten Quellen.[23]

Die neuthomistische Aktualisierung des Acedia-Problems. – Keine Darstellung moderner Acedia-Problematik darf schließen ohne eine gehörige Verbeugung vor Josef Pieper und ohne angemessene Beschäftigung mit seinem Beitrag. Dieser Nestor des Neuthomismus hat auf beeindruckende und zuweilen anrührende Weise in unserem Jahrhundert noch einmal mit größter Beredsamkeit den Versuch unternommen, die «Lebenslehre des Hochmittelalters» von der Acedia als trägherziger Trübseligkeit gemäß den Einsichten des Thomas von Aquin für die Gegenwart zu aktualisieren und in ihr Geltung zu verschaffen.

Ohne das weitgespannte Werk Piepers hier gänzlich zu Rate ziehen zu können, scheint doch seine früheste einschlägige Auseinandersetzung mit der Acedia in seiner Schrift «Über die Hoffnung» (1935) stattgefunden zu haben, also einleuchtenderweise im Zusammenhang der Polarität von Hoffnung und Verzweiflung. Diese Stellungnahme ist zugleich seine ausführlichste und wohl maßgebliche, sofern man die weiteren Ausführungen aus «Zucht und Maß» (1939) und aus «Muße und Kult» (1948) noch hinzunimmt.

In «Zucht und Maß» hat Pieper hauptsächlich defensiv argumentiert und die scholastische Lehre von der Acedia in Schutz genommen gegen eine wirtschafts- und religionssoziologisch inspirierte Interpretation der «Trägheitssünde» im Stile Werner Sombarts[24], welche in ihr die aus der Mönchsethik erwachsene ideologische Keimzelle eines schon im Mittelalter sich konstituierenden protokapitalistischen «Arbeitscharakters» meinte erblicken zu können, also sozusagen die katholische Parallelerscheinung zu der vor allem auf den Protestantismus bezogenen These Max Webers von der Entstehung der Arbeitsethik. Dagegen hatte Pieper für die Auffassung geworben, umgekehrt gerade auch die unter arbeitsamer Rastlosigkeit larvierte «Trägheit» der Acedia zu begreifen als eine Unfähigkeit, in Übereinstimmung mit sich selbst und mit dem inhärenten göttlichen Anspruch auf den Menschen zu ruhen, also als selbstverschuldet-lasterhaftes Unvermögen zur kultischen Muße des Christlichen, deren Verteidigung gegen den modernen «Arbeiter» (etwa Jüngerscher Provenienz) im übrigen das ganze Buch «Muße und Kult» gewidmet ist.

Während er sich hier argumentativ eher in Verteidigungsstellung befand, hatte Pieper in «Über die Hoffnung» bereits die Acedia offensiv kritisiert als Anfang und Wurzel der Verzweiflung, welche «die Vorwegnahme der Nicht-Erfüllung», so der Titel des einschlägigen Kapitels, darstelle. An eben dieser Kritik der acediösen Verzweiflung als Vorwegnahme der Nichterfüllung aber ist interessanterweise, ohne daß Pieper dies selber auch nur andeutet, eine gewisse Nähe und Vergleichbarkeit zu dem zu bemerken, was in anderen Zusammenhängen ein Generationskonflikt genannt werden würde, in diesem Fall also ein Generationsproblem zwischen Schöpfergott und Menschengeschöpf. Denn es besteht, wie Pieper mit ständigem Bezug auf Thomas von Aquin betont, das eigentlich Empörende der Sünde der Acedia darin, daß dem Menschen in seiner trägherzigen Traurigkeit das heilsbefördernde Werk, das sein Gottvater bzw. göttlicher Menschensohn an ihm und mit ihm zu vollbringen vorhat, gleichsam des Guten zuviel ist. Die Höhe des Seins, auf die nach dem tiefen Fall der Erbsünde wieder zu gelangen der Herr der Schöpfung sein Ebenbild antreibt, ist ihm zu hoch, der heilssportive Trainingsweg auf das schöpfungskrönende Siegertreppchen zu weit und zu beschwerlich.

«Der Mensch flieht vor Gott, weil Er den Menschen zu einem höheren, göttlichen Sein emporgestaltet und ihn also an einen höheren Maßstab des Sollens gebunden hat. Die *acedia* ist schließlich geradezu *eine detestatio boni divini* [Verwünschung des göttlichen Guts], was die Ungeheuerlichkeit bedeutet, daß der Mensch überlegt und ausdrücklich den Wunsch hat, Gott möchte ihn nicht erhöht, sondern ‹in Ruhe gelassen› haben.»²⁵

Die Acedia ist für Pieper also deshalb «der Anfang und die Wurzel der Verzweiflung», weil sie es wagt, noch «angesichts des göttlichen Gutes im Menschen»²⁶ schwermütige Traurigkeit zu empfinden und schwerfällige Trägheit des Herzens an den Tag zu legen. Die Offenbarung der Liebe Gottes, die, wie jede väterliche Liebe, zugleich eine gewisse Zumutungsqualität hinsichtlich der zu erfüllenden Hoffnungen mit sich bringt, ist für den acediösen Melancholiker nicht, wie sie es sein sollte, Grund zu uneingeschränkter Begeisterung und Hochgemutheit, sondern führt zu einer merkwürdigen – und im mittelalterlichen System der universalen Jubelverpflichtung zu Ehren Gottes jedenfalls todsündenhaften – Gedämpftheit und Beschwertheit seiner Reaktion.

Den Grund für diesen Mangel an Hochgemutheit erblickt Pieper in einer latenten Liebes- und Leistungsverweigerung:

«Die Traurigkeit (...) will sich das Große nicht zumuten, das der Natur des Christen gemäß ist. (...) Der in der *acedia* befangene Mensch hat weder den Mut noch den Willen, so groß zu sein, wie er wirklich ist. Er möchte lieber weniger groß sein, um sich so der Verpflichtung der Größe zu entziehen. Die *acedia* ist eine pervertierte Demut; sie will die übernatürlichen Güter nicht annehmen, weil sie ihrem Wissen nach verbunden sind mit einem Anspruch an den Empfänger.»²⁷

Interessanterweise zieht Pieper an dieser Stelle selber eine psychologische Parallele zur geheimen Angst des Neurotikers vor dem Problem seiner Beanspruchung nach einer Gesundung. Es ist mit der Heilung, dem Heil-Werden, in beiden Fällen der Verlust des Krankheitsgewinns auf Schonung verbunden, religiös gesprochen also der Fortfall des die Willenskräfte schonenden Verbleibens im Sündenleben. Wie ist das zu verstehen?

Christus ist der Weg, lehrt das Evangelium des Johannes (14,6), und der Christ ist daher in guter Hoffnung als «homo viator» auf dem Weg, so daß Pieper zu dem Schluß kommt: «Der Christ, der am ewigen Leben verzweifelt, (...) verneint den in personhafter Gestalt erschienenen, realen ‹Weg› zur Ewigen Glückseligkeit und Erfüllung: Christus selbst.»[28] Dies macht die Schwere der Sünde der Acedia als Heilsverzweiflung plausibel. Jedoch ist es, um metaphorisch im Bild zu bleiben, nicht zu übersehen, daß es ein unabsehbar langer Weg geworden ist, auf den die Christenheit religiös geschickt worden ist. Und dieser (wie man es nennen könnte) lange Marsch durch die Indikationen einer an chronischer Parusieverzögerung leidenden Heilsgeschichte ist – wie schon der generationenverschleißende Zug der Kinder Israel durch die Wüste ins Gelobte Land, bei dem bekanntlich keiner von den ursprünglich Aufgebrochenen die eigentliche Zielerreichung mehr erlebt hat – nicht unbedingt jedermann konstitutionell zuträglich. Es gibt eine Menge Fußkranker auf einem solch langen Marsch. Das sind die typischen Problemfälle einer jeden ambitionierten Völkerwanderungs- oder Fortschrittsunternehmung, diejenigen nämlich, die dauerhaft nicht Schritt halten können oder wollen, welches letztere ihnen zu unterstellen die Betreiber der Bewegung meist eher geneigt sind, als die Realität der Überforderung ins Auge zu fassen. Jene heils- und fortschrittsgeschichtlichen Fußkranken sind die ‹Depressiven›, die Mutlosen, Hoffnungslosen und Verzweifelten, über die, für die und gegen die immer wieder aufmunternd homiletisch und aufgeregt polemisch geschrieben wird – kurz diejenigen, die auf der Strecke bleiben.

3. Weltschmerzliche Empfindsamkeit
(hypochondria)

‹Hypochondrie› als melancholieverwandter Leidensbegriff

Was fehlet ihm? Ach wüßte er es bloß!
Zu jedem Aufschwung sonderbar gehemmt,
In seltsame Verstimmung eingeklemmt,
So schwer und doch so schwach und willenlos.
Und eine Leere ist in seinem Schoß,
Ihm ist, als würde er sich selber fremd:
Kurz, jenes trübe, allbekannte Leiden,
Wenn sich von dem Gemüt der Sinn will scheiden.

Frederik Paludan-Müller,
Adam Homo (1841/42)

Zum Abschluß der Erkundigungsgänge in diesem ersten melancholiegeschichtlichen Teil «Zwischen Krankheit und Sünde» muß noch ein weiteres wichtiges Melancholie-Begriffspendant untersucht werden: die sogenannte Hypochondrie. Wie schon bei der *melancholia* und der *acedia* handelt es sich bei der *hypochondria* um einen Begriff, der von seinen Ursprüngen bis zu seinem heutigen Verständnis eine beträchtliche Wandlung erfahren hat. Dabei bringt aber weder der ursprüngliche noch der gegenwärtige Wortgebrauch zunächst sonderlich Erhellendes in problemgeschichtlicher Hinsicht zutage.

Das griechische Wort bezeichnet nämlich mit ὕπο (unter) und χόνδρος (Knorpel) – den angeblichen Ort einer angenommenen diffusen Gesundheitsstörung im menschlichen Leib, die irgendwo ‹unter den Brustknorpeln liegend› ihren Sitz haben sollte. Der damit bezeichnete Bereich umfaßt sämtliche Organe des Unterleibs. Interessant an dieser zunächst rein topographischen Bedeutungsbestimmung aus der antiken Medizin erscheint freilich, daß nach der Vorstellung der Alten dort im Unterleib die Gemütskrankheiten zu lokalisieren seien, ein Gedanke, der gewissermaßen wie eine Vorwegnahme bestimmter moderner Einsichten der Psychosomatik anmutet.

Aber auch der heutige Wortgebrauch läßt kaum erahnen, daß und weshalb die «Hypochondrie» im 17. und 18. Jahrhundert einmal ein melancholieproblematischer Karrierebegriff gewesen ist.[1] Wie die Lexika dokumentieren, wird heutzutage unter Hypochondrie üblicherweise eine übertriebene, neurotische Besorgnis um die eigene Gesundheit oder, besser gesagt, um notorische Nicht-Gesundheit verstanden. Diese Besorgnis werde durch ein ständiges Gefühl körperlicher (oder seelischer) Krankheit ohne ‹objektive› pathologische Grundlage genährt, sei also ein ‹Krankheitswahn›. (Das könnte allerdings in seinem kategorischen Beharren auf objektiv nicht nachvollziehbarem ‹subjektivem› Unwohlbefinden wiederum an die bekannte ‹grundlose› traurige Verstimmung des Melancholikers erinnern.) Der Hypochonder gilt dementsprechend nach heutigem Verständnis als ein im Umgang enervierender egozentrischer Mensch, der aus einer permanenten Angst heraus, krank zu werden oder krank zu sein, in ständiger Selbstbeobachtung lebt und als Folge davon schon geringfügige Beschwerden als Krankheitssymptome zu deuten pflegt. Es handelt sich also um einen «eingebildeten Kranken», wie er in Molières gleichnamigem Stück «Le malade imaginaire» (1673) dargestellt ist.

Aber dieses aktuelle Wortverständnis ist problemgeschichtlich nicht sonderlich produktiv und begriffsgeschichtlich auch nicht repräsentativ. Daß der Hypochondriebegriff in seiner gegenwärtigen Fassung offenbar eine Einschränkung erfahren hat, zeigt sich bereits daran, daß Molière sein Stück gerade nicht ‹L'hypocondriaque› genannt hat, in dem er den Typus des «eingebildeten Kranken» darstellen wollte. Das Hypochondrieproblem muß derzeit einen anderen Zuschnitt besessen haben, jedenfalls nicht denjenigen bloßer ‹Krankheitsfurcht› wie im heutigen Sprachgebrauch, für welche im übrigen mit dem klinischen Begriff der Nosophobie eine zutreffendere Bezeichnung bereitsteht. Aber was bedeutet diese Angst vor dem Kranksein philosophisch gesehen? Und was also hat «Hypochondrie» früher einmal in einem weiteren Verständnis bedeutet? Wie im nächsten Teilkapitel gezeigt wird, war die Bezeichnung im 18. Jahrhundert nahezu ein Synonym für Melancholie – aber ein besonderes. Sonst hätte man beim längst gut eingeführten Begriff der Melancholie bleiben können.

Um noch einmal am heutigen ‹banalen› Sprachgebrauch anzuknüpfen und zugleich von ihm fortzuleiten in problemhaltigere Verweisungen, ist ein Hinweis auf den zwar nicht beabsichtigten, aber gleichwohl möglichen Doppelsinn der Wendung «Eingebildeter Kranker» als deutscher Übersetzung des Molièreschen Titels hilfreich. Damit könnte bei einer leichten Veränderung der Betonung auch ein Kranker gemeint sein, der sich auf seine Krankheit etwas einbildet, ein Hochmütiger, der auf sein Kranksein geradezu stolz ist. Das beispielsweise von Adorno, einem modern-hypochondrischen Geist alter Schule, gern zitierte Wort Georg Trakls – «Wie ist doch alles Werdende so krank» – liest sich dann etwa so: Wie zeigt sich doch durch das Kranksein und Leiden des Empfindsamen erst die wahre Qualität und sensible Potentialität, die heraushebende Selbstwerdungsproblematik insbesondere des noch jugendhaften und nicht verhärteten Menschen! *Aeger ergo sum*: ich kränkle, also bin ich – nämlich etwas Besonderes.

Tatsächlich hat es eine solche Nobilitierung der Krankheit ‹Hypochondrie› geistesgeschichtlich gegeben, und zwar im Gefolge pietistischer Gedankenströmungen. So hat Hamann sogar von «heiliger Hypochondrie» gesprochen, und zwar in einem Brief an Herder vom 3. Juni 1781, wo es heißt:

> «Diese Angst in der Welt ist eben der einzige Beweis unserer Heterogenität. Denn fehlte uns nichts; so würden wir es nicht besser machen als die Heiden und Transcendentalphilosophen die von Gott nichts wissen, in seine Mutter, die liebe Natur sich vergaffen, und kein Heimweh uns anwandeln. Diese impertinente Unruhe, diese heil.[ige] Hypochondrie ist vielleicht das Feuer, womit wir Opferthiere gesaltzen und vor der Fäulnis des laufenden Seculi bewahrt werden müssen.» [2]

Nach dieser Briefstelle ist die Hypochondrie ebensosehr eine spirituelle wie eine materielle Unvollkommenheitserfahrung, ein legitimes Leiden an einem grundsätzlichen Defizit der Conditio humana. «Der letzte Grund aller Hypochondrie ist eine in's Medizinische hinabgerutschte transzendentale Angst: nämlich vor dem endgültigen Verlust der physischen Vollkommenheit – oder wenigstens Vollständigkeit, Komplettheit – als Ebenbild Gottes», notiert – eine verblüffende Parallelaussage zu Hamanns Ansicht – noch 1943 Heimito von Doderer für sein «Repertorium»[3]. Es ist also richtig, wenn der Mensch krankheitsumschreibend sagen kann, daß ‹ihm etwas fehlt›. Die häufige Frage an einen blaß und kränklich aussehenden Mitmenschen «Was fehlt dir?» im Sinne von «In welcher Weise bist du krank?» beantwortet sich für den aufgeklärten Hypochonder demnach ganz leicht: In jeder Weise fehlt ihm etwas, nämlich die Gesundheit – überhaupt und an sich.

Hegels Kritik der jugendlich-romantischen Hypochondrie

> *Jugend ist keine Dauerbeschäftigung.*
> Stanislaw Jerzy Lec,
> Letzte unfrisierte Gedanken (1968)

Im gesamten 18. und dem beginnenden 19. Jahrhundert hat die Hypochondrie, nach ihrer akademischen Konjunktur in der Medizin des 17. Jahrhunderts, als ein modisch-populärer Parallel- und Ersatzbegriff für Melancholie auch außerakademisch breitenwirksam Karriere gemacht. Aber nicht nur das Wort, sondern auch die Sache, das Symptom und Syndrom melancholischer Daseinsmüdigkeit, war damals in offenbar problematischer Weise allgemein verbreitet, wie der Titel eines voluminösen Werks von Johann Ulrich Bilguer, General-Chirurg des preußischen Heeres, anzeigt. Dieser lautet: «Nachrichten an das Publikum in Absicht der Hypochondrie. Oder Sammlung verschiedener und nicht sowohl für die Aerzte als vielmehr für das ganze Publikum gehörige die Hypochondrie, ihre Ursachen und Folgen betreffende medicinische Schriftstellen und daraus gezogener Beweis, daß die Hypochondrie heutigen Tages eine fast allgemeine Krankheit ist und daß sie eine Ursache der Entvölkerung abgeben kann» (Kopenhagen 1767).

Diese Inflation hat sich, wie nun am Beispiel Hegels und auch Kants näher betrachtet wird, begriffs- und problemgeschichtlich auch auf die Philosophie ausgewirkt. Hegel dürfte, wenn die einschlägigen Begriffsregister zu seinem Werk mit ihren Fehlanzeigen im Recht wären, über die Hypochondrie nichts zu sagen gewußt haben. Tatsächlich hat Hegel den Begriff Hypochondrie im Melancholieproblemzusammenhang durchaus gekannt und in bemerkenswerter Weise diskutiert. Er hat ihn nämlich an einer in ihrer Wichtigkeit nicht zu unterschätzenden Stelle seines Weltentwurfs in eigentümlicher Offenheit aufgegriffen, um ein Problem zu kennzeichnen, das für ihn nicht primär medizinischen, sondern eher anthropologischen, vielleicht auch psychologischen, jedenfalls vor allem einen zutiefst philosophischen Gehalt und Stellenwert besaß.

Die Stelle, an der sich Hegel mit dem Melancholieproblem beschäftigt, also mit *Melancholie als Herausforderung von Philosophie*, dies aber gewissermaßen unter der Chiffre der «Hypochondrie» verbirgt, befindet sich im dritten Teil seiner «Enzyklopädie der philosophischen Wissenschaften im Grundrisse» (Fassung von 1830), wo er die Philosophie des Geistes behandelt, und zwar in der ersten Abteilung (Der subjektive Geist) im Abschnitt «Anthropologie. Die Seele», genauer gesagt in denjenigen Paragraphen, welche die «natürlichen Veränderungen» der «natürlichen Seele» betreffen (§§ 396 ff). Zur richtigen Einschätzung dieser Stelle muß allerdings zunächst noch einmal ein Schritt in der «Enzyklopädie» zurückgegangen werden.

«... daß für den freien Geist das Temperament nicht so wichtig ist». – Im vorhergehenden Paragraphen (§ 395), dem letzten von denen, die die «natürlichen Qualitäten» der «natürlichen Seele» betreffen, hatte Hegel in einem Zusatz kurz den traditionellen Begriff der Melancholie abgehandelt, und zwar in direktem Anschluß an Kants einschlägiger Ausführung aus dessen «Anthropologie in pragmatischer Hinsicht». Hegel ist an dieser Stelle kurz angebunden. Er hat dem traditionellen Melancholiebegriff offenbar wenig Interessantes abgewinnen können, wie er ja überhaupt die Frage der Naturbestimmtheit der zum individuellen Subjekt vereinzelten natürlichen Seele durch die Einflüsse «verschiedenen Temperaments, Talents, Charakters, der Physiognomie und anderer Dispositionen und Ideosynkrasien», die er alle in diesem § 395 bzw. dessen Zusatz bespricht, für nicht sonderlich problematisch befunden zu haben scheint. «Dispositionen und Ideosynkrasien» sind ihm nicht gerade philosophische Themen oder Problemfelder. Insbesondere die Temperamentenlehre verfällt ob ihrer Vagheit bei gleichzeitiger Starrheit ihrer Bestimmungen seiner Kritik:

«Es ist schwer zu sagen, was man unter Temperament versteht. Dasselbe bezieht sich nicht auf die sittliche Natur der Handlung, noch auf das in der Handlung sichtbar werdende Talent, noch endlich auf die immer einen bestimmten Inhalt habende Leidenschaft. Am besten wird man daher das Temperament als die ganz allgemeine Art und Weise bestimmen, wie das Individuum tätig ist, sich objektiviert, sich in der Wirklichkeit erhält. Aus dieser Bestimmung geht hervor, *daß für den freien Geist das Temperament nicht so wichtig ist, wie man früherhin gemeint hat.* (...) Die versuchten Unterscheidungen des Temperaments haben etwas so Unbestimmtes, daß man von denselben wenig Anwendung auf die Individuen zu machen weiß, da in diesen die einzeln dargestellten Temperamente sich mehr oder weniger vereinigt finden.»[4]

Damit verliert für Hegel verständlicherweise das Verfahren, so nach Temperamenten zu unterscheiden, überhaupt seinen Sinn und jegliche Plausibilität. Wie Vorlesungsmitschriften zeigen, hat Hegel gegenüber der traditionell vermeinten Wichtigkeit des Temperaments als natürlicher Qualität der natürlichen Seele den modifizierenden Einfluß vernünftiger Bildung geltend gemacht:

«Man kann nicht von einem Individuum sagen, daß es bestimmt von diesem Temperament sei; aber die Hauptsache ist, in einem gebildeten Zustand treten diese Partikularitäten zurück. Der Phlegmatiker wird nach allen Seiten erregt, muß sich um vieles bekümmern, das Substantielle hat sich in sehr viele besondere Formen und Verhältnisse getheilt, um die er sich interessieren muß; er wird durch den belegten Weltzustand vielseitig angefaßt und erregt. Einem sanguinischen Menschen wird die Notwendigkeit auferlegt, auch zu beharren in diesem Geschäft, Amt, Pflicht; *der Melancholiker wird aus sich herausgetrieben, das Brüten in sich duldet der gebildete Zustand nicht*. Der Choleriker muß so Ausbrüche mäßigen, seine Thätigkeit, Wirksamkeit den Gesetzen, Verhältnissen, dem was als Sitte gilt, angemessen machen. In einer gebildeten Nation schwinden die Besonderheiten zu unbedeutenden Eigenthümlichkeiten herunter. Eine Menge von Eigenthümlichkeiten sind Sache der Angewohnheit, Nachlässigkeit der Erziehung.»[5]

Es lohnt sich, diese Passagen und diesen Paragraphen gegenwärtig zu halten, bevor wir uns dem nächsten, eigentlich interessanten Paragraphen näher zuwenden. Denn obwohl Hegel just eben (§ 395), im Kontext der natürlichen Qualitäten, eine spezifische Problematik des melancholischen Temperaments ungnädig negiert und abgewiegelt oder für nichtexistent erachtet hat, nimmt er sie im daran anschließenden Paragraphen bei der Erörterung der natürlichen Veränderungen als Gefahr der hypochondrischen Lebenshaltung wieder auf, und zwar im Kontext einer Lebensalterreflexion oder, modern gesprochen, einer ‹Philosophie lebensgeschichtlicher Identitätsbildung›. Um welche melancholiespezifische Problematik, die im Kontext von Dispositionen der Temperamente (natürlichen Qualitäten) dem Philosophen uninteressant erschien, aber dafür um so brisanter im Kontext von Disproportionen der Lebenseinstellungen, der *Lebensbewältigungs*-Einstellungen (natürlichen Veränderungen), geht es dabei?

«...dieser Hypochondrie... entgeht nicht leicht jemand». – Auf den ersten Blick handelt der § 396 vom natürlichen Verlauf der Lebensalter des individuellen Subjekts vom Kind über den Mann zum Greis, wobei Hegel stillschweigend die männliche Perspektive übernimmt. Zunächst fällt auf, daß Hegel die für ihn typische Dreigliederung Kind – Mann – Greis durch einen Zwischenschritt unterbricht, dem er besondere Aufmerksamkeit widmet, nämlich durch das Sonderstadium des Jünglings als problematisches «Zwischensein» zwischen Kind und Mann.

Nicht mehr in der Unschuldswelt des Kindes geborgen, wie sie, mit den Ansichten seiner Zeit einig, damals Hegel vorschwebt, und *noch nicht* in der gelungenen Fertigkeitswelt des erwachsenen Mannes seiner selbst gewiß, wie sie von Hegel als die erfreulichste Etappe des lebensgeschichtlichen Entwicklungsprozesses vorgestellt und geschätzt wird, ist der «weltlose» Jüngling für Hegel der eigentliche Problemträger in der Reihe der Lebensalter-Metamorphosen, der natürlichen Veränderungen der natürlichen Seele. Während nämlich bei Hegel die Kindheit Geborgenheit darstellt, das Mannesalter Tätigkeit und das Greisenalter nur noch einen letztlich letalen Rückgang und Verfall der vitalen Dynamik, in Erwartung des früher oder später eintretenden Todes, birgt das Jünglingsalter für Hegel den Konfliktstoff par excellence. Denn die Jugend muß den nach seiner Ansicht entscheidenden Umbruch, den eigentlichen Entfaltungs- und Aufstiegsprozeß, auf die Höhe des bürgerlichen Lebens (des Mannesalters) leisten. Allerdings treten in dieser Einstiegsphase besondere Konflikte mit der «Welt» auf, welche diese Etappe – offenbar nicht erst neuerdings – geradezu zur «Aussteigerphase» werden zu lassen drohen. Dabei dreht es sich nach Hegel zentral um das *Problem der Idealbildung*:

«Der Jüngling wendet sich überhaupt dem substantiellen Allgemeinen zu; sein Ideal erscheint ihm nicht mehr, wie dem Knaben, in der Person des Mannes, sondern wird von ihm als ein von solcher Einzelheit unabhängiges Allgemeines aufgefaßt. Dieses Ideal hat aber im Jüngling noch eine mehr oder weniger subjektive Gestalt, möge dasselbe als Ideal der Liebe und der Freundschaft oder eines allgemeinen Weltzustandes in ihm leben. In dieser Subjektivität des substantiellen Inhalts liegt nicht nur dessen Gegensatz gegen die vorhandene Welt, sondern auch der Trieb, durch Verwirklichung des Ideals diesen Gegensatz aufzuheben. Der Inhalt des Ideals flößt dem Jüngling das Gefühl der Tatkraft ein; daher wähnt dieser sich berufen und befähigt, die Welt umzugestalten oder wenigstens die ihm aus den Fugen gekommen scheinende Welt wieder einzurichten.»[6]

Indem er sich also über den gehegten Bezirk des dem Kind vertrauten Familienlebens hinaushebt und sich in das Reich des Idealen und allgemeinen Wahren, Guten, Schönen erhebt, läßt der Jüngling die privatistische Daseinsstufe des Kindes hinter sich und gewinnt sich seine eigenen motivierenden Antriebe, die jugendlichen Kräfte der Begeisterung für seine Ideale. Doch damit ist er vorerst nur aufgebrochen und noch nicht angekommen. Im Gegenteil macht der Jüngling bald die Erfahrung, daß es nicht leicht ist, mit seinen Idealen überhaupt in der bestehenden Welt ‹anzukommen›. Denn diese reale Welt ist ihm nicht so, wie sie sein sollte, nämlich ideal, und sie macht erfahrungsgemäß auch wenig Anstalten, von sich aus so zu werden. Der Jüngling sieht so, daß dem progressiven Schwung seiner idealistischen Sicht auf die Welt, wie sie sein soll, mit einem Mal die Trägheit des Bestehenden entgegengesetzt ist, und er bemerkt die Kräfte der Beharrung auf dem Gewordenen, die das Hergebrachte dem erreichten Stand der Dinge bewahren wollen.

An dieser Stelle wechselt Hegel die Perspektive seiner Problembeschreibung und wendet sich entschieden gegen die enthusiasmierte, aber einseitige Forderung eines ‹idealen› Sein-Sollens[7]:

«Daß das in seinem Ideal enthaltene substanzielle Allgemeine, seinem Wesen nach, in der Welt bereits zur Entwicklung und Verwirklichung gelangt ist, wird vom schwärmenden Geist des Jünglings nicht eingesehen. Ihm scheint die Verwirklichung jenes Allgemeinen ein Abfall von diesem. Deshalb fühlt er sowohl sein Ideal als seine Persönlichkeit von der Welt nicht anerkannt. So wird der Friede, in welchem das Kind mit der Welt lebt, vom Jüngling gebrochen.»[8]

Hier wird ein genauer Gegensatz geschärft und offenbar vom Standpunkt des in der Welt Arrivierten aus philosophisch exponiert: Die Welt, behauptet der alte Hegel gegen das Idealdenken des Jünglings, ist so, wie sie ist, weil sie so sein soll; sie ist nicht zufällig oder ohne Sinn so, wie sie ist; sie wartet nicht erst auf den jugendlichen Weltverbesserer, sondern sie ist bereits eine Verwirklichung des vernünftigen Allgemeinen und dabei nicht zuletzt die der Ideale früherer Generationen. Was wirklich ist, ist vernünftigerweise so und nicht aus blinder Wahllosigkeit. Der dieser Position zugrundeliegende berühmte Satz aus Hegels Rechtsphilosophie – «Was vernünftig ist, das ist wirklich; und was wirklich ist, das ist vernünftig»[9] – ist freilich an dieser Stelle vorerst lediglich aufgestellt und unterstellt; die Begründung liefert Hegel später. Im Gegensatz hierzu reklamiert der Jüngling nach Hegels feinfühliger Darstellung nun umgekehrt die Verwirklichung des vernünftigen Allgemeinen nur für seine ideale Zukunftswelt und bestreitet der gegenwärtig real existierenden Welt ihre Vernunft und Sittlichkeit. Er klagt sie seinerseits des «Abfalls» vom idealen Sein-Sollen an.

Dabei hat die idealistisch sich gebärdende Jugend freilich «den Schein eines edleren Sinnes und größerer Uneigennützigkeit» zunächst durchaus für sich, in größerem Maße jedenfalls, «als (es) sich in dem für seine besonderen, zeitlichen Interessen sorgenden Manne zeigt». Aber dies ist nur auf den ersten Blick so. Denn in Wirklichkeit ist der tätige Mann die schönere und wahrere Erscheinung, da er nicht mehr ständig auf Ideales rekurriert, sondern sich «nicht mehr in seinen besonderen Trieben und subjektiven Ansichten befangen und nur mit seiner persönlichen Ausbildung beschäftigt (...,) sich vielmehr in die *Vernunft der Wirklichkeit* versenkt hat» – hier taucht das Argument der Vernünftigkeit der Welt wieder auf – und weil er eben *in* der Realität «für die Welt tätig sich erweist»[10].

Bislang stehen sowohl für uns als auch für Hegel die beiden Sichtweisen – die des jugendlichen Idealisten, der die Welt anders will, und die des erwachsenen Realisten, der die Welt so zu nehmen empfiehlt, wie sie ist – noch unvermittelt gegenüber. Und obwohl Hegel optimistisch ist, daß nach entwicklungsgeschichtlicher Lebensbewältigungslogik der Jüngling notwendigerweise den Schritt in die Wirklichkeit vermittels einer versuchsweisen konkreteren Verwirklichung seiner Ideale irgendwann einfach unternehmen muß und dabei dann zwangsläufig ‹vernünftig› werden wird[11], unterschätzt er doch nicht die möglicherweise depressionsauslösenden Schwierigkeiten dieser Eingewöhnung in die bestehende Welt.

In diesem entwicklungsproblematischen Zusammenhang, welcher modern Adoleszenzkrise genannt werden dürfte, steht die bereits angekündigte Bezugnahme Hegels auf das zur Debatte stehende Melancholiesynonym, die «Hypochondrie»:

«Anfangs kann dem Jünglinge der Übergang aus seinem idealen Leben in die bürgerliche Gesellschaft als ein schmerzhafter Übergang ins Philisterleben erscheinen. Bis dahin nur mit allgemeinen Gegenständen beschäftigt und bloß für sich arbeitend, soll der zum Manne werdende Jüngling, indem er ins praktische Leben tritt, für andere tätig sein und sich mit Einzelheiten befassen. So sehr dies nun in der Natur der Sache liegt – da, wenn gehandelt werden soll, zum Einzelnen fortgegangen werden muß –, so kann dem Menschen die beginnende Beschäftigung mit Einzelheiten doch sehr peinlich sein *und die Unmöglichkeit einer unmittelbaren Verwirklichung seiner Ideale ihn hypochondrisch machen. Dieser Hypochondrie, wie unscheinbar sie auch bei vielen sein mag, entgeht nicht leicht jemand. Je später der Mensch von ihr befallen wird, desto bedenklicher sind ihre Symptome. Bei schwachen Naturen kann sich dieselbe durch das ganze Leben hindurchziehen. In dieser krankhaften Stimmung will der Mensch seine Subjektivität nicht aufgeben, vermag den Widerwillen gegen die Wirklichkeit nicht zu überwinden und befindet sich eben in dem Zustande relativer Unfähigkeit, die leicht zu einer wirklichen Unfähigkeit wird*»[12].

Sehen wir zunächst ab von der letzten dunklen Bemerkung zum Zustand «relativer Unfähigkeit» und der Gefahr, daß sie eine «wirkliche» Unfähigkeit werden könne, wobei sich schon jetzt vermuten läßt, daß Hegel hiermit sogar die Gefahr des Selbstmords andeutet. Abgesehen davon erscheint die Hauptsache klar – nichts ist hier gelöst, nichts vermittelt. Hegel sieht: Der «Übergang» zum Stand gelungenen Erwachsenseins scheitert, falls der jugendliche, wenn auch natürlicherweise älter werdende «Idealist» sich hypochondrisch weigert, sich überhaupt auf eine nähere, konkrete Beschäftigung mit der bestehenden bürgerlichen Welt einzulassen, und sich statt dessen hyperkritisch auf eine unmittelbare Verwirklichung seiner Idealvorstellung versteift. Statt aus seiner vorübergehenden Lebenskrise, welche die Jugend nicht nur für Hegel nun einmal ist, letztendlich herauszugelangen und sozusagen zu einer gesunden Selbstverwirklichung zu finden, zieht sich der notorisch Nicht-erwachsen-werden-Wollende in eine Dauerkrise «idealischen» Leidens an der schlicht-prosaischen Welt zurück. Er kränkelt und krankt also an der Verwirklichungshemmung seiner Idealvorstellung, woraus sich der Schluß ziehen läßt: Die «Hypochondrie» ist in Hegels Verständnis offenbar eine *Krankheit des Ideals*.

Hegels weitere Auflösungsversuche dieser krankheitsproduzierenden Verstrickung einer «sich verschlingenden» Lebensgeschichtsentwicklung, in welcher der Übergang vom Jüngling zum Mann dialektisch nicht recht gelingen will, wird noch weiter zu untersuchen sein. Bevor jedoch auf die nicht ganz überzeugende Antwort des Philosophen auf die Verwirrung, welche die Hypochondrie der Jugend ihm im Gang seines § 396 anrichtet, näher eingegangen wird, sei eine Zwischenbetrachtung zur «Krankheit des Ideals» eingeschoben.

Die «Krankheit des Ideals» – eine philosophische Genitivmetapher.

Als Ineinanderspielen von Genitivus subjectivus und Genitivus objectivus stellt die «Krankheit des Ideals» eine vertrackte Genitivmetapher dar, die sich in mindestens zwei verschiedene Richtungen hin verstehend auslegen läßt. Einmal läßt sich (als Genitivus objectivus) der Ausdruck «Krankheit des Ideals» auffassen als ein Kranken am Ideal, als Ideen-Krankheit im Sinne einer Pathologie der Einbildungskraft; zu diesem Verständnis ließe sich etwa Kants «Versuch über die Krankheiten des Kopfes» (1764) heranziehen, wo Kant auf die Hypochondrie als «phantastische Gemütsbeschaffenheit», als «melancholischen Dunst um den Sitz der Seele» und «leere Grille» zu sprechen kommt [13]; in seinen «Beobachtungen über das Gefühl des Schönen und Erhabenen» (1764), also über die beiden zentralen Gegenstände der Einbildungskraft bzw. späteren Urteilskraft-Kritik, identifiziert Kant ebenfalls im selben Sinne stets den «Grillenfänger» und den «Phantast[en]»[14].

Zum anderen könnte man «Krankheit des Ideals» (als Genitivus subjectivus) verstehen als Krankhaftigkeit des Ideals selbst bzw. der dem Idealen inhärenten polemischen Dimension. In diesem Sinn hat Nietzsche argumentiert in seiner Kritik an der platonisch-christlichen Fabel von der «wahren Welt» eines ideellen Jenseits, welche doch nur dazu diene, das Leben in der wirklichen Gegenwart schlechtzumachen. Diese Polemik Nietzsches gegen die dem fabelhaften «Idealischen» des Christentums heimlich innewohnende Weltvermiesungsintention läßt sich dem Hypochondrie-Zusammenhang um so mehr mit Recht zuordnen, als sie auch bei Nietzsche eine Kritik an der Hypochondrie beinhaltet: «Christentum ist eine romantische Hypochondrie solcher, die nicht auf festen Beinen stehn»[15], heißt es in einer Nachlaßnotiz.

Im besagten «Enzyklopädie»-Paragraphen (§ 396) hat Hegel bei seiner Hypochondrie-Kritik offenbar beides gemeint. Die Krankheit der Einbildungskraft an der fixen Idee, so scheint er zu argwöhnen, ist zugleich ein Zeichen der latenten Pathologie des Idealen selbst, und zwar insofern, als es das Nur-ideal-sein-Sollende darstellt. Während Kant also dafür hält, die Hypochondrie als das Resultat der falschen Anwendung eines ansonsten richtigen Vermögens, der produktiven

Einbildungskraft, anzusehen, also gewissermaßen als ‹unproduktive Einbildungskraft›, und während Nietzsche für die Ansicht der Hypochondrie als Resultat von durchaus richtiger Anwendung eines durchweg und an sich Falschen, des «lebensfeindlichen Ideals», plädiert, sieht Hegel beides zugleich – die mögliche Gefahr der Unproduktivität der Einbildungskraft und die mögliche Lebensfeindlichkeit des reinen Sein-Sollens.

«Einsicht in die Vernünftigkeit der Welt». – Wie sieht nun aber Hegels Lösungsvorschlag für die Lebenskrise seines idealistischen Jünglings überhaupt aus? Daß «die Unmöglichkeit einer unmittelbaren Verwirklichung seiner Ideale ihn hypochondrisch machen (kann)», hatte Hegel bereits freimütig zugegeben, darüber hinaus sogar hinzugesetzt, daß eine solche hypochondrische Lebenskrise geradezu für die entwicklungsgeschichtliche Regel des modernen Subjekts genommen werden muß: «Dieser Hypochondrie», hatte Hegel oben eingeräumt, «entgeht nicht leicht jemand.»

Nach eigenem Bekunden (Brief an Windischmann, 27. Mai 1810) hat übrigens auch Hegel in seiner Jugend in ähnlicher Weise idealistisch an der Welt gelitten und diesen ‹Weltschmerz›, für den das Wort damals allerdings noch nicht erfunden war, selber als seine «Hypochondrie» bezeichnet.[16] Deshalb dürfen wir der Bewältigung dieser Lebenskrise, so wie Hegel sie vorstellt, Qualitäten der Selbsterfahrung und Empathie wohl zusprechen. Schon die eigentümliche Eindringlichkeit, Offenheit, ja Verletzlichkeit der Darstellung und Argumentation an dieser Stelle verrät das. – Es geschieht schließlich nicht häufig in Hegels philosophischem System, daß er dem subjektiven, individuellen Widerspruchsgeist und dem idiosynkratischen Sich-Querstellen gegen den unaufhaltsamen Gang der Vernunft und des Weltgeistes solch einen brisanten Platz und Freiraum einräumt wie hier der Gestalt des idealistisch-hypochondrischen Jünglings im Zusatz des § 396.

Was aber nun tun, «will der Mensch seine Subjektivität nicht aufgeben», mit diesem «problematischen» Individuum? Was soll man raten, wenn es, was bei Hegel selten geschieht, schon so weit gekommen ist, daß der Protagonist des von Hegel entwickelten philosophischen Interesses und Gedankengangs «den Widerwillen gegen die Wirklichkeit nicht zu überwinden» vermag, wenn er einfach nicht mitspielen will, wenn er der Welt und dem Weltgeist-Philosophen sich verweigert? Wie soll es im Zusatz zu § 396 jetzt weitergehen? Wie bringt Hegel diese Störung zur Auflösung, die ihm die Jünglingsgestalt in ihrer eigensinnigen, hartnäckigen Hypochondrie im vernünftigen Fortgang der Generationen anrichtet, da sie sich doch von sich aus nicht in den Gang des Ganzen einfügen will?

Hegels Antwort auf diese Problematik, die er bis dahin mit einer nicht zu unterschätzenden Feinfühligkeit und Fairneß gegenüber dem Sich-Verweigernden entfaltet hatte, lautet: «Will daher der Mensch nicht untergehen, so muß er die Welt als eine selbständige, im wesentlichen *fertige* anerkennen, die von derselben ihm gestellten Bedingungen annehmen und ihrer Sprödigkeit dasjenige abringen, was er für sich selbst haben will.»[17]

Hier ist allerdings auf einen entscheidenden Wechsel der Perspektive, unter der das Problem sich stellt und von Hegel betrachtet wird, aufmerksam zu machen; denn der hypochondrische Jüngling will ja gar nicht von der Welt *etwas* für sich, sondern er wünscht die *ganze* Welt anders, als sie ist. Daher entspricht dieser Teil der Antwort Hegels nicht ganz der von ihm zuvor aus dem Blickwinkel des Jünglings heraus entwickelten Problemstellung. Dennoch ist sein Argument, die «Welt als eine selbständige und im wesentlichen *fertige* anzuerkennen», bedenkenswert. Es tauchen darin drei Stichworte auf, die in Hegels Philosophie auch sonst ihren Stellenwert haben: «Selbständigkeit», «Anerkennung» und das «Im-wesentlichen-fertig-Sein», letzteres auch als teleologische Zielgerichtetheit und «Abschließlichkeit» der Entwicklung zu umschreiben. Besonders letzteres macht allein schon sprachlich dem Heutigen Probleme, stellt vor «Schwierigkeiten mit der Geschichtsphilosophie» (Marquard), die Hegel so nicht gehabt hat. Aber auch die anderen beiden Stichworte sind argumentativ nicht unproblematisch. Denn die Frage lautet, was mit «Selbständigkeit» der Welt und mit «Anerkennung» hier gemeint ist und ob nicht damit von Hegel vielmehr «Vernünftigkeit der Welt» hypostasiert und fügsame «Resignation» ins Unvermeidliche, also einseitige statt wechselseitiger Anerkennung, gefordert wird.

Genau diesen Punkt, diesen Verdacht nimmt Hegel nun auf, indem er freimütig fortfährt:

«Zu dieser Fügsamkeit glaubt sich der Mensch in der Regel nur aus *Not* verstehen zu müssen. In Wahrheit aber muß diese Einheit mit der Welt nicht als ein

Verhältnis der Not, sondern als das vernünftige Verhältnis erkannt werden. Das Vernünftige, Göttliche besitzt die absolute Macht, sich zu verwirklichen, und hat sich von jeher vollbracht; es ist nicht so ohnmächtig, daß es erst auf den Beginn seiner Verwirklichung warten müßte. Die Welt ist die Verwirklichung der göttlichen Vernunft; nur auf ihrer Oberfläche herrscht das Spiel vernunftsloser Zufälle. Sie kann daher wenigstens mit ebensoviel und wohl noch mit größerem Recht die Prätention machen, für fertig und selbständig zu gelten, und der *Mann* handelt deshalb ganz vernünftig, indem er den Plan einer gänzlichen Umgestaltung der Welt aufgibt und seine persönlichen Zwecke, Leidenschaften und Interessen nur in seiner Anschließung an die Welt zu verwirklichen strebt. Auch so bleibt ihm Raum zu ehrenvoller, weitgreifender, schöpferischer Tätigkeit übrig. Denn obgleich die Welt als im wesentlichen fertig anerkannt werden muß, so ist sie doch kein Totes, kein absolut Ruhendes, sondern, wie der Lebensprozeß, ein sich immer von neuem Hervorbringendes, ein – indem es sich nur erhält – zugleich Fortschreitendes. In dieser erhaltenden Hervorbringung und Weiterführung der Welt besteht die Arbeit des Mannes. Wir können daher einerseits sagen, daß der Mann nur das hervorbringt, was schon da ist. Andererseits muß jedoch durch seine Tätigkeit auch ein Fortschritt bewirkt werden. Aber das Fortrücken der Welt geschieht nur in ungeheuren Massen (d. i. Maßen) und fällt erst in einer großen Summe des Hervorgebrachten auf. Wenn der Mann nach fünfzigjähriger Arbeit auf seine Vergangenheit zurückblickt, wird er das Fortschreiten schon erkennen. Diese Erkenntnis sowie die Einsicht in die Vernünftigkeit der Welt befreit ihn von der Trauer über die Zerstörung seiner Ideale.»[18]

Mit dieser Antwort hat Hegel vielleicht sogar recht, aber überzeugt er damit auch seinen Widerpart, die hypochondrische Jünglingsgestalt? Genügt es, mit der Stimme der Vernunft, der «vernünftigen Resignation» und Anerkennung der unvermeidlichen Gegebenheiten der Welt zu antworten, modern gesprochen also mit der Stimme des Realitätsprinzips, wenn doch diese Botschaft den jugendlichen Problematiker und Romantiker, der vielmehr auf das Idealitätsprinzip hört, gar nicht erreicht und vermutlich auch nicht überzeugt?

Hegel hätte diese Frage vermutlich bejaht; es gibt genügend Stellen in seinem Werk, an denen er den auf seine Subjektivität und Innerlichkeit sich versteifenden ‹Weltschmerzler› romantischen Typs mit entschiedener Schroffheit abfertigt. Andererseits hatte er das Beispiel seines jugendlich-idealistischen Freundes Hölderlin vor Augen, den er in seiner «Enzyklopädie» (bzw. deren Zusätzen) womöglich mit so mancher seiner Bemerkungen zur Narrheit, zum Wahnsinn und zur Melancholie auch gemeint hat, von denen eine hier jetzt noch im Anschluß an und im Kontext mit diesem Hypochondrie-Paragraphen kurz vergegenwärtigt werden soll. Dabei mag auch folgende Frage bedacht sein: Wieso eigentlich ist in diesem Zusammenhang immer (von Hegel, aber auch von Kant und von Nietzsche) von «Hypochondrie» die Rede zur Bezeichnung des besagten Übels, wieso wird die kritische These von der «Krankheit des Ideals» ausgerechnet mit diesem Begriff so eng verknüpft?

«Melancholie – dies nicht zur Lebendigkeit des Denkens und des Handelns kommende beständige Hinbrüten des Geistes über seine unglücklichen Vorstellungen». – Wenn wir heute Hypochondrie mit Nosophobie, also Krankheitsfurcht, gleichsetzen und den Hypochonder nach Molièrescher Entlehnung als eingebildeten Kranken bezeichnen, entspricht dies nicht ganz dem Sprachgebrauch vor und zu Hegels Zeiten, sondern bedeutet eine moderne Einschränkung des traditionellen, wenngleich schon früher nicht einhelligen und nicht unproblematischen Hypochondrie-Begriffsverständnisses. Aber wer weiß, ob Hegel als Philosoph, also als zweifellos nicht-normalsprachlicher Zeitgenosse der vorletzten Jahrhundertwende, den populärwissenschaftlichen damaligen Sprachgebrauch überhaupt strikt geteilt hat? Ob er nicht vielleicht eigene Reflexionen für seine Verwendung dieses Begriffs hat bestimmend werden lassen? Es erscheint demnach angebracht zu untersuchen, ob bzw. wie Hegel den Hypochondriebegriff an anderen Stellen gebraucht hat. Weiterhin wäre zu überlegen, was denn überhaupt – oder eingeschränkt: noch für uns – die ‹philosophische› Dimension an diesem inzwischen reduzierten, aber vormals offenbar auch philosophisch geläufigen Begriff sein könnte.

Auf der Suche nach Parallelstellen für Hegels Verwendung des Begriffs «Hypochondrie» wird man gleich in seiner «Enzyklopädie» noch einmal fündig. Die vorhin ausgesprochene Vermutung, daß Hegel mit jener «wirklichen Unfähigkeit», die so leicht aus «dem Zustande relativer Unfähigkeit» erwachse, die Gefahr des Selbstmords beim hypochondrischen Jüngling angesprochen hat, kann sich auf eine vom Wortgebrauch und auch von der Sache her in gewissem Ausmaß vergleichbare Passage im selben Buchteil etwas später stützen, wo Hegel in einem ausführlichen Zusatz die Verrücktheit in ihren hauptsächlichen Erscheinungsformen behandelt (§ 408). Über die zweite

Hauptform (ßß), die «eigentliche Narrheit», sich in eine «fixe Vorstellung» hinein zu verrennen, sagt Hegel, daß der Übergang vom Normalen zum Pathologischen hierbei fließend sei; der kranke Zustand aber bedeute, «daß der Geist in einer *einzelnen, bloß subjektiven* Vorstellung steckenbleibt und dieselbe für ein *Objektives* hält. Dieser Seelenzustand rührt meistenteils davon her, daß der Mensch aus Unzufriedenheit mit der Wirklichkeit sich in seine Subjektivität verschließt.»[19]

Offenbar weist dieser Seelenzustand aber in dieser Hinsicht Ähnlichkeiten mit jener besagten, möglicherweise letal werdenden «jugendlichen» Hypochondrie auf, in welcher der dem Reich des Idealen verhaftete, idealistisch gesonnene Mensch in seiner «krankhaften Stimmung» ebenfalls den Widerspruch gegen die Wirklichkeit nicht zu überwinden und seine Subjektivität nicht aufzugeben vermag. Deshalb muß der folgenden Bemerkung Hegels über den melancholisch-hypochondrischen «Lebensüberdruß» als unbestimmteste Form der Narrheit große Aufmerksamkeit geschenkt werden:

«Der *unbestimmte*, grundlose Ekel am Leben ist nicht *Gleichgültigkeit* gegen dasselbe – denn bei dieser erträgt man das Leben –, sondern vielmehr die *Unfähigkeit, es zu ertragen*» – genau diese relative bis wirkliche «Unfähigkeit» ist der dunkle Punkt im Zusatz des «Hypochondrie»-Paragraphen –, «ein Gebanntsein an die fixe Vorstellung von der Widerlichkeit des Lebens und zugleich ein Hinausstreben über diese Vorstellung. Von diesem ohne allen vernünftigen Grund entstandenen Widerwillen gegen die Wirklichkeit» – im § 396 gibt es einen prekären Grund: Die Welt ist nicht, wie sie sein sollte; aber Melancholie ist traditionellerweise für Nichtmelancholiker meist eine «grundlose» Verstimmung – «werden vorzugsweise die Engländer befallen, – vielleicht um deswillen, weil bei dieser Nation das Verstocktsein in die subjektive Besonderheit so vorherrschend ist. Jener Lebensüberdruß erscheint bei den Engländern vornehmlich als *Melancholie* – als dies nicht zur Lebendigkeit des Denkens und des Handelns kommende beständige Hinbrüten des Geistes über seine unglücklichen Vorstellungen. Aus diesem Seelenzustande entwickelt sich nicht selten ein unbezwingbarer Trieb zum Selbstmord.»[20]

Es fehlt nun nur noch – der Begriff «Melancholie» ist ja gefallen – der ergänzende Terminus «Hypochondrie» zum Nachweis dafür, daß auch Hegel sie synonym gebrauchte, wie es zeitgenössisch üblich war. Tatsächlich findet sich auch der Begriff der Hypochondrie dort, wenn

Hegel wenig später bei der Besprechung der dritten Hauptform der Verrücktheit, dem Wahnsinn, auf die zweite zurückblickt und jene Narrheit «bloß eine von *Einbildungen* und *Grillen* gefolterte *hypochondrische* Stimmung» nennt.[21]

Kleists idealistisches Ungenügen an der Normalität

> Mein Gott, ich ersticke noch mit
> meinem brachliegenden Enthusiasmus
> in dieser banalen Zeit.
> Georg Heym, Brief

Eine wegen ihrer Deutlichkeit beachtenswerte Profilierung hat die Problematik der möglichkeitsverliebten, idealistischen Lebenshaltung einer romantisch-hypochondrischen Jugend zu Hegels Zeit in der Person und dem Schicksal des Heinrich von Kleist erfahren. Für die vorliegende Thematik ist seine Gestalt in mancher Hinsicht philosophisch relevant. Der junge Kleist kommt nicht erst der heutigen Nachwelt für das «katastrophische romantische Ich schlechthin zu stehen»[22] – ein Ich, das dem Vokabular jener Epoche gemäß ein hochgradig ‹hypochondrisches Ich› gewesen sein muß. So stoßen wir denn auch allenthalben in Äußerungen der Zeitgenossen über Kleist, über sein Wesen und Werk auf die Bezeichnung und Diagnose ‹Hypochondrie›.

Der hypochondrische Dichter. – Schon Goethe, wie von einem um 1809 geführten Gespräch berichtet wird, «tadelte an ihm die nordische Schärfe des Hypochonders», die der von den Weimarer Klassikern zu jener Zeit propagierten Heiterkeit der Kunst in beängstigendem Maße entgegenstand; insbesondere von Kleists gerade entstandener Erzählung «Michael Kohlhaas» meinte Goethe in diesem Zusammenhang: «Es gehöre ein großer Geist des Widerspruchs dazu, um einen einzelnen Fall mit so durchgeführter, gründlicher Hypochondrie im Weltlaufe geltend zu machen. Es gäbe ein Unschönes in der Natur, ein Beängstigendes, mit dem sich die Dichtkunst bei noch so kunstreicher Behandlung weder befassen noch aussöhnen könne»; schließlich, ganz persönlich gewendet, habe Goethe bekräftigt: «Ich habe ein Recht, (...) ihn zu tadeln, (...) er hält nicht, was er zugesagt. Sein Hypochonder ist gar zu arg; er richtet ihn als Menschen und Dichter zugrunde.»[23]

Von der wie immer grund-, substanz- und gegenstandslosen «Hypochondrie», «phantastischen Grille» oder «Zerrissenheit» in Kleists Leben und Werk sprechen im 19. Jahrhundert, Goethes Kritikvokabular fortschreibend, noch eine Reihe prominenter Literaturkritiker wie Julian Schmidt und Gervinus, wobei der angeblich «gegenstandlosen Hypochondrie der (...) Briefe» Kleists im literaturgeschichtlichen Urteil des ersteren das weiter weisende des letzteren aus demselben Jahr entgegensteht: «Zuletzt fiel er als Opfer einer phantastischen Grille, und doch sagen uns die, die ihn besser kannten, daß er nur am gebrochen Herzen über die Leiden der Zeit gestorben ist»[24].

Diese weltschmerzliche Hypochondrie als Leiden der Zeit und Leiden an der Zeit soll im folgenden am Beispiel der geistigen Entwicklung Kleists, wie sie sich in seinen Briefen zeigt, genauer untersucht werden. Kleist ist im Problemzusammenhang von Reflexion und Melancholie allein schon deshalb eine besondere und bedeutende Gestalt, weil es die Philosophie war, vertreten durch die Kantische, die einen entscheidenden Anteil an der tiefgreifenden und langwierigen Lebenskrise hatte, in die Kleist in den Jahren ab 1800 zunehmend geraten ist und deren äußere Anzeichen zunächst der Abbruch seiner Militärlaufbahn, danach seines Studiums und dann seines Volontariats auf ein Staatsamt gewesen sind, sowie sein anschließendes mehrjähriges Außer-Landes-Gehen – und letztendlich sein Aus-dem-Leben-Scheiden.

Die «Kantkrise». – Kleist selbst hat seine Theorie-Katastrophe, eben die «Kantkrise» genannte radikale Erschütterung seiner optimistisch-rationalistischen Grundüberzeugungen, die zehn Jahre später die darin schon angedeutete endgültige Praxis-Katastrophe nach sich ziehen sollte, vorausgesehen, daß er nämlich «eines der Opfer der Torheit werden würde, deren die Kantische Philosophie so viele auf das Gewissen hat»[25]. Brieflich versuchte er eine ausführliche Beschreibung des krisenauslösenden Zusammenhangs aus seiner Sicht zu geben, welche es philosophischerseits lohnt, als Hintergrund seiner politisch-existentiellen «Hypochondrie» ernst zu nehmen, also seines empfindlichen Ungenügens an der Welt und Nicht-Gelingens in ihr. Denn wenn es, wie Kleist vor seinem Freitod am 21.11.1811 an seine Schwester in mittlerweile zur Legende gewordenen Weise formulierte, tatsächlich «die Wahrheit ist, daß mir auf Erden nicht zu helfen war»[26], dann ist die Frage doch die, warum das ausgerechnet bei Kleist so war und so kam.

Kleists ‹autobiographische› Schilderung jener Krise[27] nimmt ihren Ausgang von der pädagogisch-aufklärerischen Idee der Perfektibilität und Bildung her, beginnt also zunächst im Rahmen damaliger Üblichkeit und Sitte:

«Ich hatte schon als Knabe (...) mir den Gedanken angeeignet, daß die Vervollkommnung der Zweck der Schöpfung wäre. (...) *Bildung* schien mir das einzige Ziel, das des Bestrebens, *Wahrheit* der einzige Reichtum, der des Besitzes würdig ist. (...) Vor kurzem ward ich mit der neueren sogenannten Kantischen Philosophie bekannt –» (S. 174),

und deren erkenntniskritischen Folgerungen sollten seine jugendlicherwartungsvollen Ansichten «so tief, so schmerzhaft erschüttern». Kleists Beispiel für das, was er für Kantische Erkenntniskritik hält, ist berühmt: «Wenn alle Menschen statt der Augen grüne Gläser hätten, so würden sie urteilen müssen, die Gegenstände, welche sie dadurch erblicken, *sind* grün und nie würden sie entscheiden können, ob ihr Auge ihnen die Dinge zeigt, wie sie sind, oder ob es nicht etwas hinzutut, was nicht ihnen, sondern dem Auge gehört. So ist es mit dem Verstande. Wir können nicht entscheiden, ob das, was wir Wahrheit nennen, wahrhaftig Wahrheit ist, oder ob es uns nur so scheint. Ist das letzte, so *ist* die Wahrheit, die wir hier sammeln, nach dem Tode nicht mehr – und alles Bestreben, ein Eigentum zu erwerben, das uns auch in das Grab folgt, ist vergeblich» – vergeblich jedenfalls für einen Menschen wie Kleist, für den die Vorstellung einer persönlich perfektionierbaren Wahrheitsfindung zur Rechtfertigung und Immortalisierung seines menschlich-endlichen, irdischen Tuns und Trachtens eine so wesentliche Rolle spielt, daß er durch Kants kritische Grenzziehung des Erkenntnisvermögens «sich tief in seinem heiligsten Innern davon verwundet fühlt. Mein einziges, mein höchstes Ziel ist gesunken, und ich habe nun keines mehr», weshalb er nach diesem philosophischen Schiffbruch sein Studium resigniert aufgibt: «Seit diese Überzeugung, nämlich, daß hienieden keine Wahrheit zu finden ist, vor meine Seele trat, habe ich nicht wieder ein Buch angerührt» (S. 175).

Kleist versucht, sich durch äußere Ablenkung zu betäuben, «und dennoch war der einzige Gedanke, den meine Seele in diesem äußeren Tumulte mit glühender Angst bearbeitete, immer nur dieser: dein *einziges*, dein *höchstes* Ziel ist gesunken» (S. 175f), wobei das letzte Wort ob der noch zu behandelnden Wassermetaphorik bei Kleist Beachtung verdient.

Sein Gemütszustand erscheint als hochgradig depressiv: «An einem Morgen wollte ich mich zur Arbeit zwingen, aber ein innerlicher Ekel überwältigte meinen Willen (...), eine unaussprechliche Leere erfüllte mein Inneres», und Kleist wird nun wohl kaum die Repetition von Kants zweiter Grundfrage – «Was soll ich tun?» – aus dem Kanon der reinen Vernunft in der transzendentalen Methodenlehre der «Kritik der reinen Vernunft» (A 804) im Sinn gehabt haben, als er sich so verzweifelt fragte: «Was sollst du nun tun, rief ich. Nach Berlin zurückkehren ohne Entschluß? Ach, es ist der schmerzlichste Zustand ganz ohne Ziel zu sein, nach dem unser Inneres, frohbeschäftigt, fortschreitet – und das war ich jetzt» (S. 176).

Wie schon am Anfang dieses Briefes wird auch in dieser Passage sein persönliches Perfektibilitätsprogramm, jener Gedanke fortschreitender und zielstrebiger Bildung zwecks Vervollkommnung, zusammengebracht mit der Vorstellung subjektiven Glückserlebens und intentionaler Frohgemutheit.

«Was soll ich tun?» – Die Kantische Antwort «Tue das, wodurch du würdig wirst, glücklich zu sein» (KrV, A 808 f), hat Kleist in dieser Krise nicht erreicht. Als Aus- und Fluchtweg bot sich ihm vielmehr der Gedanke an, erst einmal zu verreisen und dabei bzw. dadurch seine Lebenskrise zu bewältigen, ein melancholietherapeutisch immer schon beliebtes Verfahren[28]:

«In dieser Angst fiel mir ein Gedanke ein. Liebe Wilhelmine, laß mich reisen. Arbeiten kann ich nicht, das ist nicht möglich, ich weiß nicht, zu welchem Zweck. Ich müßte, wenn ich zu Hause bliebe, die Hände in den Schoß legen, und denken. Die Bewegung auf der Reise wird mir zuträglicher sein als dieses Brüten auf einem Flecke», wobei mithin diese äußerliche Bewegtheit als Krücke fungieren soll für diejenige des in seinem frohbeschäftigten Fortschreiten gehemmten Inneren. Obwohl er schon an dieser Stelle vorsichtig Selbstmordabsichten durchscheinen läßt («Ist es eine Verwirrung, so läßt sie sich vergüten, und schützt mich vor einer anderen, die vielleicht unwiderruflich wäre»), schließt Kleist den Brief zuletzt hoffnungsvoll: «Sobald ich einen Gedanken ersonnen habe, der mich tröstet, sobald ich einen Zweck gefaßt habe, nach dem ich wieder streben kann, so kehre ich um, ich schwöre es Dir. (...) Denn ich kehre um, *sobald ich weiß, was ich tun soll. Sei ruhig. Es muß etwas Gutes aus diesem innern Kampfe hervorgehn*» (alles S. 177).

Tatsächlich hat sich auf seiner Reise, die ihn zuerst nach Paris und später in die Schweiz führen sollte, Kleists Krise noch zugespitzt und im Sommer 1801 zu Paris einen Höhepunkt erreicht, die auch zur Auflösung des Verlöbnisses führte.

Gehemmte Begeisterung – Leiden an der Zeit. – Vier Monate später also: In bemerkenswerter Analogie zu Hegels Beschreibung der «hypochondrischen» Jünglingskrise reflektiert auch der damals 23jährige Kleist in seinem Brief vom 28. Juli 1801 aus Paris auf die Schwierigkeit bzw. Unwilligkeit seiner Jugend, sich in das geregelte Leben der Erwachsenen zu schicken, folgendermaßen: «Warum ist die Jugend die üppigste Zeit des Lebens? Weil kein Ziel so hoch und so fern ist, das sie sich nicht zu erreichen getraute. Vor ihr liegt eine Unendlichkeit – noch ist nichts bestimmt, und alles möglich» – das klingt besser, als es ist; denn in Wirklichkeit ist nie «alles möglich», auch wenn es in der Jugend manchmal so scheint. Vor allem klingt hier schon eine Dissonanz mit an (welche Kierkegaard in seiner Romantik-Kritik später die «Verzweiflung (an) der Möglichkeit»[29] nennen wird): «Noch spielt die Hand, mutwillig zögernd, mit den Losen in der Urne des Schicksals, welche auch das *große* enthält – warum sollte sie es nicht fassen *können*? Sie säumt und säumt, indem schon die bloße Möglichkeit fast ebenso wollüstig ist wie die Wirklichkeit» (S. 215).

Gegen diese Wollüstigkeit der romantischen Möglichkeitsverliebtheit gibt es eine Tradition des Einspruchs von Goethe und Hegel über Kierkegaard bis in unser Jahrhundert zu Carl Schmitt und Georg Lukács, Ordnungsdenkern von rechts und links. Ihre Kritik, es sei schädlich und schändlich, keine realistische Entscheidung für ein führbares Leben zu treffen, findet sich sogleich bestätigt durch den nachfolgenden Abschluß von Kleists brieflicher Darstellung: «Indessen spielt ihr (der mutwillig zögernden, entscheidungsscheuen Hand) das Schicksal einen Zettel unter die Finger – es ist nicht das große Los, es ist keine Niete, es ist ein Los, wie es Tausende schon getroffen hat, und Millionen noch treffen wird» (ebd.).

Was Kleist hier letztlich beklagt, nämlich das Los eines Durchschnittsdaseins mit vielen anderen teilen zu sollen, würden die dezidierten Antiromantiker und Ordnungsdenker dem Individuum für durchaus zumutbar gehalten haben und die Verzweiflung darüber für den hypertrophen Eigendünkel moderner aufgespreizter Subjektivität. Kleist dagegen zieht aus seiner Schilderung für sich selbst noch im nämlichen Brief die entgegengesetzte Folgerung: Die Lebensgeschichte will ihm nun generell als Verfallsgeschichte erscheinen und das Erwachsenwerden als Korrumpierung und Verflachung des Idealen, die «Schule der Welt» (18. 7. 1801) also nicht als Herausbildung, sondern als Herabbildung der Persönlichkeit. Kleist wählt dafür die vorhin bereits erwähnte Bildlichkeit der Wasserbewegung:

«Ach, das Leben des Menschen ist, wie jeder Strom, bei seinem Ursprung am höchsten. Es fließt nur fort, indem es fällt – In das Meer müssen wir alle – Wir sinken und sinken, bis wir so niedrig stehen, wie die andern, und das Schicksal *zwingt* uns, so zu sein, wie die, die wir verachten (...)» (S. 217). – Von den reinen Quellen der Geburt über den hinreißenden Wildbach der Jugend in den langsam träger und zusehends schmutziger werdenden Strom des bürgerlichen Daseins bis zuletzt in die Seichtigkeit der Versandung im Ozean der Anonymität: Die Wasserfluß-Metaphorik bietet sich in ausbaufähiger Weise dar, um den Ekel und Widerwillen einer sich rein halten wollenden, schönen idealistischen Seele gegen die trübe Banalisierung der hehren Ideale in einer schlichten bis schlechten Realität zum Ausdruck zu bringen. Es ist schon wahr: «alles fließt», aber in diesem Bild eben auf solche Weise, daß sich alles zuletzt als zäher Schlamm durch die Auffangbekken und Sickergruben bürokratischer Verwaltung wälzt.

Kleist, der vor seiner Flucht nach Paris zuletzt als Volontär im preußischen Wirtschaftsministerium die Grenzen seiner Anpassungsbereitschaft an die verwaltete Welt erfahren hatte, war von dieser Vision von Viskosität erschreckt und angewidert. Er sah sich in eine Welt versetzt, in der seine Lebendigkeit und sein Elan im wahrsten Sinne des Wortes überflüssig waren:

«*Ordentlich* ist heute die Welt; sagen Sie mir, ist sie noch schön? Die armen lechzenden Herzen! Schönes und Großes möchten sie tun, aber niemand bedarf ihrer, alles geschieht ohne ihr Zutun. Denn seitdem man die Ordnung erfunden hat, sind alle großen Tugenden unnötig geworden.»[30] Kleist verdeutlicht diesen Vorwurf an mehreren kleinen Beispielen:

«Wenn uns ein Armer um eine Gabe anspricht, so befiehlt uns ein Polizeiedikt, daß wir ihn in einem Arbeitshaus abliefern sollen. Wenn ein Ungeduldiger den Greis, der an dem Fenster eines brennenden Hauses um Hilfe schreit, retten will, so weist ihn die Wache, die am Eingange steht, zurück, und bedeutet ihn, daß die gehörigen Verfügungen bereits getroffen sind. Wenn ein Jüngling gegen den Feind, der sein Vaterland bedroht, mutig die Waffen greifen will, so belehrt man, daß der König ein Heer besolde, welches für Geld den Staat beschützt» (ebd.).

Gerade das letzte Beispiel, in welchem sich Kleist selbst als jener idealistische, an den schlechten Verhältnissen der Welt leidende Jüngling präsentiert, den Hegels Hypochondrie-Kritik meinte, war damals von politischer Aktualität und Brisanz, spielt es doch auf die vielen jungen Leuten unerträgliche preußische Zurückhaltung, um nicht zu sagen Zögerlichkeit und Unentschlossenheit, gegenüber Napoleon an. Kleist endet mit dem Seufzer: «Wohl dem Arminius, daß er einen großen Augenblick fand. Denn was bliebe ihm heutzutage übrig, als etwa Leutnant zu werden in einem preußischen Regiment?» (ebd.) – was Kleist bekanntlich zu werden abgelehnt hatte. Daß laut Hegel *die Welt als eine im wesentlichen fertige* sich dem Jüngling präsentiert, der in seinem «lechzenden Herzen» nach dem «großen Augenblick», nach «großen Tugenden» und Taten, «Schönes und Großes» zu vollbringen, verlangt – dieses Hegelsche Diktum wird durch Kleists Witz vom siegreichen Germanenfürst, dem in der zeitgenössischen ‹fertigen› Welt nur noch die Leutnantslaufbahn bliebe, auf elegante Weise in seiner Fragwürdigkeit beleuchtet. Denn die Anerkennung dieser fertiggeordneten, ordentlich verwalteten Welt als «Verwirklichung der göttlichen Vernunft», wie Hegel es von seinem idealistischen Jüngling forderte, war für einen wie Kleist allenfalls noch ein besserer Witz.

Auf den Zusammenhang von Melancholie/Hypochondrie und «Ordnung» im Sinne von Handlungshemmung, wie Kleist sie leidend hervorhebt, hat Wolf Lepenies von seiten der Soziologie aufmerksam gemacht.[31] In der Tat macht es keine besonderen Schwierigkeiten, einen Bogen zu schlagen von der Kleistschen Situation, in der preußischen Gesellschaft seinerzeit nicht ‹gebraucht› und daher substantiell beschäftigungslos zu sein, zu der heutigen, Depression, Frustration und Aggression erzeugenden Situation einer westlichen Industriegesellschaft mit hoher Jugendarbeitslosigkeit.

Melancholischer Zeit-Erfahrung hat Kleist in seinen Briefen vom

28./29. Juli 1801 aus Paris Ausdruck verliehen; so klagt er dort: «Ach, daß wir ein Leben bedürfen, zu lernen, wie wir leben müßten (...)», und das heißt unter den Bedingungen der Endlichkeit und Unwiederholbarkeit menschlicher Existenz, daß wir Kleist zufolge das lebensnotwendige Wissen über uns stets erst zu spät erhalten, als daß wir es zum Leben noch gebrauchen könnten; die Einsicht in die Bedingungen der Möglichkeit unseres Gelingens wird uns auf traurige Weise so, «(...) daß wir im Tode erst ahnden, was der Himmel mit uns will!»[32] Insofern wäre es genauer noch zu formulieren, das Problem sei, daß wir «ein Leben bedürfen», um zu lernen, wie wir *hätten* leben müssen; denn die Möglichkeit dazu ist vorbei, wenn diese Erkenntnis eintritt. Und es scheint wie ein geheimnisvolles Echo zu klingen, wenn ebenfalls an einem 28. Juli (eines nicht genauer bekannten Jahres) der nämlichen Jahrhundertwende und gleichfalls in einem Brief aus Paris Senancours Oberman schreibt, auch er fühle sich «verurteilt», «immer und immer auf das Leben zu warten (...). O Klage über diese Zeit, die umsonst vergeht! (...) O dürft' ich [...], dies eine Mal vor dem Tode, zu einem Menschen sagen, der mich hört: O, hätten wir doch gelebt!»[33]

Chateaubriands Weltschmerzkapitel und sein junger Held

Owê wie jæmerlîche junge liute tuont,
den ê vil hovelîchen ir gemüete stuont!
die kunnen niuwan sorgen: owê wie tuont si sô?
swar ich zer werlte kêre, dâ ist nieman frô…

Walther von der Vogelweide,
Elegie (um 1227)

Die Problematik einer depressiv herabgestimmten, «hypochondrischen» Jugend, die keinen Geschmack mehr an der bestehenden Welt zu haben scheint, kommt in der Geschichte des Abendlands natürlich öfter vor als nur bei Hegel und Kleist. Womöglich war sie schon im Mittelalter bekannt. Um 1800 jedenfalls ist sie ein europäisches Phänomen gewesen, das außer der Bezeichnung Hypochondrie, die vor allem in der deutschen gelehrten Welt besonders gern dafür bemüht wurde, eine Reihe anderer Namen trug: etwa ‹spleen› im Englischen, dort aber auch als ‹hyp› bekannt, und ‹mal du siècle› im Französischen, als ‹Weltschmerz› später wieder im Deutschen populär.³⁴

In Frankreich, wo um 1800 in rascher Folge drei literarische Zeugnisse dieses Phänomens entstehen, nämlich Chateaubriands «René» (1802), Senancours «Oberman» (1804) und Constants «Adolphe» (1806), hat François René de Chateaubriand in seinem philosophischen Hauptwerk von 1802, «Le génie du christianisme où beautés de la religion chrétienne» (Der Genius des Christentums oder Schönheiten der christlichen Religion), als erster eine Theorie dieser Melancholie und Unglückseligkeit seines Zeitalters geliefert, in welcher ihm Hegel wie Kleist ferne, auf je ihre Art problemverbundene, wenngleich kaum gekannte Zeitgenossen waren. Diese Theorie findet sich im Kapitel «Du vague des passions» und steht in engstem Zusammenhang zu seinem wohl berühmtesten Werk, eben jenem «René», der gleichsam ein französischer «Werther» gewesen ist und zum romantischen Prototypen des Weltschmerzes überhaupt avancierte.³⁵

Die modernen Wirkungen ziellos gewordener Leidenschaften. –
«René» ist die Geschichte eines jungen Mannes dieses Namens, der übrigens auch der zweite Vorname Chateaubriands gewesen ist, der mit großartiger Geste in die Welt tritt und doch von der Welt im Laufe seines Lebens im Grunde nichts zu fassen bekommt. Der stark mit bekenntnishaft-autobiographischen Zügen seines Verfassers ausgestattete jugendliche Held ist von großen Sehnsüchten – nach Liebe, Gott, Natur und einem wahren, ernsthaften, guten Leben – getrieben, treibt viel Aufwand zu ihrer Erfüllung und verhungert doch gleichsam am gedeckten Tisch. Das Mißverhältnis zwischen seinem überreichen Inneren und der äußeren, von substantiellen ‹metaphysischen› Gehalten, die ihm Halt geben könnten, entleerten Welt bestimmt die rasante Fluchtbewegung seiner Lebensgeschichte.

Wie sein Verfasser abstammend vom uralten Adel, fühlt er sich in dieser Herkunftswelt nicht mehr zu Hause; er reist durch fremde Länder (Italien, Schottland), aber er findet auch zu diesen Gegenden und ihren Bewohnern keinen Kontakt, der seine unbestimmte Sehnsucht nach dem ‹Anderen› auszufüllen vermag. Er ‹erfährt› im wahrsten Sinne des Wortes nur die Sinnlosigkeit des in den von ihm bereisten Kulturen und Nationen sedimentierten Geschichtsgangs. Ausgezogen, das Glück im ‹Anderswo› zu suchen, findet er überall nur das

Unglück des Menschengeschlechts bestätigt. Daran ändert sich auch dann wenig, als ihn seine Sehnsucht zu den ‹Edlen Wilden› nach Amerika führt. Zwar wird er von ihnen aufgenommen und lebt im Stamm der Natchez, aber er bleibt ihnen innerlich wie äußerlich fremd; am liebsten zieht er sich auch dort in die Natur zurück. Zwar heiratet er eine Edle Wilde, aber die Ehe ist weder edel noch wild, sondern ‹irgendwie› unerfüllt – man weiß nicht wie: das *je ne sais quoi* ist damals ein gängiges Motiv, diesem Unbestimmten Ausdruck zu verleihen.

Er bleibt, wie überall, sich selbst ein Fremder. Im Grunde liebte er außer sich nur einen einzigen Menschen, und das war seine Schwester, wobei sich die Frage stellt, ob er sie mehr deshalb liebte, weil er sich selbst in ihr sah und liebte, oder weil diese inzestuöse Liebe natürlich eine unerreichbare und unerfüllbare sein mußte. Er offenbart sein ganzes Elend schließlich einem bei den Indianern lebenden Pater, der ihm klarzumachen versucht, daß sein Leiden an der Welt ein selbstverschuldetes und selbst zu verantwortendes sei. Aber es kommt zu keiner glücklichen Wendung dieses Weltschmerzheldentums mehr, da René wenig später bei einem den Indianern zugefügten Massaker ums Leben kommt.

Die Poesie der unerfüllbaren Sehnsucht. – Chateaubriand hat diese Erzählung von seinem Weltschmerzhelden René zuerst im «Génie du christianisme» veröffentlicht, und zwar in direktem Anschluß an das Melancholie-Kapitel «Von der Unbestimmtheit der Leidenschaften», wobei die lyrische Prosa «René oder die Wirkungen der Leidenschaften», wie der Titel der ersten deutschen Übersetzung lautet (Leipzig 1802), gewissermaßen zur Illustration der «Du vague des passions»-Thesen gedacht war, eben als Darstellung der Wirkungen der Leidenschaften, sofern diese von dem *mal du siècle* der «Unbestimmtheit» ihrer Sehnsucht und Erfüllung gekennzeichnet sind.[36]

Im Zusammenhang des romantisch-hypochondrischen Weltschmerzes gewinnen wir mit der Christentumsproblematik wieder Anschluß ans zweite Kapitel und die dortigen Ausführungen zur Traurigkeit der Welt. Auch Chateaubriand leitet die ‹geistige› Melancholie aus dem christlichen Dualismus von Diesseits und Jenseits her, wonach Melancholie als Folge grundsätzlichen Ungenügens an der irdischen Wirklichkeit bei entsprechend radikaler Sehnsucht nach der verheißenen himmlischen Glückseligkeit anzusehen ist.

Dieser Gedanke ist vertraut und von verschiedenen Seiten her bekannt; zu erinnern wäre beispielsweise an August Wilhelm Schlegel, der in seinem Hauptwerk, den «Vorlesungen über dramatische Kunst und Literatur» von 1808, sich in solcher Richtung geäußert hat. Dies ist deshalb von näherem Interesse, weil Schlegel als der wohl wichtigste deutsche Übermittler der romanischen Literatur seiner Zeit die Anregungen für seine bewußten Ausführungen womöglich von Chateaubriands Melancholiekapitel und -novelle im «Génie du christianisme» erhalten hat:

«Einige Denker, die übrigens die Eigentümlichkeit der Neueren ebenso begreifen wie wir, haben das Wesen der nordischen Poesie in die Melancholie gesetzt, und, gehörig verstanden, haben wir nichts hiergegen einzuwenden. Bei den Griechen war die menschliche Natur selbstgenügsam, sie ahnte keinen Mangel und strebte nach keiner Vollkommenheit, als die sie wirklich durch ihre eigenen Kräfte erreichen konnte. Eine höhere Weisheit lehrt uns, die Menschheit habe durch eine große Verirrung die ihr ursprünglich bestimmte Stelle eingebüßt, und die ganze Bestimmung ihres irdischen Daseins sei, dahin zurückzustreben, welches sie jedoch, sich selbst überlassen, nicht vermöge. (...) In der christlichen Ansicht hat (...) die Anschauung des Unendlichen (...) das Endliche vernichtet; das Leben ist zur Schattenwelt und zur Nacht geworden, und erst jenseits geht der ewige Tag des wesentlichen Daseins auf. Eine solche Religion muß die Ahnung, die in allen gefühlvollen Herzen schlummert, zum deutlichen Bewußtsein wecken, daß wir nach einer hier unerreichbaren Glückseligkeit trachten, daß kein äußerer Gegenstand jemals unsre Seele ganz wird erfüllen können, daß aller Genuß eine flüchtige Täuschung ist. Und wenn nun die Seele, gleichsam unter den Trauerweiden der Verbannung ruhend, ihr Verlangen nach der fremd gewordenen Heimat ausatmet, was andres kann der Grundton ihrer Lieder sein als Schwermut?»[37]

Auch Schlegel deutet also die Melancholie aus der religiösen ‹Primärentfremdung› des Menschen von Gott, vom Sündenfall und Paradiesverlust. Das Bild der heidnischen, innerweltlich glücklichen Griechen der Antike muß dabei, wie seinerzeit häufig, als Kontrast gegenüber der christlich ursprungsverlustigen, heimatvertriebenen Diesseitsverachtung und Jenseitsfixierung herhalten.
Schlegel fährt fort:

«So ist es denn auch: die Poesie der Alten war die des Besitzers, die unsrige ist die der Sehnsucht; jene steht fest auf dem Boden der Gegenwart, diese wiegt sich zwischen Erinnerung und Ahnung. Man mißverstehe dies nicht, als ob alles in einförmige Klage verfließen und die Melancholie sich immer vorlaut aussprechen müßte (...); aber sie (die romantische Poesie) wird immer in einem namenlosen Etwas Spuren ihrer Quelle tragen. (...) Das griechische Ideal der Menschheit war vollkommene Eintracht und Ebenmaß aller Kräfte, natürliche Harmonie. Die Neueren hingegen sind zum Bewußtsein der inneren Entzweiung gekommen, welche ein solches Ideal unmöglich macht; daher ist das Streben ihrer Poesie, diese beiden Welten, zwischen denen wir uns geteilt fühlen, die geistige und die sinnliche, miteinander auszusöhnen.»

Von der Unbestimmtheit substantiell entleerter Leidenschaften. – Diese Gegenüberstellung der selbstgenügsam-unmelancholischen Geisteshaltung der Alten und der sehnsuchtsunruhigen, diesseitstrübsinnigen Mentalität des Christentums steht gleichermaßen zentral bei Chateaubriand in besagtem Melancholie-Kapitel «Du vague des passions». Dort heißt es [38], die Alten hätten diese geheime Unruhe kaum gekannt: Ein umfangreiches politisches Leben, die Turn- und Kampfspiele, die Angelegenheiten des Forums und der Öffentlichkeit hätten ihre Gegenwart ausgefüllt und den Verdrießlichkeiten des Herzens keinen Platz gelassen; andererseits hätten sie keine Neigung zu Übertreibungen, Hoffnungen und grundlosen Befürchtungen gehabt, zu Wechselhaftigkeit der Vorstellungen und Gefühle, zu dauernder Unbeständigkeit, die nichts anderes als ein ständiger Überdruß sei.

Schließlich seien die Griechen und Römer, die ihre Blicke selten auf das Lebensjenseitige hin ausgedehnt und keine Vermutung vollkommenerer Freuden als solcher dieser Welt gehegt hätten, durchaus nicht wie wir durch die Eigenart ihrer Religionsausübung zu Grübeleien und Sehnsüchteleien verleitet gewesen; die für unsere Leiden und unsere Nöte geschaffene christliche Religion biete uns unaufhörlich das Doppelbild irdischer Kümmernisse und himmlischer Freuden, und dadurch schaffe sie im Herzen eine Quelle gegenwärtiger Übel und ferner Hoffnungen, aus der unerschöpfliche Traumgespinste herrührten (S. 310).

Von diesem Punkt aus geht Chateaubriand allerdings weiter als Schlegel. In unseren Begriffen formuliert, ergibt sich nämlich für ihn die spezifisch moderne Melancholie – noch über die primär melancholische Daseinserfahrung des christlichen Gottesbezugs hinausgehend – als religiöse ‹Sekundärentfremdung› von Gott und seiner Offenbarung erst in der Situation des aufgeklärten Menschen. Nicht mehr das ursprüngliche Herausgefallensein der menschlichen Seele aus paradiesischer Gottesnähe in einen religiös vermittelten Dualismus von diesseitiger und jenseitiger Welt stellt Chateaubriand zufolge das eigentliche (Melancholie-)Problem dar, sondern das zweite, weitere Herausgefallensein des modernen Menschen aus diesem (sowieso bereits melancholieträchtigen) Kontext christlichen Glaubens in eine durch die Aufklärung noch verdoppelte Gottesferne. Denn dieser Kontext wirkt, so entfernt das Verhältnis auch gespannt sein mag, sich weiterhin aus, aber eben um so ‹heilloser›: Der aufgeklärte Mensch wird nach wie vor von der alten Sehnsucht nach dem verlorenen Paradies bestimmt und heimgesucht, aber die christliche Heilsverheißung ist ihm fremd geworden. Seine Sehnsucht wird dadurch wehmütig und melancholisch, wird zu einer unbestimmten Sucht und Leidenschaft – deshalb der Titel «Du vague des passions» (Von der Unbestimmtheit der Leidenschaften). Diese christlich nicht mehr gebundene Sehnsucht sucht in nachaufklärerischer Orientierungskrise sehnlichst, aber vergeblich nach wesentlichen Zielen, die ein in die Moderne hinüberragendes Transzendenzbedürfnis dauerhaft zu befriedigen vermag.

Folgendermaßen resümiert Chateaubriand das Problem der sehnsüchtig-modernen Seelen: Sie seien, angewidert von ihrem Jahrhundert, entmutigt von ihrer Religion, in der Welt zurückgeblieben, ohne sich dieser zu überantworten; so seien sie Opfer von tausendfacher Grillenhaftigkeit geworden. Unter diesen Umständen habe man jene schuldige Melancholie entstehen sehen, die sich inmitten der Leidenschaften herausbilde, da diese Passionen ohne Zielgegenstand sich selbstbezüglich in einem gottverlassenen Herzen verzehrten (S. 310). – Dieses aber ist auch das Problem des melancholisch nach Amerika flüchtenden Lieblingshelden Chateaubriands, des «René», und deshalb schloß sich die Erzählung seines Schicksals in der ersten Fassung des «Génie du christianisme» mit Absicht an jenes Resümee des Melancholiekapitels «Du vague des passions» an.

Wichtig an diesen Ausführungen Chateaubriands ist vor allem die Diagnose einer Problemverwandlung, nämlich von der traditionellen zielgespannten Pilgerschaftsschwermut christlichen Ursprungsverlustbewußtseins zu einer modernen, durch areligiösen Verheißungsverlust zu lähmender Ziellosigkeit verschärften Melancholie. Chateaubriand hielt diese Entwicklung für fortschritts- und bildungsabhängig. Je mehr die Völker zivilisatorisch voranschritten, desto mehr nähme der Zustand der Unbestimmtheit der Leidenschaften zu: «Plus les peuples avancent en civilisation, plus cet état du *vague* des passions augmente» (S. 309).

Damit stellt sich für ihn die durch die Aufklärung eingeleitete Moderne als ein in seelengeschichtlicher Hinsicht höchst zweifelhaftes Unterfangen mit sehr bedenklichen Resultaten dar: Man sei eines Besseren belehrt, ohne Freude daran zu haben; die Wünsche bestünden fort, aber man mache sich keine falschen Hoffnungen mehr. Die Phantasie sei reich, überströmend und wunderbar; das Leben arm, trocken und entzaubert. Man lebe mit einem erfüllten Herzen in einer entleerten Welt; und ohne an irgend etwas sich verbraucht zu haben, sei man von allem enttäuscht (S. 309).

Dieser Befund Chateaubriands erinnert an ein berühmtes Wort Nietzsches aus dem «Lied der Schwermut» im «Zarathustra» über diejenigen, denen ihr alter Gott nicht mehr und ein neuer Gott noch nicht Halt und Sicherheit gibt[39]; wie überhaupt der Zwischenzustand, das Geratensein *zwischen Nicht-mehr und Noch-nicht*, ein offenbar konstitutives Moment der ‹Melancholietheorien› ganz unterschiedlicher Denker und Gedankengebäude zu sein scheint.

Aber auch Max Webers spätere Formulierung eines lebensweltlich-sinnspekulativen Problems der «Entzauberung der Welt» durch wissenschaftliche Aufklärung könnte hier schon entfernt in Anklang gebracht werden, und dies um so mehr, als in religionsphilosophischer Hinsicht diese Entzauberung von Franz Rosenzweig als «für Gott das sich wieder Verbergen, für den Menschen das sich wieder Verschließen» erkannt worden ist.[40]

Jenseits von Sünde und Krankheit: Glücksprobleme. – Zunächst eröffnet sich hier eine andere Perspektive in Raum und Zeit: nämlich die Fluchtlinie des Irrens des Glückssuchers *durch* Zeit und Raum, durch Anderswann und Anderswo.

Im folgenden tritt das von Chateaubriand diagnostizierte ‹moderne› Bewußtsein, jenseits seiner älteren melancholiehistorischen Zwischenstellung im Sperrgebiet seiner Kritik und Bekämpfung als Krankheit oder Sünde, säkularisiert in ein neues, komplexeres Zwischenverhältnis – nämlich in ein Reflexionsverhältnis. In diesem reflexiven Verhältnis räumlich-zeitlichen Dazwischenseinerlebens wird sich der Mensch in mehr oder minder melancholischer Weise als ein Wesen erfahren, das – besserer philosophischer Einsicht antiker Weisheit zuwider – bewußtseinsspezifisch *nicht* (oder jedenfalls nicht immer) *hier und jetzt* zu leben vermag, nicht «hic et nunc», sondern «alias alibi», *anderswann / anderswo*, weil seine Wünsche, Hoffnungen, Ziele, Befürchtungen und Gefühle ihn in ständiger Glücks-Spannung zum Nicht-Anwesenden, zum Jenseitigen seiner Aktualpräsenz stehen lassen.

Indem der moderne Melancholiker bei seiner Suche nach dem Glück in eine merkwürdige – zugleich fixierte wie schwer zu fassende – Zwischenlage zwischen Anderswo und Anderswann gerät, ereignet sich, jenseits von Krankheit und Sünde, etwas problemgeschichtlich Neues. Während der antike Melancholiker als jemand bekannt war, der an der schwarzen Galle laboriert, und der mittelalterliche Melancholiker als einer, der an Acedia leidet, ergibt sich für den modernen Melancholiker, dessen Gestalt sich historisch aus dem Problemumkreis von Hypochondrie, hypertropher Einbildungskraft bzw. Empfindlichkeit und Weltschmerz erhebt, daß sein Melancholie- bzw. Unglücksbewußtsein in viel stärkerem Ausmaß als beim antiken oder mittelalterlichen Menschen selbstreferentiell-individualistische Züge eines Leidens an der Welt, als Leidens an sich selbst trägt.

Zweiter Teil
Zwischen Anderswann und Anderswo

Das Anderswo und das Einstmals sind stärker als das ‹Hic et nunc›. Das Dasein wird getragen vom Anderswosein. Was könnten die Philosophen doch lernen, wenn sie die Dichter läsen.

Gaston Bachelard,
La poétique de l'espace (1957)

4. Verfolgtes Glück

Verspätungserfahrung bei der Frage nach dem Glück

> *Ja, renn nur nach dem Glück*
> *Doch renne nicht zu sehr!*
> *Denn alle rennen nach dem Glück*
> *Das Glück rennt hinterher.*
> Bertolt Brecht,
> Das Lied von der Unzulänglichkeit
> des menschlichen Strebens (1928)

Die Frage nach dem *Glück*, die – der kritischen Einschätzung von seiten kompetenter Vertretung des Fachs, das Glück sei alles in allem kein Thema der heutigen Philosophie [1], zum Trotz – hier unverdrossen aufs neue thematisiert und also im folgenden ausschließlich unter der melancholieproblemspezifischen Perspektive angegangen werden soll, wobei sie sogleich einen folgen- und aufschlußreichen Betonungswechsel erleben wird: die *Frage* nach dem Glück kommt, so ist melancholischerseits zu befürchten, als solche immer zu spät.

Immanentes Elend. – Denn sie ist als Glücksfrage in den Augen des Melancholikers stets eine Frage – *nach* dem Glück; also ein Fragen, das sich stellt und einstellt, wenn und weil das Glück *nicht mehr* ist, nicht mehr *da* ist. Das Glück nämlich, nach dem gefragt, dem nachgefragt werden muß, nachdem es fraglich geworden ist, befindet sich gleichsam a priori immer schon und zwangsläufig – ‹anderswo›. Ansonsten erledigte sich die Nachfrage ja von selbst im Handumdrehen, im Zugriff des carpe diem, und das Problem wäre nicht ein philosophisches (und auch kein melancholiephilosophisches) zu nennen. Es handelt sich aber bei der hier interessierenden (mehr oder weniger melancholischen) Art der Frage nach dem Glück offenbar immer um ein verlorenes Glück, und die philosophische Nach-Frage ist dem Glück daher a posteriori stets – im doppelten Sinne – ‹laufend hinterher›.

Freilich, sie geht, sofern sie sich nicht gerade an der Frage nach dem

Glück uninteressiert stellt, ihrem Thema und Objekt der Begierde, wie es der Philosophie gebührt, mit Gewissenhaftigkeit nach, aber eben doch immer nur *nach*, sozusagen akademisch dauerverspätet und in typischer Weise «cum tempore». Gebilligt und gleichsam affirmiert wird dieses ständige Nachgehen allerdings durch Hegel in seinem bekannten *Konstitutiven Unpünktlichkeitstheorem alles Philosophischen*, das er am Ende der Vorrede seiner Rechtsphilosophie (Berlin, 25.6.1820) aufgestellt hat, indem er nicht ohne Süffisance bemerkte: «so kommt (...) ohnehin die Philosophie immer zu spät.»

Erst wenn das unmittelbare Glück vermißt wird, weil es weg ist, wird die Frage nach dem Glück ad hoc thematisiert und a posteriori auf den Weg geschickt, und ihr Einsatz, so scheint es jedenfalls, erfolgt stets nach jener taktvollen Kunst- und Denkpause, die sicherlich dem Moment der philosophisch gebotenen Distanzierung und Differenzierung Rechnung zu tragen vermag, aber als reflexives Entzweiungsmoment zugleich dem thematisch auf den Weg gebrachten Glücksziel diejenigen Takte Vorsprung in der Verfolgung seiner Problematisierung einbringt, die das ganze Spiel, wenn man so will, am Ende zu einer gekonnt inszenierten Kunst der Fuge werden läßt.

Die Frage nach dem Glück, das sollte dieser seinerseits verspielte Gedankengang deutlich machen, kann demzufolge also auch als ein ästhetisches Problem begriffen werden, und nicht nur als ein ethisches oder ontologisches. Genauer gesagt: Sie erscheint in der präsentierten Form als ein Problem jener ‹ästhetischen Lebensweise›, nicht entschieden und nicht schnell entschlossen genug zugreifen zu wollen, wie Kierkegaard sie an der Romantik kritisiert hat – eine in sich gespaltene Verfahrensweise nämlich, in der man kunstvoll unmerklich mit der einen Hand von sich wegschiebt, was man mit der anderen in schwungvoll ästhetischer Gebärde zu erhaschen versucht. Doch dies nur als Vorgriff.

Glück gehabt... – Jedenfalls scheint in der Frage nach dem Glück die Erkenntnis des Glücks dem gehabten Glück *konsequent nachträglich* zu sein, und das Glück der Frage nach dem Glück wäre dementsprechend jenes Glück der Philosophie zu erkennen, «wie es eigentlich gewesen ist», nämlich das Glück vor dem Stellen der Frage nach dem Glück. Mit anderen Worten: «Glück gehabt» und «Gehabtes Glück, das hab ich gern»; melancholiethematisch formuliert: Solange wir noch mit unserem Glück im Einklang sind, so lange gibt es keine eigentlich philosophische Bewegung in diesem Verhältnis; sobald aber die Reflexion des Glücks einsetzt, wird es uns am Reflex, den sein Verschwinden hinterläßt, als flüchtiges und vergangenes bewußt.

Ist also die Frage nach dem Glück zu stellen ein nicht nur glückloses, sondern sogar unglücklich machendes Unterfangen? Adorno hat eine ähnliche Schlußfolgerung nahegelegt, als er in seinen «Minima Moralia» (in Nr. 72) über das Glück schrieb, daß niemals der Augenblick des Glücks, des Glücklichseins in eben diesem Moment könne gewußt werden:

«Mit dem Glück ist es nicht anders, als mit der Wahrheit: Man hat es nicht, sondern ist darin. Ja, Glück ist nichts anderes als das Umfangensein, Nachbild der Geborgenheit in der Mutter. Dann aber kann kein Glücklicher je wissen, daß er es ist. Um das Glück zu sehen, müßte er aus ihm heraustreten: er wäre wie ein Geborener. Wer sagt, er sei glücklich, lügt, indem er es beschwört, und sündigt so an dem Glück. Treue hält ihm bloß, der spricht: ich war glücklich...»

Adorno hat, an dieser Stelle weniger melancholisch, daraus gefolgert, das einzige Verhältnis des Bewußtseins zum Glück sei deshalb der Dank, und das mache dessen unvergleichliche Würde aus.[2] Aber: «Ich *war* glücklich» als einzige getreue Aussage dem Glück gegenüber heißt doch, das Glück glänzt, wo immer es so angesprochen wird, durch Abwesenheit und durch Vergangenheit. Ob dieses «Ich war glücklich» nun in besinnlichem oder traurig-resigniertem Tonfall verkündet wird: Jetzt jedenfalls bin ich es nicht (mehr). Der Glanz des abwesenden Glücks erscheint demnach als Kontrastphänomen, das erst auf diesem Hintergrund des reflektierten Glücksverlusts und aktuellen Un-Glücksbewußtseins seinen Nimbus erhält.

Dieselbe nostalgische Nachträglichkeit gegenüber dem Glück, welche fraglos bei Adorno auch einen Anklang an die Dreistufigkeit Hegelscher Dialektik mit sich führt (zuerst unbewußtes Umfangensein, dann Heraustreten, schließlich Er-Innern), hatte schon fast zwei Jahrhunderte zuvor Rousseau betont, als er entgegen dem ihm oft unterstellten «Zurück zur Natur»-Wunsch die *unvermeidliche Abwesenheit* eines solchen natürlichen Glückszustands historisch-dialektisch begründete. Genau wie bei Adorno das bei der Mutter geborgene glückliche Kind erst nach dem Verlust der Naivität dieses Glück der Geborgenheit nachträglich zu erkennen und zu vermissen vermag, so ist bei Rousseau, in dessen Epoche die ‹Kindheit› im romantisch-verklärten Glückssinn ja erst ‹erfunden› wurde, der naive Naturmensch im kulturellen Kindheitszustand seiner Gattung ebensowenig fähig, sein Glück am Busen der Mutter Natur zu realisieren wie auch später im erwachsenen Stande der Reflexion. Die Erkenntnis kommt zu spät, oder es war noch zu früh für sie, und das Glück hatte seinen Auftritt mithin unbemerkt zwischen diesem Noch-nicht und jenem Nicht-mehr: «(...) so blieb das glückliche Leben des goldenen Zeitalters der Menschenrasse stets ein fremder Zustand, (...) weil sie ihn entweder verkannt hat, als sie ihn genießen konnte, oder weil sie ihn verloren hatte, als sie ihn hätte sehen können»[3].

Rousseau, der einer kritischen Theorie der Gesellschaft philosophisch wohl viel näher steht als der zumeist mit seinem Namen verbundenen Romantisierung des Naturzustands, radikalisiert also die Adornosche Position noch insofern, als er den Blick für das Moment der notwendigen Verkennung des Glücks im unterstellten Glückszustand kindheitlicher Welterfahrung schärft. Dieser Glückszustand selbst wird damit als nachträgliche Konstruktion entlarvt: Der Schein des Glücks ergibt sich demnach überhaupt erst durch den Glanz im Blick – eben nicht von Kinderaugen, sondern im nostalgischen Augen-Blick, den der Philosoph als ein notorisch unglückliches Nicht-Kind zurückwirft auf das Glücksartefakt seiner selbst, das Kind im Manne als Mann im Kinde. Nie hat es diese Glücksperson gegeben außer in der Erinnerung, im sich selbst mehr täuschenden und blendenden als reflektierenden Rückblick. Aber diese Er-Innerung, metaphysisch in der Philosophie und Poesie der Romantik eigentlich erst zu Ansehen und Bedeutung gekommen, ist eine starke Macht in Fragen des Glücks.

Vergeblichkeitserfahrung bei der Suche
nach dem Glück

Dort, wo du nicht bist, dort ist das Glück!
Franz Schubert, Der Wanderer oder:
Der Fremdling oder: Der Unglückliche
(1808 bzw. 1816)

Der Wanderer – insbesondere der unglückliche auf der Suche nach dem Glück, die freilich mehr oder weniger eine Vergeblichkeitserfahrung bleibt – ist eine, wenn nicht die Zentralgestalt romantischer Kunstproduktion. Er geistert, um nur zwei Beispiele zu nennen, durch die Lieder Franz Schuberts, dessen «Winterreise» nach Gedichten von Wilhelm Müller einen Höhepunkt dieses Motivs darstellt, wie durch die Lyrik Joseph von Eichendorffs, der die Fremdheitserfahrung des modernen, romantischen Menschen immer wieder in Gedichten wie «In der Fremde» beschrieben hat.[4]

Es gehört deshalb zu den auf den ersten Blick unerklärlichen, höchst bedauerlichen Mißgeschicken und epochalen Unterlassungssünden im Zeitalter der Romantik, daß es eine künstlerische Verbindung zwischen diesen Hauptgestaltern des Wandermotivs bzw. Glücksentfremdungsthemas nicht gegeben hat. Tatsächlich hat Schubert Gedichte von über 150 verschiedenen Dichtern vertont, darunter viele der zeitgenössischen Romantiker, aber kein einziges von Eichendorff. Was hätte doch – melancholisch geredet, denn «Hätte doch!» ist fast immer Ausdruck vergeblichen Möglichkeitsdenkens – bei ihrer Gleichgesinntheit im glückssucherischen Vergeblichkeitsgefühl ein schöpferischer Zusammenschluß von Schuberts und Eichendorffs Intentionen und Ingenien in der romantischsten aller Kunstformen, dem deutschen Kunstlied, nicht alles zustande bringen können!

Melancholie der Nicht-Begegnung, des Verpassens einzigartiger Treffpunkte: Eichendorff publizierte, schon fast vierzigjährig, seine ersten Gedichte Ende 1826 (im Anhang zum «Taugenichts») schließlich zu spät, und Schubert starb, erst einunddreißigjährig, 1828 zu früh, als daß es nach der Beschäftigung mit Müller («Winterreise», 1827) und Heine («Schwanengesang», 1828) für die Entdeckung Eichendorffs in Schuberts so kurzem Leben noch Zeit gegeben hätte. Und so ist es zu einem geistigen Zusammenschluß, einer künstlerischen Verschmelzung der erstaunlichen Parallelen in ihrer romantisch-unglücklichen Weltsicht und ihrer dadurch motivierten Wanderersehnsucht nach der Heimat jenseits der Fremde in Form eines Schubertschen Eichendorff-Liedes nie gekommen.

(Dieses Mißgeschick einer solchen unerreichten Begegnung stellt nicht etwa eine feuilletonistische Abschweifung dar, sondern gehört zentral zur Figuration des hier zu erörternden Problems. Gerät man doch bei der wehmütigen Betrachtung dieser oder ähnlicher verpaßter (lebens)geschichtlicher Möglichkeiten unversehens in eine poetisch-melancholische Position gegenüber den Wechselfällen des Weltpanoramas, die dem unglücklichen Wanderermotiv in der romantischen Dichtung bemerkenswert ähnlich ist. Schubert und Eichendorff oder zwei Königskinder, die zueinander nicht kommen können: Auch der romantische Wanderer auf der Suche nach der Glückserfüllung zeichnet sich ja vielmehr durch das vergebliche Umherirren und Nicht-Erreichen als durch das Finden seines Ziels aus.)

Inneres Ausland. – Auf der Suche nach Ersatz für dieses verpaßte Glück einer Schubertschen Vertonung Eichendorffscher Seufzer über Weltentfremdung, Wandernmüssen und das Anderswosein des Glücks findet sich doch ein Stellvertreter im liedkompositorischen Werk Schuberts, wo man schließlich auf einen Vers von quasi Eichendorffschem Geist stößt – und kaum zufällig bildet diese Zeile den Schluß eines Schubert-Liedes, welches so heißt, wie nahezu alle seine Lieder eigentlich heißen könnten: «Der Wanderer»[5]: «Dort, wo du nicht bist, dort ist das Glück.»

Dieser Vers ist mit seiner tiefsinnigen Melancholie-Formulierung gehört mit seiner mottoträchtigen Schlußwendung zu einem merkwürdig verquasten Gedicht, dessen im übrigen zweitbeste Zeile «Ich bin ein Fremdling überall» lautet; ansonsten zeugt es als solches in seinen übrigen Versen eher von unfreiwilliger Komik, die dem betont wehmütigen, wehleidigen romantischen Helden auf seiner Suche nach dem Glück anhaftet, als etwa von Eichendorffschem Geist oder Heinescher Genialität. Bloß eben die Schlußzeile, die vom übrigen Gedicht sowohl durch die Anführungszeichen abgegrenzt ist, was einen Wechsel der Sprechinstanz (von den Frage- und Klageworten des lyrischen Ich zur antwortenden Geisterstimme) anzeigt, als auch durch den Umstand hervorgehoben wird, daß alle anderen Verse nur zur Hinführung auf diese Offenbarung durch den zurücktönenden Geisterhauch zu dienen scheinen – diese Schlußwendung ist genial.

Sein Autor ist, heute nahezu vergessen, ein gewisser Georg Philipp Schmidt (1766–1849), der sich der besseren Wirkung und Wiedererkennbarkeit des Nachnamens wegen Schmidt von Lübeck nannte. Man kennt ihn vielleicht noch als zeitweiligen Lebensgefährten der Schriftstellerin Sophie Mereau, der späteren Frau von Clemens Brentano. Veröffentlicht hatte Schmidt das Gedicht unter dem Titel «Des Fremdlings Abendlied» 1808 im «Taschenbuch zum geselligen Vergnügen», und so lautet es in seiner traurigen Gänze:

> «Ich komme vom Gebirge her,
> Es dampft das Tal, es braust das Meer,
> Ich wandle still, bin wenig froh
> Und immer fragt der Seufzer: Wo?
> Die Sonne dünkt mich hier so kalt,
> Die Blüte welk, das Leben alt,
> Und was sie reden, leerer Schall,
> Ich bin ein Fremdling überall.
> Wo bist du, mein geliebtes Land?
> Gesucht, geahnt und nie gekannt!
> Das Land, das Land so hoffnungsgrün,
> Das Land, wo meine Rosen blühn.
> Wo meine Tränen wandelnd gehn,
> Wo meine Toten auferstehn,
> Das Land, das meine Sprache spricht,
> O Land, wo bist du?
> Ich wandle still, bin wenig froh,
> Und immer fragt der Seufzer: wo?
> Im Geisterhauch tönt's mir zurück:
> ‹Da, wo du nicht bist, ist das Glück!›»

Obwohl der Autor vergessen ist, wurde dieses eine Gedicht und vor allem die Aussage seines Schlußverses durch ihre Vertonung berühmt und populär, allerdings nicht so sehr durch deren erste, die von Zelter, sondern eben durch die von Schubert aus dem Jahre 1816. (Schon der kannte wohl den eigentlichen Autor nicht mehr, denn er nahm an, das Gedicht sei von Zacharias Werner, unter dessen Namen abgedruckt er es in der Anthologie «Dichtung für Kunstredner» von 1815 gelesen hatte.)

Dabei ist die Lied-Umsetzung des Schmidtschen Gedichts durch

Schubert – im Vergleich zu seinen anderen Gedicht-Vertonungen – noch nicht einmal besonders gut gelungen, denn das gesanglich wiederholte «Immer: Wo?» in der ersten und vierten Strophe läßt die musikalische Bearbeitung noch klagender (und das lyrische Wanderer-Ich in seiner Sehnsuchtsgebärde noch kläglicher) erscheinen, als es schon die Gedichtfassung ist. Ausschlaggebend für den Erfolg dieses Klagegesangs des romantischen Wanderers «vom Gebirge her» auf der Suche nach dem Land seines Glücks, ausschlaggebend für die Berühmtheit dieses Abendliedes eines «Fremdling(s) überall» dürfte einzig und allein diese außergewöhnliche Schlußwendung mit ihrer paradoxalen Dialektik der Glücksverfolgung sein. Diese Schlußwendung ist denn auch in der Schubertschen Vertonung mit besonderer Eindringlichkeit – in die tiefsten Lagen der baritonalen Stimmführung absinkend – gestaltet.

Schubert hat übrigens die Schlußzeile geringfügig geändert, von «Da, wo du nicht bist, ist das Glück» in «Dort, wo du nicht bist, dort ist das Glück». Dabei sind zwei verschiedene Arten der Betonung und damit der Bedeutung möglich: «Dort, wo du *nicht* bist, dort ist das Glück», so wird es in der Vertonung durch den Taktanfang auf «nicht» gewichtet, und «Dort, wo *Du* nicht bist, dort ist das Glück», so ist es philosophisch bedeutsam als Ausdruck vergeblicher Selbstflucht. Vor allem gibt er dem Lied einen anderen Namen: statt «Des Fremdlings Abendlied» nun «Der Wanderer». Weil Schmidt von Lübeck eine frühere Fassung seines Gedichts mit «Der Unglückliche» überschrieben hatte, erlaubte sich Schubert in der 1818 für Esterházy angefertigten Transkription seines Liedes die Freiheit, gewissermaßen im Crescendo sämtliche Titel aufeinander zu türmen: «Der Wanderer: oder/ Der Fremdling: oder/ Der Unglückliche».

Ein Vers und sein Echo: Applikationen und Komplikationen. – Der Schluß dieses Schubertschen Liedes fand im 19. Jahrhundert einen bemerkenswerten An- und Nachklang. Die allgemein große Beliebtheit von «Der Wanderer» op. 4, Nr. 1, die damals sogar noch diejenige von Schuberts Primus, dem «Erlkönig» op. 1, übertraf, hat zweifellos für eine beträchtliche Verbreitung der darin zugespitzt formulierten Mentalität im Bewußtsein der gebildeten und ästhetisch interessierten Zeitgenossen bewirkt. So erklärt es sich, daß das Diktum «Dort, wo du nicht bist, dort ist das Glück» nahezu sprichwörtlich werden konnte[6] und sein Echo bei bedeutenden Autoren des 19. und 20. Jahrhunderts gefunden hat. In der Folge wird es oftmals als Philosophem in spruchweisheitlicher Weise ohne Autorenreferenz zitiert oder variiert. Dafür drei Beispiele, welche zugleich die implizite melancholiespezifische Trag- und Bezugsweise dieses Glücksverständnisses verdeutlichen sollen.

Erstes Beispiel: Charles Baudelaire (1821–1867). – In Frankreich stoßen wir bei Baudelaire auf einen bemerkenswerten Nachklang des «Dort, wo du nicht bist, ist das Glück». In seinen Prosagedichten «Le spleen de Paris» finden sich an mehreren Stellen dafür einschlägige Beispiele, am prägnantesten wohl, wenn es in Nr. 48, «Any where out of the world» betitelt, heißt: «Il me semble que je serais toujours bien là où je ne suis pas» – «Mir ist, als ob ich immer da glücklich sein würde, wo ich nicht bin»[7]. In einem anderen Prosagedicht lautet der Anklang: «Tu aimerais (...) le lieu où tu ne serais pas» – «Du wirst lieben die Stätte, wo du nicht sein wirst»[8], und schließlich findet sich folgende Anverwandlung in der deutschen Übertragung: «Niemals bin ich glücklich da, wo ich bin, und ich glaube immer, daß ich glücklicher wäre, wo ich nicht bin.»[9]

Können diese glücksparadoxen Aussagen Baudelaires ihrem gedanklichen Gehalt nach auf das Schubertsche Vorbild zurückgeführt werden? In der Tat ist diese Vermutung nicht abwegig. Schuberts Lieder waren bereits zu Baudelaires Jugendzeit in Frankreich äußerst beliebt; Heine hat damals pointiert davon berichtet: «Die Popularität Schuberts ist sehr groß in Paris, und sein Name wird in der unverschämtesten Weise ausgebeutet. (...) Armer Schubert! Und welche Texte werden seiner Musik unterschoben!»[10] Diese Popularität führte bis zu eigenmächtig vorgenommenen ‹verbessernden› Applikationen. So wurde das ‹Wanderer›-Lied 1835 von einem Bariton des Opernhauses in Paris dem Publikum kurzerhand unter einem anderen Titel dargeboten, bezeichnenderweise als «Der wandernde Jude». Allerdings dürfte die Beliebtheit dieses Liedes im Kontext der damaligen Vorliebe für die Ahasver-Gestalt dadurch noch befördert worden sein.

Konfrontiert mit einem solchen Ausmaß an Schubert-Begeisterung im Paris der 30er und 40er Jahre des vorigen Jahrhunderts, wird es der musikliebende junge Baudelaire wohl kaum verpaßt haben, mit dem ‹Wanderer› und seinem Glücksunglück Bekanntschaft geschlossen zu haben. Jedoch ist eine andere Möglichkeit motivischer Vorläuferschaft nicht auszuschließen. Es existiert nämlich mindestens eine, wenngleich wenig bekannte französische Quelle, in der, von Schubert bzw. Schmidt von Lübeck unabhängig, nahezu derselbe Gedanke formuliert wird: «La peine est aux lieu qu'on habite / et le bonheur où l'on n'est pas – Die Qual ist dort, wo man wohnt, und das Glück, wo man nicht ist»[11].

Vielleicht gibt es bereits vor diesem Baudelaire-Beispiel andere französische Rezeptionen der ‹Wanderer›-Glücksunglücksformel. Als ‹wie die französische Übersetzung› zum «Dort, wo du nicht bist, dort ist das Glück» sind jedenfalls Verse aus «L'isolement», einem der berühmtesten Gedichte aus dem lyrischen Hauptwerk der Frühromantik, Lamartines Erstlingswerk «Méditations poétiques» (1820), gedeutet worden[12]: «Je parcours tous les points de l'immense étendue, / et je dis: nulle part le bonheur ne m'attend» – «Ich durchquere die Orte des weitläufigen Unendlichen, / und ich sage: Nirgendwo erwartet mich das Glück». Entgegen der eben genannten philologischen Einschätzung scheint jedoch Lamartines Schluß – «Nirgendwo erwartet mich das Glück» – nicht dasselbe zu bedeuten wie das, was im ‹Wanderer› ausgedrückt wird. In Schuberts Liedschluß wird eben nicht, wie bei Lamartine, das Nirgendwo-Warten des Glücks formuliert, sondern sein Anderswo-Sein. Freilich ist dieses Anderswo-Sein immer negativ zum jeweiligen Da-Sein des Menschen, aber eben in dialektischer Weise negativ: als *Anwesenheit der Abwesenheit*. Lamartines Schluß dagegen erscheint, gemessen am erreichten Stand der poetisch-philosophischen Einsicht in das Unglück der Suche nach dem Glück, als undialektisch.

Ohne diese deutsch-französischen (Un-)Glücksformulierungfährten weiter zu verfolgen, ist festzuhalten, daß der Gedanke des konstitutiven Anderswoseins des Glücks romantisch-nachaufklärerisch so große Plausibilität und Verbreitung gewonnen hat, daß er bei verschiedenen Autoren und in unterschiedlichen thematischen Berührungshinsichten Ausschnitte moderner Mentalität und gegenwärtigen Bewußtseinsstandes zeigen konnte.

Zweites Beispiel: Jakob Burckhardt (1818–1897). – Solches zeigt sich auch bei dem Schweizer Historiker und Kulturphilosophen Burckhardt, der, nahezu altersgleich mit Baudelaire, diesen immerhin um drei Jahrzehnte überlebt hat. Genau um diese dreißig Jahre reicht der Sprung vom «Spleen de Paris» (1869) zu Burckhardts letztem Werk, der um die Jahrhundertwende posthum erschienenen «Griechischen Kulturgeschichte» (1898–1902). Eine wichtige Rolle spielt dort im Kapitel «Zur Gesamtbilanz des griechischen Lebens» der von Burckhardt so sehr betonte «griechische Pessimismus»[13]. In diesem Zusammenhang kommt der Historiker auch auf die wirkungsmächtige, phantastische Anschauung «eines goldenen Zeitalters, da es den Menschen besser gegangen ist als jetzt», zu sprechen, wobei er auf die damit zugleich stets verbundene depressive Verfallsgeschichtsdeutung aufmerksam macht:

«Alle Völker haben Schilderungen dieser Art, bis zum niedrigen Schlaraffenleben abwärts. Um so schlimmer ist dann der wirkliche Zustand, in welchem das Individuum leben muß; aber so völlig pessimistisch und mit so völliger Verzweiflung wegen Gegenwart und Zukunft, wie sich das griechische Bewußtsein in der Erzählung von den fünf Menschenaltern bei Hesiod ausspricht, wird sich wohl kaum eine andere Nation geäußert haben.»

Aus diesem Dilemma, sich entweder nach einem vergangenen Zeitalter des Glücks ständig vergeblich zu sehnen oder mit einer ungeliebt-glücklosen Gegenwart vorliebnehmen zu müssen, gibt es indessen einen spekulativen Ausweg, den Burckhardt folgen läßt: nämlich die Vorstellung des entschwundenen Glücks in räumlich-evasiver Verlagerung. Zur Kennzeichnung dieser Vorstellung dient wiederum unser Motto:

«Sodann beginnt schon bei Homer jenes Preisen entfernter und dabei gerechter und glücklicher Völker, welches ein Hauptstück der mythischen Geographie ausmacht und sich später auch in der wirklichen zu behaupten suchte; die Ränder der Welt müssen wohl das Wohlergehen beherbergen, dessen die Mitte völlig verlustig gegangen; – ‹dort, wo du nicht bist, ist das Glück›.»[14]

Der hier von Burckhardt angezeigte Zusammenhang zwischen der zur Debatte stehenden romantischen Glückskonzeption und einem ‹antiken Exotismus› ist bemerkenswert.

Das «Dort, wo du nicht bist, ist das Glück», diese Schubertsche Liedzeile in Burckhardtscher Version, hat übrigens in der Burckhardt-Nachfolge der Literaturhistoriker Walther Rehm (1901–1963) mehrfach aufgegriffen. Rehms philologisches Werk ist wie kaum ein zweites dem existentiellen Beziehungsnetz von Glück und Unglück, Schwermut und Langeweile, Reise und Ruine gewidmet und für die geistesgeschichtliche Melancholieforschung in jeder Hinsicht ergiebig. Daß Rehm Burckhardts Glücksexotismus-Motiv und das dazugehörige Glücksunglück-Motto wieder aufnimmt, geschieht bezeichnenderweise zunächst, Ende der 20er Jahre, im Zusammenhang seiner eigenen Beschäftigung mit dem schweizerischen Kulturgeschichtler, und zwar in seinem Aufsatz «Der Renaissancekult um 1900 und seine Überwindung» (1929), wo er wiederum «Burckhardts ‹Exotismus›» behandelt.[15] Die vom ‹Wanderer› abgelauschte Diagnoseformel, die der Historiker auf die antike Pessimismus-Mentalität angewendet hat, wird dabei von Rehm auf Burckhardt selbst bezogen. In seiner ein Jahr später erschienenen Burckhardt-Monographie (1930) schreibt Rehm nämlich im letzten Kapitel («Lebensstimmung») über den großen Kulturhistoriker:

«Und was war das Glück? Und wo war es? ‹Dort, wo du nicht bist, ist das Glück›, an den Rändern der Welt, in der Vergangenheit oder ‹in der Zukunft goldner Wolke›, in einer sehnsuchtsweckenden blauen Ferne; darum liebte ja Burckhardt Claude Lorrain, weil auf dessen Gemälde sich eine solch ferne paradiesische Welt des Glücks tröstlich auftut, (...) eine phäakisch-halkyonische, arkadische Welt, ein goldenes Zeitalter, den Menschen ewig unerreichbar und darum (...) in eine leise Wehmut getaucht.»[16]

Aus diesen Worten läßt sich entnehmen, daß Burckhardt sich aus tiefster Sympathie und Empathie die unglückliche Glücksformel des Schubertschen Liedes zu eigen machte und diagnostisch zur Anwendung brachte. Für Walther Rehm, den vielleicht am stärksten geistesverwandten unter seinen Verehrern, gilt das gleichermaßen. Auch durch sein Werk zieht sich wie ein roter Faden die wehmütige Erkenntnis des «Dort, wo du nicht bist, dort ist das Glück». So nimmt er beispielsweise in seiner Stifter-Interpretation «Nachsommer» (1951) den argumentativen Faden der oben zitierten Stelle aus Burckhardts «Griechischer Kulturgeschichte» wieder auf, um die dort überbordende Glückssehnsucht, gleichsam im Einklang mit Stifters spätzeitlicher Erwartungserschöpfung, zuletzt doch auf das heimische Arkadien zurückzuorientieren:

«Dort, wo du nicht bist, ist das Glück. Indes muß es nicht, wie in der Antike, der Rand der Welt sein, wo in paradiesischer Entrückung ein einfach ruhiges Glück zu finden ist. Es kann auch – ‹denn das Glück ist immer da› – die heitere Gegenwart der Gartenlandschaft Oberösterreichs sein (...).»[17] Im Gegensatz zur exotistisch überbordenden Romantik versucht Rehm hier also mit Goethe – denn aus dessen Gedicht «Erinnerung» (1776) stammt der eingesprengte Vers vom immer daseienden Glück – am Ende ein bewußt antimelancholisches «Dort, wo du *gerade bist*, dort ist – möglicherweise – *gerade auch* das Glück» geltend zu machen:

> «Willst du immer weiter schweifen?
> Sieh, das Gute liegt so nah.
> Lerne nur das Glück ergreifen,
> Denn das Glück ist immer da.»

Drittes Beispiel: Alfred Adler (1870–1937). – Das letzte Applikationsbeispiel stammt, sozusagen als Ergänzung zu denen aus Poesie und Geschichte bzw. aus Kultur- und Literaturwissenschaft, aus dem Bereich der Medizin bzw. Psychologie. Eine Verbindung der Formel vom konstitutiven Anderswosein des Glücks zur Konstitution der Melancholie im engeren Sinn des heutigen Wissenschaftsverständnisses, nämlich in klinisch-psychologischer bzw. psychiatrischer Hinsicht, hat Alfred Adler im Anhang seines Aufsatzes «Melancholie und Paranoia» (1914) hergestellt, «Aus den Träumen eines Melancholikers» überschrieben. Er analysiert dort die durch Versetzung in ein anderes Büro ausgelöste depressive Verstimmung eines österreichischen Beamten, unter anderem anhand von dessen während der Behandlung erzählten Träumen. Adler berichtet von deren individualpsychologischer Deutung schließlich:

«Ein dritter Traum zeigt uns das Arrangement seiner Depressionen. ‹In einem anderen Bureau, das er in Wirklichkeit bereits ausgeschlagen hatte, findet er sich leicht in die Arbeit ein. Alles geht gut und schön. Das heißt, dort, wo ich nicht bin, dort ist das Glück›. Eine Annahme, durch seine Tendenz aufgeworfen, um die gegenwärtige Situation als schmerzlich zu empfinden. Eine Widerlegung ist nicht möglich, denn es handelt sich um eine unerfüllbare Bedingung, wenn er sich anderswo sieht. Könnte man ihn dorthin versetzen, so fände er andere Ausflüchte.»[18]

Adler expliziert in dem wiedergegebenen Traumprotokoll die seiner Ansicht und Theorie nach gewollte, wenngleich nicht darum schon bewußte Nicht-Widerlegbarkeit der melancholischen Daseinserfahrung und Daseinseinrichtung mit Hilfe einer in das Traumprotokoll eingeflochtenen Reminiszenz der originären Schubertschen Schlußwendung. Demzufolge entlarvt sich diese Glücksexistenz-Definition ihrerseits nach Adler wiederum als signifikantes melancholieträchtiges ‹Arrangement›.

Anderswo/Alibi im Glücksraum:
Erfahrungsmodell ‹Reise›

> Aber anderswo wird er gewiß uns aufgehen, der heilige Morgen; ich denke mit Lust daran; da werden wir uns alle wiederfinden, bei der großen Vereinigung alles Getrennten... Ach, bin ich einmal dort angekommen, dann soll es anders werden mit mir.
> Friedrich Hölderlin,
> Fragment von Hyperion (1794)

Melancholie räumlich. – Dieses Anderswo, wo es mit uns, einmal dort angekommen, ganz anders werden würde – wo liegt es? Hölderlins ‹Anderswo›, lateinisch *alibi*, dieses Alibi im Glücksraum scheint, in Verlängerung von Hyperions seelischer Ausrichtung nach Griechenland, um die Extreme zu bezeichnen, im Laufe der Zeit entweder ganz nach Osten hin in den Alten Orient oder ganz nach Westen hin in die Neue Welt verzogen zu sein. An beides wurden traditionellerweise die Sehnsüchte nach dem Anderswo exotistisch verknüpft. Denn auch ‹Amerika› stellte oft – jedenfalls für das intellektuelle Europa – eine Verlängerung der Griechenland-Projektionen der Romantik und der vorgängigen klassischen Rom-Sehnsucht dar, wurde doch von Anfang an die Aufwertung der amerikanischen Ureinwohner zu ‹Edlen Wilden› am Maßstab der antiken Römer- und Griechengestalten vollzogen, die man dort nun wiedergefunden zu haben glaubte.

Beide Ausrichtungen, nach Osten und Westen, konvergieren darin, daß das Eigene, Nahe, das Europäische in ihnen gemieden wird, ja geflohen: «Europa fördert mich nicht mehr. (...) Ganz Europa ist wesentlich eines Geistes. Ich will in Breiten hinaus, wo selbst mein Leben ganz anders werden muß», schreibt Hermann Graf Keyserling in seinem «Reisetagebuch eines Philosophen». Diese unfreiwillig an Hölderlins eingangs zitiertes Hyperion-Fragment erinnernde Reflexion gibt eine Antwort auf die Frage nach dem Glücksort des Anderswo nur auf negative Weise: hier, in Europa, ist er jedenfalls nicht. Gerade Keyserlings eigenes Motto in seinem philosophischen Reisetagebuch – «Der kürzeste Weg zu sich selbst führt um die Welt herum» – verführt nur zum Weggehen, verrät aber nicht das Ziel.

Aber handelt es sich bei diesen Glücksprojektionen in die Ferne, zum Anderswo, nicht um Illusionen? Für die Beantwortung dieser Frage ist eine kritische Philosophie des Reisens gefordert, die das sehnsüchtige Wechseln des Orts als räumlich gewendete Melancholie erkennt (im Gegensatz zur zeitlich gewendeten Melancholie, die im nächsten Kapitel vorgestellt werden wird). – Tatsächlich hat es schon in der Antike eine philosophische Reisekritik gegeben, obwohl sie – wie alle Moralistik – im Schulbetrieb der akademischen Philosophie kaum bekannt ist. Jene philosophisch-moralistische Kritik des Reisens rankt sich um ein altes lateinisches Motiv «tecum fugis» – Reise als vergebliche Flucht vor sich selbst, weil man sich selbst mitnimmt.

Das Ich, der lästige Begleiter. – Das Illusionäre, sich selbst Täuschende der Verortung des Glücks in ein Anderswo/Alibi ist von der Philosophie seit der Antike immer wieder Gegenstand hellsichtiger Erörterungen der verschlungenen Wege des menschlichen Glücksstrebens und Glückserfolgs gewesen. Die früheste Position ist dabei zugleich die interessanteste.

Der entscheidende Ansatzpunkt für eine solche melancholiekritische Thematisierung des Reisens durch die Philosophie findet sich zuerst in der späten Stoa. Dies ist kein Zufall, wird doch der die Welt in ihrer Reichhaltigkeit überdenkende Philosoph in der Epoche des römischen Weltreichs zum ersten Mal mit dem neuartigen Phänomen eines quasi modernen Reisens konfrontiert. Zu denken ist primär an L. Annaeus Seneca, der an verschiedenen Stellen seiner Schriften auf das für seine Zeit so aktuelle und irritierende Problem des sehnsüchtigen Reisens, des um des Glücks willen (vergeblich) erfolgenden Ortswechselns eingegangen ist. Zu nennen sind in diesem Zusammenhang insbesondere die «Moralischen Briefe an Lucilius» (Epistulae morales ad Lucilium) und seine Schrift «Von der Gemütsruhe» (De tranquilitate animi). Seneca hat beide Werke in seinen letzten Lebensjahren verfaßt: «De tranquilitate animi» um 60 n. Chr. und «Epistulae morales ad Lucilium» ungefähr in den Jahren 62 bis 65. Seine darin enthaltene Schilderung und Kritik des unsteten, fernwehsüchtigen Typus reisender Römer, mit welchem Seneca sich seinerzeit bereits hatte auseinandersetzen müssen, weisen eine überraschende Ähnlichkeit zu den modern-melancholischen, romantischen Reisenden und Glücksverfolgungstouristen ab dem späten 18. Jahrhundert auf.

Seneca, «De tranquilitate animi». – «So macht man Reisen da- und dorthin, durchwandert die Meeresküsten, und es versucht sich der veränderliche Sinn bald zur See, bald zu Land, niemals befriedigt von dem, was er hat»[19]. – Mit diesen Worten beginnt der römische Philosoph die Beschreibung der Fernwehgetriebenheit seiner Zeitgenossen im zweiten Kapitel seiner Schrift «Von der Ruhe des Gemüts». Schon deren Titel läßt ahnen, daß dem Stoiker der eben geschilderte «veränderliche Sinn» seiner Römer natürlich gegen jede Weisheit und Einsicht stehen muß. Von der wie zwangsläufig folgenden Erfüllungsmelancholie und Glückszielforttreibung des unruhigen Reise- und Ortsveränderungssinns gibt er folgende dramatische Kurzinszenierung:

«‹Nun wollen wir nach Kampanien!› Bald ist diese liebliche Gegend langweilig, man muß eine wilde Natur sehen. ‹Die bruttischen und lukanischen Waldgebiete wollen wir durchwandern! Etwas Angenehmes wird sich doch in der Wildnis finden, woran der verwöhnte Blick von so vielen unfreundlichen Bildern sich erhole.› Tarent wird erstrebt mit seinem gepriesenen Hafen, ein Winteraufenthalt in milderem Klima, ein Ort der selbst für große Bevölkerung genügend Unterkunft bot. ‹Doch nun zurück nach Rom!› Schon allzulange hat das Ohr den Lärm der Stadt nicht mehr gehört; man muß wieder Menschenblut sehen. Eine Reise um die andere wird unternommen, ein Schauspiel wechselt mit dem anderen, wie Lucretius sagt: ‹Also flieht vor sich selbst beständig ein jeder.›»[20]

Damit sind von Seneca zwei Stichworte genannt, die für diesen frühen Einsatz einer kritischen Philosophie des Reisens von besonderer Wichtigkeit sind: einmal sein Hinweis auf Lukrez, den der epikureischen Schule zugehörigen Verfasser des Lehrgedichts «Von der Natur der Dinge» (De rerum natura), zum anderen die Formulierung des Motivs ‹Reise als Flucht vor sich selbst›.

Lukrez, «De rerum natura». – In der Tat wird Seneca wohl wesentliche Anregungen für seine Kritik des unsteten Durch-die-Welt-Irrens von Lukrez erfahren haben, insbesondere durch jene Szene vom Ende des dritten Buchs «Von der Natur der Dinge», auf deren Kernsatz «hoc se quisque modo (semper) fugit» – «so flieht vor sich selbst (beständig) ein jeder» – Seneca gut hundert Jahre nach Lukrez zurückgegriffen hatte. Diese poetisch-philosophische Passage in «De rerum natura», die einen bewegten Abriß von Melancholie und Langeweile, nämlich Melancholie der Erfüllung und Langeweile des Reichtums, von Überfluß und Überdruß der römischen Weltherren bietet, lautet:

> «Könnten die Menschen genauso, wie sie die innere Last doch
> Scheinen zu fühlen, von der die Schwere nieder sie drückt,
> Auch die Ursach' ergründen davon, woher in dem Herzen
> Solch eine Masse gleichsam von Übel sich pflege zu häufen:
> Wahrlich sie führeten nicht ihr Leben, wie jetzt wir es sehen.
> *Keiner weiß, was er will, und dennoch sucht er beständig;*
> *Sucht, und verändert den Ort, als könnt' er der Last sich entlasten.*
> Oft geht jener heraus aus seiner geräumigen Wohnung,
> Dem zu Hause zu sein es länger ekelt; doch alsbald
> Kehrt er zurück; denn er fühlet, es sei nichts draußen ihm besser.
> Plötzlich treibt er darauf mit verhängtem Zügel zur Villa,
> Gleich als eilt' er dahin, sein Haus von Flammen zu retten:
> Doch kaum hat er die Schwelle berührt, so gähnt er sogleich auf;
> Schwerer Schlummer befällt ihn, er sucht sich selbst zu vergessen,
> Oder er kehrt schnell wieder zurück und eilet der Stadt zu.
> *Also suchet sich jeder zu fliehn: umsonst, denn er selbst ist's,*
> *Dem er nimmer entfliehet, der wider Willen sich aufdrängt:*
> Und das, weil der Behaftete nicht den Grund von der Krankheit
> Einsieht: säh' er ihn ein, er verließe das übrige gänzlich,
> Suchte der Dinge Natur vor allem zuerst zu erkennen.»[21]

Niedergedrücktheit, Unruhe, Ziellosigkeit, Ekel, Eile und Gähnen im Wechsel, vergebliche Versuche, sich selbst zu vergessen, sich selbst zu entkommen: Modern formuliert ist das ein deutlich manisch-depressives Gestimmtsein und Verhalten, antik gesprochen *taedium vitae*. Das Bild, welches Lukrez hier von seinen Römern zeichnet, gehört zweifellos ins Panorama einer Kulturgeschichte der Melancholie ebenso wie in die untergründige Tradition philosophischer Reisekritik.

Seneca fährt in «De tranquilitate animi» bei seiner eigenen Anverwandlung des Themas, nachdem er also jenes «hoc se quisque modo fugit» des Lukrez zitiert und sich zum Beleg genommen hat, um im Anschluß daran das Motiv der vergeblichen Selbstflucht zu entfalten, fort: «Aber was hilft das Fliehen? Kann man sich selbst doch nicht entfliehen; *das Ich geht überall mit hin, der lästige Begleiter*. Nicht an den Orten liegt der Fehler, sondern in uns selbst.»[22]

Allerdings: ihre prägnanteste Form hat diese Einsicht, daß Reisen als manisch-depressive Selbstflucht schon deshalb nicht gelingen kann, weil man sich selbst dabei mitnimmt und daher die eigentliche Quelle seiner Mißstimmung und seines Unglücks nicht los wird, bei Seneca an dieser Stelle und in dieser Formulierung («sequitur se ipse et urget gravissimus comes») noch nicht gewonnen. Für die nachgerade klassische Kurzformel der stoischen Reisekritik sind vielmehr Senecas «Lucilius-Briefe» heranzuziehen, in denen der Philosoph kurz nach der Abfassung seiner Schrift «Von der Gemütsruhe» den darin begonnenen Ansatz seiner kritischen These vom Unglück des glücksverfolgenden Reisens wieder aufgenommen hat.

Horaz, «Carmina» und «Epistulae». – Die Formulierung Senecas vom nicht loszuwerdenden, ‹urgierenden› Reisebegleiter beim Glücksverfolg, der man unglücklicherweise selbst ist, erinnert an eine Stelle aus jener vielleicht bekanntesten Ode des Horaz, die mit den Worten beginnt: «Odi profanum vulgus et arceo» (Carmina 3,1). Nicht nur zeitlich zwischen Lukrez und Seneca in einer Mittelposition, hat Horaz der Stoa weitere wichtige Stichworte und Motive für die Gestaltung der philosophischen Reisekritik geliefert. So ist beispielsweise der Spruch «caelum non animum mutant qui trans mare currunt» – «nur den Himmel, nicht ihr Bewußtsein ändern diejenigen, die über das Meer fahren» – aus den Episteln des Horaz (Brief 1, 11, 27: An Bullatius) geradezu als Konstante in den späteren antiken Erörterungen des Reisephänomens präsent; der Zusammenhang (der freien und doch poetisch äußerst nahen Übersetzung Christoph Martin Wielands) lautet folgendermaßen:

> «Solange das Glück uns lächelt bleiben wir
> in Rom und loben uns die schönen Inseln alle
> von Ferne. Nimm du jede frohe Stunde,
> die Gott dir schenkt, mit Dank an und verliere nie
> das Gegenwärt'ge durch Entwürfe von Vergnügen
> fürs Künft'ge, sondern richte so dich ein,
> daß, wo du immer lebst, du gern gelebt
> zu haben sagen könntest. Denn wofern
> Vernunft und Klugheit, nicht ein Ort der weit umher
> das Meer beherrscht, die Sorgen von uns nimmt,
> *so ändern jene nur die Luft, nicht ihren Sinn,*
> *die über Meer der Langeweil' entlaufen.*
> Wie sauer lassen wir's uns werden, nichts

zu tun! Man jagt mit Vieren und zu Schiffe
dem Glücklichleben nach: was du erjagen willst,
ist hier (...)»²³

Übrigens zieht Wieland 1782 in der erklärenden Einleitung zu seiner Übersetzung dieses Briefes das aktuelle Melancholie-Vokabular seines Jahrhunderts, also insbesondere den damals gängigen Hypochondriebegriff, zur Erläuterung der antiken Seelenlage um die Zeitenwende heran. Die vormalige Problemstellung des Reisens als Selbstflucht übersetzt er damit in die ihm gegenwärtig modernere Zeitstimmung: Der Empfänger dieses Briefes, so Wieland,

«scheint durch fehlgeschlagene Hoffnungen, oder vielleicht bloß durch eine hypochondrische Verstimmung, einen Widerwillen gegen Rom gefaßt zu haben, und auf den Entschluß, eine Reise nach Griechenland und Asien zu tun, gekommen (...) zu sein. Horaz (...) hat in diesem Brief die Absicht (...), ihn von der Ausführung eines solchen milzsüchtigen (!) Einfalls unvermerkt abzulenken. Er sucht ihn deshalb zu überzeugen, daß einer sogar (...) im Verborgenen glücklich sein könnte, sofern er nur in der *innerlichen Verfassung* sei, *irgendwo* glücklich zu sein.»²⁴

Genau dieselbe Hypochondrie-Diagnose hatte Wieland als Übersetzer und Erläuterer der Horazschen Episteln interessanterweise schon an anderer Stelle, nämlich in seinen Erklärungen zu einer Formulierung im Brief I, 8 (An Celsus Albinovanus), gestellt. Zum Diktum «Romae Tibur amem ventosus, Tibure Romam» – «Zu Rom mich stets nach Tibur sehne, und zu Tibur nach Rom» – bemerkt Wieland:

«Den Vorwurf, den Horaz hier sich selbst in eigener Person macht, hatte er schon viele Jahre zuvor, in der siebten Satire des zweiten Buchs einem seiner Sklaven in den Mund gelegt: *Romae rus optas, absentem rusticus urbem / Tollis ad astra, levis.* (Zu Rom wünschst du dich aufs Land, auf dem Lande in die fehlende Stadt. [...]). Die hypochondrische Laune, über die er hier klagt, war ihm also nichts Neues.»²⁵

Zurück zur oben erwähnten Odi-Ode des Horaz. In diesem Gedicht wird die Nähe zu Senecas späterer Formel vom lästigen Reisebegleiter besonders deutlich, der nichts anderes ist als das unglückliche Ich des sich auf Reisen selbst fliehenden Glückssuchers. An der betreffenden Carmina-Stelle des Horaz ist dieser «gravissimus comes» des Seneca als Figur der Vergeblichkeit der Selbstflucht in folgender Gestalt präsent:

«(...) sed Timor et Minae scandunt eodem quo dominus, neque decedit aerata triremi et post equitem sedet atra Cura.» [26]	«(...) aber Furcht und Bedrohung besteigen denselben Platz wie der Herr, und nicht weicht vom erzbeschlagenen Dreiruderer und gar hinter dem Reiter sitzt auf – die finstere Sorge.»

Über diese poetische Metaphorisierung des philosophischen und psychologischen Sachverhalts hinaus hat Horaz unser Reise-als-Selbstflucht-Motiv an einer weiteren Stelle seiner Oden ausdrücklich beim Namen genannt: «Was reisen wir in Länder, die unter fremder Sonne brüten? Wer, der aus der Heimat wegging, ist sich auch selbst entflohen?» – «(...) quid terras alio calentis/ sole mutamus? patriae quis exsul/ se quoque fugit?» [27] Mit dieser Horazschen Formulierung «se quoque fugit» wird die prägnanteste Formel antiker Reisekritik schon beinahe erreicht, aber noch nicht ganz. Dasselbe gilt für diese Stelle in einem Brief des Horaz «An den Verwalter seines Landguts» (1,14), wo es zum Selbstfluchtproblem heißt: «Mit größtem Unrecht schieben wir die Schuld des Mißvergnügens auf den Ort, der nichts für unsere Torheit kann: die Schuld liegt ganz allein am Herzen, das sich selber nirgends entfliehen kann.» – «Stultus uterque locum immeritum causatur inique, in culpa est animus qui se non effugit unquam.» [28]

Diese Formulierungen bereiten gewissermaßen jene Formel vor, die sich schließlich in Senecas Lucilius-Briefen findet.

Seneca, «Epistulae morales ad Lucilium.» – Im 104. seiner «Moralischen Briefe an Lucilius» legt Seneca die Pointe der eigenen Reisekritik dem Sokrates, der zuvor als Gewährsmann für diese Problematik eingeführt worden ist, schon fast in den Mund. Man erzählt, so Seneca, daß «Sokrates einem, der klagte, daß ihm seine Reisen nichts genützt hätten», die Antwort gegeben haben soll: ‹Du hast es nicht anders verdient, denn du reistest mit dir selbst›».[29]

Es ist dieses *tecum peregrinabaris* – du reist mit dir selbst mit, welches Seneca im folgenden erläutert und schließlich auf die angekündigte knappste und treffendste Formel bringt: *tecum fugis* – du fliehst mit dir, flüchtest mit dir selbst vor dir selbst, wenn du Glück und Erfüllung woanders, jenseits deiner Späre, im Anderswo-Alibi suchst! Der Philosoph liefert diese Argumentation und ihre Pointe mit der ihm eigenen nachdrücklichen, weltgewandten Beredsamkeit, wobei Anklänge an die besagten Formulierungen bei Horaz kaum zu überhören sind:

«Was nützt es, das Meer zu durchkreuzen und von einer Stadt zur anderen zu eilen? Willst du deine Bedrängnisse los werden, so darfst du nicht immer wieder woanders sein, nein, mußt selbst ein anderer sein. Nimm an, du seiest nach Athen gekommen oder nach Rhodus: wähle nach Belieben die Stadt: was macht es aus, welche Sitten dort herrschen? Du wirst die deinigen mitbringen.»[30]

Offenbar bringt das Prinzip der Autonomie des Individuums es mit sich, diese dann auch nicht mehr loswerden zu können. Seneca fährt wenig später in diesem Gedanken fort: «Aber dies rastlose Hin und Her steigert nur die Unbeständigkeit unserer durch und durch kranken Seele und macht sie unsteter und oberflächlicher. Das hat zur Folge, daß es sie aus den Orten, nach denen sie das heftigste Verlangen hatten, noch heftiger wieder forttreibt.»[31]

Ohne Selbsteinsicht, ohne Wissenschaft und Philosophie, die allein die Freiheit des Geistes erwirken können, meint Seneca, bleibt jedes Reisen nichts anderes als ein Umherirren: «Dieses Hin- und Herwandern wird dir keine Hilfe bringen, denn deine Leidenschaften begleiten dich, und deine Fehler folgen dir. Ja, wenn sie nur wenigstens folgten. Dann wären sie doch wenigstens in einiger Entfernung von dir: so aber trägst du sie mit dir, bist aber nicht ihr Führer».[32]

Die reisende Suche nach dem Glücksort, unbegreiflicherweise stets um den entscheidenden Moment zu spät kommend, stellt sich in diesem Wortspiel Senecas vom Folgen und Verfolgtwerden sogar dreidimensional dar: vorneweg die projizierte Glückswurst, hinterdrein der nicht abzuschüttelnde Rattenschwanz an persönlichen Glücksverhinderungsfehlern und mittendrin das blind agierende Ego, das nicht merkt, daß das eine, seine Projektionen, und das andere, seine Defizite und Laster, ein gemeinsames Syndrom der Selbstverhinderung seines Glücks bilden. Seneca schließt seine Kritik:

«Diese Übel werden dich bei deinen Reisen über Land und Meer solange bedrücken und quälen, als du die Ursache der Übel mit dir herumträgst. Du wunderst dich, daß die Flucht dir nichts nütze. Du läßt ja eben das nicht los, dem du zu entfliehen suchst».[33]

«*Tecum* sunt quae *fugis*» – mit dir ist, was du fliehst, mit dir fliehst du: Mit dieser klassisch zugespitzten Formel hat Seneca den Ausgangspunkt seiner reisekritischen Erörterungen wiederaufgenommen, nämlich die Antwort *tecum... peregrinabaris* seines Gewährsmanns Sokrates, der sich übrigens rühmte, Athen überhaupt nur zweimal in seinem Leben verlassen zu haben, und der einem dritten Mal, der lebensrettenden Exilierung, ja bekanntlich den tödlichen Trunk des Schierlingsbechers vorgezogen hatte. Zugleich hat Seneca, indem er mit seinem «tecum fugis» den Bogen zum «tecum peregrinabaris» des Sokrates zurückschlägt, dessen Wort an Prägnanz noch übertroffen: tecum fugis bzw. peregrinabaris ist der Kern der traditionellen philosophischen Kritik an dem nicht zu verwundernden Scheitern jeglichen glücksverfolgenden Reisens. Schon der antike Philosoph beklagt den Mangel an Einsicht bei jenen, die ihr illusionäres Raum-Spiel nicht begreifen und das, was sie an inneren Problemen mit sich selbst an ihrer je eigenen Lebensstelle ausmachen müßten, durch Alibi-Projektionen und Evasionen ins Anderswo nur verschlimmern.

Knapper als der weitausholende 104. Brief, der deshalb nur ausschnittsweise herangezogen werden kann, mahnt der 28. Brief an Lucilius an diese Lehre. Auch hier beruft sich Seneca auf jenes ‹bekannt unbekannte› Wort von Sokrates, das wir aus dem 104. Brief kennen und welches textphilologisch sich anderswo bis heute nicht hat nachweisen lassen. An dieser Stelle des 28. Briefes wird es, den ungenierten Gepflogenheiten jener Zeit entsprechend von Seneca so abgewandelt:

«Du meinst, dir allein sei es so ergangen, und du wunderst dich darüber, als sei es etwas unerhört Neues, daß es dir durch deine langen Auslandsreisen und den ständigen Ortswechsel nicht gelang, Trübsinn und Schwermut zu vertreiben? Wechseln mußt du deine Lebensanschauung, nicht Gegend und Klima. Magst du das unendliche weite Meer durchfahren, mögen dir, wie Vergil sagt, ‹die Länder und Stätten entschwinden›, deine Fehler folgen dir in alle Gegenden der Welt. Ähnlich klagte einst jemand dem Sokrates; er entgegnete: ‹Was wunderst du dich, daß alles Umherreisen dir nicht hilft? Schleppst du dich nicht überall mit hin? Was dich aus der Heimat trieb – gerade das lastet auf dir›.»[34]

Auch hier vermeidet es Seneca, seine eigene Formel, das *tecum... fugis* dem Gewährsmann Sokrates direkt in den Mund zu legen. Er beläßt es statt dessen, genau wie mit dem angeblich sokratischen *tecum... peregrinabaris* im 104. Brief, bei einer Beinahe-Formulierung, indem er Sokrates nur ein *cum te... feras* sagen läßt («Quid miraris nihil tibi peregrinationes prodesse, *cum* te circum *feras?*»). Sein spezielles «tecum fugis»-Wort hebt er sich gewissermaßen wieder auf zur abschließenden rhetorischen Überbietung seines Zeugen Sokrates. Und also beschließt Seneca kurz darauf sein Resümee im 28. Brief seiner Formulierungserfindung: «Nutzlos ist dieses ewige Hin und Her. Und du fragst, warum dir die Flucht nicht hilft?» (In irritum cedit ista iactatio. Quaeris quare te fuga ista non adiuuet?). – Finale Formel: «Du nimmst dich auf der Flucht ja mit» – «Tecum fugis»[35].

Anderswann/Alias in der Glückszeit: Kontemplationsmodell ‹Ruine›

> *Wir begreifen die Ruinen nicht eher,*
> *als bis wir selbst Ruinen sind –*
> Heinrich Heine,
> Aufzeichnungen (nach 1826)

Die Suche nach dem Glück verhindert das Glück. Diese traurige Selbstverhinderungslogik waltet da, wo der glückssuchende Nachreisende sehnsuchtsunbesonnen sein Unglück im Handgepäck mit sich nimmt und, anstatt sich und seiner Traurigkeit zu entfliehen, anstelle des Glücks immer nur das eine findet: sich selbst und seine ungelösten Probleme.

Denn die suchend-sehnliche Frage nach dem Glück kommt immer zu spät – das ist ihr immanentes Elend; und da das Wort ‹Elend› sprachgeschichtlich ‹Ausland› bedeutet, sind wir glücksphilosophisch zunächst auf den Spuren dieses ‹inneren Auslands› unterwegs gewesen, auf der Suche also nach einem uneinholbaren Anderswo/Alibi-Glück, das – Melancholie im räumlichen Bezug – *bei* der Ankunft des Suchenden am vermeintlichen Glücksort stets als ein Nicht-hier erfahren werden mußte (weil *durch* sein Präsentwerden am Platz stetig verdrängt und vertrieben), so daß das Schubertsche Prinzip galt: Nur dort, wo der danach Suchende gerade nicht anweste, war das Glück vielleicht je noch zu vermuten.

Melancholie zeitlich. – Zugleich aber kommt glücksphilosophisch bzw. melancholielogisch eine weitere Dimension ins Spiel: das Verschwundensein des verfolgten Glücks im schwarzen Loch der Vergangenheit. Dort, wo es gesucht, aber nicht mehr angetroffen werden kann, war das Glück *anderswann*, eben vor meiner Anwesenheit als trauriger Sucher: Ich hätte früher dort sein müssen, dann wäre ich zur richtigen Zeit zur Stelle gewesen, lautet die melancholische Erkenntnis. Jetzt dagegen ist vom Glück verlassen, was zu einer anderen Zeit ein Aufenthaltsort und ‹Gefäß› glücklichen Lebens war – wir stehen nunmehr vor dessen Scherben und Trümmern, vor Stationen der Verfallenheit: Ruinen des Glücks.

Bezeichnenderweise erlebt auch das Ruinen-Motiv, genau wie das der sehnsüchtigen Reise, während des 18. Jahrhunderts seine ungewöhnliche Konjunktur. Überblickshaft verkürzt kann man durchaus sagen, daß es eine ästhetische Ruinenfaszination vor dieser Zeit so nicht gegeben hat.[36] Wenn beispielsweise im 17. Jahrhundert Blaise Pascal in seinen «Pensées» (Nr. 125) notiert: «Man ist nicht unglücklich ohne Gefühl; ein zerstörtes Haus ist es nicht. Nur der Mensch ist unglücklich (...)», dann ist das zwar schön und gut und richtig, aber es hat noch ganz und gar nichts von der spezifischen «sensibilité» des 18. Jahrhunderts.

Um einen Ruinen-Bogen zu beschreiben, der, wenngleich notgedrungenerweise verkürzt, von jener Empfindsamkeitskultur über die Romantik bis zu unserer untergangsverliebten Gegenwart philosophischer Öko-Apokalypsen führt, seien im folgenden drei Stationen des zwei Jahrhunderte umspannenden Diskurses der Verfallenheit angegeben.

Station 1: Diderots sanfte Melancholie der Vergänglichkeit. – Anders als Pascal wäre Denis Diderot (1713–1784), dem eigentlichen Philosophen der Ruinenmelancholie, zu dem eben zitierten Motiv des zerstörten Hauses etwas völlig anderes eingefallen. Seine «Salons» aus den 70er Jahren des Aufklärungsjahrhunderts, jahresweise anfallende Sammlungen seiner ästhetischen Kontemplationen[37], sind voller Ruinenmalereibeschreibungen und entsprechenden melancholisch eingefärbten Reflexionen. Eine Passage aus dem «Salon de 1767», dem vielleicht bedeutendsten in Diderots Reihe, lautet:

«Der Effekt dieser Komposition, ob gut oder schlecht, ist es, (uns) in eine sanfte Melancholie zu bringen. Wir betrachten die Reste eines Triumphbogens, einer Säulenhalle, einer Pyramide, eines Tempels, und wir kommen auf uns selbst zurück. Wir ahnen voraus die Verheerungen der Zeit, und unsere Vorstellung verstreut auf der Erde die Gebäude, die wir selbst bewohnen. Sofort herrscht Einsamkeit und Schweigen um uns. Wir bleiben übrig von einer ganzen Nation, die nicht mehr ist, und die erste Zeile einer Poetik der Ruinen ist da. (...) Die Ruinen wecken große Gedanken in mir. Alles wird zunichte, alles vergeht, alles geht vorbei. Nur die Welt bleibt bestehen. Nur die Zeit überdauert. Wie alt doch diese Welt ist! Ich gehe zwischen zwei Ewigkeiten. Wo ich auch hinsehe, von überall verkünden die Gegenstände in meiner Nähe ein Ende und machen, daß ich mein Ende gelassen erwarte.»

Dieser Blick, unter dem die Dinge überall ein Ende verkünden, ist es, worauf es hier ankommt: eine ruinöse Perspektive, ein Ruinenblick. Aber: Gelassenheit gegenüber dem Ende? Das ist wohl mehr ein Wunsch des ruinenmelancholischen Philosophen und gehört zur besonderen Illusionsausstattung seines schwermütigen Reflexionsgebarens, als daß es für bare, beständige Münze genommen werden dürfte. Das Gegenteil zeigt sich im nächsten Satz: «Ich sehe den Marmor der Gräber in Staub zerfallen, und ich will nicht sterben! (...) Ein Strom reißt ein Volk nach dem anderen in den gemeinsamen Abgrund, und ich allein will am Ufer stehen bleiben und die Flut zerteilen, die neben mir dahinfließt!»[38]

Und so geht es dann immer weiter im Text: Die sanfte Suggestion des Diderotschen Sprachflusses ahmt den ruinösen Sog der «douce mélancolie», welche die Ruinenmeditation in ihm hervorruft, geradezu nach. Vielleicht wird an diesem Ausschnitt des sich virtuell unendlich fortspinnenden Reflexionsgangs der melancholisch inspirierten Grübeleien Diderots über Sein und Zeit und Vanitas bereits deutlich, daß eine Ruine spätestens für ihn und das ausgehende 18. Jahrhundert eben nicht nur jener bloße Steinhaufen ist, wie sie es für solche Epochen war, die sich in ihrer Gegenwart aus den Trümmerbögen der Vergangenheit das Werkmaterial künftiger Bauten besorgten. Vielmehr stellt die Ruine zumindest seit Diderot weitaus mehr als dies dar: ‹Ruine› ist von jener Jahrhundertwende an nachgerade ein Metaphysikum geworden.

Station 2: Schellings Schwermut der Natur. – So kann die Ruine von nun an als Spiegel der eigenen modernen Subjektivität und deren Befindlichkeit figurieren, wie Heine, so im Motto dieses Kapitels zitiert, im zweiten Viertel des 19. Jahrhunderts es in seinen «Aufzeichnungen» notierte.[39] Oder sie vermag, zum Beispiel schon bei Schelling (1775–1854), in müheloser Überbietung dieser anthropomorphen Aphoristik Heines, zum Inbegriff der gescheiterten Schöpfung und des ruinösen Weltlaufs auf diesem Planeten werden, wenn Schelling festhält: «O nicht jene Trümmer uralter menschlicher Herrlichkeit, wegen welcher der Neugierige die Wüsten Persiens oder Indiens Einöden aufsucht, sind die eigentlichen Ruinen; *die ganze Erde ist eine große Ruine (...)*»[40].

Eine solche spekulative Überhöhung des Kontemplationsmodells ‹Ruine› hin zu einem schöpfungstheologischen Metaphysikum von Mensch und Erde steht bei Schelling interessanterweise im Zusammenhang mit einer dunklen und von ihm auch nur bruchstückhaft vorgetragenen Melancholiedeutung des Daseins überhaupt. So hat er bereits in seinem «System des transzendentalen Idealismus» (1800) angedeutet, der Mensch sei ein «ewiges Bruchstück»[41], und sich damit scheinbar harmlos in die frühromantisch aktuelle Lieblingsdiskussion um das ‹Fragment› und das ‹Fragmentarische› (im Gegensatz bzw. Spannungsverhältnis zum ‹System›) eingereiht. Der Schritt vom ewigen Bruchstück, das der Mensch sei, zur großen Ruine, als welche die ganze Welt erscheine, impliziert natürlich eine Vertiefung der geschichts- bzw. religionsphilosophischen Tragweite des Problems. Denn im Gegensatz zur potentiellen Unabgeschlossenheit des Bruchstücks Mensch im Rahmen einer romantischen Fragmentkonzeption, die im Duktus progressiver Universalpoesie aus der Not eine Tugend macht und das Unfertige als das sich gegenüber dem Möglichen und Zukünftigen Offenhaltende vorstellt, eignet der Ruine eine in der Fragment-Poesie unartikulierte Dimension des Tragischen und des Scheiterns.

In dem Maße nämlich, so können wir sagen, in dem die Fragmente, die unabgeschlossenen Entwürfe und großartigen Zukunftspläne altern, liegenbleiben und schließlich veralten, tritt das Ruinöse an ihnen in den Blick. Das als Fragment Gedachte wird zur Ruine und wird als solche begreifbar, wenn es nicht mehr als eine Erscheinung jugendlichen Überschwangs, sondern als das Ergebnis eines innewohnenden Defizits verstanden werden muß. Aus der Not, die zur Tugend gemacht worden ist, also aus der menschlichen Endlichkeit, wird am Ende wieder Not. Das freilich kann sich natürlicherweise erst im Laufe der Zeit abzeichnen.

Diese Vertiefung der geschichts- bzw. religionsphilosophischen Tragweite des Themas Fragment/Ruine hat sich vom frühen zum späten Schelling in dem Maße entwickelt, wie er sich, zu seinen früheren enthusiastischen Entwürfen eines idealistischen Identitätsystems aus dem Geist der Übersteigerung Fichtescher Ich-Philosophie in Abstand geratend, in seinem Denken den begrenzenden Hindernissen als metaphysischem Problem zugewendet hat, also derjenigen Dimension, die klassischerweise in der Philosophie in Fragen der Theodizee – warum das Böse, warum das Leid? – präsent ist: «Ein Hemmendes, Widerstrebendes drängt sich überall auf: dies andere, das, so zu reden, nicht sein sollte und doch ist, ja sein muß, dies Nein, das sich dem Ja, dies Verfinsternde, das sich dem Licht (...) entgegenstellt»[42].

Das Problem der Grenze menschlicher Freiheit wird schon vom mittleren Schelling neu gestellt, und zwar theosophisch als ein Grenzverhältnis innerhalb einer übergreifenden Schöpfungsgeschichte, die spekulativ als Entwicklungsgeschichte des Absoluten (Gottes) verstanden wird. In seiner «Freiheitsschrift» (1809) wird das Grenzproblem insofern zentral, als Schelling bereits im Wesen Gottes eine Scheidung ansetzt, die (kurz gesagt) – in Überformung der älteren Dichotomie von Ich und Nicht-Ich – auch für das höchste, also göttliche Prinzip hinter oder unter dem Licht seiner Existenz einen dunklen «Grund» sich abzeichnen läßt. Damit ist ein Moment ursprünglichster «Sehnsucht» in diesem Gottesprinzip theosophisch-genealogisch eingeführt, von dem sich Schellings diverse Andeutungen einer Melancholie allen Lebens genauso herleiten wie seine Ansicht der Erde als großer Ruine. So heißt es in seiner von ihm unveröffentlichten «Stuttgarter Privatvorlesung» (1810):

«Das Dunkelste und darum Tiefste der menschlichen Natur ist die Sehnsucht, gleichsam die innere Schwerkraft des Gemüts, daher in ihrer tiefsten Erscheinung Schwermut. Hierdurch besonders ist die Sympathie des Menschen mit der Natur vermittelt. Auch das Tiefste der Natur ist Schwermut; auch sie trauert um ein verlorenes Gut, und auch allem Leben hängt eine unzerstörbare Melancholie an, weil es etwas von sich Unabhängiges unter sich hat.»[43]

In der letzten von Schelling zu Lebzeiten gedruckten («Freiheits»-) Schrift, ausführlich als «Philosophische Untersuchungen über das Wesen der menschlichen Freiheit und die damit zusammenhängenden Gegenstände» (1809) betitelt, war dieser Aspekt ein Jahr zuvor zwar eingehender, aber deshalb nicht leichter einsichtig, entwickelt worden:

«Alle Existenz fordert eine Bedingung, damit sie wirklich ist, nämlich persönliche Existenz werde. Auch Gottes Existenz könnte ohne eine solche nicht persönlich sein, nur daß er diese Bedingung in sich, nicht außer sich hat. Er kann die Bedingung nicht aufheben, indem er sonst sich selbst aufheben würde; er kann sie nur durch Liebe bewältigen und sich zu seiner Verherrlichung unterordnen. Auch in Gott wäre ein Grund der Dunkelheit, wenn er die Bedingung nicht zu *sich* machte, sich mit ihr als eins und zur absoluten Persönlichkeit verbände. Der Mensch bekommt die Bedingung nie in seine Gewalt, ob er gleich im Bösen danach strebt; sie ist eine ihm nur geliehene, von ihm unabhängige; daher sich seine Persönlichkeit und Selbstheit nie zum vollkommenen Aktus erheben kann. Dies ist die allem endlichen Leben anklebende Traurigkeit (,) und wenn auch in Gott eine wenigstens beziehungsweise unabhängige Bedingung ist, so ist in ihm selber ein Quell der Traurigkeit, die aber nie zur Wirklichkeit kommt, sondern nur zur ewigen Freude der Überwindung dient. Daher der Schleier der Schwermut, der über die ganze Natur ausgebreitet ist, die tiefe unzerstörliche Melancholie allen Lebens. Freude muß Leid haben, Leid in Freude verklärt werden. Was daher aus der bloßen Bedingung oder dem Grund kommt, kommt nicht von Gott, wenn es gleich zu seiner Existenz notwendig ist.»[44]

Gegen den an dieser Stelle in Ansätzen und Ausschnitten vorgestellten Melancholiekomplex in Schellings späterem religionsphilosophischem Denken, für dessen genauere Erforschung das wenige hier Dargestellte vielleicht Anreiz bietet, hat es freilich auch warnende Stimmen gegeben. Insbesondere Karl Jaspers hat sich im Zuge seiner Auseinandersetzung mit den Ausführungen Emil Staigers zu «Schellings Schwermut» unverhohlen skeptisch und abwehrend über die philosophische Dignität des Melancholiethemas bei Schelling geäußert. In seinem Schelling-Buch von 1955 spricht Jaspers – beinahe mehr als Arzt denn als Philosoph – in bezug auf dessen spekulative Melancholie-Bezugnahmen von «Anwandlungen», von «Unwirklichkeit seines reflektierten Erlebens», von «Verzweiflung ohne Bezug zur Philosophie» – als wäre es intellektuell anstößig, wenn eben doch ein Bezug zur Philosophie in Schellings Fixierung auf das Schwermutthema walten würde:

«Schellings überaus pessimistischen Anwandlungen, zumal in seinen letzten Jahren, haben einen Ton falscher Großartigkeit. (...) Wenn Schelling verzweifelt, so ist das entweder eine Verstimmung ohne Bezug zur Philosophie oder der hohe Ton einer Unwirklichkeit seines reflektierten Erlebens. Es gibt durch sein Leben die Reihe totaler Verneinungen im Wort (...). Aber seine Worte sagen dann mehr, als er trotz heftigen Affekts wirklich vollzieht. (...) Schellings Schwermut (...) liegt mehr im Inhalt einer der Weisen seiner philosophischen Deutung der Dinge, als daß sie eine diesem Inhalt entsprechende eigene Verfassung wäre. Diese Verfassung ist vielmehr etwas ganz anderes, nämlich hypochondrische Verstimmung, Unwille gegen die Zeit und die Welt, wirkungsbedürftige, verachtende Ablehnung, und dies wiederkehrend zu allen Zeiten seines Lebens (...) Wie Schelling sich in der Schwermut spiegelt, die er in Natur, Mythen, Kunst, Zeitalter und Menschen wahrnimmt, das gehört zur Reflexivität seines Erlebens, ist nicht die Wahrheit seines eigenen hypochondrischen Lebens, ist die Großartigkeit, an der er sich in seiner Stimmung aufschwingt, ist nicht die Wirklichkeit seines eigenen Wesens. (...) Es ist die immer wiederkehrende Denkfigur: In der Natur ist die Gebundenheit des sich bewußtlos ins Helle ringenden Geistes. In der Mythologie, in hellenischer Kunst ist die Gebundenheit des die Wahrheit zukünftiger Offenbarung ahnenden bewußt ringenden Geistes. In der gottfernen, der Offenbarung den Boden bereitenden römischen Zeit ist die Verzweiflung am Sinn alles faktischen Tuns. Darum ist überall Schwermut.»[45]

Wenn man genau hinsieht, bemerkt man also wieder die bekannte drastische Diagnose: Hypochondrie.

Station 3: Foucaults Verfall des Pathos vom Menschentum. – Nach diesem Exkurs in die Höhen oder Tiefen – jedenfalls spekulativen Unwegsamkeiten – des deutschen Idealismus noch einmal zurück zu Diderot und den Folgen.

«Alles wird zunichte, alles vergeht, alles geht vorbei. Nur die Welt bleibt bestehen. Nur die Zeit überdauert», hatte Diderot geklagt. Der Verfall dieses Pathos bei gleichzeitigem Beibehalten des Themas läßt sich auch gut an zwei korrespondierenden Beispielen unseres Jahrhunderts verfolgen. So hat Michel Foucault (1926–1984) im Schlußsatz seines Buches über «Die Ordnung der Dinge» jene von Diderot eröffnete «Perspektive jenseits des Menschen» noch in betont umgangssprachlichem Ton variiert: «Dann kann man sehr wohl wetten, daß der Mensch verschwindet wie am Meeresufer ein Gesicht im Sand»[46]. Nur das Meer und der Sand bleiben. Botho Strauß dagegen, der in seinem «Rumor» Foucaults Buchende offensichtlich zu plagiieren sich nicht scheut, evoziert in seiner Variation des Themas zwar noch einmal das alte ruinenpoetische Pathos, aber nur, um es sogleich vulgärsprachlich zu kontrapunktieren: «Wenn wir nicht mehr sind, weht noch lang der Wind. Und die Codes gehen ihren unermeßlichen Gang. Wir aber versanden, wir werden zugeweht wie ein Scheißhaufen am Strand.»[47]

Geschichtsmelancholie oder Geschichtsvernunft? Ein Geistertreffen.
– Bleiben wir, nach der großen Ruine moderner Weltsicht, noch einmal bei den kleinen Ruinen des wüsten Orients. Dort nämlich hat sich ein bemerkenswertes Geistertreffen abgespielt, welches ein neues Licht auf das in die Fluchtdimension der Zeit vorstoßende Glücks- bzw. Melancholieproblem zu werfen geeignet ist. An diesem imaginären Zusammentreffen nehmen drei Philosophen teil: Diderot, Hegel und Volney.

«Die Ruinen» Volneys. – Es führt nämlich von Diderots Ruinenmelancholie aus eine philosophische Brücke zu Hegels Geschichtsphilosophie, und diese Brücke schlägt Constantin François de Volney (1757–1820), Philosoph, Politiker und Orientreisender aristokratischer Herkunft. Seine hier unterstellte Brückenfunktion besteht fürs erste darin, daß er Diderot rezipiert hat und Hegel wiederum ihn. Des weiteren hat er seine «Betrachtungen über die Revolution der Reiche», wie sein geschichtsphilosophisches Hauptwerk von 1791 im Untertitel heißt, im Haupttitel «Les Ruines» genannt und dort in den Anfangskapiteln von seiner Begegnung mit den orientalischen Ruinen folgende bemerkenswerte Beschreibung gegeben:

«Eines Abends war ich, in Nachdenken vertieft, bis zum Tal der Grabmäler gekommen; ich erstieg die umgrenzenden Anhöhen, von welchen das Auge alle Ruinen und die unermeßliche Wüste übersieht. Die Sonne ist eben untergegangen. (...) Der Anblick einer großen, verödeten Stadt, das Andenken an vergangene Zeiten, die Vergleichung mit dem gegenwärtigen Zustand, alles erhob mein Herz zu hohen Gedanken. Ich setzte mich auf eine umgestürzte Säule; und den Ellenbogen aufs Knie gestützt, den Kopf in die Hand gelegt, richtete ich bald meine Blicke auf die Wüste, bald heftete ich sie auf die Ruinen und versank in tiefe Träumerei.»[48]

Das ist natürlich die alte traditionelle Melancholikerhaltung, die geläufige ikonographische Ausdrucksgebärde und «Pathosformel» (Aby Warburg) der melancholischen Reflexion; schon Walther von der Vogelweide saß so auf seinem Steine, um nachzusinnen.[49] Volney fährt, bis in Formulierungen hinein spürbar im Fahrwasser Diderotscher Ruinenpoesie, in innerer Zwiesprache mit sich fort:

«Hier, sagte ich zu mir selbst, hier blühte ehemals eine begüterte Stadt; hier war der Sitz eines mächtigen Reichs. (...) Und was bleibt jetzt von dieser mächtigen Stadt? – ein trauriges Skelett! Was bleibt von einem großen Gebiet?

– ein dunkles, leeres Andenken! (...) Ach, welcher Glanz ist verdunkelt! – welche Arbeiten sind vernichtet! – Gehen so die Werke der Menschen zu Grunde? Verschwinden so Reiche und Nationen? (...) Was ist aus so vielen glänzenden Schöpfungen von der Hand des Menschen geworden? (...) Ach, ich habe sie durchlaufen, diese verwüstete Erde! Ich habe die Orte besucht, die der Schauplatz so vieler Pracht waren, und sah nur Verödung und Einsamkeit. Ich habe die alten Völker und Werke gesucht und nur eine Spur von ihnen gesehen, gleich der, die der Fuß des Vorübergehenden auf dem Staub zurückläßt. Die Tempel sind eingefallen, die Paläste umgestürzt, die Häfen ausgetrocknet, und die von Einwohnern entblößte Erde gleicht einem öden Kirchhofe.»

Volneys erzählende Stimme erhebt sich nun zu verzweifelten Klagen und Fragen (aber an wen?):

«Großer Gott, woher diese unglücklichen Revolutionen? Warum hat das Glück dieser Länder einen solchen Wechsel erlitten? Warum sind so viele Städte zerstört worden? Warum hat die Volksmenge sich nicht wieder regeneriert? Warum dauerte sie nicht fort?»[50]

Auch hier also wieder das Bild vom Menschen als Abdruck im Sand, das der Wind schnell verwehen wird. Indessen, bis hierhin bewegen sich Volneys Meditationen noch auf dem ruinenpoetischen Terrain, welches Diderot vorbereitet hatte. Das geht von der allgemeinen Betrachtungshaltung über die prägende Metaphorik bis in kleinste Formulierungen hinein, die manchmal geradezu wie aus Diderots «Salon de 1767» abgeschrieben wirken. An der Verbindlichkeit einer Achse Diderot – Volney braucht mithin aus guten Gründen kein Zweifel zu bestehen. Dennoch gibt es Probleme.

Es läßt sich nämlich nicht ohne weiteres ein direkter, lektüremäßiger Rezeptionszusammenhang zwischen dem «Salon de 1767» Diderots und den «Ruines» Volneys zur Zeit ihrer Abfassung unterstellen, wie dies gelegentlich voreilig geschieht.[51] Vielmehr muß wohl der Umweg über die persönliche Bekanntschaft Volneys mit Diderot und seinen Gedanken zur Erklärung der engen Beziehungen in ihren Werken eingeschlagen werden: Volney, seit 1774 oder 1775 in Paris und durch seine zwei Jahre später entstandene Freundschaft mit Cabanis in die Gesellschaft der Salons eingeführt, hat als junger Mann schon bei Baron d'Helvétius näheren Kontakt zu Diderot unterhalten, der sich über fünf Jahre bis zu Volneys Reiseaufbruch 1782 erstreckte.[52] Es ist daher am wahrscheinlichsten anzunehmen, daß Volney in dieser Zeit seine ruinenmelancholischen Anregungen und Versatzstücke durch regen Umgang mit dem gesprächsfreudigen Philosophen erhalten hat; nachlesen jedoch konnte er die im Ergebnis frappierende Ähnlichkeit, um nicht zu sagen Abhängigkeit seiner Gedanken aus dem Eingangskapitel der «Ruinen» von denen Diderots erst Jahre später, als sein eigenes Buch schon Kreise gezogen und Wirkungen hinterlassen hatte – zum Beispiel bei dem jungen Hegel.

Was den deutschen Philosophen so nachhaltig an Volneys «Ruinen» beeindruckt haben könnte, daß er seine Jugendlektüre noch im reifen Alter in seine geschichtsphilosophischen Vorlesungen einfließen ließ, davon gibt der anschließende Abschnitt des zweiten Kapitels von Volney eine Vorstellung. Hier geschieht eine Wendung, die den Betrachter von der poetisch-ästhetischen Ruinenmelancholie hin zu einer existentiellen Geschichtsmelancholie führt, zu einem abgründigen Zweifel und Pessimismus gegenüber dem geschichtlichen Fortschreiten, die – im Anschluß an die zuletzt vernommenen verzweifelten Fragen und zum Himmel schreienden Klagen – zu einer besonderen melancholietherapeutischen Überwindungs- und Bewältigungsstrategie Anlaß geben werden. Volney also setzt nach dem eben zitierten Aufschrei melancholisch empörter Verzweiflung fort:

«Bei meinen Betrachtungen, wie belebt vormals die Orte gewesen waren, die ich vor mir sah, drängte sich mir der Gedanke auf: wer weiß, ob nicht einst unsere Länder ebenso verlassen sein werden? Wer weiß, ob nicht einst an den Ufern der Seine, der Themse oder des Südersees (...) ein Reisender, wie ich, sich dort auf stummen Ruinen niederlassen und einsam über der Asche der Völker und dem Andenken ihrer Größe weinen wird? Bei diesen Worten füllten meine Augen sich mit Tränen; ich verhüllte mein Haupt in meinem Mantel und überließ mich finstern Betrachtungen über die menschlichen Dinge. Unglückliches Wesen, rief ich in meinem Schmerz, ein blindes Verhängnis spielt mit seinem Geschick! Eine unheilige Notwendigkeit regiert nach den Gesetzen des Zufalls das Schicksal der Sterblichen. Aber nein, nur die Ratschlüsse einer himmlischen Gerechtigkeit gehen in Erfüllung! Ein unerforschlicher Gott führt seine unbegreiflichen Beschließungen aus! Ohne Zweifel hat er über diese Erde einen geheimen Fluch ausgesprochen; er hat seine Rache an den vergangenen Geschlechtern über die letzt lebenden ausgeschüttet. Wer darf es wagen, die Tiefen der Gottheit zu ergründen! Und ich blieb unbeweglich, versenkt in tiefe Melancholie.»[53]

Hegel und «Die Vernunft in der Geschichte» – Diese letztlich bis zur metaphysischen Revolte sich steigernde Ruinenmeditation Volneys ist geeignet (und deshalb so ausführlich zitiert), etwas von der fundamentalen Verankerung der im Melancholiesyndrom umtriebigen Problematik des modernen Menschen und etwas von der philosophischen Dignität seines Melancholiebewußtseins ahnen zu lassen.

Hegel jedenfalls müssen diese ruinenmelancholischen Protestationen Volneys nachhaltig beschäftigt haben. Es finden sich nämlich in seinem Werk Passagen, die sich nur als späte Antworten und Reaktionen auf Volneys «Ruinen» begreifen lassen. Und in der Tat kann es, wie neuere Forschungen gezeigt haben [54], inzwischen als gesichert gelten, daß hier eine Volney-Rezeption durch Hegel vorliegt. In den «Vorlesungen über die Philosophie der Weltgeschichte» (Einleitung: «Die Vernunft in der Geschichte») heißt es:

«Die negative Seite an diesem Gedanken der Veränderung weckt unsere Trauer. Was uns niederdrücken kann, ist dies, daß die reichste Gestaltung, das schönste Leben in der Geschichte den Untergang finden, daß wir unter Trümmern des Vortrefflichen wandeln. Von dem Edelsten, Schönsten, für das wir uns interessieren, reißt uns die Geschichte los: die Leidenschaften haben es zugrunde gerichtet; es ist vergänglich. Alles scheint zu vergehen, nichts zu bleiben. *Jeder Reisende hat diese Melancholie empfunden.* Wer hätte unter den Ruinen von Karthago, Palmyra, Persepolis, Rom gestanden, ohne zu Betrachtungen über die Vergänglichkeit der Reiche und Menschen, zur Trauer über ein ehemaliges, kraftvolles und reiches Leben veranlaßt zu werden?» [55]

Hier folgt Hegel also ganz jener Auffassung der melancholisch machenden Ruinenbetrachtung und Trauer über ein vergangenes, verlorenes Glück, wie wir sie bei Volney kennengelernt haben. Hegel, in dessen Werkausgaben-Begriffsregistern man den Begriff «Melancholie» vergeblich sucht, hat sich mit dem Melancholieproblem sehr wohl auseinandergesetzt, wie die zitierte, eher affirmative und wie erst recht die nun anschließende, entschieden kritischere Replik auf die ihm von Diderot und Volney überkommene Ruinenphilosophie belegt. Nämlich wie folgt: Man könne, so konzediert Hegel an dieser späteren Stelle derselben Vorlesung, «mit richtiger Zusammenstellung des Unglücks, das das Herrlichste an Völkern und Staatengestaltungen wie an Privattugenden erlitten hat, (...) die Empfindung zur tiefsten, ratlosesten Trauer steigern» – und nun kommt das Erstaunliche: *«welcher kein versöhnendes Resultat das Gegengewicht hält (...)»* [56].

Das ist, um es vorsichtig zu formulieren, zunächst ein bei Hegel äußerst seltenes Eingeständnis von Ratlosigkeit, waghalsig gesprochen nahezu eine Bankrotterklärung der eigenen Geschichtsphilosophie vor den individuellen Anwandlungen subjektiven Schmerzes über die Ruinen der Zeiten; jedenfalls das Eingeständnis einer Hilflosigkeit und Trostlosigkeit zumindest gegenüber einem gebannt um das gewesene Glück Trauernden. Dieser «tiefsten, ratlosesten Trauer» – Volneys Versenktsein in «tiefe Melancholie» – weiß Hegel keinen Ausgleich und keine Versöhnung anzubieten, ja er weiß – seinem vielberufenen teleologischen Geschichtsoptimismus zum Trotz – dieser Geschichtsmelancholie im Kern gar nichts mehr zu erwidern.

Denn im Gegenteil fühlt Hegel sich offenbar vom depressiven Sog dieser ratlosesten, bodenlosen Trauer nachgerade bedroht und selber angesteckt, indem er fortfährt:

«(...) *welcher kein versöhnendes Resultat das Gleichgewicht hält,* und gegen die wir uns etwa nur dadurch *befestigen* oder dadurch aus ihr heraustreten, indem wir denken: es ist nun einmal so gewesen (...).»[57]

Das klingt eher nach schlichtem, gesundem Menschenverstand und nach dem, was man gelegentlich ‹vernünftige Resignation› zu nennen pflegt. Es ist nun einmal so gewesen! Und wie Hegel denn auch anschließt: «(...) es ist nichts daran zu ändern» – auch er, wie es scheint, offenbar die simple Meinung teilend, man lasse besser das Vergangene vergangen sein.

Es ist aber mehr an diesen einfachen Sätzen. Denn genau das will der welt- oder individualgeschichtlich verzweifelnde Melancholiker ja nicht akzeptieren, wenn er sein typisches «Ach hätte doch...!» gegen den Zeitlauf formuliert. Er hält einer unerfüllbaren Option die Treue, es hätte anders kommen mögen. Hegel dagegen bricht aus dem Sog dieser wunschvollen und zugleich ratlosesten Unerfüllbarkeitstrauer heraus durch eine spezifische Neukonstitution von Zeitlichkeit. Diese unterscheidet sich von dem Zeitbewußtsein des Melancholikers aufs entschiedenste dadurch, daß sie die Entscheidung impliziert, die faktische Vergangenheit auch *intentional* vergangen sein zu lassen. Dann nämlich, nach dieser grundsätzlichen Entscheidung für ein ‹normales› Zeitgefüge, wo Zukunft zukünftig und Vergangenheit vergangen ist, anstatt ineinander verquert zu sein wie im «Hätte!»-Wunsch, wo eine nicht-mehr-mögliche Ex-Zukunft in der Vergangenheit als verlorengegangen bedauert wird, erst dann kann sich das individuell-subjektive Intendieren wieder neu aus- und aufrichten.

Nach vernünftiger Resignation durch Einsicht in die Unabänderlichkeit des Geschehen und die Unwiderruflichkeit des Vergangenen erst kann sich die melancholisch vergangenheitsverhaftete Intentionalität erneut auf das Änderbare, Verfügbare, Bewirkbare hin orientieren. Dies aber geschieht erst, indem bzw. nachdem ich, mit Hegels «es ist nun einmal so gewesen, es ist nichts daran zu ändern» d'accord gehend, das *Vergangene perfekt mache, also* anstelle des konjunktivischen Plusquamperfekts, des Modus vergeblichen Umwünschens des Mehr-als-Gewordenen (so die Übersetzung von «Plusquamperfekt»), weil Nicht-mehr-Änderbaren, das indikativische Perfekt setze und von diesem Akzeptieren des Vergangenen aus ins Präsens unseres Daseins zurückfinde:

«(...) und dann, daß wir aus der *Langeweile*, welche uns jene Reflexion der Trauer machen könnte,» – hier wird Hegels Diktion offenbar mit Absicht immer anti-melancholischer – «*zurück* in unser Lebensgefühl, *in die Gegenwart* unserer Zwecke und Interessen, kurz» – und nun wird Hegel brutal ehrlich: «in die Selbstsucht zurücktreten»[58].

Das Nun-einmal-so-gewesen-sein-Lassen, das Perfektmachen des Vergangenen, die Ratifizierung des Gewesenen: Diese Neukonstituierungen des Zeitlichkeitsgefüges im inneren, intentionalen Zeitbewußtsein des Trauernden erweist sich hiermit zuletzt als ein Marschbefehl: *zurück... in die Gegenwart!*

Nachdem auf diese Weise die Sog- oder Sprengkraft der Ruinenmelancholie für das glückszeitsuchende Bewußtsein entschärft ist, kann Hegel diese für ihn zunächst so prekäre Passage sogar mit den Worten abschließen: «(...) kurz in die Selbstsucht zurücktreten, welche am ruhigen Ufer steht und von da aus sicher des fernen Anblicks der verworrenen Trümmermassen genießt».

Ob das freilich eine gültige und endgültige Lösung des in der Ruinenmelancholie aufgeworfenen Glücks/Zeit-Problems ist, wird noch zu prüfen sein.

5. Unglückliches Bewußtsein

Einblicke: Das ‹unglückliche Bewußtsein› in Hegels «Phänomenologie des Geistes»

> Im Bereich großer Philosophie ist Hegel wohl der einzige, bei dem man buchstäblich zuweilen nicht weiß und bündig entscheiden kann, wovon überhaupt geredet wird.
> Theodor W. Adorno, Skoteinos oder Wie zu lesen sei (1963)

Der Begriff ‹unglückliches Bewußtsein› ist, soweit wir wissen, eine Schöpfung Hegels und kommt erstmals in seiner «Phänomenologie des Geistes» (1807) vor, und zwar als Teil der Überschrift von Kapitel IV, B 3. Es handelt sich dabei um den letzten Abschnitt des Selbstbewußtsein-Kapitels mit dem Titel «Stoizismus, Skeptizismus und das unglückliche Bewußtsein». Bei dieser Aufzählung und Zusammenstellung von philosophischen Stationen greift Hegel mit Stoizismus und Skeptizismus offenbar auf traditionelle Zentrierungen der Philosophiegeschichte zurück; jedenfalls sind diese beiden Begriffe geläufig. Das gilt nicht von dem dritten: Was immer dieser Hegel für eine Epoche oder Geisteshaltung markieren soll, der Zusatz «und das unglückliche Bewußtsein» erscheint zunächst rätselhaft.

Wollen wir, die genauere historische oder geistesgeschichtliche Verortung offen lassend, eine erste Annäherung wenigstens dahin gehend erlangen, was das ‹unglückliche Bewußtsein› denn im Prinzip sei, so empfiehlt sich, die mit den ihm vorhergehenden Stationen verbundenen Bewußtseinsstrukturen sich zu vergegenwärtigen.

Verglichen mit dem Stoizismus und dem Skeptizismus erscheint unsere abschließende Gestalt des Selbstbewußtseins als ein entzweites Selbstbewußtsein. Der Stoizismus wie auch der Skeptizismus sind für Hegel Formen eines glücklichen Bewußtseins, wenngleich eines borniertes Glücks. Der Stoizismus formuliert seine Glücksposition als ein «Im Denken des Einen bin ich frei». Der Mensch bleibt auch in Ketten

– politische Situation des antiken Imperiums nach dem Ende der griechischen Demokratien und der römischen Republik – geistig unbeschadet, sofern er philosophisch in der Wahrheit des Gedankens (des kosmisch-göttlichen Logos usw.) lebt. Im Gegensatz zur früheren athenischen Polis-Philosophie reduziert sich für den Stoizismus der Anspruch vom ‹Welt Regieren› auf das ‹Welt Negieren›. Der Stoiker formuliert den Stolz auf die Wahrheit seiner Gedanken über eine Welt, die ihn nicht stört, weil er sich über sie hinweg erhoben hat – ein glückliches Bewußtsein also.

Der Skeptiker dagegen findet sein Glück in dem Bewußtsein: ‹Im Zweifeln – im Denken des Anderen – bin ich frei›. Während der Stoiker in der Wahrheit der Gedanken Herr seiner Welt bleibt, die nur noch aus Knechten besteht, hat der Skeptiker das Vergnügen, im Bezweifeln der Wahrheit dieser Gedanken der einzige Knecht zu sein, der unter lauter Herren-Gedanken deren Scheinhaftigkeit durchschaut. Der Skeptizismus ist also dem Stoizismus gegenüber subversiv – und also ein glückliches Bewußtsein. Im Gegensatz zum Stolz des Stoikers auf die Wahrheit seiner Gedanken gegenüber einer Welt, die ihn nicht stört, formuliert der Skeptiker nämlich den Stolz auf die Störung, die sein Zweifeln gegenüber einer (Gedanken-)Welt anrichtet, die ihm nicht wahr ist. Das einzig Wahre ist ihm der Zweifel, der Gedanke also, daß es ‹anders› ist als je behauptet. Als Bewußtsein gleichbleibender Unruhe und Divergenz aber erscheint der Skeptizismus als genau so sehr ‹bei sich› bleibend wie der Stoizismus auf seine geschilderte Weise.

Gemessen an diesen beiden vorangehenden Stationen der Phänomenologie des Geistes stellt nun das ‹unglückliche Bewußtsein› sich als ein entzweites Selbstbewußtsein dar, als ein reflexiv gedoppeltes Bewußtsein sowohl von der Wahrheit des Einen als auch von der Wirklichkeit des Anderen, sowohl von der Vernunft kosmisch-göttlicher Unwandelbarkeit als auch von der Realität menschlicher Insuffizienz. Das ‹unglückliche Bewußtsein› anerkennt, daß es das Ewige, das Wesen, gibt, aber nicht hier (im zeitlich-endlich Unwesentlichen), sondern ‹dort›, jenseits, transzendent, was natürlich eine Zuspitzung der glücksphilosophischen Alibi/Anderswo-Position bedeutet. Es zeichnet sich mithin durch ein unglückliches Verhältnis zum gegenwärtigen Diesseits wie zum nichtgegenwärtigen Jenseits aus: Dieses wird ersehnt, aber nicht erreicht, jenes zwar besessen, aber verachtet. Daß hier eine typische Struktur unseres abendländischen religiösen Weltbildes und Daseinsverständnisses getroffen wird, ist nicht zu übersehen. Zugleich ist diese unglücksbewußtseinproduzierende Reflexion und Reflexivität des entzweiten Selbstbewußtseins überhistorisch symptomatisch als existentielle (und anthropologisch einschlägige) Formulierung des Sich-Hintersinnens der Melancholie. «Was er will, das hat er nicht, und was er hat, das will er nicht»: Auf diesen schlichten Refrain bringt ein elsässisches Volkslied (vom «Hans im Schnackenloch») jenes gedoppelte unglückliche Bewußtseinsverhältnis.

Interessanterweise kommt dieser merkwürdige, aber bedeutsam klingende Titel bzw. Begriff nur in diesem Buch, Hegels frühem Hauptwerk, vor, und zwar außer in dem besagten Kapitel noch an einigen späteren, sich darauf zurückbeziehenden Stellen, ansonsten in seinen folgenden Werken nie wieder. Selbst wo Hegel später angelegentlich auf die «Phänomenologie» zurückgreift wie in seinen Propädeutiken und Enzyklopädien oder wo er eine ähnliche (religiöse) Thematik bzw. ein vergleichbares (historisches) Problem wie am Ende seines Selbstbewußtsein-Kapitels aus der «Phänomenologie des Geistes» behandelt, beispielsweise in seinen Vorlesungen zur Religion oder zur Weltgeschichte, selbst dort also verzichtet er konsequent auf eine Wiederaufnahme des enigmatischen Problemkinds eigener Prägung – einmal und nie wieder als *unglückliches Bewußtsein* angesprochen.

Umgekehrt spricht Hegel in seinen Schriften vor der «Phänomenologie» in einschlägigen Zusammenhängen zwar von «Unglück» und «Schmerz», «Trübsinn» und «Melancholie»[1], aber auch hier nie von ‹unglücklichem Bewußtsein›. Alles das macht diese Begriffsprägung geheimnisvoll und spannend.

Das ‹unglückliche Bewußtsein› scheint ein einzigartiges Phänomen darzustellen. Was mit dem Begriff gemeint ist und was er genauer bezeichnet, bringt selbst die Hegelforschung in Verlegenheit. Denn wie das ‹unglückliche Bewußtsein› in Hegels Werk offenbar einzigartig ist, so ist auch die Verständigung darüber, welcher Stellenwert diesem dunklen Abschnitt innerhalb des Hegelschen Systems zukommt, eigentümlich ungeklärt und unentschieden. Seine Bedeutung scheint nämlich nach wie vor offen zu sein. Zwar hat es neben unzähligen Kurzhinweisen, Streifschüssen und metaphorischen Querschlägern einige ernstgemeinte Versuche gegeben, das besagte Teilkapitel logisch, phänomenologisch, theologisch oder auch historisch aufzuschlüsseln[2] – abgesehen von solch vielversprechenden, für das Verständnis allerdings ganz unterschiedlich ergiebigen Büchern, die auf das dunkel schillernde Wort vom ‹unglücklichen Bewußtsein› irgendwie im Titel anspielen –, jedoch oft die Verwirrung ob seiner Bedeutung eher noch zu verstärken geeignet sind.³

Bei der Erklärung, was mit dem ‹unglücklichen Bewußtsein› bei Hegel, innerhalb oder außerhalb des betreffenden Kapitelzusammenhangs, alles gemeint oder auch nicht gemeint sein dürfte, handelt es sich nach wie vor um ein Desiderat der Forschung⁴, wofür es gute Gründe gibt. Denn wer das zur Rede stehende Kapitel genau studiert hat, den wird es nicht verwundern zu erfahren, daß das Konzept des ‹unglücklichen Bewußtseins› eine (um die bewußt paradoxe Formulierung aus dem einschlägigen Artikel im «Historischen Wörterbuch der Philosophie» zu übernehmen) «auffällig unscheinbare» Wirkungsgeschichte gezeitigt haben soll.⁵ Sicherlich gehört dieses Kapitel zu den schwierigsten, um nicht zu sagen unverständlichsten aus der «Phänomenologie des Geistes», und vermutlich traf Ernst Bloch 1956 in seiner Vorlesung den Kern mit seiner humorigen Feststellung, die «Phänomenologie» sei eines der schwierigsten, wenn nicht sogar das schwierigste Buch in der Philosophiegeschichte, mit dem verglichen Kants «Kritik der reinen Vernunft» die reinste Eisenbahnlektüre biete.

Damit ist ein Problem berührt, das in der Tat Hegels Denkweise, zumal die der «Phänomenologie», für den einfachen Nachvollzug so schwierig erfaßbar und begreifbar macht. Jeder Leser Hegels hat wohl die Erfahrung gemacht, auf beinahe jeder Seite mehrmals unvermutet ins Leere zu greifen. Hatte er eben noch gedacht, dem Gang des Philosophen gefolgt zu haben, so sieht er sich im nächsten Moment düpiert. Der Gedanke ist ihm gleichsam unter der Hand wieder entschlüpft, und was der Leser eben noch als Einsicht erfaßt hat, stellt sich im folgenden Abschnitt als mangelnde Einsicht in die Einsicht und als nicht mehr haltbar dar. In diesem Vorgehen, die intellektuelle und nervliche Stärke des Lesers zu strapazieren, ist Hegel Meister, doch er hat dafür seinen Grund. Die sich stets weiter entwickelnden Aufgaben des Philosophierens, welche von Hegel phänomenologisch beobachtet und vorgeführt werden, sind nämlich gleichwohl geschichtlichen wie logischen Ursprungs; diese Verknüpfung von Geschichte und Logik trifft besonders auf seine «Phänomenologie» zu, und das ist es wohl, was die Lektüre dieses Werks so schwierig macht. Indem Hegel in diesem ihm eigenen Verfahrensstil, der gleichsam Zeitlupenaufnahmen (für die logischen Entwicklungen) mit Zeitrafferaufnahmen (für die geschichtlichen Entfaltungen) verbindet, die jeweiligen Phänomene in ihren historisch bedingten Veränderungen betrachtet, nimmt er eine intellektuelle Weitsicht ein, die über das verständige Sichvergewissern, daß etwas so und so sei, nicht nur zu seiner Zeit hinausgeht.

Adornos eingangs als Motto zitierte Bemerkung über die Schwierigkeit Hegelscher Rätselkapitel trifft auch und gerade für den hier relevanten Abschnitt über das ‹unglückliche Bewußtsein› zu. Die einfache Frage, wovon eigentlich die Rede sei, ist bislang nie einfach beantwortet worden, und wahrscheinlich kann sie das auch nicht. Zwar ist es möglich, wesentliche Hauptzüge zu benennen, aber damit ist dieses Kapitel längst nicht ausgeschöpft. Der Leser mag einzelne Bestimmungen vornehmen, Momentaufnahmen gleichsam, die zu Interpretationstableaus dienlich scheinen und zu Assoziationen veranlassen. Aber der wirkliche Reichtum des Gesamtkonzepts und -komplexes ‹unglückliches Bewußtsein›, der darin besteht, nicht nur das eine oder andere, sondern viele solcher Einzelbilder zu einem fortlaufenden Gestaltungsprozeß zu vereinigen, der schließlich die ganze «Phänomenologie» durchspannt – diese rätselhafte und aufregende Metamorphose des Unglücks des Bewußtseins wird immer nur zum Teil erfaßt.

Diese Schwierigkeiten spiegelt die Forschung wider. Man findet dort die verschiedensten Tangenten an das Konzept bzw. Kapitel ‹unglückliches Bewußtsein› angelegt. In den meisten Fällen handelt es sich um Auslegungen und ‹Verplausibilisierungen› des Rätselschatzes, den dieser Teil der «Phänomenologie» bietet. Ein Großteil dieser Forschungsbeiträge ist religionshistorisch geprägt, wobei die Frage: Judentum oder Christentum oder beides? Und wenn nur Christentum, dann welches? – wiederum unterschiedlich beantwortet wird. Andere Interpretationen sind weniger vergangenheitsorientiert, sondern eher gegenwartskritisch ausgerichtet. Sie sehen im ‹unglücklichen Bewußtsein› nicht ein Problem, das im wesentlichen gewesen ist; sie halten vielmehr dafür, in dieser Hegelschen Schöpfung ein Beispiel für dessen Auseinandersetzung mit seiner eigenen Zeit, also der Romantik, zu haben bzw. ein Beispiel dafür, daß spezifische Züge der Romantik (ob im einzelnen damit von Hegel jeweils angesprochen oder nicht) mit Hilfe des Unglücklichen-Bewußtseinskomplexes jedenfalls zutreffend analysiert werden können. In dieser Richtung weiterdenkend, laufen einige Beiträge in der Forschung sogar darauf hinaus, in Hegels

Konzept eines ‹unglücklichen Bewußtseins› prognostische Qualitäten zu erkennen, also die Erfassung von Phänomenen, die uns heute – ‹nach Hegel› im doppelten Sinn – aktuell und problematisch sein können.

Die Frage der Aktualität des ‹unglücklichen Bewußtseins› wird sehr verschieden beantwortet. In alle drei Richtungen – rückblickend in Hegels Vergangenheit, die jüdisch-christliche Tradition; querblickend in Hegels Gegenwart, die romantische Zeitgenossenschaft; und vorausblickend in Hegels Zukunft, die moderne Entwicklung – sollen deshalb die folgenden Schritte gehen, um das Terrain auszumessen, insbesondere unter melancholiespezifischem Aspekt.

Rückblick: ‹Unglückliches Bewußtsein› im Christentum – Augustinus als Probe

> *Denn das heißt doch unglücklich sein:*
> *Wollen und nicht können...*
> Blaise Pascal, Pensées (1669)

Es besteht, wie dargelegt, einige Unstimmigkeit (um nicht zu sagen: Unvereinbarkeit) in der Forschungsliteratur, was es denn überhaupt sei: das ‹unglückliche Bewußtsein›. Die einen halten es für eine Beschreibung des antiken Judentums[6], andere für eine des spätrömischen Christentums[7]; viele identifizieren es mit dem mittelalterlichen Katholizismus, andere wiederum im Gegenteil mit dem Protestantismus.[8]

Dabei sehen wir hier zunächst noch völlig ab von den Sonderdeutungen, welche, abweichend vom Hauptstrom der immer wieder nachgeredeten Identifikationen des ‹unglücklichen Bewußtseins› mit Judentum oder aber mit Christentum, ganz andere Bezugnahmen und Deutungen gewagt haben, aktualgenetische nämlich auf die Dichter und Denker der Vor- und Früh-Romantik[9], zum Beispiel auf Rousseau oder Fichte, auf Moritz, Novalis und Hölderlin oder sogar – quasi prospektiv – auf Bruno Bauer und die Junghegelianer einerseits[10], andrerseits auf Kierkegaard.[11]

Zunächst zu den bekannten und sich gegenseitig nicht unerheblich widersprechenden Hauptdeutungen, die auf das Juden- und/oder Christentum verweisen, zumal hier auf einen ungewöhnlichen Mangel aller derartigen Zuordnungen und Erklärungen aufmerksam zu machen ist. Denn von den besagten, zumeist ziemlich apodiktisch vorgetragenen Auslegungen unterstützt so gut wie keine ihre jeweilig vorgetragene These durch einen Paralleltext jüdischer oder eben christlicher Provenienz zum Hegelschen Problemtext.

Dieser – übereinstimmende – Verzicht auf literarische Parallelbelege erscheint unverständlich, ist auch für gute Philologie ungewöhnlich. Fast scheint es, daß den Hegelforschern das ‹unglückliche Bewußtsein› eine Gestalt des Geistes sein muß, die noch nicht lesen und schreiben gelernt hat. Denn es wird doch ansonsten nicht abwegig sein zu vermuten, daß, wenn das ‹unglückliche Bewußtsein› wirklich nach Hegels Intention ein Phänomen der vergangenen Religionsgeschichte bezeichnet, sich dann auch ein Text aus dieser Tradition finden lassen müßte, der wenigstens seiner Struktur und sachgemäßen Pointe nach parallel zu den von Hegel im Kapitel ‹unglückliches Bewußtsein› beschriebenen und behandelten Phänomenen gesetzt werden kann; falls nicht Hegel sogar selbst auf ein solches literarisches Vorbild rekurriert haben dürfte, was zunächst dahingestellt bleiben mag.

Augustinus' Sehnsucht – Im folgenden wird im Abschnitt aus den «Bekenntnissen» des Augustinus[12] hinsichtlich der Möglichkeit geprüft, ihn als Paralleltext zu dem des Kapitels ‹unglückliches Bewußtsein› zu lesen. Die vergleichbare Grundstruktur ist bei Hegel verknüpft mit den Begriffspaaren «Diesseits» und «Jenseits», «Wesenheit» und «Unwesenheit» bzw. «Wesentliches» und «Unwesentliches», «Wandelbares» und «Unwandelbares». Bekanntlich handelt es sich für das ‹unglückliche Bewußtsein› dabei um sich zugleich ausschließende Begriffspaarhälften und um komplementär aufeinander verwiesene – mithin um Extreme, zwischen denen es hin und her springt und in die es sich reflexiv entzweit. Freilich ergänzen und entsprechen sich die Begriffspaare gegenseitig: Das Unwesentliche ist das Wandelbare und das Unwandelbare das Wesentliche.

Schon an diesem Punkt kann auf Augustinus hingewiesen werden, bei dem das Spannungsverhältnis zwischen wandelbar Menschlichem und unwandelbar Göttlichem eine zentrale Stellung einnimmt. So heißt es in den «Bekenntnissen» beispielsweise: «Und es wandelt sich dies alles, aber Du beharrst *über* allem *wandellos*» (X, 25); «hoch *über* meinem Geist das *wandellose* Licht» (VII, 10; Hervorhebungen von mir). Des weiteren schreibt Augustinus in der Schrift «Über die Dreieinigkeit»:

> «Aus der Ferne zurückzukehren versuche ich (...) der Wahrheit (entgegen). Diese Wahrheit trinke ich in dem Maße, in dem ich, wenngleich *ich wandelbar bin, sie* frei weiß von jeder Wandelbarkeit, denn das Wesen Gottes hat nicht Wandelbares an sich. Denn ewig ist *dort* die Wahrheit, ewig die Liebe, und wahr ist *dort* die Liebe, wahr die Ewigkeit, und liebeerfüllt ist *dort* die Wahrheit, liebeerfüllt die Ewigkeit.»[13]

Dieses emphatische «dort» – zusammengenommen mit jenem «über» – dient dem Kirchenvater zu nichts anderem als zur Bezeichnung eines *wesentlich Jenseitigen* und mithin einer *jenseitigen Wesentlichkeit*, wie sie verbunden sind mit den Begriffen Wahrheit, Liebe, Ewigkeit – jeweils bestimmt als ein Nicht-hier im entschiedenen Sinn. Durch gerade eine solche «Verjenseitigung des Wesentlichen» unterscheidet sich ja auch für Hegel das ‹unglückliche Bewußtsein› von den ihm in der «Phänomenologie des Geistes» vorhergehenden Gestalten bzw. Kapiteln «Stoizismus» und «Skeptizismus».

Denn im Gegensatz zu Stoizismus und Skeptizismus besitzt das ‹unglückliche Bewußtsein› wohl einen Begriff von einem wahrhaft Wesentlichen, das anders als beim Stoizismus nicht bloß als «einfache Wesenheit des Gedankens» erscheint und das erst recht anders als beim Skeptizismus nicht in der «Unwesenheit des Bestimmten» zergeht, sondern das einen wahrhaft substantiellen Gehalt – den eigentlichen überhaupt – bezeichnet. Aber zugleich steht es eben nur in einem «unglücklichen» Verhältnis zu jenem eigentlichen Wesen, mit dem es so lange nicht wirklich glücklich werden kann, wie es ihm als ein Jenseitiges vorschwebt, also als ein hier und jetzt noch nicht Erreichbares. Auch Augustinus gibt eine beredte Schilderung dieses Unglücks, der «Trübsal des Noch-nicht», um seine Worte zu gebrauchen:

> «Das ist *Trübsal*, daß wir *noch nicht* mit Gott vereint sind, daß wir noch unter Versuchungen und Beschwerden weilen, daß wir nicht ohne Furcht sein können. Wir leben *noch nicht* in der Sorglosigkeit, die uns verheißen ist. Wer diese *Trübsal seiner Fremdlingsschaft* noch nicht erlebt hat, denkt nicht in die Heimat zurückzukehren. (...) Wenn wir bedenken und beachten, wo wir sind und wo wir – nach der Verheißung dessen, der nicht lügen kann – künftig sein werden: aus eben seiner Verheißung kommt uns zum Bewußtsein, in welcher *Trübsal* wir sind. Diese Trübsal kommt über keinen, der nicht sucht. Bist du gesund, so sieh zu, ob du nicht elend bist! Ist einer krank, so ist es leicht, sich elend zu

fühlen. Bist du aber gesund, so sieh zu, ob du nicht elend bist, weil du *noch nicht* mit Gott bist.»[14]

Eine derartige Äußerung steht bei Augustinus keineswegs vereinzelt; dergleichen findet sich in fast jeder seiner Schriften:

«Wer aber (...) in der Liebe zu ihm (Gott) seinen eigenen Unwert fühlt und (...) die Unvergeßlichkeit seines Krankseins mit Gottes Heiligkeit erkannt hat, den überkommt süßes Weinen. (...) Er legt sich den Schmerz bei, den Schmerz des Wandernden, den die Sehnsucht nach der Heimat und nach ihrem Schöpfer, seinem seligen Gott treibt.»[15]

Oder an anderer Stelle:

«Der Heilige Geist seufzt in uns, weil er unser Seufzen bewirkt. (...) Er erinnert uns daran, daß wir Pilger sind und lehrt uns nach dem Vaterland verlangen, und eben dieses Verlangen ist es, in dem wir seufzen»[16].

In knappster Formulierung und prägnantester Vergleichung lautet das Pilgerschaftsmotiv: «Für die Gläubigen, die das Vaterland suchen, ist diese Welt das, was den Israeliten die Wüste war»[17].

«Denn wie könnten wir jetzt schon glückselig leben, da uns noch fehlt, wodurch allein wir gut zu leben vermögen.»[18] – *Etwas* also *fehlt*, um ganz unemphatisch mit Brecht zu sprechen; es allein aber, dieses Fehlende, ist das Wesentliche, und es ist ihm wesentlich, daß es fehlt – so wie es deshalb das Wesentliche ist, weil es fehlt. Zugleich aber ist «Es», dieses kaum beschreibbare Göttliche, ist Gott für Augustinus auch das Unverfügbare und ohne Gnade Unerreichbare, so daß er verzweifelt ausruft: «Ich habe nichts als den guten Willen (...); aber ich weiß nicht, wie man zu dir gelangt.»[19]

Es ergibt sich mithin eine unauflösliche Verquickung von Mangel und Sehnsucht: Mangel ist jenes Wesentliche, Göttliche, Unbeschreibliche, weil «Es» – das immer im «noch nicht» Bleibende – in diesem Bewußtsein stets nur zu ersehen ist, und Sehnsuchtspensum ist und bleibt es, weil und solange «Es» mangelt und fehlt: «Das ganze Leben des Christen ist heilige Sehnsucht», schreibt Augustinus, und als *heilige Wehmut* wird diese stets melancholiegefährdete Sehnsucht noch viel später bei Novalis und Schleiermacher erscheinen:

«Wonach du dich aber sehnst, das siehst du *noch nicht*. Doch durch die Sehnsucht gewinnst du die Fähigkeit, dich von dem, was du sehen willst, bei seinem Kommen erfüllen zu lassen. (...) Gott dehnt durch den Aufschub die Sehnsucht und dehnt durch die Sehnsucht das Herz aus, um es durch Ausdehnung aufnahmefähig zu machen. (...) <u>Dies ist unser Leben: uns in der Sehnsucht zu üben.</u>»[20]

Glück und Unglück des Aufsteigens zu Gott. – Augustinus hat in seinen «Confessiones» drei Anläufe beschrieben, aller Trübsal des Nochnicht zum Trotz dieses Kommen des Ersehnten und das Ausgefülltwerden durch Es/Ihn in geradezu ekstatischer Gottesbegegnung zu erfahren und festzuhalten. Alle diese drei Anläufe (VII, 10; VII, 17; X, 40) müssen schließlich scheitern. Von ihnen ist der letzte am interessantesten, da er im 10. Buch der «Bekenntnisse» steht bzw. stattfindet, also dem der augustinischen Selbstbeschreibung seines aktuellen christlichen Status quo zur Zeit der Niederschrift der «Confessiones». Zudem findet sich dieser dritte Anlauf an exponiertester Stelle, nämlich im 40. Kapitel, welches die Gotteserfahrungen, die im 10. Buch rekapituliert werden, noch einmal zusammenfaßt und auf den entscheidenden Punkt bringt.

Man hat hinsichtlich dieser Passage gelegentlich von Mystik gesprochen.[21] Daß beispielsweise Meister Eckhart die Stelle gekannt, geschätzt und stillschweigend in seinen eigenen Gedankengang eingebaut haben dürfte, ist nachgewiesen worden.[22] Dieser Mystik-Aspekt scheint jedoch sekundär zu sein gegenüber der viel spannenderen Frage, ob nicht gerade an dieser Stelle eine aufschlußreiche und höchst pointierte Ausformung des ‹unglücklichen Bewußtseins› zur Sprache gelangt ist.

Zur Prüfung dieser Frage bzw. These gleich nun der lateinische Text, jeweils mit meinem Übersetzungsvorschlag zwischen den Zeilen; beim Vergleich von mehreren anderen Übersetzungen zeigt sich nämlich, daß diese aufgrund jeweils unterschiedlicher Schwachpunkte sowie vor allem im durchgängigen Nichterkennen der Formel des «Nescio quid» bei Augustinus (des späteren Je-ne-sais-quoi) eine adäquate Ausschöpfung der Textpassage verfehlen, so daß von diesen keiner hier zu folgen ist.[23] Mein Übersetzungsvorschlag lautet:

> «Et aliquando intromittis me
> *Und zuweilen leitest du mich hinein*
> in affectum multum inusitatum introsus
> *in einen ganz unerhörten Zustand*
> ad nescio quam dulcedinem,

> *zu einem ich-weiß-nicht-wie Süßen*
> quae si perficiatur in me
> *das, wenn es vollendet würde in mir,*
> nescio quid erit
> *ein Ich-weiß-nicht-was sein wird,*
> quod vita ista non erit.
> *was solch Leben hier nicht sein wird.*
> Sed recido in haec
> *Aber wieder verfalle ich in dieses*
> aerumnosis ponderibus,
> *mit trübseliger Schwere*
> et resorbeor solitis,
> *und werde wieder verzehrt von Alltäglichkeiten*
> et teneor,
> *und werde festgehalten,*
> et multum fleo,
> *und reichlich weine ich,*
> sed multum teneor,
> *doch reichlich werde ich festgehalten,*
> tantum consuetudinis sarcina digna est!
> *so schwerwiegend ist des Gewöhnlichen Last!*
> Hic esse valeo, nec volo;
> *Hier zu sein vermag, aber mag ich nicht;*
> illic volo, nec valeo;
> *dorthin verlange, aber lange ich nicht:*
> miser utrobique.»
> *unglücklich beiderseits.*

«Hier kann ich sein und will es nicht, dort will ich sein und kann es nicht»: Diese schlichtere Übersetzungsformel, die sich in der Mehrzahl der deutschen «Confessiones»-Übertragungen findet (in immerhin sieben von acht), ist in ihrer alltagsprosaischen Plausibilität vielleicht einprägsamer als mein etwas lyrischeres, aber auch komplizierteres Wortspiel «vermögen ohne zu mögen» und «verlangen ohne zu (ge)langen», mit dem ich die besondere Sprachpoesie der lateinischen Stelle einzufangen und wiederzugeben versucht habe.

Wie auch immer wir es übersetzen, das «beiderseitige» oder doppelte Unglück dieser Existenzbeschreibung erscheint klar. Und sie erscheint darüber hinaus eine verblüffend genaue Entsprechung zur Struktur des ‹unglücklichen Bewußtseins› bei Hegel zu bieten. Denn auch dieses begehrt ja ein ihm Jenseitiges und verzweifelt immer wieder an seiner ständigen Zurückverwiesenheit auf das Diesseits seiner selbst: «statt das Wesen zu ergreifen, *fühlt* es nur, und ist in sich zurückgefallen» (Phän. 1807, S. 149).

Die bemerkenswerte Übereinstimmung dieser beiden Strukturformeln, der hier nahegelegten für das ‹unglückliche Bewußtsein› in Hegels «Phänomenologie des Geistes» und der zitierten augustinischen zur Selbstbeschreibung seines – aktuellen – christlichen Bewußtseins und Lebens, sowie die hier behauptete Entsprechung von der Sache her (also auch unabhängig vom bloßen Wortlaut): Das alles legt die Frage nahe, wie gut Hegel die «Confessiones» Augustins gekannt hat. Gesichert ist, daß er mit ihnen spätestens seit seiner Zeit im Tübinger Stift vertraut war; schließlich gehörten sie zum damaligen Bildungsgut, vor allem für theologisch Ambitionierte. Doch hier interessiert primär eine historische Dimensionierung, für die das ‹unglückliche Bewußtsein› nicht bloß etwas Gewesenes, Vergangenes, Überwundenes darstellt, sondern ein Phänomen voller geschichtlicher Aktualitäten, und das heißt, wenn wir den Begriff ‹Aktualität› beim Wort nehmen, voller Wirksamkeiten und Auswirkungen. Ein weiterer Bezug, ebenfalls auf das 10. Buch der «Confessiones», soll das verdeutlichen.

Glück und Unglück des Aufstiegs zum Gipfel. – Als knapp eintausend Jahre nach der Niederschrift der «Bekenntnisse» Petrarca sein geistesgeschichtliches ‹Modernitätspensum› vollbringt und am 26. April 1335 als einer der ersten Europäer einen Berg besteigt aus keinem anderen Grund, als nur um einen Berg zu besteigen, nimmt er sein Exemplar der «Confessiones» auf den Gipfel des Mont Ventoux mit. Dies geschieht nicht von ungefähr, fühlt er sich doch zum Geist des Augustinus so sehr hingezogen, daß er dessen «Bekenntnisse», sein Lieblingsbuch, ständig bei sich trägt, so auch bei seinem proto-alpinen Aufstieg auf den Mont Ventoux. Diesen hatte Petrarca in gut augustinischer Tradition als geistigen «ascensus», analog zur Erhebung zum seligen Leben, vor sich selbst gerechtfertigt und verstehen wollen. Aber als er dann – oben angekommen und auf dem Gipfel das einzigartige Panorama schauend – das mitgeführte Buch zufällig aufschlägt, muß er lesen (Confessiones X, 8, 15): «Die Menschen gehen hin und sehen staunend die Gipfel der Berge und die Fluten des Meeres ohne Grenzen, die weit dahinfließenden Ströme, den Saum des Ozeans und die Kreisbahn der Gestirne, aber sie haben so nicht acht ihrer selbst.»[24]

Petrarca ist wie vor den Kopf geschlagen. Diese Worte gelten seiner sofortigen Überzeugung nach ihm. Er hat gleichsam ein Damaskuserlebnis. Recht verstanden, handelt es sich dabei freilich um ein ‹Remake›, sogar um ein doppeltes: Petrarca schlägt die «Confessiones» des Kirchenvaters Augustinus auf und wird von dem ihn anspringenden Satz im Innersten erschüttert, so wie dieser bekanntlich in der «tolle, lege»-Szene (Conf. VIII, 12) Paulus' Schriften (bzw. die Bibel) irgendwo aufschlägt und von dem ihn (be-)treffenden Satz, der ihm zuerst ins Auge fällt, im Innersten erschüttert wird, so wie wiederum jener Saulus/Paulus in Damaskus zwar nicht ‹aufgeschlagen› – es gab ja noch nichts Schriftliches von Christus bzw. seinen Aposteln –, aber doch ebenfalls vom hohen Roß geholt und niedergeschlagen wurde von den ihm geltenden göttlichen Worten «Warum verfolgst du mich?» – und im Innersten erschüttert. Bei Petrarca allerdings handelt es sich bei seinem Wiederholungserlebnis im Jahre 1335 nicht mehr um eine wirkliche Bekehrung und Umwandlung, sondern eher um eine dialektisch angelegte, modernitätsschwangere Enttäuschung seiner touristisch-präalpinistischen Sehnsucht. Denn er findet das Wesentliche nicht dort, wohin er es profanisierend projiziert und wo er es gesucht hatte, nämlich in der erhabenen Natur, sondern er muß, endlich auf dem Gipfel des Naturspektakels angekommen, sich über das Glück bzw. Sehnsuchtsziel sagen lassen: Dort, wo du jetzt bist, bin ich nicht; dort, wo du nicht bist, ist das Glück, – warum verfolgst du mich auf diese nutzlose, widersinnige Weise?

Über das besondere Verfahren des ‹unglücklichen Bewußtseins›, sein wesentliches Ziel als ein ihm Transzendentes vergeblich anzustreben, hatte Hegel geurteilt: «Wo es gesucht werde, kann es nicht gefunden werden, denn es soll eben *ein Jenseits*, ein solches sein, welches nicht gefunden werden kann» (Phän. 1807, S. 149). Dies gilt für das Augustinus- wie für das Petrarca-Beispiel. Den Grund dafür hatte schon Seneca genannt: Man wird dabei sich selbst, dieses Unwesen, nicht los.

Querblick: ‹Unglückliches Bewußtsein› in der Romantik – Kierkegaards Problem

(...) so faßt den Menschen eine unendliche Qual, denn er ist in einen unendlichen Widerspruch gesetzt, in diesen: daß er von sich selbst geschieden ist, und doch nicht von sich scheiden kann. Dies ist wahre Höllenqual: denn das Wesen der Hölle ist die Anschauung und das Gefühl dessen, was in sich Eins ist, als eines Getrennten. In diesem Selbstgefühl des Nicht-sich-selbst-Angehörens ist das Gemüth bey der Melancholie verloren; und dieß ist das Wesen der Melancholie, welches allen Erscheinungsweisen derselben zum Grunde liegt.

Johann Christian August Heinroth, Lehrbuch der Störungen des Seelenlebens oder der Seelenstörungen und ihrer Behandlung (1818)

Ist mit dem rätselhaften Hegelschen Konzept des ‹unglücklichen Bewußtseins› möglicherweise Kierkegaard gemeint? Die Frage, nur so für sich genommen, ist natürlich, faktisch gesehen, unsinnig, wenn man bedenkt, daß Hegel, der 1831 starb, nachdem er schon 1807 sein Kapitel über das ‹unglückliche Bewußtsein› geschrieben hatte, Kierkegaard überhaupt nicht kennen konnte, den erst 1813 geborenen, der am 20. Februar 1843 mit seinem großen Erstlingswerk «Entweder-Oder» herauskam und damit berühmt werden sollte. Als Hegel das ‹unglückliche Bewußtsein› konzipierte, gab es Kierkegaard noch gar nicht – wie also sollte Hegel ihn gemeint haben?

Der Unglücklichste: Vermeinte Verwandtschaft. – Und doch hat die Frage ihre Berechtigung. Wir können uns dabei nicht nur auf den bemerkenswerten Umstand stützen, daß Philosophen wie Jean Wahl oder Theodor W. Adorno verlautbart haben, daß Hegel mit dem ‹unglücklichen Bewußtsein› nachgerade eine intellektuelle Gestalt wie die Kierkegaards gemeint haben müsse.[25] Vielmehr noch spielt eine Rolle, daß Kierkegaard offenbar selbst sich ‹gemeint› gefühlt hat von dieser Hegelschen Formulierung. Er hat sich sogar so sehr dadurch aufgerufen, erkannt und durchschaut gewähnt, daß er sich von dieser Einsicht Hegels geradezu verfolgt gefühlt haben muß. Anders jedenfalls ist kaum das Versehen bzw. Sich-Versprechen zu erklären, das Kierkegaard unterläuft, wenn er an jener bedeutenden Stelle in «Entweder-Oder», wo er sich direkt und ausdrücklich auf den Abschnitt über das ‹unglückliche Bewußtsein› bei Hegel bezieht, nicht – wie es richtig wäre – nur eine Schrift Hegels, die «Phänomenologie des Geistes», zu seinem Bezugspunkt erklärt, sondern, quasi im Gefühl des Verfolgtwerdens durch Hegel, von ‹allen› Schriften Hegels als Belastungsquellen zu sprechen beginnt:

«In allen systematischen Schriften Hegels gibt es einen Abschnitt, der vom unglücklichen Bewußtsein handelt. Mit innerer Unruhe und Herzklopfen geht man stets an die Lektüre solcher Untersuchungen, mit der Befürchtung, man werde zuviel oder zuwenig erfahren. Das unglückliche Bewußtsein, das ist ein Wort, das, bloß zufällig im Laufe der Rede angebracht, beinahe das Blut zum Erstarren, die Nerven zum Erschauern bringt und jetzt, so ausdrücklich ausgesprochen, (...) einen wie einen Sünder erzittern lassen kann. Ach, glücklich, wer nicht mehr mit der Sache zu tun hat, als daß er einen Paragraphen darüber schreibt; noch glücklicher, wer den folgenden schreiben kann.» [26]

Das Kapitel, in welchem Kierkegaard auf das Faszinosum ‹unglückliches Bewußtsein› Bezug nimmt, trägt – in ähnlich bewegter, betroffener und betroffen machender Rede wie diese Einleitungssätze – die Überschrift «Der Unglücklichste». Diese begeisterte Ansprache an die Συμπαραυεκρωμευοι, also an die «Mitgestorbenen», gehört zu den aufregendsten und – in seiner geradezu autobiographisch geständigen Befindlichkeit – erschütterndsten Passagen in Kierkegaards ‹existentialistischem› Frühwerk.

Ein Kuriosum am Rande: Der erste, der meines Wissens auf das Problem zu sprechen gekommen ist (übrigens eher beiläufig), daß Kierkegaard sich hier auf Hegel bezieht, hat sich möglicherweise von dem Kierkegaardschen Gefühl des Verfolgtwerdens durch die Hegelsche Thematisierung und Untersuchung des ‹unglücklichen Bewußtseins› anstecken lassen, oder es beruhte auf schlichter Unkenntnis, wenn es in einer Anmerkung zu einer Dissertation über das Verhältnis von Kierkegaards zu Hegels Religionsphilosophie heißt, man möge bei Hegel, Stichwort «Schmerz der Reue», für eine «ähnliche Betonung des Schmerzes, aber vor allem im Sinne des Getrenntseins von Gott» die «Vorlesungen zur Philosophie der Religion» einschlägig konsultieren – «und alle (!) Untersuchungen über das ‹unglückliche Bewußtsein›» [27].

Doch nicht um jener ‹Wiederholung› willen ist diese frühere Studie erwähnenswert, sondern eher wegen der folgenden kurzen Ausführung zu unserem Problem:

«Gott liebt den Menschen, aber diese Liebe ist zunächst ‹unglücklich›, sofern die Liebenden so ungleichartig sind, daß sie einander nicht verstehen können, daß der Mensch nach dem Bewußtsein seiner Unwahrheit nicht mehr den ‹Freimut› hat, sich dem von ihm unendlich verschiedenen Gott so zu nähern, daß er ihn verstehen kann. Daher muß Gott zu ihm herabsteigen und seinesgleichen werden, wobei er freilich Gefahr läuft, auch jetzt noch nicht nur nicht verstanden, sondern sogar zum ‹Anstoß›, zum ‹Ärgernis› zu werden. Mit dieser scharfen Betonung der Ungleichartigkeit von Gott und Mensch zieht K.(ierkegaard) die rel.(igions) phil.(osophische) Konsequenz aus seiner Stabilisierung des logischen Gegensatzes zwischen Endlichkeit und Unendlichkeit, wie H.(egel) mit gleicher Folgerichtigkeit das Gleichartigkeitsverhältnis zwischen Mensch und Gott die Entzweiung des ‹unglücklichen Bewußtseins› auflösen läßt.»[28]

Mit dieser kleinen Skizze vom Anfang unseres Jahrhunderts ist die Divergenz der Auffassungen hinsichtlich der Überwindbarkeit des ‹unglücklichen Bewußtseins›, wie sie sich zwischen Hegel und Kierkegaard exemplarisch entfaltet, mit bereits erstaunlicher Deutlichkeit aufgezeichnet. Im übrigen war es dann wohl der dänische Forscher Eduard Geismar[29], der in seiner bedeutenden Kierkegaardmonographie von 1929, in der übrigens auch allenthalben vom durchaus sachverwandten Problem der Schwermut gehandelt wird, größere Aufmerksamkeit auf die hier zur Debatte stehende Frage der Beziehung zwischen Hegel und Kierkegaard vermittels des umstrittenen Interpretaments ‹unglückliches Bewußtsein› gelenkt hat. Im Kapitel «Das Asketische an Kierkegaard» (S. 338–345) stellt Geismar fest,

«daß das Asketische (bei Kierkegaard) in Verbindung steht mit der Bekämpfung des *hegelischen Kulturpantheismus*. Hatte Hegel Kultur und Religion einander decken lassen, wie das Äußere das Innere, so hatte Kierkegaard die Aufgabe, Platz zu schaffen für die selbständige Innerlichkeit der Religion. Bei der Lösung dieser Aufgabe ist Kierkegaard ängstlich bemüht gewesen, die Entsagung der Welt im äußeren nicht zu fordern; doch merkt man überall die Sympathie für die Klosterbewegung; und es kann nicht geleugnet werden, daß über seiner Schilderung oft etwas liegt, das ihn in die Nähe dessen bringt, von dem Hegel durch sein Kulturchristentum Abstand nehmen wollte. Hegel bezeichnet es als ‹unglückliches Bewußtsein› und schildert, wie die Welt für ‹das unglückliche Bewußtsein› in zwei Teile zerfällt, die einander fremd sind; der eine ist das Ewige, das Unveränderliche, als das Wesentliche; der andere ist das Vielfältige als das Unwesentliche. Das Bewußtsein selbst gehört zum Veränderlichen, aber es hat zugleich das Bewußtsein vom Unveränderlichen als dem Wesen des Daseins; und darum arbeitet es, um sich von dem Veränderlichen zu befreien, zu dem es gehört, *also von sich selbst*; und während dieser Arbeit hat es seine *Wirklichkeit in einer unwesentlichen Welt, und das Wesentliche ist für es etwas, das sich in der allgemeinen wirklichen Welt nicht findet*. Aber im selben Grad wie sich Kierkegaard durch den Gegensatz zu Hegel der *Struktur des unglücklichen Bewußtseins* nähert, im selben Grad gebietet er dem Christen in der Welt zu bleiben, jedoch mit dem Bewußtsein ihrer Unwesentlichkeit; und dann wird, trotz allem, die ganze irdische Wirksamkeit eines Menschen zu einer Sinnlosigkeit»[30].

Abgesehen von der kompetenten Darstellung des Hegelschen Konzeptionszusammenhangs, fällt vor allem die Betonung der zwangsläufigen Verschärfung des Problems des ‹unglücklichen Bewußtseins› bei und durch Kierkegaard auf. In Kierkegaards entschiedener Neufassung, ja Neuaushebung des fundamentalen religiös-existentiellen Grabens zwischen Gott und Mensch, zwischen Unendlichem und Endlichem, Wesentlichem und Unwesentlichem, welcher bereits auf die radikal antihumanistische Bestimmung Gottes als des ‹Ganz Anderen› in der frühen dialektischen Theologie Karl Barths hinweist und hinführt, wird jede Form von Lösung oder Überbrückung des Zwiespalts des ‹unglücklichen Bewußtseins›, wie sie Hegel letztlich vorgeschwebt hat, von Grund auf desavouiert. Und es bleibt zu beobachten, inwiefern diese Versöhnungsverweigerung am Ende in eine nicht mehr aushaltbare Verzweiflung führen muß.

Wahls existentialistische Hegel-Kierkegaard-Deutung. – Wenige Zeit später hat Jean Wahl, in Sachen ‹unglückliches Bewußtsein› ein ausgewiesener Experte seit seiner einzigartigen Studie über «Le Malheur de la conscience dans la philosophie de Hegel» (1929), aus demselben Jahr wie Geismars Buch, gleich in zwei Aufsätzen mit identischen Titeln («Hegel et Kierkegaard»), aber in jeweils etwas anderer Ausführung[31], die eingangs gestellte Frage zugespitzt, inwieweit sich Kierkegaard den Vorwurf ‹unglückliches Bewußtsein› denn habe zu eigen machen können oder müssen.

Diese These Jean Wahls lautet kurzgefaßt[32]: Es trifft zu, Kierkegaards Daseinsgefühl und sein Existenzdenken als ‹unglückliches Bewußtsein› zu kennzeichnen, da sie in wesentlichen Zügen (Sehnsucht des Besonderen nach dem Ewigen, des Diesseitigen nach dem Jenseitigen) mit dem, was Hegel als solches beschrieben hat, übereinstimmten; man könne sogar Kierkegaards Auffassung des Christentums in diesem Sinn dem Hegelischen Verdikt unterwerfen. Hegel habe genau das für ‹unglückliches Bewußtsein› und also für rückständig und einem fortschreitenden philosophischen Gottesbewußtsein unangemessen erklärt, was Kierkegaard für Christentum und für die einzig angemessene Form der Religiosität halte. Aber Kierkegaard opponiere nicht umsonst dem Systemansatz Hegels, wonach dieses religiöse Trennungsverhältnis des einzelnen zur Gottheit als ‹unglückliches Bewußtsein› eine zu überwindende Gestalt in der Entwicklung des Geistes ist. Kierkegaard formuliere sozusagen den Protest des ‹unglücklichen Bewußtseins› gegen dessen eilige Liquidierung in der Hegelschen Vernunftreligion, und er tue dies im Namen des Zweifels am Fortschrittsgedanken Hegelscher Prägung – also wohl auch aufgrund von Schwierigkeiten mit der Religionsgeschichtsphilosophie.

In einer zweiten, korrespondierenden Behandlung des ‹unglücklichen Bewußtsein›-Bezugs zwischen Kierkegaard und Hegel zeigt sich, daß Jean Wahls Haltung durchweg ambivalent ist[33]: Einerseits sieht er im Zusammenhang dieser Problematik bei Kierkegaard, daß Hegel hierin nachträglich gleichsam zum Kritiker seines Kritikers zu werden vermag, ein Gedanke, der sich so übrigens auch bei Adorno findet (der ihn natürlich von Jean Wahl hat). Andererseits hält er die Revanche, die Kierkegaard als renitent ‹unglückliches Bewußtsein› stellvertretend für die gesamte von Hegel deklassierte romantische Bewegung an dessen ‹System› nimmt, indem er sich dem fortschreitenden Gang der Versöhnung der Gegensätze widersetzt, für begründet und wohl auch für gelungen. Natürlich stellt sich die Frage, ob die Überwindung des ‹unglücklichen Bewußtseins›, wie Hegel sie präsentiert, Gültigkeit und Bestand wirklich für sich hat, ob also letztlich die Aufhebung und Umwandlung des ‹transzendental-politischen› Gott-Vater-Herrscherbildes archaischer Prägung zum quasi gleichgestellten Miteinander in Christo von Mensch/Philosoph und Gott, wie es Hegel seit seinen jungen Jahren vorschwebte, in seinem systematischen Versuch, Religion vernünftig und Philosophie unendlich zu machen, tatsächlich modern einen Terminus bilden und behaupten können wird, hinter den ohne philosophischen Gesichtsverlust nicht mehr zurückgegangen werden dürfte. Diese Frage stellt sich so nicht nur für Jean Wahl als Anwalt Kierkegaards, sondern auch bei den weiteren noch zu behandelnden Stationen modernen ‹unglücklichen Bewußtseins› immer wieder.

Unglückliches Bewußtsein und Krankheit zum Tode. – Um unser Bild abzurunden, ist eine bislang noch zurückgehaltene Passage von Kierkegaard heranzuziehen. Denn dieser hat, was in der einschlägigen Forschungsliteratur nur selten berücksichtigt wird, noch einmal begriffsgeschichtlich signifikant auf den Terminus ‹unglückliches Bewußtsein› zurückgegriffen. Freilich ist diese Bezugnahme deshalb schwer aufzuspüren, weil Kierkegaard sie in der endgültigen Fassung des Textes wieder fallengelassen oder verschleiert, jedenfalls gestrichen und verschwiegen hat. Es handelt sich dabei um eine Passage aus Kierkegaards sechs Jahre nach «Entweder-Oder» verfaßtem weiteren melancholiespezifischen Hauptwerk «Die Krankheit zum Tode» von 1849.

Dort schreibt Kierkegaard, gewissermaßen anknüpfend an die Weisen und Möglichkeiten des sich selber nicht Präsentseins, des sich selber Abwesendseins im Falle der unglücklichen Existenzen, wie er sie im Kapitel «Der Unglücklichste» von «Entweder-Oder», seiner ersten und hauptsächlichen Auseinandersetzung mit dem ‹unglücklichen Bewußtsein›, geschildert hatte:

«Indes in der Möglichkeit ist alles möglich. Man kann daher in der Möglichkeit auf alle möglichen Weisen sich verlaufen, wesentlich aber auf zweierlei Art. Die eine Form ist die begehrende, verlangende, die andere die schwermütig-phantastische (die Hoffung – die Furcht oder Angst). Gleichwie in Märchen oder Volkssagen öfters von einem Ritter erzählt wird, welcher plötzlich einen seltenen Vogel erblickt, dem er unablässig nachläuft, indem es nämlich zuerst so aussieht, als sei er dem Vogel ganz nahe – aber dann fliegt der wieder weiter, bis es dann Nacht geworden und er von seinen Leuten abgekommen ist, ohne den Weg in der Einöde finden zu können, in der er sich jetzt befindet: ebenso ist es mit der Möglichkeit des Wunsches. Anstatt die Möglichkeit zurückzunehmen in die Notwendigkeit, läuft er der Möglichkeit nach – und zuletzt kann er nicht mehr zu sich selbst zurückfinden. – In der Schwermut geschieht das Entgegengesetzte auf die gleiche Weise. Das Individuum verfolgt schwermütig liebend eine Möglichkeit der Angst, die ihn zuletzt von ihm selber fortführt, so daß er umkommt in dieser Angst, oder umkommt in dem, in dem er Angst hatte umzukommen.»

Und Kierkegaard setzte in der vorläufigen Ausarbeitung diese Wendung als Schlußsatz hinzu: «Beide Formen sind *Formen eines unglücklichen Bewußtseins*»[34].

Ausblicke: ‹Unglückliches Bewußtsein› in der Moderne – Sartre als Phänomen

> *Ich möchte keinem Club angehören,*
> *der jemanden wie mich als Mitglied*
> *aufnehmen würde...*
> Groucho Marx, Undatierter Ausspruch

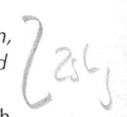

Die Überlegung, daß mit dem Konzept des ‹unglücklichen Bewußtseins› nach Hegel auch Späteres, Zukünftiges, Modernes unserer Zeit getroffen sein könnte, wobei *nach Hegel* mehr im zeitlichen Sinn als in dem der Gemäßheit zu verstehen ist, läßt sich von der bei Kierkegaard gewonnenen Position her zu verschiedenen Denkern unseres Jahrhunderts hin weiter ausdehnen.

Karl Barth: Das unglückliche Gottesverhältnis des radikalen Protestanten. – Steht nicht beispielsweise auch die ‹Dialektische Theologie› des Protestantismus aus der Zeit zwischen den Weltkriegen mit ihrer Grundthese von der Absoluten Transzendenz Gottes als des «ganz Anderen» nicht nur in der Nachfolge der Existenzdialektik Kierkegaards, sondern auch mitten in der von Hegels besagtem Kapitel beschriebenen Problematik? Genau wie das ‹unglückliche Bewußtsein› scheint auch die Dialektische Theologie des jungen Karl Barth unglücklich verliebt zu sein in jenes Gegenbild des Unerreichbaren, Unwandelbaren, ganz Anderen. Die Liebe gilt mithin einem Gott, zu dessen liebendem Ja nur durch sein unerbittliches Nein gegenüber jedem Anspruch auf vereinigende Vorstellung hindurch zu gelangen ist, also letztlich nur – wie es bei unglücklicher Liebe zu sein pflegt – durch Verzicht auf Erfüllung. Auch das ‹unglückliche Bewußtsein› Hegels kommt ja am Ende nur, indem es Verzicht auf sich leistet, zu seiner prekären Erfüllung.

Die in der frühen Dialektischen Theologie radikalisierte Jenseitigkeit Gottes, welche eine grenzüberschreitende Vermittlung zwischen jener und dieser Welt für den Menschen unmöglich macht und auch in der historischen Mittlergestalt der Kirche nicht gelöst sein läßt (und noch in der historischen des Christus nicht dauerhaft), erinnert unschwer an jene Seiten am Anfang des Hegel-Kapitels, auf denen in wiederholtem Male das Scheitern seiner Synthesisversuche für das ‹unglückliche Bewußtsein› vorgeführt wird. Gerade die Dialektik der Dialektischen Theologie ist, auch darin in Kierkegaards Schuld, eine vermittlungsfeindliche, geradezu kompromißabstinente und, wenn der Kompromiß ein Humanum ist, eine bewußt antihumanistische Art der Entzweiung, welche gegen jede Synthese das radikale Auseinanderhalten und Aushalten der Spannung und Unüberbrückbarkeit betont und fordert.[35] Sie ist als die Krise allzumenschlicher Versöhnungsvertraulichkeit der liberal-affirmativen Theologie geradezu eine ‹negative Dialektik› und – in ihrem Einspruch gegen menschlich erkenntnisgemäße Gottesaffirmation – eine ‹negative Theologie›.

Max Horkheimer: Die Sehnsucht des Pessimisten nach dem ganz Anderen. – Diese Einschätzung führt zu Weiterungen. Denn bekanntlich hat der Begriff des «ganz Anderen», der in der Dialektischen Theologie Karl Barths zwar nicht zuerst geprägt, aber doch sehr gepflegt und erst richtig aufgewertet worden ist[36], in der Spätphase der Kritischen Theorie Eingang und Aufnahme in das Denken eines der Hauptrepräsentanten der Frankfurter Schule erhalten, nämlich in das Max Horkheimers.[37]

Seine auf Basis alttestamentarischer Bilderverbotstradition mit schopenhauerschem Pessimismus balancierte «Sehnsucht nach dem Ganz Anderen» läßt sich als letzte hoffnungsresistente und jedenfalls erkenntnisresignative Variante ‹Negativer Theologie› in ihrer unkanonischen Geschichte von Dionysios Areopagitos über neuplatonische mystische, vielleicht auch Schleiermacherische Positionen bis zur Dialektischen Theologie begreifen. Horkheimer selbst hat dies getan und sich zuletzt dahin gehend geäußert[38], und deshalb wird es nicht verwundern, daß auch Horkheimers Denken – rückblickend sogar im ganzen gesehen – von seinen ersten Biographen in klaren Zusammenhang mit dem Problem ‹unglückliches Bewußtsein› gebracht worden ist:

«Von Anfang an jedoch durchzieht Horkheimers Kritische Theorie eine verzweifelte Hoffnung – die Hoffnung, im nichtidentischen (...) Einzelnen (...) die ‹Rettung des Hoffnungslosen› (Adorno) und das (...) verborgene Wesen zu fassen. Aber diesem Wesen gebricht die Kraft der Identifikation, ihm ist jeder Anschein von Positivität genommen, weswegen es im Einzelnen nur als dessen eigene Zerrissenheit erscheint, die nicht das gesucht hat, was sie findet – die Entzweiung als Einheit –, und die das nicht findet, was sie gesucht hat – das ganz Andere als die Einheit des Scheins und des Scheinlosen. Kritische Theorie ist vom Augenblick ihres Erscheinens an bei Horkheimer von dieser Dialektik des ganz Anderen verzehrt, sie ist unglückliches Bewußtsein»[39].

Jean-Paul Sartre: Das schlechte Gewissen des unglücklichen Intellektuellen.

– Der kleine Ausblick auf die Stationen der Rezeption und Anverwandlung des ‹unglücklichen Bewußtseins› im Hinblick auf Gestalten der Philosophie und Geistesgeschichte, die Hegel folgten, findet seinen vorläufigen Höhepunkt bei Sartre. Wenn man schon über Horkheimer gesagt hat, seine philosophische Existenz sei als Reaktion auf die Zerrissenheit der Moderne zu verstehen, als «die Antwort des unglücklichen Bewußtseins»[40], dann gilt dies in noch stärkerem Maße für seinen Zeitgenossen Sartre.

Dieser rekurriert schon früh in freier Variation auf das Thema ‹unglückliches Bewußtsein›, verstanden allerdings mehr im metaphorischen Sinne von Jean Wahl. Sartre schreibt in seinem ersten Hauptwerk «L'être et le néant» (1943):

«Die menschliche Realität leidet in ihrem Sein, weil sie zum Sein auftaucht als dauernd heimgesucht von einer Totalität, die sie ist, ohne sie sein zu können, da sie gerade das An-sich nicht erreichen könnte, ohne sich als Für-sich zu verlieren. Sie ist also von Natur aus *unglückliches Bewußtsein*, ohne mögliche Überschreitung des Unglückszustands.»[41]

Auch ohne daß von Hegel direkt geredet wird, ist die Nähe dieser Überlegung zum – Kierkegaardschen – Geist mindestens eines Aspekts des bewußten Hegel-Kapitels nicht zu übersehen und die Kunst der Sartreschen Übertragung dieses Aspekts für die eigenen Intentionen bemerkenswert. Natürlich fällt die gewollte Einseitigkeit auf, mit der Sartre den unglücklichen, unerfüllten Sehnsuchtszustand des menschlichen Bewußtseins ontologisch verallgemeinert und nachgerade zur existentiellen Grundstruktur des Daseins erklärt, also zum Schicksal des Menschen überhaupt.

Nach dem Tod des Philosophen hat man, mit erkennbarem Bezug auf jene ‹unglückliches Bewußtsein›-Stelle in «L'être et le néant», sogar versucht, eine Re-Theologisierung dieser Sartreschen Variante des *conscience malheureuse* zu entwerfen, und zwar ausgerechnet in Hinblick auf «die Bildung des Grenzbegriffes des ‹ganz Anderen›, der Gott ist», nämlich «als Idee der synthetischen Einheit der zwei Seinstypen, des

An-sich und des Für-sich»: «Sie ist aus dem ‹unglücklichen Bewußtsein› des Menschen geboren, der in seiner existenzialen Struktur auf diese Synthese hin sich entwirft; der Mensch ist in seiner Existenz Gottwerdung, die bisher mißglückt ist», und: «So nagt die Sehnsucht ‹Gott zu werden› im Menschen und sucht sein Sein ständig heim. Er kann dieses ‹unglückliche› Bewußtsein nicht abstreifen, sondern das Nichts ist mitten im menschlichen Dasein, in seinem Herzen wie ein Wurm.»[42]

Sartre hat seine *conscience malheureuse*-Diagnose aus «Das Sein und das Nichts» vom ursprünglich existentialontologischen Rahmen her allmählich eingeengt. ‹Unglückliches Bewußtsein› als Schicksal des menschlichen Daseins, der *condition humaine* überhaupt, wird immer mehr zum Schicksal des Intellektuellen, und zwar insbesondere des intellektuellen Dichters des 19. Jahrhunderts. Sartre redet in der Vorbemerkung zu seiner Schrift über «Les Intellectuelles» (1972) vom «moment de la conscience malheureuse – c'est-à-dire de l'intellectuel proprement dit», vom «Moment des unglücklichen Bewußtseins – das heißt das des Intellektuellen schlechthin», und er behauptet vom Intellektuellen, also auch von sich selbst: «Heute ist mir klargeworden, daß er nicht im Status des unglücklichen Bewußtseins (Idealismus, Wirkungslosigkeit) stehenbleiben kann, daß er sich vielmehr seinem Problem stellen muß oder – wenn man es anders sagen will – das *intellektuelle Moment* überwinden muß, um einen neuen *demokratischen* Status zu finden»; und im Streitgespräch mit Philippe Gavi und Pierre Victor über den Intellektuellen als Revolutionär (4. «Von Flaubert zu den Maoisten», Dezember 1972) räumt er selbstkritisch ein:

Sartre: «Im Mai 68 war ich für die Studenten. Aber mein erster Eindruck, den ich bald vergaß und 69 wiedergewann, war der, daß ihre Bewegung gegen mich gerichtet war.» – Gavi: «Das war sie auch. Gegen die Funktion Sartre.» – Sartre: «Gegen den Intellektuellen als unglückliches Bewußtsein, der sein Verdienst und seine Tugend aus seinem Unglück bezieht.»[43]

Problematisch ist die inhaltliche Schlußfolgerung, die Sartres zeitgemäß engagierte Selbstverleugnung von 1972 nahelegt, daß nämlich die vormals von ihm als existentialontologisch als notwendig betrachtete Insuffizienz der Daseinsweise des Menschen auf einmal mit etwas gutem Willen und viel politischem Schwung zu überwinden wäre. In seinem «Plädoyer für die Intellektuellen», dem als ersten in «Les Intellectuels» versammelten Vortrag von 1965, hat Sartre übrigens bei seiner Übertragung des Konzepts ‹unglückliches Bewußtsein› auf die Intellektuellen ausdrücklich auf den Hegelschen Ursprung dieser Anverwandlung hingewiesen:

«Den Herrschenden entgeht nicht, daß sich in der Praxis des Technikers das Universale und das Partikulare permanent gegenseitig in Frage stellen und daß er, zumindest potentiell, das repräsentiert, was Hegel das ‹unglückliche Bewußtsein› genannt hat.»[44]

Die Einschränkung, daß das ‹unglückliche Bewußtsein› hier vielleicht nur potentiell anzutreffen ist, resultiert wohl daher, daß für Sartre der moderne Techniker, über den er dort spricht, nur ein potentieller Intellektueller, jedenfalls kein solcher von dem absolut unglücklichen Schlag des reinen Geistesarbeiters, des Journalisten, Schriftstellers und politisch bewegten Philosophen ist, wie Sartre selber einer war. Man darf nicht übersehen, daß die kritische Kennzeichnung, ja polemische Brandmarkung des Intellektuellen als *conscience malheureuse* bei Sartre immer auch selbstanklägerische Züge trägt. Das schlechte Gewissen des unglücklichen Intellektuellen, der seine privilegierte Stellung gegenüber der Arbeiterklasse oder der Dritten Welt, für die er sich deshalb kompensatorisch um so mehr zu engagieren bemüht, nur schwer erträgt, schwingt bei Sartre ständig mit. Auf besondere Weise wird das durch einen Übertragungsfehler deutlich, der dem empathischen Übersetzer Sartres an einschlägiger Stelle dem Interview von 1979, «L'ami du peuple», einem weiteren Bestandteil von «Les intellectuels», unterläuft. Denn die scheinbar eindeutige Stellungnahme Sartres in diesem Interview «Was ich Intellektueller nenne, das ist das ‹unglückliche Bewußtsein›» ist von der Sache her so zutreffend, wie sie von der Sprache her in diesem Fall ausnahmsweise ein Phantom-Beleg für unsere Begriffsgeschichte vom ‹unglücklichen Bewußtsein› aufgrund ungenauer Übersetzung darstellt. Im Original heißt es nämlich «mauvaise conscience», also zu deutsch eigentlich «schlechtes Gewissen» und nicht «conscience malheureuse»: «Ce que j'appelle intellectuel donc, c'est la mauvaise conscience.»[45]

Gleichwohl trifft diese Unkorrektheit die Sache auf eine Weise, wie oft nur ein Versehen, ein Versprecher, Zusammenhänge enthüllt. In der Tat sind beide Befindlichkeiten, das ‹unglückliche Bewußtsein› und das schlechte Gewissen, bei Sartre persönlich wie philosophisch auf eine kaum zu trennende Weise miteinander verbunden.

Nähere Einsicht in diese Konzeption können jene schon erwähnten Charakterisierungen des ‹unglücklichen Bewußtseins› der Intellektuellen geben, die Sartre während seiner Beschäftigung mit typischen intellektuellen Dichtern des 19. Jahrhunderts, beispielsweise Flaubert oder Mallarmé, angestellt hat. In Sartres großer Studie über Flaubert, in dem «Idiot der Familie», finden sich, quer über das Werk verteilt, einige aufschlußreiche Formulierungen seines *conscience malheureuse*-Verständnisses. In der ersten einschlägigen Passage figuriert das ‹unglückliche Bewußtsein› gewissermaßen als psychische Inkludenz eines Transzendierungsverlangens, das auf dem cartesianischen Hintergrund der Trennung von Körper und Seele, von ausgedehnter und denkend-fühlender Materie, seine Tragweite entfaltet hat:

«Wenn man die eigentliche Realität der Animalität in Betracht zieht, die *sich selbst* anficht im Namen eines Jenseits, das sie sich nicht einmal vorstellen kann, so wird man die Seele auch manchmal als das begreifen können, was Hegel das ‹unglückliche Bewußtsein› nennt – allerdings mit dem Unterschied, daß der Widerspruch des Allgemeinen und des empirischen Einzelnen in der *Phänomenologie des Geistes* als ein bestimmtes Moment des dialektischen Prozesses dargestellt wird.» [46]

Bei Sartre bzw. Flaubert, so wäre zu ergänzen, wird der Widerspruch zwischen Einzelnem und Allgemeinem, anders als in Hegels Dialektik, nicht mehr ohne weiteres als versöhnbar begriffen. An einer späteren Stelle wird das ‹unglückliche Bewußtsein› von Sartre direkt mit dem Bewußtsein Flauberts identifiziert:

«Gustave, ein Gefangener seiner Endlichkeit, ist zugleich jenseits der Menschen und der Dinge: das Unendliche ist seine Marter (...). Man muß ihn also durch die Entbehrung des Unendlichen definieren. Und ist er des Unendlichen nicht gerade deshalb beraubt, weil seine Seele mächtig genug ist, es zu fassen, groß genug, es zu erhalten? Dieses *unglückliche Bewußtsein*, dessen Endlichkeit von einem Bedürfnis nach Unendlichem, das nur ein unendliches Bedürfnis sein kann, durchlöchert ist, stellt sich Gustave wie ein Spalt vor, der sich an den Rändern unendlich erweitert.» [47]

Sagen wir lieber, daß Sartre es sich so vorstellt. Schließlich sind das Loch und der Spalt Zentralmetaphern seiner Bewußtseinskonzeption schon seit «L'être et le néant». Was es mit diesen Metaphern auf sich hat, zeigt Sartres Beschreibung der Glücklichen in ihrer quasi-dinggemäßen Opazität, die er zusammen mit der gerade eben zitierten ‹unglückliches Bewußtsein›-Stelle im selben Atemzug gibt: «die Glücklichen (...) sind Krämer, die eine ganz dichte Seele haben, oder die, sollte sie, was fast unmöglich ist, durchlöchert sein, die beträchtliche Kluft rechtzeitig verstopft und die Löcher und Risse mit Kitt verkleistert haben». Nicht den Glücklichen, sondern den Unglücklichen gehört mithin Sartres ganze Sympathie, nämlich denjenigen, die das bodenlose Loch im Sein verspüren und erkennen, daß sie das selbst sind in ihrem menschlichen Dasein: dieses drohende Nichts, diese löchrige existentielle Bodenlosigkeit inmitten der dichten Bruchlosigkeit und Festgefügtheit der Dinge. Bei diesen Beschreibungen und Umschreibungen Sartres der so schwer zu fassenden Problematik des «ausgehöhlten» Seins des Menschen stößt man also nicht nur immer wieder auf das ‹unglückliche Bewußtsein› als Bestimmungsmerkmal, sondern – wie die Metaphorik des Existierens auf grundlosem, abgründigem Seinsort, im «Daseinsloch», evoziert – auch auf das traditionelle Vokabular des Melancholieproblems. Das ist freilich kein Zufall. Schließlich wollte Sartre das literarische Hauptwerk seines Existentialismus, den Roman «La Nausée» (Der Ekel), ursprünglich *Melancholia* nennen.

Doch zurück zu seiner Flaubert-Studie. Eine weitere einschlägige Stelle für Sartres *conscience malheureuse* findet sich im Zusammenhang mit seiner Deutung der Verdoppelung des Erzählers in Flauberts «Novembre», wenn es heißt:

«Der Übergang von Nummer eins zu Nummer zwei und die Verwandlung des Subjekts in Objekt, eine formale Struktur des Romans, *äußert indirekt* das Denken des Autors, das heißt, macht uns den Widerspruch dieses unglücklichen Bewußtseins sichtbar, ohne ihn zu nennen.»[48]

Aber nicht nur anhand seiner existentiellen Psychoanalyse Flauberts hat Sartre das ‹unglückliche Bewußtsein› des Intellektuellen und Dichters zwischen Existenzelend und Engagement behandelt, sondern ebenso am Beispiel von «Mallarmés Engagement»[49]. Sartre erfreut den begriffsgeschichtlich Interessierten dort mit einer bemerkenswerten Collage:

«Mallarmé oder das unglückliche Bewußtsein: in ihm werden stellvertretend für alle das Einzelne und das Allgemeine, Ursache und Zweck, Idee und Materie, Determinismus und Autonomie, Zeit und Ewigkeit, Sein und Seinsollen im Widerstreit liegen. (...) Wie Pascal von den Widersprüchen überzeugt, die uns spalten, hat Mallarmé nie geglaubt, daß das menschliche Sein Gegenstand eines Begriffs sein könnte. Die menschliche Realität denkt man nicht, man lebt sie, denn sie ist das *Paradox*, der Konflikt ohne Synthese. Der Mensch ist jenes Sein, das man mit dem Degen in den Flanken antreibt, auf den Thron Gottes zu steigen, und das nicht hinlangt. Der Mensch ist ein Drama. Dieses Drama hat Mallarmé gelebt.»[50]

Während in dieser Passage eher ein heroischer Aspekt des unglücklichen Zerrissenseins in diverse Dualismen des Denkens zum Ausdruck kommt, was in Mallarmé als der stellvertretenden Verkörperung des ‹unglücklichen Bewußtseins› im 19. Jahrhundert ausgetragen worden sein soll, betont Sartre an einer weiteren Stelle den bereits aus seiner Intellektuellenkritik vertrauten Gesichtspunkt der Leere und Unproduktivität des auf sich selbst zurückgeworfenen, unglücklichen, in sich selbst kreisenden bürgerlichen Bewußtseins. Er stellt damit eine deutliche Kontinuität her zwischen Mallarmé als Repräsentanten des vergangenen Jahrhunderts und dem modernen Intellektuellentyp eigener Provenienz:

«Als Kleinbürger, die sie sind, finden sich die Dichter nicht bereit, ihre Persönlichkeit in die besonderen Merkmale ihres Charakters zu legen. Sie finden sich nur bereit, in sich die abstrakte Behauptung eines leeren Ego zu sehen. (...) Sie bleiben also im Bereich des *unglücklichen Bewußtseins*, und der reine Negativitätsakt konstituiert bis 1890 das einzige intime Verhältnis zu sich selbst. (...) Die Dichter von 1860 (sind) noch beim *unglücklichen Bewußtsein*: ihr transzendentales Ich ist nur der jeden Inhalts entleerte Akt des Negierens, und ihr empirischer Charakter, den sie sich nicht zu kultivieren bemühen, liegt brach.»[51]

Es ist am Ende nur konsequent und durch Sartres selbstbezügliche Intellektuellenschelte gerechtfertigt, daß man auch auf ihn das Konzept der *conscience malheureuse* übertragen hat, und zwar zum einen auf seinen autobiographisch nächststehenden Helden Roquentin, zum anderen auf den Philosophen selbst und sein Denken, das den Verführungen der Melancholie und des ‹unglücklichen Bewußtseins› nicht nur immer wieder nachgespürt hat, sondern oft auch erlegen ist.[52]

6. Traurige Wissenschaft

Bewußtes Unglück, trauriges Wissen: Melancholieprobleme in der Frankfurter Schule

> *O Unwissenheit! einzige Mutter der Glückseligkeit, der Zufriedenheit! Könnte ich dich zurückrufen; die Hälfte meines Ichs gäbe ich um dich, um die andre überglücklich zu machen. Währe es nur noch einmal mir vergönnt, meinen Blick ganz in mich zurückzuziehn, nur in meiner Einbildungskraft und meinem Herzen zu existiren, mir (...) die ganze Welt zu seyn! Könnt ich die traurige Wissenschaft des Menschen und der Welt und die noch traurigere Kunst der Vergleichung ausrotten.*
>
> Johann Carl Wezel, Belphegor (1776)

Wo immer man sie im übrigen einordnen mag: Die Kritische Theorie der Frankfurter Schule gehört auch zu den mehr oder weniger unglücklichen Glücksphilosophien. Denn in all ihren zeitlich verschiedenen und von ihren Häuptern unterschiedlich gewichteten Schwerpunkten ging es in ihr letztlich immer um Probleme des Glücks und Unglücks der Menschen – ob Glück nun ‹richtiges Leben›, ‹Emanzipation›, ‹Freiheit›, ‹Befreiung›, ‹Erlösung›, ‹Versöhnung›, ‹Resurrektion der Natur›, ‹Utopie› oder ‹Wahrheit› und ob Unglück nun ‹falsches Leben›, ‹Bruch›, ‹Entfremdung›, ‹Verdinglichung›, ‹falsches Bewußtsein›, ‹Bann›, ‹Verblendung› oder gar ‹universeller Verblendungszusammenhang› genannt wird.

Die Kritische Theorie aus einer solchen Distanz und Perspektive zu betrachten bedeutet auch, in ihr eine wesentliche, wenn nicht bislang letzte spezifisch geprägte Philosophie der Melancholie zu sehen. Von den damals meist jüngeren Kritikern sind Züge von Pessimismus und Weltschmerz an den herausragenden Vertretern der Frankfurter Schule immer wieder bemerkt worden – meist in einer Mischung von Unverständnis und Verärgerung, und zwar spätestens, als sich der aktionistischere Teil der früheren Protestbewegung von den alten Herren der Kritischen Theorie politisch nicht mehr genügend unterstützt fand. Die Melancholie der Vatergestalten der Frankfurter Schule zu konstatieren bedeutete insofern stets den eher affektiven als durch diese Feststellung argumentativ wirklich begründbaren Versuch, sich von dieser als bedrohlich empfundenen Tendenz zur Verzweiflung abzugrenzen und abzusetzen; und das galt bemerkenswerterweise unabhängig davon, ob diese Absetzbewegung von (bzw. nach) links oder rechts erfolgte.

Woher kommt es, daß alle vier herausragenden Köpfe der Frankfurter Schule auf die eine oder andere Weise ‹Melancholiker› oder doch wenigstens in zentralen Punkten ihres Denkens mit der Melancholie-Problematik als Herausforderung von Philosophie verbunden gewesen sind? Daß Walter Benjamin ein Erzmelancholiker gewesen ist[1] und daß er sich selbst als einen solchen erkannt hat, gehört beinahe schon zum Allgemeingut in der Einschätzung der Kritischen Theorie. Max Horkheimers ins Metaphysische gesteigerter Pessimismus in seinen letzten Jahren ist ebenfalls geradezu sprichwörtlich geworden, und seine krypto-theologische Hinwendung zum Gedanken an ein «Anderes» hat bekanntlich ein merkliches Rauschen im Blätterwald der Journale des geistigen Luxus und der Moden jener Zeit ausgelöst.[2] Die bis in die letzten Regionen negativer Dialektik hochgeschraubte Verzweiflungsphilosophie Theodor W. Adornos schließlich hat schon bei seinen Zeitgenossen am Ende metaphysische Schwindel-Gefühle ausgelöst und sie bald vor die Frage gestellt, wie dieser fortstürzenden Bodenlosigkeit ‹irgend› zu entkommen und auf den Boden der Praxis einer Realisierungsmöglichkeit, sein Leben zu führen, zurückzugelangen sei.[3] Schließlich ist auch zu Herbert Marcuse, dem vielleicht vitalsten und am Ende explosivsten Repräsentanten der Kritischen Theorie Frankfurter Provenienz, bemerkt worden, daß nicht nur die Befindlichkeit seiner jüngeren Zuhörergeneration, sondern auch das Sinnen und Trachten des alten Marcuse mit dem leicht veralteten Ausdruck «Weltschmerz» zutreffend bezeichnet sei.[4]

Linker Weltschmerz und Kritische Melancholie. – Es gibt einen ‹Weltschmerz von links›, der dem jugendlichen Weltschmerz verwandt ist, wie wir ihn bereits kennengelernt haben (im Zusammenhang von Hegels Hypochondrie- bzw. Romantikkritik). Von Walter Benjamin wurde er als «linke Melancholie» 1930 in Erich Kästners Werk gesehen und entsprechend kritisiert.[5] Nicht viel später hat Nikolai Bucharin, der 1939 zum Tode verurteilte und hingerichtete Chefredakteur der «Prawda» und Vorsitzende der Kommunistischen Internationale, diesen linken Weltschmerz zuletzt sogar an sich selbst konstatiert und in seiner öffentlichen Selbstbezichtigung bei den Moskauer Schauprozessen am 12. März 1938 als sein ‹unglückliches Bewußtsein› verdammt.[6]

In eben diesem Jahrzehnt konstituierte sich am Institut für Sozialforschung der Universität Frankfurt jene Denkrichtung einer «Kritischen Theorie der Gesellschaft», nach dem Krieg kurz die Philosophie der «Frankfurter Schule» genannt, welche in melancholiespezifischer Hinsicht so etwas wie die (neo-)marxistische Variante dieses Phänomens repräsentiert.

Die Verbindung von jugendlichem Weltschmerz mit ‹linkem› Leiden an der ‹rechten›, aber nicht richtigen Gesellschaft stellt sich dem gemeinen Menschenverstand gewöhnlich so dar, daß mit bisweilen zynisch gefärbtem Behagen auf all die rebellierenden ‹Jungen Leute› aus der eigenen Umgebung hingewiesen wird, die mit zunehmendem Alter doch noch ‹ganz vernünftig› geworden seien, sich mit der Welt arrangiert, schließlich eine respektable Karriere gemacht und eine bürgerliche Existenz verwirklicht hätten. Dieser linke Weltschmerz der Jugend sei mithin so landläufig wie vorübergehend: Nach entsprechender Desillusionierung des revolutionären Idealismus werde man zwangsläufig zunehmend konservativ.

Diese mit soviel alltäglicher Bestätigung und Plausibilität ausgestattete Ansicht des gemeinen Menschenverstandes kann in der Tat leicht einen Zug zur ‹Gemeinheit› besitzen – dann nämlich, wenn sie auf den Ratschlag an die Jugend hinausläuft, sie solle sich diesen überflüssigen Aufwand nutzlos verschwendeter Energien besser gleich ‹ersparen›; das links-sozial orientierte Engagement des jugendlichen Idealismus sei, von späterer Karrierewarte aus betrachtet, nur ‹verlorene Liebesmühe›.

Eine solche metaphorisch aufschlußreiche Rede von Verausgabung[7], Verschwendung und Ersparnis im Lebenslauf und Herzenshaushalt aber ist die Sprache müder und begeisterungsloser Menschen, seelischer Bankrotteure, die sich fälschlicherweise von einer frühzeitigen Engagementsersparnis spätere Lebensenergie-Guthaben versprechen. Das Gegenteil ist psychohygienisch der Fall. Denn die Dialektik der Verausgabung von Hoffnungspotentialen, die hier am Werk ist, bewirkt, was schon Hegel als zentral erkannte: daß sich nie gewinnen kann, wer sich nie verloren hat, und daß schon gar nicht Hoffnungsreserven zu erhalten sind, indem man sich erspart, das, was man an Hoffnungen hat, zu verschwenden. Es verhält sich hier ähnlich wie mit der Liebe, und darauf wies die zynisch-kurrente Floskel von der verlorenen Liebesmühe schon hin, die als eine Krankheit (wiederum insbesondere der Jugend) anzusehen stets ein fester Bestandteil in der Tradition konservativer Melancholie- und Enthusiasmuskritik gewesen ist. Ob es sich aber um Liebe zu Menschen oder zu Idealen und Ideen handelt, die Gesetze dieser Regungen des Herzens und der Einbildungskraft entsprechen nicht ganz denjenigen der Ökonomie. Denn totes Kapital arbeitet zwar nicht, aber eben nur zeitweilig nicht; es ist wiederbelebbar, reinvestierbar. Tote Herzen dagegen bleiben tot.

Doch scheint diese Betrachtung der Metaphorik alltäglicher Rede von jugendlicher, insbesondere studentischer Idealvergeudung an linke Weltverbesserungsillusionen vom Thema wegzuführen. Denn anstatt von linkem Leiden an der Gesellschaft ist ja die Rede gewesen von enthusiastischem Engagement für eine ‹andere›. Letzteres aber, so der Einwand, habe doch nichts mit Melancholie zu tun, sondern mit dem Gegenteil. – Aber gerade weil der Enthusiasmus in gewisser Hinsicht das Gegenteil der Melancholie darstellt, ist diese mit ihm problemspezifisch verknüpft und ist spätestens in dem Moment auch augenfällig, wo der Schwung des Enthusiasmus zum Erliegen zu kommen droht am Widerstand der Trägheit des Bestehenden. Dann nämlich ist in der Regel Melancholie die Folgeerscheinung des Zusammenbruchs einer Begeisterung für eine andere, bessere Welt. Im linken Weltschmerz leidet der Mensch ‹reaktiv› an der Erfahrung des Zurückgeworfenseins auf diese Welt.

Bewußtes Unglück wider bessere Hoffnung (Adorno). – ‹Diese Welt› versus ‹eine andere Welt›: das mutet vielleicht grob gnostisch an als Unterscheidungshaltung, entspricht aber mit seinem radikalen Charme durchaus dem üblichen Polarisierungserleben jugendlichen Protestgebarens. In einem Rückblick auf die Befindlichkeit der 68er Jugendbewegung heißt es, «es haperte damals oft noch an der Übung und deshalb an Geschick beim Applizieren der heiligen Worte Adornos auf die jeweilige Situation. Aber was er, in seiner ein wenig feierlichen Manier, das ‹ungemilderte Bewußtsein der Negativität› nennt, es war unzweifelhaft da, ein Lebensgefühl, für das früher das Wort ‹Weltschmerz› bereitlag»[8].

*Welt*schmerz, das zu Beginn des 19. Jahrhunderts ‹erfundene› Wort[9], bezeichnet es zutreffend, richtet sich als Schmerz an der Welt nicht primär in Nahaufnahme auf dieses oder jenes Einzelne, sondern vor allem gegen die Unerträglichkeit des Ganzen in der Totalen: eben gegen ‹Welt›, wo sie als schmerzlich falsch erlebt wird, oder auch, ebenso total, gegen ‹die Gesellschaft›. Mit Adornos Worten: gegen den «universalen Verblendungszusammenhang», wobei die Pointe im Adjektiv steckt, denn wie es in Adornos melancholischen *Reflexionen aus dem beschädigten Leben* (Minima Moralia, Nr. 29) heißt: «Das Ganze ist das Unwahre.»

Bekanntlich hat Adorno mit diesem Hauptsatz seiner – in der Zueignung an Horkheimer selbst so genannten – «traurigen Wissenschaft», als «Melancholy Science» (Rose 1978) im Englischen bekannt gemacht, Hegels berühmten Satz aus der «Phänomenologie des Geistes» treffen und umkehren wollen, wonach das Wahre das Ganze ist, also nicht als diese oder jene Einzelposition, sondern als ein sich in Entwicklung Befindendes erst am guten Ende das ist, «was es in Wahrheit ist»: verwirklichte Vernunft und vernünftige Wirklichkeit.

Solcher vertrauensvollen Freude am Lauf der Welt bei Hegel ist Adornos philosophischer Weltschmerz so diametral entgegengesetzt, wie es schon der poetische Weltschmerz der Romantik war. Wo – wie für Adornos Kritische Theorie – das Ganze das Unwahre ist, liegt freilich die Versuchung nicht fern, das Ganz-Andere für das Wahre zu halten, wie wir es bereits bei Horkheimer bemerkt haben, der nach Adornos Tod im Interview berichtete, Adorno und er hätten im vertrauten Gespräch oft von der Sehnsucht nach dem «Anderen» gesprochen (vgl. hier Kapitel 5, Anm. 37).

Allerdings korrespondiert dieser ‹theoretischen› Sehnsucht – und das ist in melancholieproblematischer Hinsicht das Entscheidende – keineswegs eine ‹praktische› Hoffnung und konkrete Erwartung auf Ein- bzw. Erlösung. Im Gegenteil hat Adorno philosophisch einen Gestus kultiviert, welcher als der eines ‹bewußten Unglücks wider bessere Hoffnung› bezeichnet werden kann (in Anlehnung an die Varianten ‹unglücklichen Bewußtseins› des vorangehenden Kapitels). Freilich geschah dies letztlich, in einer Art säkularisierter Bilderverbotlogik, gerade wieder um einer letzten Hoffnung willen, einer negativ-dialektischen Hoffnungshaltung, die sich positiv-affirmativ nicht zu äußern wagt: «Hoffnung auch nur zu denken, frevelt an ihr und arbeitet ihr entgegen», heißt es dementsprechend in Adornos «Negativer Dialektik» (S. 392), womit in der Tat sowohl der Hoffnung gedacht als auch ihr entgegengehalten wird, wenngleich in vielleicht anderer Weise, als Adorno vermeinte.

Denn es frevelt womöglich auch derjenige an der Hoffnung, der eben sie nicht zu denken wagt, sondern sich an ihrem Gegenteil, der Verzweiflung, melancholisch labt. Hoffnungsabstinenz als Haltung unversöhnlichen Aushaltens von Unglücksbewußtsein steht auf der Kippe zur Hoffnungslosigkeit als self-fulfilling-prophecy. Eigentlich will diese Haltung nur eines: falschen Trost abwehren, der vorschnell beruhigen würde – «und es ist keine Schönheit und kein Trost mehr außer in dem Blick, der aufs Grauen geht, ihm standhält und im ungemilderten Bewußtsein der Negativität die Möglichkeit des Besseren festhält» (Minima Moralia, Nr. 5). Also doch eher ein Widerlegtwerdenwollen durch ein Besseres als ein Rechtbehaltenwollen im Schlechten. Andererseits würde diese zweifelnde Traurigkeit lieber noch verzweifeln wollen, als sich ihren schmerzlichen Zweifel ohne triftigen Grund ausreden zu lassen. Wo aber ist, will man die Grund- und Bodenlosigkeit melancholischer Verzweiflung vermeiden, ein solcher Grund jemals gegeben? Unter Umständen religiös-transzendent im messianischen Heilwerden von Natur, Mensch und Welt, womöglich auch seelisch-immanent im mütterlichen Heilungswerk symbiotischer Besänftigung, gesellschaftlich-innerweltlich in der schnöden Realität jedoch vielleicht nie.

Adornos Haltung scheint in dieser Hinsicht nicht eindeutig. Zwar ist das ungemilderte Unglücksbewußtsein als Moment der Negativität letztlich positiv intendiert, gleichsam als self-denying-prophecy: bewußtes Unglück wider bessere Hoffnung, aber um der Hoffnungslosen und um des Besseren willen. Doch ob diese (auch von Kierkegaard beeinflußte) hochgeschraubte Dialektik der Verzweiflung jemals zu einem guten Ende kommt, bleibt ungewiß. Jedenfalls war es Adornos letztes Wort in einem Streitgespräch mit Arnold Gehlen, den paradoxalen Aufschrei des Herzogs von Gothland aus der gleichnamigen Jugendtragödie des unglücklichen Dramatikers Christian Dietrich Grabbe zu zitieren, daß nur noch die Verzweiflung retten könne:

«Gehlen: ‹Ich möchte aber noch einen Gegenvorwurf anbringen. Obzwar ich das Gefühl habe, daß wir uns in tiefen Prämissen einig sind, habe ich den Eindruck, daß es gefährlich ist und daß Sie die Neigung haben, den Menschen mit dem bißchen unzufrieden zu machen, was ihm aus dem ganzen katastrophalen Zustand noch in den Händen geblieben ist.› – Adorno: ‹Ja, dann möchte ich darauf wirklich den Satz von Grabbe zitieren: *Denn nichts als nur Verzweiflung kann uns retten.*›»[10]

Trauerspielschwermut und die Rettung des Hoffnungslosen (Benjamin). – Bestimmte Melancholie-Motive Adornos sind bekanntlich von Walter Benjamin freundschaftlich inspiriert und ziehen sich bereits durch dessen Werk. So ist das zentrale Motiv der philosophischen Anstrengungen Benjamins seit dem «Ursprung des deutschen Trauerspiels» (1928), wo er die Perspektive auf die metaphysische Ruine des Weltlaufs am Beispiel der Barockliteratur-Melancholie gelenkt hat, das der «Rettung des Hoffnungslosen», also der Blick auf die Ruinenlandschaft der Geschichte, auf das Nichtgewordene, Gescheiterte, Möglichgewesene, auf die ungeborene Frucht der Schöpfung. Theophilosophisch hoch spekulative und nur noch im weitesten Sinn marxistisch-materialistische Endzeitutopien und messianische Hoffnungen gehen dabei in Benjamins Denken eine einzigartige Verbindung ein. Was aber ist von dieser Genitivmetapher, der «Rettung des Hoffnungslosen», zu sagen?

Das Ausharren um des Hoffnungslosen willen ist auch ein hoffnungsloses Ausharren, die Solidarität mit den Toten eine tote Solidarität. Der starre Blick auf das ruinierte Leben, welches nicht hat werden können, dieser «kontemplative Starrkrampf», ruiniert das Leben, nämlich dasjenige, welches noch würde werden können. Freilich, eine solche Kritik mag dialektisch korrekt sein; und sie hat wohl auch, wie selten bei den Abenteuern der Dialektik, den ‹gesunden Menschenverstand› auf ihrer Seite. Aber ist das wirklich ein Argument gegen das Ausharren um der Hoffnungslosen willen, gegen die Solidarität mit den Toten, gegen das An-Ge-denken des Ruinierten?

Möglicherweise hätte der geheime Melancholiker Benjamin, konfrontiert mit einer solchen Kritik, dieser Dialektik sogar zugestimmt? Vielleicht wäre es ihm weniger wichtig, recht zu haben und zu bekommen vom gesunden Menschenverstand, als vielmehr das Unmögliche zu versuchen. Aber darf man das Unmögliche versuchen ohne Rücksicht auf die Realitäten? Oder umgekehrt: Darf man es mit Rücksicht auf die ‹Realitäten› unversucht lassen?

Jene dezidiert antimelancholische Konsequenz, die widersinnige Hoffnung fahrenzulassen und die Toten zu vergessen oder zu lassen, wie und wo sie sind, nämlich begraben, sowie die Solidarität nach rückwärts zu beenden und den Blick von den Ruinen der Vergangenheit abzuwenden zugunsten der In-Blick-Nahme all dessen, was positiv noch möglich scheint – wäre eine solche antimelancholische Haltung des gesunden Menschenverstandes angesichts eines sich und dem Grund seiner Trauer verzweifelt treu bleibenden Walter Benjamin nicht in Gefahr, barbarisch zu sein?

Die Frage eines ihm relativ fernen Philosophen erhält unter diesen Umständen einen ungewohnten Klang, Immanuel Kants «Was darf ich hoffen?» Nämlich so: Was darf ich vernünftigerweise, aber auch menschlicherweise in einer solchermaßen zugespitzten Lage hoffen und was nicht? Was ist hier noch menschlich, vernünftig, lebbar, und was ist an Treue zu den Toten über die Ehre des Menschen, des lebenden und des toten, hinaus? Es gibt vielleicht eine genauso unmenschliche Solidarität mit den Toten, wie es eine inhumane Nicht-Solidarität mit ihnen gibt.

Hier werden zutiefst religiöse Fragen berührt, die in einem späteren Kapitel (Die Tragik der Vergangenheitsverhaftung: Benjamins Engel der Geschichte) erörtert werden, nämlich innerhalb der Analyse des Zeitkomplexes der Melancholie; dort wird auch bei Theologen Beistand gesucht, welche die Benjaminsche Zuspitzung dieser Fragen wahrgenommen haben.

Große Weigerung und die Rehabilitation des unglücklichen Bewußtseins (Marcuse).

– Eine weitere bemerkenswerte Option der Kritischen Theorie für «Bewußtes Unglück» hat, unabhängig von Adorno, Herbert Marcuse in seinem Werk «Der eindimensionale Mensch» (One Dimensional Man, 1964) formuliert. Er wendet sich dort gegen die seiner Meinung nach in der westlichen Konsumgesellschaft angelegte Verlockung zur «repressiven Entsublimierung». Dieser Begriff, der Ende der 60er Jahre schnell zu einer der beliebtesten Parolen der intellektuellen Rebellionsbewegungen avancierte, bedarf inzwischen wieder einer kurzen Erläuterung.

Gemeint ist mit Entsublimierung die Aufhebung des kulturellen Askese- und Selbstzuchtgebots, jenes psychosozial so ungemein folgenreichen Triebaufschub-Reglements, durch welches nach der Freudschen Lehre vom Über-Ich und Ich-Ideal die eigentliche menschliche Kulturschöpfung, die Errichtung von stabilen Werten und Charakteren, überhaupt erst möglich und wirklich geworden ist. Der Weg zur Kultur führt nach Freud unvermeidlich über die Entsagung der unmittelbaren Befriedigung der Lust, in der psychischen Entwicklung des einzelnen wie der Gattung also über den verinnerlichten Selbstzwang gegenüber dem Anarchismus des menschlichen Trieblebens. Schon Freud hatte, darin Nietzsches Diagnose der europäischen Selbstverdrossenheit und Dekadenz folgend, als Kehrseite dieses gewaltsamen kulturellen Sublimierungsprozesses ein «Unbehagen in der Kultur» als Phänomen insbesondere der fortgeschrittensten Zivilisation festgestellt, womit es letztendlich auch in die Reihe der geheimen Weiterführung des alten griechischen Melancholieproblems gehört, warum die Besten der Kultur so unglückliche Gestalten seien. Das Unbehagen an der Kultur ist gleichsam eine rebellische Melancholie des zivilisierten Menschen als domestizierten Schweinehunds gegen den erreichten Stand seiner moralischen Zurichtung – und damit dem mittelalterlichen Acedia-Konzept nicht unähnlich, welches wir, jedenfalls in der neothomistischen Deutung Josef Piepers, ebenfalls als depressiv getönte Auflehnung des Christenmenschen gegen die göttliche Zumutung seiner seelischen Vorzüglichkeit, seines geistigen Vortrefflichseinmüssens als Krone der Schöpfung kennengelernt hatten: Farer, my God, to Thee, oder: weniger wäre lieber gewesen.[11]

Auf Freuds Analyse des Unbehagens an der Kultur antwortet Marcuse zunächst in «Eros and Civilization» (1955) mit einem Unbehagen an Freud: Ihm ist dessen pessimistische Konzeption der notwendigen Begrenzung menschlicher Glücksstrebungen, Lustbewegungen, Triebregungen zu rigide, unerfreulich und konservativ. So bildet er in seiner Rezeption der Freudschen Theorie deren glücksphilosophischen, metapsychologischen Anteil revolutionär dahin gehend um, daß er die auf dem modern erreichten Kulturstand zivilisatorisch möglich sein sollende Aufhebung der Glückseinschränkung fordert. Marcuse plädiert für eine radikale Glücksphilosophie in Form einer hedonistischen Überwindung der kulturellen Selbstbezwingung und Askese; er stellt – anders als die utopieabstinenten Adorno und Horkheimer – bewußt und mit unbekümmertem Elan die Utopie eines neuen, auf neue Weise ‹liebenden› und damit den bisherigen Sublimationszwang überwindenden Menschen philosophisch in den Raum, in Nietzsches

Geist formuliert: den Übermenschen jenseits von Überich und Selbstzwang.¹²

Die so aus dem Unbehagen an Freuds Konzept der Sublimierung gewonnene revolutionäre Philosophie der Entsublimierung wird bei Marcuse allerdings nach spätestens einem Jahrzehnt abgelöst durch ein erneutes Unbehagen, nun an der «Entsublimierung». Obwohl eine gewisse Selbstkritik in seinem Positionswandel von «Eros and Civilization» zum «One Dimensional Man» sicherlich impliziert ist, bedeutet dieses erneute Unbehagen in Marcuses Denken nicht den definitiven Abschied von seiner – ‹richtigen› – Entsublimierungsutopie, sondern deren polemische Zuspitzung und Abgrenzung gegenüber einer, wie Marcuse inzwischen zu seinem Leidwesen bemerken mußte, gesellschaftlich konkurrierenden anti-asketischen Glücksphilosophie und – ‹falschen› – Entsublimierungsrealität. Denn als diese Konkurrenz für seine halb neomarxistisch, halb anarcho-hedonistisch gesonnene Revolutionstheorie nimmt er wahr: den Konsum-Kapitalismus der Wirtschaftswunderepoche mit seinem überquellenden Warenangebot der Glücksbefriedigung. Diese Reflexion auf seinen Entsublimierungskonkurrenten birgt die Geburtsstunde von Marcuses folgenreichstem Theorem; sein Gegenwehrkonzept lautet nämlich: Die schnelle Befriedigung der Lust im Konsum ist «*repressive* Entsublimierung».

‹Repressiv› war ein Zauberwort jener Zeit. Es bot sich als dialektischer Angelpunkt an, um Gutes in bzw. als Schlechtes zu überführen, eben in seiner Demaskierung und Denunzierung als «repressiv Gutes». So ließ sich mit dem Konzept einer «repressiven Gesellschaft» beispielsweise die breitenwirksame Akzeptanz der Entwicklung der modernen Industriegesellschaft kritisch hintergehen und hinterfragen.¹³ Bestärkt durch den publizistischen Erfolg und diagnostischen Zugewinn an Uminterpretierungsmöglichkeiten, hat Marcuse übrigens ein weiteres Mal bei diesem Zauberwort vom «repressiven» Charakter der bürgerlichen Verhältnisse Zuflucht gesucht und 1965 seinen Begriffsbeitrag «Repressive Toleranz» öffentlichkeitswirksam gemacht.¹⁴ Hatte der Angriff beim Schlagwort «repressive Entsublimierung» der kapitalistischen Warenwirtschaft und ihrer enthemmten Belieferung wie Befriedigung der libidinösen Bedürfnisse bürgerlicher Konsumidioten gegolten, so richtete sich die Spitze diesmal gegen die liberale gesellschaftliche Verfassung, gegen die sogenannte freiheitlich-demokratische Grundordnung. Unter dem Begriffszauber der «Repressivität» verlor sie sofort ihr scheintolerantes Äußeres und enthüllte sich als genaues Gegenteil von wahrer Toleranz, nämlich als deren konsequente Verhinderung und Unterdrückung, und zwar sowohl durch Mehrheitsverfahren als auch durch entschärfende Zulassung und versuchsweise Einbindung von Außenseiter- und Minoritätspositionen. Was bislang als grundlegende Tugend hatte gelten können, wurde somit zum absoluten Laster in der sich zuspitzenden Perspektive der Glücks- und Revolutionsphilosophie Marcuses. Genau mit jenen Randgruppen, Marginalisierten und Exoten nämlich sollte nach seiner späteren Vorstellung, nachdem traditionell mehrheitsfähige Gruppen wie das alte Proletariat oder die neue Arbeitnehmerschaft wegen Konsumverblödung (repressiver Entsublimierung) bereits ausgefallen waren, die utopische Revolte noch gelingen können. So ergab sich in revolutions- bzw. glücksphilosophischer Hinsicht für Marcuse ein untrennbarer theoretischer Zusammenhang von «Repression» und «Rebellion».[15]

In dieser Entwicklung von Marcuses revolutionärer Glücksphilosophie besitzt die Konstruktion einer repressiv entsublimierten Konsumgesellschaft zentrales Interesse. Es ist – melancholiethematisch von einschlägigem Belang – der Ekel, Sartres «Nausée», ein existenzphilosophisches Moment also, der bei Marcuse, welcher von allen Denkern der Frankfurter Schule dem Existentialismus noch am nächsten stand, hier eine entscheidende Rolle spielt. Dieser Ekel vor der heruntergekommenen Konsumgesellschaft entzündet sich gleichsam als metaphysischer Brechreiz angesichts des sinnlosen Überquellens und krebsartigen Wucherns einer maß- und vernunftvergessenen Warenproduktion, die die pervers aufgeblähten Bedürfnisse, die sie befriedigen kann und will, zugleich weiter anstacheln und anregen muß, wenn kein Einbruch ihres ständigen Wachstums stattfinden soll. Für Marcuses konkurrierenden Utopiegeschmack einer gänzlich anderen, ‹vernünftigen› Überwindung der menschlichen Triebverzichtsschranken bedeutet die Konfrontation mit einer solchen Glücksverhunzung durch primitiv-libidinöse Dauerberieselung eine unerträgliche Verletzung der menschlichen Würde. Das Resultat dieser gesellschaftlichen Überfütterung zeigt sich pointiert in Überschriften wie: «Totale Verweigerung»[16], Rebellion gegen die «Gesellschaft im Überfluß»[17] und «Revolution aus Ekel»[18] vor ihr. Auf eine mehrdeutige Kurzformel gebracht, läßt sich vom *Überdruß im Überfluß* sprechen, worauf im Abschlußkapitel noch zurückzukommen ist.

An dieser Problemstelle der revolutionären Glücksphilosophie ist interessant zu erfahren, wie – der repressiven Vereinnahmung der Unzufriedenheit durch die Konsumbefriedigungswelt zum Trotz – die «Große Weigerung»[19], die «Befreiung von der Überflußgesellschaft», der Ausweg aus dem Sumpf falscher Glücksangebote und der «Sprung in das Reich der Freiheit» gedacht werden können.[20] Wo gesellschaftsimmanent die Widerspruchsimpulse behaglich zu erliegen drohen – «Wo alles sich durch Glück beweist...» –, bietet sich nur noch die radikal-transzendente Position unglücklicher Einsamkeit jenseits der entsublimierten Verschleierung des Widerspruchsgeistes an: «...dienst Du dem Gegenglück, dem Geist», schrieb ausgerechnet Gottfried Benn 1936 («Einsamer Nie») einem anderen falschen kollektiven Glücksbewußtsein ins Stammbuch.

Tatsächlich rekurriert auch Marcuses Ansatz eines Gegenglücksbewußtseins, mit dem «Der eindimensionale Mensch» verhindert oder aufgesprengt werden soll, auf jenes transzendente «Andere» oder «Ganz Andere»[21], also letztlich auf Negative Theologie. Dieses Ganz Andere ist bisher stets mit einer Form von ‹unglücklichem Bewußtsein› verbunden worden; nun läßt sich auch bei Marcuse diese begriffsgeschichtliche Kongruenz beider Konzepte, des Unglücklichen Bewußtseins und des Ganz Anderen, aufzeigen.

Die bemerkenswert neuartige Option für «bewußtes Unglück», welche Marcuse im Zusammenhang mit seiner Kritik am falschen Glück der repressiven Konsumgesellschaft stellt, läßt sich bereits an der Überschrift des einschlägigen Kapitels in «Der eindimensionale Mensch» erkennen. Marcuse nennt es «Der Sieg über das unglückliche Bewußtsein: repressive Entsublimierung», wobei er in seiner Darstellung dieses Siegs über das unglückliche Bewußtsein den letzteren Begriff polemisch gebraucht und strategisch aufwertet, weil er ihn in kritischer Absicht gegen das «glückliche Bewußtsein» ins Feld führen will.[22] Marcuse geht in Wirklichkeit von einem Verständnis glücklichen Bewußtseins aus, bei dem *glückliches Bewußtsein* mit *falschem Bewußtsein* ideologiekritisch verknüpft ist, und sein eigentliches Erkenntnisinteresse gilt dabei allein dem anstößigen «happy consciousness»; denn dies ist sein Gegner: das seiner eigenen Auffassung von richtiger Entsublimierung konkurrierende falsche gesellschaftliche Warenkonsum-Modell, das zu einem verkehrten, um nicht zu sagen pervertierten glücklichen Bewußtsein führe.

Bewußtes Unglück soll helfen, sich gegen das kollektive «glückliche Bewußtsein» zu wappnen und womöglich zu immunisieren. Zu radikal-therapeutischen Zwecken also greift Marcuse in den seelengeschichtlichen Giftschrank abendländischer Melancholieprobleme. Die Problematik dieses ‹unglücklichen Bewußtseins› selbst, wie im Anschluß an Hegel und den Existentialismus im vorigen Kapitel entwickelt, entgeht bei dieser Rehabilitation seiner Aufmerksamkeit. Er restauriert es, ohne genauer hinzusehen, womit er sich dabei einläßt.

Es sind – auch dies zeigt noch einmal deutlich die Präponderanz des «glücklichen Bewußtseins» als Feindbild in Marcuses kritischem Interesse an – überhaupt nur zwei oder drei begriffsgeschichtlich einschlägige Stellen in dem Kapitel, welche die Mühe eines solchen Titels lohnen. So heißt es zunächst, daß früher – vor ihrer glücklichen Reduzierung auf Konsumartikel – Literatur und Kunst im wesentlichen Bekundungen von *Entfremdung* gewesen seien: Sie «hielten den Widerspruch aus und bewahrten ihn – das unglückliche Bewußtsein der gespaltenen Welt, der vereitelten Möglichkeiten, der unerfüllten Hoffnungen, der verratenen Versprechen»[23]. Unglückliches Bewußtsein ist hier also – auf einfache Weise – Bewußtsein des Unglücks, das noch in der Welt ist oder war.

Die zweite Belegstelle ist insofern komplizierter, als sie in einer psychosozialen Erörterung des Sublimierungsprozesses ihren Ort hat, um dessen kontroverse Auslegung es Marcuse zentral geht. Er schreibt:

«Im Gegensatz zu den Vergnügungen der angepaßten Entsublimierung bewahrt die Sublimierung das Bewußtsein der Versagungen, die die repressive Gesellschaft den Individuen auferlegt, und hält damit an dem Bedürfnis nach Befreiung fest. Freilich wird alle Sublimierung durch die Macht der Gesellschaft erzwungen, aber das unglückliche Bewußtsein dieser Macht durchbricht bereits die Entfremdung. Freilich nimmt alle Sublimierung die gesellschaftliche Schranke der Triebbefriedigung hin, aber sie überschreitet diese Schranke auch.»[24]

Die nicht mehr fröhliche Wissenschaft: Melancholieprobleme bei Nietzsche

> Ein Psychologe kennt wenig so anziehende Fragen, wie die nach dem Verhältnis von Gesundheit und Philosophie.
> Friedrich Nietzsche,
> Die fröhliche Wissenschaft (1882)

«Was ist alle Hamlet-Melancholie gegen die Melancholie des Brutus!» Anders gesagt: «Was ist schon die Melancholie eines Leidenden, des Opfers der Geschehnisse, verglichen mit der Melancholie des Täters, der Melancholie eines Handelnden, eines Leiden-Lassenden?

Diese rhetorische Frage, überraschend eingeführt, findet sich, um mitten in Nietzsches Werk hineinzugreifen, 1882 in einer Reflexion «Zum Ruhme Shakespeares», und zwar in jener Schrift, die den bezeichnenden Titel «Die fröhliche Wissenschaft» trägt.[25] Nietzsche, in seinem philosophischen Gebaren selber wohl mehr ein Ritter von der traurigen als von der fröhlichen Gestalt, zumal in seinem Wüten gegen die Schwundform von Christentum im 19. Jahrhundert, hat in seinem Entwurf einer «gaia scienza» einige Schattenrisse der modernen Unfröhlichkeit, des Pessimismus, Nihilismus und Lebensüberdrusses gleich mitgeliefert. Dabei finden sich einige bemerkenswerte Problemstellungen der Melancholie in kulturkritischer, ‹diätetischer› und ‹kulturhygienischer› Hinsicht.

So heißt es in der «Fröhlichen Wissenschaft» unter der Überschrift «Die Pessimisten als Opfer», das Täter-Opfer-Motiv des einleitenden Zitats neu aufnehmend: «Wo eine tiefe Unlust am Dasein überhand nimmt, kommen die Nachwirkungen eines großen Diätfehlers, dessen sich ein Volk lange schuldig gemacht hat, ans Licht», weshalb Nietzsche «die europäische Unzufriedenheit der neueren Zeit» für die Spätfolge der Trunksucht des Mittelalters, für eine «Alkoholvergiftung Europa's» hält; die «deutsche Unlust am Leben ist wesentlich Wintersiechthum», heißt es weiter, «eingerechnet die Wirkungen der Kellerluft und des Ofengiftes in deutschen Wohnräumen»; und zuletzt sei noch die Ausbreitung des Buddhismus in Asien auf die allgemeine Erschlaffung der Inder durch ihre einseitige Ernährung von Reis zurückzuführen.[26]

168

Wenn das kein Witz ist, was ist es dann? Die Frage, wie ernst es Nietzsche philosophisch mit solchen Äußerungen in seiner «Fröhlichen Wissenschaft» war, muß zunächst offenbleiben. Immerhin spricht er an einer weiteren Stelle dieses Werks bezeichnenderweise von «paradoxen Erscheinungen» wie dem «Humor des Melancholikers». Dabei geht es in dem betreffenden Abschnitt, «Großmut und Verwandtes» überschrieben, um die polare Dynamik bei zu Extremen neigenden Naturen, von denen die Melancholiker für Nietzsche, der sich hier wohl an die «extremitas»-These von Probl. XXX, 1 anlehnt, ein vorzügliches Beispiel (neben anderen) geben:

«Jene paradoxen Erscheinungen, wie die plötzliche Kälte im Benehmen des Gemüthsmenschen, wie der Humor des Melancholikers, wie vor allem die *Grossmuth*, als eine plötzliche Verzichtleistung auf Rache oder Befriedigung des Neides – treten an Menschen auf, in denen eine mächtige innere Schleuderkraft ist, an Menschen der plötzlichen Sättigung und des plötzlichen Ekels. Ihre Befriedigungen sind so schnell und stark, dass diesen sofort Ueberdruss und Widerwille und eine Flucht in den entgegengesetzten Geschmack auf dem Fusse folgt: in diesem Gegensatze löst sich der Krampf der Empfindung aus. Bei Diesem durch plötzliche Kälte, bei Jenem durch Gelächter, bei einem Dritten durch Thränen und Selbstaufopferung.»[27]

Vielleicht ist das auch ein Selbstporträt. War Nietzsche, wenigstens derjenige der mittleren Schaffensjahre, möglicherweise selbst ein solch zwiespältig-extremer Melancholiker? Nehmen wir seinen sich betont materialistisch und wissenschaftlich gebenden ‹fröhlichen› Antipessimismus, wie er gerade in der physiologischen, klimatologisch bzw. ökotrophologisch begründeten Rückführung der (indo-)europäischen Unzufriedenheit und Daseinsunlust aus alter und neuer Zeit auf Fehlernährung und Witterungsverhältnisse zum Ausdruck gekommen ist: Könnte es sich dabei möglicherweise nicht auch um eine Äußerung aus Überdruß und Widerwille handeln – also um eine argumentative «Flucht in den entgegengesetzten Geschmack», wie sie für einen «Menschen der plötzlichen Sättigung und des plötzlichen Ekels» nach Nietzsches Porträt nur zu sehr verständlich sei? Und was hat es schließlich mit der eingangs zitierten aggressiven Melancholie des die Freundschaft verratenden Überzeugungstäters Brutus auf sich?

Bedenkenswert erscheint zunächst, daß es sich bei den melancholieproblematischen Proben «fröhlicher Wissenschaft» bei Nietzsche um die Mittelstücke aus einer lebenslangen Auseinandersetzung mit dem ihn stets aufs neue herausfordernden Pessimismus-Thema handelt, anders gesagt, um die mittlere von mindestens drei Schichtungen von impliziten Melancholietheorien, welche Nietzsche im Laufe seiner philosophischen Denkbahn aufgeworfen und in kritischer, aber auch selbstkritischer Brechung miteinander verbunden hat.[28]

«Melancholie und Pessimismus» oder Daseinsekel und Daseinsbuße.
– «Die großen μελαγχολιχοι» und ihre kulturspezifische Problematik, insbesondere ihre Einbindung in die Antike, «die Tragödie und die tragische Weltanschauung», als deren erschreckende Rückansicht «Gorgo und die Meduse» erscheint: Diese Fragestellungen und Probleme haben schon den jungen Nietzsche fasziniert, wie eine Notiz von 1869 oder 1870 zu seiner Abhandlung «Die dionysische Weltanschauung» (1870) aus dem Umkreis seiner Vorbereitungsarbeiten zur «Geburt der Tragödie» bezeugt; und in dieser Hinsicht dürfte er nicht zuletzt vom pseudo-aristotelischen Melancholieproblem angestoßen und inspiriert gewesen sein.[29]

Wen Nietzsche mit seiner Notiz von den großen Melancholikern konkret im Sinn gehabt haben könnte, wird deutlich, wenn er (ungefähr um die gleiche Zeit und ebenfalls in einem Fragment aus dem Kontext der Entstehung der «Geburt der Tragödie») uns beispielsweise «das Bild des melancholischen Euripides», des großen Tragikers, vor Augen stellt[30]; und erst recht, wenn Nietzsche, seine unbestimmte Eintragung von den großen *melancholikoi* anklangsweise wiederholend, kaum später formuliert, daß der große «Euripides ein Melancholiker» und damit der Heiterkeit eines Sokrates diametral entgegengesetzt gewesen sei.[31] So zusammengestellt, vervollständigt sich bei Nietzsche das Bild: «Jetzt verstehen wir die orgiastische Selbstzerfleischungslust in Euripides.»[32]

Damit scheint ein nicht unerheblicher Konnex zu bestehen zwischen dem Thema des Tragischen, der Tragödie, als Weltauffassung bei den Griechen, welches Nietzsche bekanntlich in jenen Jahren wie kein anderes gefesselt und philosophisch sozusagen überhaupt erst auf den Weg gebracht hat, und dem wohl verwandten, aber doch nicht ganz kongruenten Thema des Melancholie-Problemzusammenhangs. Dessen Konturen verfestigen sich weiter, wenn hinzugenommen wird, was Nietzsche sich 1870 in seinen Annotationen für die spätere Abhandlung über «Die vorplatonischen Philosophen» in der ihm eigenen Kürze zur Erinnerung festhält. Diese melancholie-einschlägige Notiz gilt diesmal nicht einem Dichter wie Euripides, sondern einem Philosophen, nämlich «Anaximander. Melancholie und Pessimismus. Mit der Tragödie verwandt»[33].

Recht ausführlich in dieser Hinsicht wird Nietzsche erst in seiner unvollendeten Schrift über «Die Philosophie im tragischen Zeitalter der Griechen» von 1873, wo er «jene schwermüthige Lehre» des Anaximander[34], «eines wahren Pessimisten»[35], mit einem Zitat aus dessen Nachträgen zur Lehre vom Leid der Welt («Parerga») illustriert, einer Welt, «die Anaximander so melancholisch verurtheilt und als Ort des Frevels und zugleich als Bußstätte für die Ungerechtigkeit des Werdens erklärt hatte»[36]. Dieses von Nietzsche angeführte Anaximander-Zitat lautet:

«Der rechte Maßstab zur Beurtheilung eines jeden Menschen ist, daß er eigentlich ein Wesen ist, welches gar nicht existieren sollte, sondern sein Dasein abbüßt durch vielgestaltes Leiden und Tod: was kann man von einem solchen erwarten? Sind wir denn nicht alle zum Tode verurtheilte Sünder? Wir büßen unsere Geburt erstlich durch das Leben und zweitens durch das Sterben ab.»[37]

Bei diesem tief pessimistischen Tonfall scheint es in der Tat nicht mehr weit zu sein bis zu jenem vielzitierten Negativitätsgipfel der antiken griechischen Glücks- und Daseinsverzweiflung, es wäre das beste, nie geboren zu sein, und wenn schon geboren, dann möglichst bald – am besten als Säugling noch – zu sterben. Ein Unterschied zwischen dieser tragischen Weltsicht, die der Mythos dem Silen zuschreibt, und jener des Anaximander besteht allerdings insofern, als bei dem von Nietzsche zitierten Vorsokratiker-Wort noch ein zusätzliches masochistisches Moment in das Verzweiflungsspiel hineinkommt. Demzufolge bedeutet das Leben des Menschen, des Nicht-sein-Sollenden in der Welt nämlich, nicht nur natürliches, kreatürliches Leiden, sondern auch noch ‹berechtigte› Bußqual für den Verstoß gegen sein Nicht-sein-Sollen. Wenn die psychologische Einsicht, daß Depression vor allem eine Form und Folge von Selbstaggression darstellt, ihrer kulturhistorischen Bestätigung irgend noch bedürfte, dann wären diese hier aufgezeigten Zusammenhänge, auf die Nietzsche mit seinem besonderen Spürsinn für zivilisatorische Gemütsverdüsterungen und Lebensverdrüsse sowohl bei den Griechen als auch in der Moderne aufmerksam zu machen stets bemüht war – dann also böten diese herauspräparierten Melancholieprobleme die nötige Unterstützung.

Vom anthropologischen Nachteil der Historie für das Glück. – «Glücklich ist, wer vergißt, was nicht mehr zu ändern ist»: Als Johann Strauß d. J. mit seiner Operette «Die Fledermaus» und diesem glücksphilosophischen Weisheitsmotto im Stil eines heutigen «Don't worry, be happy» 1874 in Wien Triumphe feierte, hat Nietzsche in der zweiten seiner «Unzeitgemäßen Betrachtungen», der im nämlichen Jahr erscheinenden Schrift «Vom Nutzen und Nachteil der Historie für das Leben», die im Umkreis der Problematik der «Geburt der Tragödie» angestellten sporadischen Behandlungen der Melancholiethematik indirekt weitergeführt. Zugleich aber hat er seinen Ansatz geändert, indem er sich nun dem fraglichen Gegenstand seines kulturkritischen Interesses auf einem neuen Betrachtungsweg nähert, nämlich auf dem des Zusammenhangs von Geschichte (historischem Sinn) und Glück.

Wenn ‹Geschichte haben› bedeutet, Erinnerungen haben und hegen zu können, dann liegt es für einen Philosophen wie Nietzsche, dem Grundmuster seiner Daseinsproblematisierung gemäß, selbstverständlich nahe, sich und seine Leserschaft zu fragen, ob sich diese Fähigkeit der «memoria» beim Menschen denn lebensphilosophisch eher produktiv oder destruktiv auswirkt, ob das Sich-erinnern-Können bzw. -Müssen ihm wohl mehr zum Vorteil oder zum Nachteil der Daseinsbewältigung gereicht, ob sie das sich erinnernde, mit historischem Sinn ausgezeichnete Menschengeschöpf eigentlich glücklicher oder unglücklicher macht – und auf welche Weise?

Gleich im ersten Kapitel verdeutlicht Nietzsche dieses für ihn typische Erkenntnisinteresse, indem er in einer poetisch entworfenen Szene Mensch und Tier vergleicht. Bei der Gegenüberstellung – was das Glück betrifft – von Conditio humana und Conditio animalia handelt es sich um eine kleine, aber veritable Melancholietheorie, der es, obwohl der Begriff der Schwermut einmal fällt, im Grunde ohne das übliche Melancholievokabular gelingt, das besondere Unglück und Leiden des Menschen an sich selbst kritisch zu erfassen und auf den entscheidenden Punkt zu bringen: auf die Frage nach dem besonderen Horizont seiner zeitreflexiven, lebensgeschichtlichen Verfaßtheit.

Für den hier zur Debatte stehenden problemgeschichtlichen Kontext lohnt es sich, diese Anfangsbetrachtung über «Nutzen und Nachteil der Geschichte für das Leben» ausführlich zu vergegenwärtigen. Nietzsche schreibt:

«Betrachte die Heerde, die an dir vorüberweidet: sie weiss nicht was Gestern, was Heute ist, springt umher, frisst, ruht, verdaut, springt weiter, und so vom Morgen bis zur Nacht und von Tage zu Tage, kurz angebunden mit ihrer Lust und Unlust, nämlich an den Pflock des Augenblicks und deshalb weder schwermüthig noch überdrüssig. Dies zu sehen geht dem Menschen hart ein, weil er seines Menschenthums sich vor dem Thiere brüstet und doch nach seinem Glücke eifersüchtig hinblickt – denn das will es allein, gleich dem Thiere weder überdrüssig noch unter Schmerzen leben, und will es doch vergebens weil er es nicht will wie das Thier. Der Mensch fragt wohl einmal das Thier: warum redest du mir nicht von deinem Glücke und siehst mich nur an? Das Thier will auch antworten und sagen, das kommt daher dass ich immer gleich vergesse, was ich sagen wollte – da vergass es aber auch schon diese Antwort und schwieg: so dass der Mensch sich darob verwunderte. Er wundert sich aber auch über sich selbst, das Vergessen nicht lernen zu können und so immerfort am Vergangenen zu hängen: mag er noch so weit, noch so schnell laufen, die Kette läuft mit. Es ist ein Wunder: der Augenblick, im Husch da, im Husch vorüber, vorher ein Nichts, nachher ein Nichts, kommt doch als Gespenst wieder und stört die Ruhe eines späteren Augenblicks. Fortwährend löst sich ein Blatt aus der Rolle der Zeit, fällt heraus, flattert fort – und flattert plötzlich wieder zurück, dem Menschen in den Schoos. Dann sagt der Mensch ‹ich erinnere mich› und beneidet das Thier, welches sofort vergisst und jeden Augenblick wirklich sterben, in Nebel und Nacht zurücksinken und auf immer erlöschen sieht. So lebt das Thier *unhistorisch*: denn es geht auf in der Gegenwart, wie eine Zahl, ohne dass ein wunderlicher Bruch übrig bleibt, es weiss sich nicht zu verstellen, verbirgt nichts und erscheint in jedem Moment ganz und gar als das was es ist, kann also gar nicht anders sein als ehrlich. Der Mensch hingegen stemmt sich gegen die grosse und immer grössere Last des Vergangenen: diese drückt ihn nieder oder beugt ihn seitwärts, beschwert seinen Gang als eine unsichtbare und dunkle Bürde, welche er zum Scheine einmal verläugnen kann, und welche er im Umgang mit seines Gleichen gar zu gern verläugnet: um ihren Neid zu wecken. Deshalb ergreift es ihn, als ob er eines verlorenen Paradieses gedächte, die weidende Heerde oder, in vertrauter Nähe, das Kind zu sehen, das noch nichts Vergangenes zu verläugnen hat und zwischen den Zäunen der Vergangenheit und der Zukunft in überseliger Blindheit spielt. Und doch muss ihm sein Spiel gestört werden: nur zu zeitig wird es aus der Vergessenheit heraufgerufen. Dann lernt es das Wort ‹es war› zu verstehen, jenes Losungswort, mit dem Kampf, Leiden und Ueberdruß an den Menschen herankommen, ihn zu erinnern, was sein Dasein im Grunde ist – ein nie zu vollendendes Imperfectum. Bringt endlich der Tod das ersehnte Vergessen, so unterschlägt er doch zugleich dabei die Gegenwart und das Dasein und drückt damit das Siegel auf jene Erkenntnis, dass Dasein nur ein ununterbrochenes Gewesensein ist, ein Ding, das davon lebt, sich zu verneinen und zu verzehren, sich selbst zu widersprechen.«[38]

Weder schwermütig noch überdrüssig – Erinnerungslosigkeit als paradiesischer Zustand der Unschuld bei Kind und Tier, lautet also der Befund. Wir sind hier auf eine melancholiephilosophische Goldgrube gestoßen. In dieser poetischen Skizze Nietzsches finden sich in nuce bereits alle jene Themen, die den letzten Teil dieser Arbeit bestimmen werden: Zeitverhältnisse der Melancholie. Es ist nicht nur die Last der Vergangenheit, die vor Nietzsches revolutionärer Philosophie schon Marx als glücks- bzw. revolutionsphilosophisches Problem beschrieben hat, sondern vor allem die besondere Art und Weise der jeweiligen Konstruktion des Vergangenheitsbezugs – und damit auch desjenigen zur Zukunft – im Zeitbewußtsein, die dem Menschen, als Gattung und als Individuum, das Leben in seiner jeweiligen Gegenwart schwermachen kann.

Nietzsches Phantasmagorie, wie einfach das Leben wäre, wenn diese Dimension der Vergangenheitspräsenz und der damit im wahrsten Wortsinn notwendigen Bewältigung ganz einfach ausgeschaltet bliebe, steht daher am Anfang der nachstehenden Beschäftigung mit der Phänomenologie menschlichen Zeitbewußtseins, die auf eine ‹Phänomenologie unglücklichen Zeitbewußtseins› hinausläuft.

Frankfurter Allgemeine
ZEITUNG FÜR DEUTSCHLAND

Dr. Paul Ingendaay

Literatur-Redaktion · Zimmer: N 403 · Telefon: (069) 75 91-15 19
Postanschrift: Postfach · 60267 Frankfurt am Main

Dritter Teil
Zwischen Nicht-mehr und Noch-nicht

Die ganze Krankheit unserer Zeit entspringt zwei Ursachen ... Was war, das ist nicht mehr, was sein wird, das ist noch nicht. Hier und nur hier ist das Geheimnis unserer Leiden zu suchen.

Alfred de Musset,
La confession d'un enfant du siècle (1836)

7. Nostalgische Rückbezüglichkeit

In der Zwischenzeit:
Homo viator, der Mensch auf dem Weg

> *Die wahren Paradiese sind die*
> *verlorenen Paradiese...*
> Marcel Proust,
> A la recherche du temps perdu (1927)

Die Bedeutung der Melancholie als ‹Zwischenverhältnis› zu betonen, als ein selbstreflexives Gespanntsein zwischen zwei extremen Polen, bestimmt auch diesen dritten Teil. Denn das Problem menschlichen Daseins wird in dem zeitspezifischen Zwischenverhältnis zentral erfaßt. Als Mensch erfahre ich mich hineingeworfen in die Zeit, genauer gesagt: in ein Da-Sein zwischen Nicht-mehr-Sein und Noch-nicht-Sein. ‹Als Mensch› bedeutet dabei: als Individuum und als Gattungswesen wie auch als menschliches Geschöpf in religiösem Sinn. Wir haben es bei diesem Zwischensein mit einer Verquickung von existentiellen, historisch-anthropologischen und theologischen Motivausprägungen zu tun, oder anders formuliert: mit Lebensgeschichte, Weltgeschichte und Heilsgeschichte. Auf diesen drei – sich allerdings durchdringenden – Ebenen muß sich die Untersuchung der Phänomenologie des ‹Zwischen Nicht-mehr und Noch-nicht› bewegen.

In dieser dritten Zwischenstellung, dem ‹In-der-Zwischenzeit-Sein›, klingt zweifellos ein religiös-heilsgeschichtlicher Ton an. In der Tat gehört es zum jüdisch-christlichen Erbe, sich als Wesen zu begreifen, das hienieden nur eine Zwischenstätte hat, das vertrieben ist aus einer paradiesischen Heimat, welche nicht mehr erreichbar ist, und ausgesetzt in Erwartung künftiger Heimholung, welche noch nicht erreicht ist. «Denn wir haben hier keine bleibende Statt, sondern die zukünftige suchen wir», heißt es im Hebräerbrief (XIII, 14). Die daraus folgende metaphysische Obdachlosigkeit, die religiöse Kernerfahrung, «Fremdlinge auf Erden», im eigenen Land, im eigenen Haus zu sein [1] – dieses Motiv ist geistesgeschichtlich alle Epochen abendländischer Tradition hindurch wirksam gewesen.

Zwischen Ursprungsverlust und Utopia. – Der Mensch ist nach christlichem Verständnis ein «Homo viator» [2], er ist als Mensch (homo) auf dem Weg (via) zu Gott, ein Pilgerer und Wanderer, und also ist er *dazwischen*: Er befindet sich als Homo viator zwischen Anfang und Ende, Geburt und Tod, Start und Ziel, Alpha und Omega, Ursprünglichkeit und Vollendetheit. Wäre es anders, stünde also der Mensch noch vor seinem Eintritt in diese Welt und in dieses Lebensverhältnis, das ein Zwischenverhältnis ist, dann wäre er *noch nicht* Mensch; hätte er dagegen dieses Zwischenleben schon hinter sich, wäre er als Mensch in dieser Welt *nicht mehr*. Der Mensch ist, bio-existentiell betrachtet, zu Lebzeiten wesentlich zweierlei: post-natal und prä-mortal, nicht mehr im Mutterleib und noch nicht im Grab.

Man kann das bedauern und hat es in der philosophisch-theologischen und poetischen Tradition des Abendlandes oft getan. In vielen einschlägigen Melancholie-Manifestationen, Zeugnissen des Leidens und der Verzweiflung am Zwischendasein, wird diese Gespanntheit beschwörend aufgelöst und zum Zusammensturz gebracht. «Meine Mutter – mein Grab», lautet dann, ob jüdisch-christlich oder alt- und neu-heidnisch, die Devise. Es wird – von Hiob bis Tucholsky – der Tag bedauert, an dem man den Mutterleib verließ, es wird – von Bias oder Silenos bis zu Goethes Faust – für das Beste gehalten, man wäre nie geboren:

«Ausgelöscht sei der Tag, an dem ich geboren bin. (...) – Warum bin ich nicht gestorben bei meiner Geburt? Warum bin ich nicht umgekommen, als ich aus dem Mutterleib kam? Warum hat man mich auf den Schoß genommen? Warum bin ich an den Brüsten gesäugt? Dann läge ich da und wäre still, dann schliefe ich und hätte Ruhe (...); wie eine Fehlgeburt, die man verscharrt hat, hätte ich nie gelebt, wie Kinder, die das Licht nie gesehen haben».

So klagt schon Hiob (III, 3 und III, 11–17), und der Prophet Jeremias (XX, 14 ff) pflichtet bei:

«Verflucht sei der Tag, an dem ich geboren bin; der Tag soll ungesegnet sein, an dem mich meine Mutter geboren hat. (...) Am Morgen soll er (Gott) Wehklage hören und am Mittag Kriegsgeschrei, weil er mich nicht getötet hat im Mutterleib, so daß meine Mutter mein Grab geworden und ihr Leib ewig schwanger geblieben wäre! Warum bin ich doch aus dem Mutterleib hervorgekommen, wenn ich nur Jammer und Herzeleid sehen muß und meine Tage in Schmach zubringe!»

Das Beste wäre es, nie geboren zu sein, und wenn schon geboren, dann möglichst jung schon zu sterben: In der griechischen Kulturgeschichte klingen diese Töne silenischer Pessimisten-Weisheit kaum anders als in der alttestamentarischen Welt.[3] Noch im Zeitalter der Aufklärung schreibt Lessing an den Freund Eschburg über den Tod des kaum geborenen Kindes (am 3. Januar 1778): «Meine Freude war nur kurz. Und ich verlor ihn so ungern, diesen Sohn! Denn er hatte so viel Verstand! so viel Verstand! (...) War es nicht Verstand, daß man ihn mit eisernen Zangen auf die Welt ziehen mußte? daß er so bald Unrath merkte? – War es nicht Verstand, daß er die erste Gelegenheit ergriff, sich wieder davon zu machen?» Und in Georg Büchners «Leonce und Lena» (I,4) melancholisiert letztere: «Gibt es nicht ein altes Lied: ‹Auf dem Kirchhof will ich liegen / Wie ein Kindlein in der Wiegen›».

Doch können alle diese regressiven Diskurse an der Tatsache, gegen die sie sich wenden, nichts ändern, im Gegenteil, sie bestätigen diese durch ihre Klagen nur: Der Mensch ist – so beschwerlich das auch sein mag – auf den Weg gebracht, er ist sein Leben lang ein Wanderer und Pilger – ein Homo viator zwischen Nicht-mehr und Noch-nicht.

Das Grundmodell dieser Erfahrung bietet Genesis 1, des Menschen Herauswurf aus dem Paradies hinein ins Jammertal. Das göttliche Heilsversprechen stellt zwar ein neues Paradies in Aussicht, aber in den alten Paradiesgarten führt kein Weg zurück. Ein Engel steht davor, das Paradies ist verloren, das Nicht-mehr ist unwiederbringlich versperrt. Es findet sich hier das Urmuster jenes typischen dreiphasigen Geschichtsmodells, welches das abendländische Denken beherrscht und immer wieder über die primitiveren, naturalistischen Zyklenmodelle der Zeiterfahrung triumphiert hat. Der Mensch mit seiner Geschichte befindet sich dem dreigliedrigen Modell zufolge eigentlich immer in der zweiten Phase, eben in der Zwischenzeit. Diese ist, ob bei Schiller, Hegel, Kleist, Marx oder Bloch, nicht anders als im religiösen Urtext selbst, stets gekennzeichnet durch den Verlust der ursprünglichen Ganzheit, verstanden im Sinne der Ungebrochenheit des Unmittelbaren. Erst indem diese (paradiesische, naive, urgesellschaftliche usw.) Ganzheit durch irgendeinen Modus von ‹Sündenfall› aufgebrochen wird, beginnt im Grunde die Geschichtlichkeit des Menschen. Er muß durch die lange Etappe der Entfremdung von der ursprünglichen Ganzheit hindurch.

Insofern diese zweite Phase als eine des Verlusts und der Entfremdung von Ursprünglichkeit anzusehen ist, erscheint sie als Verfallsgeschichte. Zugleich aber ist durch die Destruktion ursprünglicher Ganzheit ein Kräftepotential freigesetzt, das in der Entfremdung vom Alten überhaupt erst die Kategorie des Neuen in der Welt entstehen läßt. Menschliche Geschichte als Phase des Ursprünglichkeitsverlusts ist deshalb mindestens genauso stark als Etappe der Verlustkompensation durch Entwicklung von Neuem gekennzeichnet. Und da die kompensatorische Entwicklung im Laufe der Zeit den ursprünglichen Verlust wettzumachen geeignet sein könnte, erscheint diese zweite Phase umgekehrt also auch unter dem hoffnungsvollen Stern der Fortschrittsgeschichte, der ‹Bildung des Menschengeschlechts›, der ‹Perfektibilität› des Menschen im einzelnen und gesamten. Insofern diese fortschreitende Entwicklung jedoch nicht zwanglos aus der zweiten Phase herauszuführen vermag in die in Aussicht gestellte dritte Phase wiedererrungener Ganzheit, bedarf es nach der Logik des dreigliedrigen Geschichtsmodells noch eines besonderen Moments, um den Wechsel zu schaffen. Am Ende der zweiten Phase steht deshalb in den meisten Anverwandlungen dieses Geschichtsmodells das Movens einer Revolution, eines Umschlags von Quantität in eine neue Qualität, eines eschatologischen Eingriffs in die Welt oder ähnliches. Der Mensch auf seiner Wanderschaft durch die Geschichte wird – wie auch immer – am Ende jedenfalls über eine letzte Schranke in eine neue Dimension befördert, und was dann kommt, was in dieser dritten Phase der Erfüllung aller Sehnsüchte und der Totalkompensation aller geschehenen Verluste genauerhin stattfinden wird, entzieht sich größtenteils der Beschreibung. Es sei nicht menschenmöglich, solange wir uns in der Zwischenzeit des Jammertals befinden, uns ein Bild von diesem Stand der Erlösung zu machen, heißt es unter Verweisung auf das alttestamentarische Bilderverbot. Und noch Marx soll gemeint haben, wer die Utopie auspinsele, ist kein Revolutionär: «Wer ein Programm für die Zukunft verfaßt, ist ein Reaktionär»[4].

Melancholie als Hoffnungsverlust und metaphysische Fußkrankheit. –

Es müssen hier vor allem diejenigen interessieren, die bei diesem langen Marsch durch die Geschichte (durch Heilsgeschichte, Weltgeschichte oder Lebensgeschichte) den hoffnungsvoll-utopischen Schwung des Weiterschreitens im Zeitverlauf verloren haben. Zu fragen ist also nach denjenigen, die, zwischen Nicht-mehr und Noch-nicht eingespannt, die Erreichung des Noch-nicht zu Lebzeiten sich nicht mehr zutrauen, dem Erfolg nicht mehr vertrauen. Es sind die Müden und Resignierten, die Kleinmütigen und Schwermütigen, die Fortschrittszweifler und Accidiosi. Auch Benjamins zuletzt angesprochene Vorstellung von der Rettung der Hoffnung um der Hoffnungslosen willen gehört hierher. Denn die Hoffnungslosen sind die gleichsam metaphysischen Fußkranken, die am Rande der Straße des Fortschritts von Heils-, Welt- oder Lebensgeschichte sitzen und nicht selten mit erschöpft oder mutlos aufgestütztem Kopf melancholisch vor sich hin starren. Wenn ihnen zum Fortschreiten also der «pes» (Fuß) fehlt, der in der «spes» (Hoffnung) steckt (wie vor über tausend Jahren der fränkische Benediktinertheologe Paschasius Radbertus einmal als Etymologie bzw. Etymogelei versuchte), dann müssen wir uns fragen: Wo steckt denn der Fuß der Hoffnungslosen fest, wenn er nicht in den Wanderstiefeln der Hoffnung munter fürbaß schreitet? Worin oder woran geht dem Melancholiker die Hoffnung je zuschanden? Wie kommt es, daß von den drei christlichen Essentials – Glaube, Liebe, Hoffnung – zumindest die letztere (wenn nicht noch weitere) ihre verbindliche Kraft irgendwie verlieren kann? Wie gerät der Mensch als Homo viator in die Melancholie des Zwischen-Seins, insbesondere in die Melancholie des Daseins *Zwischen Nicht-mehr und Noch-nicht* – und wie gerät er wieder hinaus?

Während die Kolonne des Fortschritts der Menschheit sich unermüdlich weiterzuwälzen scheint, in ihren Dimensionen inzwischen unabsehbar geworden, sehen wir also den Melancholiker und seinesgleichen auf der Standspur der Bahn der Geschichte stehen und nicht mehr recht weiter wollen: Er ist nicht der Mensch auf dem Weg, er ist der Mensch am Wegrand. Weder erscheint er phlegmatisch genug, dem Gang der Dinge einfach nur zu folgen, noch von jener sanguinischen Bewegungsfreude, die am Fortschreiten an sich schon Gefallen findet, noch liegt es ihm, sich darüber aufzuregen, daß es auf der Überholspur der Weltgeschichte wieder einmal nicht schnell genug vorangeht, oder sich darüber zu entrüsten, daß die Nachkommenden so drängeln. – Die melancholischen Fußkranken und Seelenlahmen dagegen sind einfach nur des Treibens müde und haben die Hoffnung (wenngleich nicht die Sehnsucht) aufgegeben, jemals anzukommen in diesem Exodus der Weltgeschichte.

Dieser Ermüdung entgeht, wenigstens phasenweise, nicht leicht jemand. Selbst Nietzsches «Zarathustra», ein sicherlich wenig zu melancholischem Selbstmitleid neigender Charakter, klagt so:

«Habe *ich* – noch ein Ziel? Einen Hafen, nach dem *mein* Segel läuft? Einen guten Wind? Ach, nur wer weiß, *wohin* er fährt, weiß auch, welcher Wind gut und sein Fahrtwind ist. Was bleibt mir noch zurück? Ein Herz, müde und frech; unsteter Wille; Flatter-Flügel; ein zerbrochenes Rückgrat. Dieses Suchen nach *meinem* Heim: o Zarathustra, weißt du wohl, dies Suchen war *meine* Heimsuchung, es frißt mich auf. Wo ist – *mein* Heim? Darnach frage und suche und suchte ich, das fand ich nicht. O ewiges Überall, o ewiges Nirgendwo, o ewiges – Umsonst!»[5]

Wie diese deprimierende Lage für den abendländischen Menschen psychohistorisch zustande kam, schildert schon eine Urgeschichte der biblischen Mythologie: der alttestamentarische Bericht über den Auszug des Volkes Israel aus Ägypten und seines vierzigjährigen Marsches durch die Wüste bis hinein ins Gelobte Land. Dieser Bericht wirft ein erhellendes Licht auf die Eigenheiten jener problematischen ‹mittleren Phase›, dieser langen, nicht enden wollenden Zwischenzeit.

Wenn man die Metaphern erst nimmt, gibt als erstes die Wüste, situiert zwischen zwei fruchtbaren Gegenden, dem Ausgangspunkt und dem Endpunkt, der Nillandschaft in Ägypten und der Jordanebene in Palästina, zu denken. Denn in allen dreiphasigen Geschichtsmodellen des Abendlandes wird die Menschheit für die Zeit ihrer gegenwärtigen historischen Erscheinung in die Wüste geschickt. Sie mag sich dort abmühen, wie sie will: Verglichen mit jener kaum mehr greifbaren Ausgangslage bzw. mit der kaum auszumachenden Endlage ist das alles bloß Mühsal und Dreck – Sand, Staub und Steine. Es gibt also keinen Grund, innerhalb der geschichtlichen Zwischenzeit besonderen Stolz auf die menschlichen Errungenschaften an den Tag zu legen. Vom Standpunkt des unüberbietbaren, allerdings auch unverfügbaren Höhenplateaus mythischer Imagination aus wirbelt die Menschheit auf ihrem geschichtsträchtigen Weg durch die Wüste der zweiten Phase allenfalls Staub auf.

Des weiteren ist zu bedenken, daß die Pilger der Exodus-Geschichte nicht weniger als 40 Jahre lang durch die Wüste irrten. Es liegt nahe zu vermuten, daß sie hauptsächlich im Kreis marschiert und nicht auf geradem Weg vorangekommen sind. Auch dies erscheint zur Charakterisierung der allgemeinen Zwischenphase, in der die Menschheit seit Angedenken steckt, durchaus typisch. Die Wiederkehr des ewig Gleichen an Fehlgängen und Fehlentwicklungen in immer neuem Gewande: Wenn sie denn überhaupt gilt und stattfindet, dann ist sie in dieser Zwischenzeit der unübersehbaren geschichtlichen Ehrenrunden in der Wüste der Zeiten und Moden anzutreffen.

Auch in anderer Hinsicht ist die Länge der Zeit ein bezeichnender Hinweis. Von denen nämlich, die sich ursprünglich aufgemacht haben, ist nach 40 Wüstenjahren kaum einer mehr selber angekommen. Es war vielmehr eine neue Generation, die, in der Wüste der Zwischenzeit geboren, das ersehnte Ziel schließlich erreicht hat. «Wo gehen wir denn hin? – Immer nach Hause», heißt es im «Heinrich von Ofterdingen» des Novalis. Was nichts anderes bedeutet, als daß das Zuhausesein des Menschen, sein Zusichkommen immer noch aussteht: «Doch das Menschenkind hat noch kein Zuhause» (Walter Benjamin). Der Mensch, auf dem langen Marsch durch seine Geschichte, ist noch nicht bei sich selber eingetroffen. Allenfalls «entsteht in der Welt etwas, das allen in die Kindheit scheint und worin noch niemand war: Heimat»[6]. Dieses letzte Wort in Ernst Blochs «Prinzip Hoffnung» ist ein mutmachender Durchhalte-Appell, nicht am eingeschlagenen Weg zu verzweifeln und das *Aus*stehende als ein *Ent*stehendes begreifen zu wollen. Doch es fragt sich, ob dieser Zuspruch auch geeignet ist, jene zu bewegen, die, von der Länge der Wanderschaft ermüdet, als fußkranke Heimatlose melancholisch am Straßenrand hocken und gerade nicht mehr das Prinzip Hoffnung teilen, sondern darüber zur Besinnung gekommen sind, daß sie selbst es sind, die zu denen gehören, die nie ankommen werden.

Nostalgia, die Sehnsuchtskrankheit:
Heimweh nach dem Paradies der Kindheit

> *Philosophie ist eigentlich Heimweh...*
> *Friedrich von Hardenberg gen.* Novalis,
> Das Allgemeine Brouillon (1798/99)

Die Sehnsucht nach dem verlorenen Paradies, das dem Menschengeschlecht – heilsgeschichtlich – im Garten Eden, der Menschheit – gattungsgeschichtlich – im Naturzustand und dem einzelnen Menschen – lebensgeschichtlich – in der Kindheit gelegen haben könnte, diese Sehnsucht nach Rückkehr zum Verlorenen, die den Homo viator auf dem Weg durch das Erdenleben und die Weltgeschichte antreibt, kann ihn sozusagen auch ‹krank› machen, krank vor Sehnsucht.

Tatsächlich ist in der Medizingeschichte ein solches Konzept von ‹Sehnsuchtskrankheit› anzutreffen; zu seiner nosologischen Kennzeichnung wurde ein Wort geprägt, das neben und nach den beiden bereits vertrauten Schöpfungen der Antike (melancholia) und des Spätmittelalters (hypochondria) ebenfalls eine begriffsgeschichtlich folgenreiche Karriere im geistigen Universum der Melancholie und ihrer Kritik angetreten hat. Dieser dritte philosophisch bedeutsame medizinische Begriff ist die Nostalgie, die ‹Heimwehkrankheit›.

Nostalgie ist ein Phänomen, das sich am ehesten kulturphilosophisch oder sozialpsychologisch einordnen läßt; aber wir kennen es kaum als einen medizinisch bedeutsamen Sachverhalt.[7] Daß freilich ein solches gegenwärtiges Wortverständnis philosophisch oft nicht weit führt, ließ sich bereits am Beispiel der anderen melancholieproblematischen Leitvokabeln feststellen. Erinnert sei hier nur an die produktiven Irritierungen, die der Ausdruck ‹Hypochondrie› bei näherer Untersuchung seiner philosophisch bedeutsamen Begriffsgeschichte unserem naiv-modernen Sprachverständnis bereitete. Es kommt in solchen Fällen vor allem darauf an, die übergreifenden ‹metaphysischen› Spannungsverhältnisse zusammenzuhalten, die sich in den wechselvollen Begriffsauffassungen und Wortgebräuchen abzeichnen.

Ein medizinischer Begriff mit theologischer Vor- und soziologischer Nachgeschichte. – Vor hundert Jahren war ‹Nostalgie› ein vermutlich unbekanntes Wort und Wesen, weil einerseits die Mediziner jener Zeit diesen Terminus längst nicht mehr benutzten, andererseits die philosophischen oder soziologischen ‹Ärzte› des kommenden 20. Jahrhunderts erst ab Anfang der 70er Jahre die sie verblüffende, scheinbar emanzipationsmüde ‹Nostalgie-Welle›, die zugleich eine Welle des inflationären Wiedergebrauchs des umfunktionalisierten ehemaligen medizinischen Begriffs Nostalgie wurde, bemerken sollten.

Ein Jahrhundert vor ihrer melancholiekritischen Nachgeburt aus dem Geiste sozialreformatorischer Soziologie, Psychologie und Pädagogik als Denunziationsbegriff und Abwehrmittel von Emanzipationsmüdigkeit, also Ende des 19. Jahrhunderts, war aber die Nostalgie bereits seit 200 Jahren begriffsgeschichtlich im Schwange als schwieriges Kind einer prekären Verbindung von frühaufklärerischer Medizin und spätzeitlicher Theologie – übergreifend betrachtet also in der wechselseitigen theologisch-medizinischen Gespanntheit des Kampfes um Menschenseele und Menschenleben ein wahrlich philosophisches Problem: eine erneute Vorlage von Melancholie als Herausforderung der Philosophie.

Bei dieser Verbindung, die den Begriff Nostalgie gebar, ging es darum, sich mit der grundsätzlichen Homo-viator-Erfahrung und auch -Gefährdung auseinanderzusetzen, daß die Exilierung des Menschen aus seinem angestammten Heimatbereich (dem Paradies, sei es dem der Kindheit, dem des Naturzustandes oder sei es der Garten Eden) und sein Umherirren in der Fremde (dem Jammertal, der unnatürlichen, sündhaften Kultur, der entfremdeten Welt) ihn so sehr betrüben kann, daß sein animalischer Selbsterhaltungstrieb, sein menschlicher Lebenswille, seine psycho-physische Behauptungskraft als Individuum, sein Seelenfunke zum Erlöschen kommt.

Hatte die Theologie des frühen Christentums in ihrer kraftvoll-polemischen Auseinandersetzung mit den Seelenkrankheiten der heidnischen Welt Melancholiephänomene solchen Zuschnitts noch kurzerhand aus dem Zwischenbereich von Krankheit und Sünde auf ihr Terrain gezogen und als Quelle allen Lasters, als Todsünde, nicht tief und innerlich genug Leiden auf sich nehmen zu wollen, traktiert, so ergibt sich am Ende des 17. Jahrhunderts unter dem Paradigma der Nostalgia als lebensbedrohlicher Heimwehsehnsuchtskrankheit ein umgekehrtes Bild. Jetzt ist es die aufstrebende medizinische Wissenschaft, die in ihrer polemischen Phase einer zusehends alt und müde gewordenen Theologie das Terrain wieder abjagt und in medizinische Begriffe und Konzepte zurückübersetzt, was mit Beginn des Christentums an Problemen der «conditio humana» theologisiert worden war.

Als ernsthaft lebensgefährliche Krankheit war die Heimwehsehnsucht im 17. Jahrhundert tatsächlich bekannt als ein Leiden, das vor allem die Auslandschweizer, gelegentlich sogar epidemisch, befallen konnte. In der deutschsprachigen medizinischen Fachliteratur jener Tage wurde sie vor der Einführung des Nostalgiebegriffs daher meist als «Schweizer Heimwehe» bezeichnet. Besonders auffällig war das Auftreten dieser Krankheit in Frankreich; sie war ein notorisches Problem im französischen Heer bei Soldaten helvetischer Herkunft; denn es genügte, wie die Fama berichtet, wenn in exil-schweizerischen Söldnerkreisen eines der alten Lieder aus der Heimat gespielt wurde, insbesondere der wegen seiner medizinischen Gefährlichkeit berüchtigte «Kühe-Reihen», und die armen, von Heimwehsehnsuchtskrankheit Geplagten verfielen in tiefe Melancholie, stumpften vollends ab, verweigerten die Nahrung und siechten schließlich zu Tode. Im französischen Sprachraum wurde dieses Phänomen «maladie du pays» oder «mal du pays» genannt, aber auch als «hemvé» ins Französische entlehnt, so daß sich in Diderots «Encyclopédie» sowohl ein Artikel «hemvé» (1765 von Louis de Jaucourt) als auch ein Artikel «Nostalgie» (1777 von Albrecht von Haller) findet.[8]

Die eigentliche Wortgeschichte des Nostalgiebegriffs ist recht merkwürdig (und zum Teil in der medizinhistorischen Forschung nicht ohne grobe Irrtümer wiedergegeben): 1688 veröffentlichte ein sehr junger Mann namens Johannes Hofer (1669–1752) eine «Dissertatio Medica De ΝΟΣΤΑΛΓΙΑ, Oder Heimwehe» in Basel. Dies ist das definitive Entstehungsjahr des Begriffs ‹Nostalgie›. Doch die Geburt des Konzepts Nostalgie am Ende des 17. Jahrhunderts war konfus und die des Begriffs gefährdet; seine Existenz stand gleichsam immer nur auf einem Bein. Zwei oder drei geistige Väter waren an ihm beteiligt, nämlich neben dem Promovenden Hofer sein Doktorvater und Professor Theodor Zwinger (1658–1724), der nach den damals üblichen akademischen Gepflogenheiten als der eigentliche Ideengeber, wenn nicht sogar Hauptverfasser der Nostalgia-Dissertation angesehen werden muß, sowie Johann Jacob Harder (1656–1711) als Vorsitzender des

Promotionsverfahrens Hofers. Aber viele Köche verderben den Brei: Mehrere begriffskritische Namensänderungsversuche wurden gegen den Neologismus «Nostalgie», zu deutsch Heimkehrtraurigkeit, Heimkehrschmerz oder Heimwehe, unternommen. Eine Wiederveröffentlichung der Nostalgia-Dissertation durch den geistigen (professoralen) Urheber Zwinger im Rahmen seiner gesammelten Werke (und betreuten Dissertationen) geschieht 1710 unter dem Titel «De Pothopatridalgia», was wiederum eine Wortneuerfindung ist und Vaterlandssehnsuchtskrankheit bedeutet. Aber schon in der Arbeit von 1688 sind zur Bezeichnung des nostalgischen Leidens vom Verfasser (Zwinger/Hofer) die weiteren Kunstwörter «Nostomania» und «Philopatridomania», zwei Mania-Variationen also, zur Disposition gestellt, ja sogar der Leser zu weiteren Wortbildungen für das zur Diskussion stehende Krankheitsphänomen ermuntert worden. Der Begriff Nostalgie ist mithin von Anfang an nur einer unter mehreren Kandidaten zur Bezeichnung der Heimwehkrankheit und des Sehnsuchtsschmerzes gewesen, und es muß angesichts dieser neologistischen Wankelmütigkeit geradezu als Wunder erscheinen, daß eine so schwächlich verteidigte Begriffszeugung wie Nostalgia überhaupt überlebt und am Ende in gewandelter Gestalt eine solche Karriere gemacht hat.

Die akademische Mutter Medizin stand ihrem neuem Begriffskind – bei allem Interesse an der Sache und ihrer Aneignung als Problem der Medizin – mit Vorbehalten gegenüber, und so blieb die ‹Nostalgie› terminologisch eine wackelige, einbeinige Angelegenheit, deren anderes Bein, ‹Heimweh›, seit jeher immer mehr auf dem Boden von Theologie (oder später säkulartheologisch dilettierender Soziologie) problemgeschichtlich beheimatet war und bleiben sollte. Und doch war es nur diesem dauerhaften Heimwehproblem-Standbein zu verdanken, daß es gelang, konzeptuell den Schritt in die medizinische Fakultät zu tun und dort das Phänomen der Heimwehkrankheit so auszuspielen, daß der ‹Nostalgie› gleichsam die Ehre zukam, zeitweilig das terminologische Spielbein zu sein.[9]

Warum wurde der Nostalgiebegriff im 19. Jahrhundert durch das einfache ‹Heimweh› ersetzt, und warum ging er in einer zunehmend breiten Entwicklung auf, die Anfang des 20. Jahrhunderts mit Karl Jaspers' medizinischer Dissertation «Heimweh und Verbrechen» (1909) einen vorläufigen Abschluß erreichte? Warum wurde die Heimwehkrankheit ‹Nostalgie› so weitgehend uminterpretierbar, daß sie 300 Jahre nach ihrer konzeptuellen Schöpfung dazu gebraucht wurde, ein scheinbar ganz neues Geschöpf, nämlich die romantische Rückwärtsgewandtheit einer von forcierter Fortschrittlichkeit ermüdeten Gesellschaft, zu bezeichnen?

«Früher...»: späte Sehnsucht nach der heilen Welt. – Bei einem Schweizer Gegenwartsautor heißt es einmal: «Herr von Stürler seufzte. Bauer hätte man sein sollen: Scholle, Ackersegen, Schweiß des Angesichts, Glück im Stall, große Emotionen, Wald – ach, Herr Beno wußte von seinen Pächtern nur allzugut, daß es damit längst aus war. Früher hätte man leben sollen, viel früher (...)»[10]

Früher hätte man leben sollen – das ist ein Grundzug, ja das Grundthema derjenigen Spielart von zeitlich gewendeter Melancholie, die wir heutzutage Nostalgie nennen. Was ursprünglich Heimwehkrankheit besagte und also auch einen räumlichen Bezug der Sehnsucht zum Ausdruck brachte, ist in ein zeitliches Verhältnis hinübergewechselt. Aber warum?

Im Gegensatz zur Melancholie mit ihrem traditionsgesättigten Beharrungsvermögen und auch im Gegensatz zur Hypochondrie als einer durch adjektivische Hypostasierung im Zusammenhang mit ‹Melancholie› über zwei Jahrhunderte gewachsenen Bezeichnung hatte die Nostalgie keinen lange gehegten Boden für ihr begriffsgeschichtliches Gedeihen. Sie wurde willkürlich ‹erfunden› und von wenigstens einem ihrer Erfinder ebenso willkürlich wieder verworfen, während das Problem, zu dessen medizinischer Bezeichnung sie dienen sollte, seiner metaphysischen Herkunft nach nur ein säkularisiert medizinisches, in Wirklichkeit theologisches Syndrom darstellt: die unstillbare Sehnsucht des Menschen nach einer ihn bergenden Heimat, die als solche Sehnsucht allerdings erst durch die Erfahrung des Geborgenheits*verlustes* thematisch wird: räumlich durch Exilierung aus dem Geburtsland, zeitlich durch rasant fortschreitendes Fremdwerden der Lebenswelt.

An dieser Stelle kann an frühere Überlegungen angeknüpft werden. Denn schon bei der Behandlung des Glücksproblems ließ sich feststellen, daß die damit verbundene Fluchtbewegung, die als räumliche zunächst als Suche nach dem Glücksort erfolgt ist, schließlich – ihrer inneren Logik der Selbstverhinderung zufolge – in die zeitliche Dimension überwechselte, wo ihr der melancholische Erfolg, nie ans Ziel zu gelangen, gewiß ist. Die vergebliche Suche nach dem Glücksort wird dergestalt zur noch vergeblicheren nach der Glückszeit – derjenigen Zeit nämlich, in der an dem jeweiligen spekulativ inzwischen erreichten, vormaligen Glücksort das gesuchte Glück noch anwesend war, was es mittlerweile, nämlich vermittels der Tatsache der nunmehrigen Anwesenheit des unglücklichen Verfolgers am Glücksort, *nicht mehr* ist.

Die Fluchtbewegung des Glücksverfolgs war damit in den zeitlichen Horizont hinübergetreten, in dem die Erfüllung am angestrebten Ort nur als frühere, dort vergangene Glückszeit oder als zukünftige im utopischen Irgendwo aufrechterhalten werden konnte, jedenfalls nicht als anwesend im Raum der Gegenwart. Diese Verzeitlichung der Utopie führte prospektiv zur Uchronie, retrospektiv zur Nostalgie.

Ungelebtes Leben, gescheitertes Selbst

> *Ich bin eigentlich ganz anders,*
> *aber ich bin nie dazu gekommen.*
> Christian Dietrich Grabbe, Brief

Wenn Hermann Lübbes Deutung zutrifft, daß Nostalgie im modernen sozialphilosophischen Sinn ein Kompensationsphänomen für die gegenwärtige Vertrautheitsschwund-Erfahrung ist[11], dann fragt sich, was geschieht, wenn diese Kompensation in ihrer stabilisierenden Funktion ausfällt, weil sie individuell nicht mehr gelingt: Was folgt, wenn ein Mensch in und mit seiner eigenen Lebensgeschichte keine Vertrautheitserfahrung mehr macht und diesen Mangel auch nicht durch nostalgische Rückbezüge auf quasiparadiesische Heimatresiduen (Kindheit usw.) kompensieren kann?

Es folgt vielleicht ein Gefühl des Auf-der-Strecke-Bleibens, und zwar sowohl auf der Strecke, die der gesellschaftliche Fortschritt der Modernisierung bzw. Entfremdung der Lebenswelt geht, als auch auf der Strecke des eigenen Lebensplans: Das Leben geht weiter, aber ich komme nicht mehr mit – gehe auch nicht mehr mit; die Zeit eilt davon, doch ich hinke nach; der Fortschritt schreitet fort, aber ich bleibe zurück. Vor allem macht das melancholische Ich die traurige Erfahrung, hinter sich selbst zurückzubleiben, hinter seinen eigenen Plänen, Hoffnungen, Erwartungen und Möglichkeiten.

Was geht da vor, wenn jemand meint, gleichsam systematisch unter seinen Möglichkeiten geblieben zu sein? War die Möglichkeitserwartung zu hoch? Oder war man eher Opfer als Täter, ist der Kraftverlust zu groß gewesen, der sich schon während der langen Anlaufzeit, die hochgesteckten Ziele zu erreichen, immer mehr einstellte?

Aber man muß auch anders herum fragen: Welcher Mensch kann überhaupt von sich sagen, daß er im Laufe seines Lebens nicht unter seinen Möglichkeiten geblieben ist? Sind diese abstrakten ‹Möglichkeiten›, die einer meint zu haben, nicht immer größer als die Wirklichkeiten, die sich konkret verwirklichen lassen? Sind die geheimen Glückserwartungen an das eigene Leben nicht fast immer großartiger und reichhaltiger – wenigstens in der Phantasie, auf die es hier ankommt, weil sie es ist, die uns ein Gefühl unseres Unglücks vermittelt –, als im Leben schlußendlich ‹glückt›?

Das philosophische Problem an der Selbstverwirklichung scheint zu sein, daß man nie *alles* verwirklichen kann. ‹Etwas fehlt› – immer. Dies ist allein schon deshalb so, weil Verwirklichungen bestimmter individuell angelegter Lebensmöglichkeiten – Begabungen, Neigungen, Talente – sich im Laufe der Zeit gegenseitig ausschließen. Ich kann immer nur *einiges* verwirklichen; anderes wird gerade dadurch, daß ich dieses verwirkliche, als jenes Nicht-Verwirklichte übrigbleiben.

Existentialistisch hochgeschätzt, ist die Zahl möglicher Entwürfe zunächst unbeschränkt. Endlichkeitsphilosophisch gesehen aber ist der Mensch zum Scheitern der meisten Selbstverwirklichungsentwürfe verdammt. Sartre konsequent zu Ende gedacht und in die Enge geführt, sind wir nämlich stets mehr unser Nicht-Gewordenes als unser Gewordenes, mehr unsere Möglichkeiten als unsere Wirklichkeiten, mehr unsere Nicht-Verwirklichungen als unsere Verwirklichungen.

Normalerweise wird man nun sich ‹selbst› eher mit den konkret gewordenen Wirklichkeiten des eigenen Lebens als mit abstrakten Möglichkeitsentwürfen identifizieren. Aber was ist, wenn ein Mensch meint, daß das, was fehlt, das eigentlich Wichtige (gewesen) wäre, sein eigentliches Selbst und Wesen, das ‹Eigentliche› eben?

Es ergibt sich hier eine bemerkenswerte Strukturparallele zum Leiden (an) der Einbildungskraft, wie es bereits am Beispiel der Hypochondrie deutlich wurde. Dort zeigte sich nämlich: Man ist nie ‹gesund› genug, um nicht – in der hypochondrischen Selbstsicht – doch auch irgendwo krank zu sein, zu kränkeln am Ideal der Gesundheit. Denn Gesundheit ist eine Abstraktion, ein völliges Fehlen von – realen oder eingebildeten – Krankheitssymptomen, welches nie ganz eintritt; Kranksein dagegen ist eine ständig konkretisierbare Erfahrung.

In demselben Sinn läßt sich in bezug auf die ‹Nostalgie seiner selbst› als Leiden der Erinnerung an das eigene ungelebte Leben sagen, daß man nie ‹verwirklicht› genug ist, um nicht – in der nostalgischen Rücksicht auf ein eigentliches Selbst – noch auch irgendwo unverwirklicht zu sein und eine offene Wunde unrealisierter Möglichkeit zu haben, zu bluten am Ideal der Verwirklichung. Denn Selbstgelingen und Selbstverwirklichung sind Abstraktionen, pietistisch säkularisierte Grenzbegriffe einer nur heilsgeschichtlich sinnvoll begründbaren Totalität von Menschsein; Mangel und Scheitern sind dagegen jederzeit konkretisierbare Erfahrungen.

Diese Problematik der menschlichen Endlichkeit ist zugleich eine menschlicher Zeitlichkeit. Die Kontinuität des menschlichen Zeiterlebens wird, wie früher schon am Beispiel der ersten Abschnitte aus Nietzsches «Vom Nutzen und Nachteil der Historie für das Leben» festgestellt, im wesentlichen dadurch bestimmt, daß der Mensch, anders als das Tier, nicht nur in der augenblickshaften Dimension der Gegenwart lebt, denkt und handelt. Der Mensch ist vielmehr zur Selbstreflexion begabt, und das schließt ein, daß er sich erinnern können *muß*. Er ist ein erinnerndes und damit zugleich ein vorausschauendes, planendes, hoffendes bzw. befürchtendes Wesen. Warum sich aus dem einen, dem Sich-erinnern-Können, auch das andere, das Hoffen-Können oder Befürchten-Können, ergibt, wird noch anzusprechen sein. Zunächst soll aus der Wiederaufnahme der Geschichtsproblematik bei Nietzsche heraus die Glücksfrage, die in diesem anthropologischen Zusammenhang virulent geworden ist, neu eingeordnet werden. Denn wenn es nach Nietzsche das Glück der Tiere ausmacht, ohne Erinnerung des Gewesenen (und damit auch ohne Blick auf das Zukünftige) ganz im Gegenwärtigen aufgehen zu können, dann muß doch umgekehrt mit der spezifisch menschlichen Komplexität des Zeiterlebens, also dem Ineinandergreifen von Vergangenheitserinnerung, Gegenwartserleben und Zukunftsvorstellung, ein besonderes Unglückspotential mitgeliefert sein, das uns in melancholieproblematischer Hinsicht nicht unberührt lassen kann.

Die Frage lautet also: In welcher Weise kann seine besondere Fähigkeit eines dreifachen Zeiterlebens – ja, sein Ausgeliefertsein an dieses – den Menschen unglücklich machen? Selbstverständlich läßt sich auch ein glücklicher Gebrauch der menschlichen Möglichkeit vorstellen, sich Vergangenes oder Zukünftiges zu vergegenwärtigen, sich in ihnen quasi präsentisch einzurichten. In der Erinnerung an gut gelungene Bewältigung der eigenen Vergangenheit und in der Antizipation noch ausstehender Chancen kann sich der Mensch auf eine glückliche Weise mit sich selbst in Einklang bringen. Aber, im melancholischen Erfahrungsmuster formuliert: Wem passiert das schon? Und warum passiert es so selten?

Hier interessiert das spezifische Verhältnis von Vergangenheitsorientierung und Zukunftsausrichtung im menschlichen Selbstbewußtsein. Wenn in der Operette «Die Fledermaus» von Johann Strauß das Ensemble jubiliert: «Glücklich ist, wer vergißt, was nicht mehr zu ändern ist», erklingt diese Dissonanz natürlich nicht. Erst die Umkehrung dieser Operettenweisheit zeigt die Richtung an, die den melancholischen Mißklang im Verhältnis zur eigenen Lebensgeschichte wahrnehmbar werden läßt: Unglücklich ist, wer nicht vergessen kann, was doch nicht mehr zu ändern ist. Aber was heißt hier: ‹nicht vergessen können›?

Gemeint ist doch, daß die Erinnerung an eine mißlungene, vertane, verfehlte Episode sich mit solcher Macht dem Unglücklichen aufdrängt, daß sie sein weiteres Leben entscheidend beeinflußt, aber eben negativ. Zwar könnte auch das Nicht-vergessen-Können, zum Beispiel der Erfahrung eines Krieges in der Maxime «Nie wieder Krieg!», zu einer positiven, lebensgestaltenden Kraft werden. Doch je individueller die Betroffenheit ist, die sich im Nicht-vergessen-Können manifestiert, je stärker das Erinnerte in den Bereich von persönlicher Schuldzurechnung und Selbstanklage reicht, desto schwieriger ist der Knoten zu lösen, der sich aus der Verstrickung der Geschichts- und Erlebnisebenen im Bewußtsein ergibt, beispielsweise im Übermächtigwerden der negativ erlebten Vergangenheit durch ein Nicht-vergessen-Können von persönlicher Lebensverfehlung. Sein Leben verfehlt zu haben, ist also die traurige Konsequenz einer Selbstverwirklichungsbilanz, in der die gezeitigten Ergebnisse von den ungenutzten Chancen zum Besseren überwogen werden – ein im subjektiven Empfinden schwer wieder loszuwerdender Befund.

8. Verlorene Zeiten

Versäumte Vergangenheit – verhinderte Zukunft

> *Sed fugit interea, fugit irreparabile tempus.*
> (Doch flieht derweilen, unwiederbringlich entflieht sie, die Zeit.)
> Publius Vergilius Maro,
> Georgica (29 v. Chr.)

O mihi praeteritos referat si Iuppiter annos! – o wenn Jupiter mir doch die verflossenen Jahre zurückgäbe! Diese scheinbar harmlose lateinische Sentenz aus Vergils «Aeneis» (VIII, 560) findet sich, für den philosophischen Leser eher unvermutet, sogar bei Immanuel Kant, eingeflochten in seine «Kritik der Urteilskraft» (B XXIII), und zwar dort, wo er in seiner Einleitung kurz vom menschlichen Begehrungsvermögen handelt und bemerkt, «daß es auch Begehrungen im Menschen gebe, wodurch derselbe mit sich selbst im Widerspruch steht: indem er durch seine Vorstellung *allein* zur Hervorbringung des Objekts hinwirkt, von der er doch keinen Erfolg erwarten kann, weil er sich bewußt ist, daß seine mechanischen Kräfte (...), die durch jene Vorstellung bestimmt werden müßten, um das Objekt (...) zu bewirken, entweder unzulänglich sind, oder gar auf etwas Unmögliches gehen, z. B. das Geschehene ungeschehen zu machen (O mihi praeteritos, etc.)».

In diesem klagenden Ausruf wird etwas zum Ausdruck gebracht, das sich zwar häufig in der schönen Literatur der verschiedensten Sprachen findet, aber selten in der philosophischen Literatur; erst recht wird es dort fast nie als das philosophische Problem aufgefaßt und behandelt, das es anthropologisch und existentiell ist: das Problem der Irreversibilität des menschlichen Lebensvollzugs, der Unumkehrbarkeit der geschehenen Lebensgeschichte, der Unwiederbringlichkeit der gezeitigten Lebensstationen.

Denn in der Klage an Jupiter verbirgt sich ja zugleich die Erkenntnis, daß die Anrufung vergeblich ist: Kein Gott gibt uns die verflossenen Jahre zurück. Entscheidend an dieser Klage um die bereits gelebten und unwiederbringlichen Jahre des eigenen Lebens ist daher nicht die Anrufung der höheren Instanz, sondern die implizite Stellungnahme des betreffenden Menschen zu sich selbst, zu seiner eigenen Entwicklung und Geschichte. Es wird nämlich die Lebensspanne der Vergangenheit wohl deshalb zurückgewünscht, weil sie verändert und angereichert werden soll um etwas, das in ihr als ein solches noch nicht enthalten ist. Glücklich, wer sich sein Leben nur zurückwünscht, um alles noch einmal genauso zu erleben und verleben, wie es war: Nietzsche hat in seiner Idee der Wiederkehr des Gleichen – der unbedingt zu wünschenden endlosen Wiederholung und auf ewig zu bejahenden Wiederauflage des Durchlebten – ein solches Glück der Stellungnahme zu sich selbst im Auge gehabt. Dieses übermenschliche wunschlose Glücklichsein mit dem eigenen Leben wird aber eher die Ausnahme sein. In der Regel wünscht sich der Mensch – wider besseres Wissen – seine vergangenen Jahre zurück, weil ihn der verwegene Gedanke umtreibt, im hypothetischen Wiederholungsfall (nachträglich) noch etwas zum Besseren wenden zu können.

Nicht die Wiederkehr des Gleichen wird also gewünscht, sondern die Reversibilität, die Veränderbarkeit und Ergänzbarkeit des Vergangenen um solche Momente, die einem rückblickend inzwischen wichtig erscheinen, wohingegen sie früher nicht bedacht wurden oder möglicherweise als belanglos und daher vernachlässigbar vorkamen. Weshalb sie denn auch vernachlässigt wurden! Leider! – denkt sich der Mensch, denn man möchte doch immer mehr aus seinem Leben machen, als bisher daraus geworden ist, weshalb es einem nun notwendig erscheinen mag, daß man schon früher mehr aus seinen Möglichkeiten hätte gemacht haben müssen. Schließlich läßt sich nur ernten, was früher einmal gesät worden ist: Deshalb wäre es ein so reizvoller Gedanke, die verflossenen Jahre noch einmal unter die Hände zu bekommen, weil man nämlich gern nachsäen würde bzw. gesät wissen würde, was an einstigen Möglichkeiten nicht auf fruchtbaren Boden fiel.

Negative Kairologie. – Wir stehen also vor dem Problem einer Vergangenheitswahrnehmung, die wesentlich die Wahrnehmung von Versäumnis ist: Wenn Jupiter die verflossenen Jahre zurückgeben könnte, ließen sich diese Versäumnisse nachträglich ausräumen, und man stünde besser und glücklicher da in der Gegenwart und Zukunft.

Eine solche Wahrnehmung ‹versäumter Vergangenheit› kann, um

das Melancholieproblem zeitspezifisch zuzuspitzen, zur obsessiven Lebensthematik werden und den betroffenen Menschen in konsequenter Weise unglücklich machen, dann nämlich, wenn dem angeblichen Versäumnis ein solches Gewicht beigemessen wird, daß es den Rang und Stellenwert einer *singulären Glücks-Chance* erhält: einmal versäumt, immer versäumt – die Möglichkeit und Gelegenheit, im Leben glücklich zu werden, ist dann ein für allemal dahin!

Dieses Glücksmoment, das im rechten Augenblick wahrzunehmen und zu ergreifen gewesen wäre, wurde in der Antike «Kairos» genannt und in Gestalt eines glatzköpfigen Jünglings versinnbildlicht, der nur vorn auf der Stirn eine einzige Locke trägt. Die Redewendung, das Glück beim Schopfe zu packen, leitet sich von dieser Allegorisierung des Kairos her. Denn nur in der kurzen Frist, wo der einher eilende Kairos noch auf den Menschen zukommt, kann dieser den Glücksbringer an der Stirnlocke ergreifen und festhalten. Sobald aber der Kairos vorbeigehuscht ist, hascht der Mensch vergeblich nach ihm: Der allegorische Jüngling bietet ihm nur noch den kahlen Hinterkopf, wo keine Locke mehr ist, an der das Glück fixiert werden könnte: einmal vorübergegangen, immer vorübergegangen.

Brisant wird dieses Phänomen versäumter Vergangenheits-Chancen nun, wenn an einem solchen zu spät registrierten Kairos auch alle übrigen der eigenen Etappenziele zu hängen kommen. Weil die Realisierung eines bestimmten, zentralen Glücksmoments verfehlt wurde, sieht der melancholische Mensch im Extremfall seine gesamte Selbstverwirklichung scheitern. Das Tempus dieses Verbs ist mit Absicht gewählt: Nicht nur als *gescheitert* wird der Lebensentwurf angesehen, sondern als *im Scheitern begriffen*. Denn er scheitert nach einer solchen Sicht in Permanenz weiterhin (im Oberhausener Idiom, dieser einzigartigen Übertragung der englischen «-ing»-Verlaufsform, ist er «am Scheitern am Dransein»). An einem bestimmten Punkt hing eben alles, das ganze mögliche Lebensglück, und die Chance dieses Moments ist nicht eingelöst, nicht erfüllt worden. Was bleibt, ist melancholisches Bedauern und Nachtrauern dieses einzigartigen Versäumnisses, welches ein Leben in Gänze zum Unglück verurteilt...

Gegen eine solche Lebens(un)glücks-Konstruktion ließe sich – naiverweise – einwenden, daß es doch nicht nur einen Glücksmoment im Leben gibt; man lebt doch weiter und hat weitere Chancen, glücklich zu werden. Aber über einen solchen Einwand kann ein wirklicher Melancholiker nur traurig lächeln. Natürlich lebt man weiter, solange man noch nicht zum Selbstmörder geworden ist; aber was ist das für ein Leben! Man existiert weiter als ein zum Unglück Verdammter, man lebt in einer uneigentlichen Existenz höchster Zuspitzung. Das Eigentliche nämlich, dasjenige, dessen man hätte fähig sein können, wozu man berufen war, die einzigartige persönliche Möglichkeit, das ist unerreichbar geworden, und zwar schlimmstenfalls auch noch durch eigene Schuld. Man hat die Weiche falsch gestellt, und nun rollt der Zug des eigenen Lebens in eine Richtung, die immer mehr wegführt vom eigentlichen Ziel, vom wahren Selbst, vom möglich gewesenen Glück. Die *versäumte Vergangenheit* zieht auf diese Weise eine *verhinderte Zukunft* ständig nach sich oder – um im lokomotivischen Bild zu bleiben – eine *verstellte* Zukunft. Wenn die Weichenstellung in der Vergangenheit an einem entscheidenden Kreuzungspunkt in die falsche Richtung erfolgt ist, dann bewirkt das in dieser Perspektive ein unglückliches Fehlgehen, das durch keine nachträgliche Kurskorrektur mehr aufgehoben werden kann. Denn für eine vollständige Aufhebung des Irrtums und Irrwegs, der verpaßten Gelegenheit, wäre es nötig, an den zeitlichen Ort jener zentralen Fehlentscheidung zurückgehen zu können – wenn Jupiter die von da an verflossenen Jahre zurückgäbe.

Inzwischen aber hat der Gang der Entwicklung der Dinge Schritt für Schritt auf dem unglücklicherweise fehleingeschlagenen Weg vom Ort jener verhängnisvollen Gabelung fortgeführt, und dieser Umstand wird immer entscheidender, je mehr Zeit zwischen der verpaßten Glücksentscheidung und der späteren Einsicht in den Irrtum vergeht. Es ist die Tragödie der Endlichkeit, die hier melancholisch inszeniert wird. Wären wir unsterblich und ewig jung, dann könnten wir ausprobieren und uns, frei nach Sartre, ‹entwerfen› – mal in diese, mal in jene Richtung eines Lebenswegs. Der «Homo viator in bivio»[1], im Zweifel vor den Zwei-Weg (bi-vium) einer vermutlich richtigen (glücklichen) und einer vermutlich falschen (unglücklichen) Richtungsentscheidung gestellt, hätte unter Un-Endlichkeitsbedingungen die müßige Gelegenheit, sowohl den bequemen als auch den dornigen Weg zu Himmel oder Hölle auszuprobieren und versuchsweise bis zu Ende zu gehen – ein Leben im Simulationsraum. Wofern aber für den endlichen Menschen gilt: «Des Lebens Mai blüht einmal und nie wieder» (Schiller), heißt es eben diesen Frühling nicht zu vertändeln, sondern fruchtbar zu nutzen, auf daß der Lebensherbst nicht karg und bitter werde. Einmal versäumt jedoch, läßt sich die Zukunft, die auf den im Frühling Saumseligen danach zukommt, nicht mehr beliebig umändern. Um in die *andere* Zukunft, so wie ich sie mir inzwischen – melancholisch vergeblich – vor Augen führe, hineingeraten zu können, hätte ich an einem sehr viel früheren Punkt meiner Lebensgeschichte in diese andere Richtung einbiegen müssen. Indem ich dies nicht tat, weil ich es versäumte oder mich damals anders entschied, entwarf ich mich in eine Richtung, die mir heute inzwischen – gemäß melancholischem Zeitbewußtsein – nicht mehr behagt und deren Andauern mir eine Zukunft beschert, die von der ‹eigentlichen› Zukunft, die ich mir nun nachträglich wünsche, weit entfernt ist. In diese Zukunft meiner intendierten Eigentlichkeit aber kann ich mich zu diesem späteren Zeitpunkt meines Lebens insofern nicht mehr neu hinein entwerfen, als die Ressourcen meiner Lebenszeit und meiner Verwirklichungsmöglichkeiten zusehends eingeschränkt sind.

Das frühere Paar Sartre/Beauvoir beispielsweise würde sich in den letzten Lebensjahren vergeblich zu dem entworfen haben, was anderen alten Dauerpaaren des öfteren gelingt: etwa glückliche Großeltern sein zu wollen; denn das setzte voraus, daß die Betreffenden sich vorher zumindest entschlossen hätten, selber Eltern zu werden und darüber hinaus die Vorzüge des Familienlebens den eigenen Kindern auf späterhin zu übermitteln. Indem sie sich aber früher dagegen entschieden, legte der Entwurf ihres besonderen Paar-Seins die Beziehung Sartre/Beauvoir in dieser Hinsicht auch auf späterhin bereits fest. Und da es sich im menschlichen Leben beim Nachwuchs wie bei den meisten Dingen um eher ‹wachsende›, generative Verhältnisse handelt und weniger um bloß voluntative, läßt sich nicht in Zukünfte gelangen, deren Herkünfte nicht gezeugt worden sind.

Unser Melancholiker hat also recht: In der Tat verhindert eine bestimmte Richtungsentscheidung zu einem früheren Zeitpunkt des eigenen Lebens, daß man zu einem späteren die möglichen Folgen der alternativ möglich gewesenen Entscheidung auch noch zur freien Verfügung hat. Ich lege mich fest mit jeder derartigen Entscheidung zu jeder Zeit meines Lebens. Mit jedem Entwurf, der zur Realisierung gekommen ist, verringert sich die Möglichkeit des Andersseins und Andersswerdenkönnens meiner selbst. Indem ich so oder anders lebe, realisiere ich mich je auf eine bestimmte Weise; aber indem ich meine diversen Möglichkeiten teilweise in Realitäten überführe, erlebe ich nicht nur Wirklichkeiten als Verwirklichungen, sondern ich vernichte immer auch Möglichkeiten.

Auf das Gesamt des Lebenslaufs bezogen, sind es zunehmend weniger Möglichkeiten, die mir bei fortschreitendem Lebensvollzug noch zur Wahl stehen – zuletzt sind es nur noch zwei. Und so läßt sich das Lebensende schließlich auch begreifen als das endliche Ausgeschöpfthaben der letzten beiden verbliebenen Möglichkeiten: Nicht-Sein oder Doch-Sein, das ist die bange, letztmögliche Frage. Am Ende ist vielleicht die Taube auf dem Dach der einzige Spatz, den man noch in der Hand hält.

(So hat Odo Marquard es einmal – als Stellungnahme des Skeptikers im Podiumsgespräch über Religion und Philosophie beim Kongreß «Tradition und Innovation» der Allgemeinen Gesellschaft für Philosophie 1984 – gesprächsweise formuliert; und die Taube ist bekanntlich christlicherseits Symbol des Heiligen Geistes.)

«Hätte...» – Leben im Modus vergangener Möglichkeit

An jenem Tag vor über zwölf Jahren hätte ich auch woanders sein können. Wäre ich an jenem Tag damals nicht in Belbos Büro gewesen, dann wäre ich jetzt... ja was? Sesamsamenverkäufer in Samarkand? Herausgeber einer Taschenbuchreihe in Blindenschrift? Direktor der First National Bank in Franz-Joseph-Land? Die sogenannten ‹kontrafaktischen› Konditionalsätze sind immer wahr, weil ihre Prämisse falsch ist. Doch an jenem Tag war ich in Belbos Büro, und deswegen bin ich nun da, wo ich bin.
Umberto Eco, Il pendola di Foucault (1989)

Wie schön wäre es, ich wäre nicht da, wo ich bin, sondern anderswann anderswo – dieser Gedanke hatte bereits im Kapitel über das Glück eine tragende Rolle gespielt. Wer begnügte sich schon gern mit der prosaischen Erkenntnis, daß er aus unumkehrbaren Gründen da ist, wo er ist, also beispielsweise in Lebensgefahr wie der im Motto bemühte Roman-Protagonist, und daß alles Entscheidende da, wo man ist, hier und jetzt, geschehen wird?

Ein solches Zutrauen zum Vivere-Prinzip des *hic et nunc* ist die Sache des Melancholikers nicht; für ihn gilt die umgekehrte Lebensmaxime: *alias alibi*. Er vertraut nicht dem Karma, daß alles so kommt, wie es kommen muß, sondern er trauert dem Kairos nach und bedauert, daß alles so kam, wie es nicht hätte kommen müssen. Melancholiespezifisch ist nicht die Ansicht, daß ich meinem Schicksal nicht entgehen kann, weshalb ich es dann auch ruhig in der Gegenwart erwarten kann, sondern vielmehr die Überzeugung, daß ich mit etwas Glück auch in ein anderes Lebensschicksal hätte hineingehen können: Ich sehe es gleichsam beständig vor mir, wie dann alles ganz anders gekommen wäre und in Zukunft kommen würde. Wer ein melancholisches Selbstverständnis hat, wird dieses Sehnsuchtsfenster auf eine unerreichte Welt des Glücks nie schließen.

Kleine Blütenlese vom vergeblichen Umwünschen des Geschehenen. – Einer der interessantesten literarischen Melancholie-Charaktere der Romantik, Hölderlins Hyperion, von dem gesagt wird, er sei ein ‹elegischer Charakter›, äußert sich in einem seiner Briefe an Bellarmin mit den wehmütigen Worten: «O hätte ich doch nie gehandelt! um wie manche Hoffnung wär ich reicher!»[2]

Unter den vielen Gesichtspunkten, die dieser Satz in der Auslegung der Hyperion-Dichtung für sich beanspruchen darf, ist es vielleicht nicht unbedingt der feinsinnigste, für uns aber gleichwohl der entscheidende, wenn wir bemerken: Das ist ein hochmelancholischer Satz! Er erscheint geradezu typisch für ein bestimmtes sprachliches Syndrom von Melancholie-Äußerungen, von Stellungnahmen zu sich selbst und zur eigenen Lebensgeschichte, welches im folgenden auch als ein spezifischer Problemfall nostalgischer Nachträglichkeit zu behandeln sein wird. Es handelt sich dabei um Sätze des Typs «Hätte(n)... getan» bzw. «Wäre(n)... gewesen», mithin um Aussagen im Modus und Tempus des Konjunktiv-Plusquamperfekts. Solche Sätze finden sich in der schönen Literatur nicht weniger als im täglichen Gespräch, und in größerer Menge zusammengestellt, böten sie dem Melancholieforscher genügend reizvolles Material für eine Anthologie der Vergeblichkeit von Vergangenheitsnostalgie. Dafür einige Beispiele.

Um mit einem antiken Wort zu beginnen: «O si tacuisses, philosophus manisses» (O wenn Du doch geschwiegen hättest, Du wärest ein Philosoph geblieben)[3] – dieses frühe Zeugnis eines im Konjunktiv-Plusquamperfekt formulierten Wunsches bringt neben der allfälligen Enttäuschung und der Vergeblichkeit des Bedauerns darüber, daß das Glück der Weisheit auch bei anderen oft nur eine Illusion ist, insofern eine Besonderheit mit sich, als sie nicht wie sonst häufig in der ich- oder wir-bezüglichen Form des Umwünschens formuliert ist, sondern in der zweiten Person, so daß das vergebliche Wünschen also jemandem anderen gilt. Dadurch tritt der dieser sprachlichen Gestalt inhärente Melancholie-Aspekt noch nicht so deutlich hervor wie bei den nächsten Beispielen, aber wir brauchen nur im Geiste umzuformulieren: Hätte ich doch bloß geschwiegen (anstatt mich zu blamieren), dann hätten mich alle für einen Philosophen und also für einen glücklichen Menschen gehalten. Und schon wird das altbekannt melancholische Umwünschungselend für jeden nachfühlbar. Vermutlich beruht die zweite Person in der Formulierung bei Boethius auf der Tatsache, daß es sich gewissermaßen um die Übernahme von einem Vorbild handelt; denn schon im Alten Testament heißt es: «Wollte Gott, daß ihr geschwiegen hättet, so wäret ihr weise geblieben» (Hiob XIII, 5).

Lassen wir nun Mittelalter oder gar Altertum hinter uns, wo sich das Phänomen eines ausgeprägten und zugleich angekränkelten Selbstbewußtseins noch nicht so häufig findet, und suchen wir statt dessen in der angeblichen Geburtsepoche des neuzeitlichen Menschen, der Renaissance, so werden wir dort gerade im Paradebereich des Paradigmas fündig: bei den Künstlern. In voll entfalteter Gestalt begegnet uns der Wunsch, alles ganz anders gemacht zu haben, bei dem wohl größten Melancholiker unter den Genietypen renaissancespezifischen Künstlertums, bei Michelangelo. Im Oktober 1542 schreibt er an Luigi del Riccio: «Malerei und Plastik, Arbeit und guter Wille waren mein Ruin, und es geht ständig abwärts mit mir. Es wäre besser gewesen, ich hätte in meiner Jugend angefangen, Zündhölzer zu machen! Ich würde jetzt nicht in so entsetzlicher Gemütsverfassung sein.»[4]

Mit dem Aufkommen der romantischen Haltung zur Welt werden diese Hätte-Konstruktionen zunehmend als retrospektive Wunsch-Exklamationen formuliert. So ruft Herder in «Auch eine Philosophie der Geschichte zur Bildung der Menschheit» (1774) aus: «– Griechenland! Urbild und Vorbild aller Schöne, Grazie, Einfalt! Jugendblüte des menschlichen Geschlechts – o hätte sie ewig dauern können!»[5]

Diese Ausrufe beginnen in der Epoche zwischen Empfindsamkeit und Romantik meist mit einem exklamativen «Oh» oder «Ach» als bekümmertem Stoßseufzer, und es spielt bei diesem quasi imperativischen Anderswünschen der Welt keine Rolle, ob der Autor sich – frühromantisch wie bei Herder – nostalgisch um das Verschwinden früherer Glückszeiten bekümmert, also philosophisch letztlich am Ruinenmelancholiemotiv partizipiert, oder – spätromantisch wie bei Eichendorff – seine eigene Epoche und sein Partizipieren an ihr verflucht, wenn dieser den Dichter Fortunat erfindet, der sich gleichsam transzendental selbst vernichtet, indem er die Bedingung der Möglichkeit seiner poetischen Existenz wegwünscht: «Ach, teurer Freund, ich wollte, die Romantik wäre lieber gar nicht erfunden worden!»[6]

Im Sturm und Drang auf einem Höhepunkt ist diese Melancholie als expressives O-hätte-Bedauern bereits bei dem unglücklichen Dichter Jakob Michael Reinhold Lenz, dem wir die nachgerade unüberbietbar verzweifelte Lebenslauf-Umwünschungsformulierung verdanken: «O mein Goethe, mein Goethe, daß Du mich nie gekannt hättest...»[7]

An die Seite zu stellen ist dieser Zuspitzung nostalgischer Nachträglichkeit allenfalls noch das Wort, das der junge Aussteigerheld in Senancours romantischem Briefroman «Oberman» zu sich selbst spricht, als er sich mit seinen 21 Jahren in zeitlich komplizierter Konstruktion die Vorstellung eines späteren Lebensrückblicks als alter Mann auf sein (jetzt noch vor, dann aber hinter ihm liegendes) trauriges Dasein rührend nahebringt: «Wir werden ausrufen: O hätten wir doch gelebt!»[8]

Doch statt solcher Exaltationen besser noch Beispiele für den Normalfall. Das Problem, um das es hier geht, wird zur selben Zeit, um 1800, treffend von Schiller geschildert, als er seinen Wallenstein reflektieren läßt: «Hätt' ich vorher gewußt, was nun geschehn, / Daß es den liebsten Freund mir würde kosten, / und hätte mir das Herz wie jetzt gesprochen – / Kann sein, ich hätte mich bedacht – kann sein / Auch nicht – ...», und vorher schon hörten wir von ihm: «Die Weisung hätte früher kommen sollen...»[9]

Das in der Tat ist das Problem: Hätten wir früher gewußt, was wir jetzt wissen, dann hätten wir vielleicht einen anderen Weg gefunden, der uns eine andere, glücklichere Zukunft beschert hätte. Oder etwa nicht? Das «kann sein / Auch nicht» des Schillerschen Wallenstein deutet bereits auf eine Schwierigkeit hin, nämlich daß die alternative Zukunft, die bei einer anderen Entscheidung in der Vergangenheit auch möglich gewesen wäre, auf keinen Fall so selbstverständlich, wie es der melancholische Geist des bedauernd auf sein Leben zurückblickenden Menschen unterstellt, in das andere Glück geführt haben würde: vielleicht nämlich auch in das andere Unglück.

Zum Schluß noch zwei Stimmen aus unserer Zeit. Bei Arnold Gehlen findet sich «Eine Deutung der Nostalgie», die der Philosoph, konfrontiert mit der sogenannten Nostalgiewelle der 70er Jahre, der Konjunktur nostalgischer Vergangenheitszuwendung nach dem Ende der überspannten Zukunftsnaherwartung der endsechziger Revoltebewegung, in seinen letzten Lebensjahren angestellt hat. Er nannte seinen Beitrag interessanterweise «Das entflohene Glück» und bestimmte das melancholiespezifische Glücks- bzw. Zeitproblem darin so: «Das entflohene Glück, das ist die Möglichkeit, so gelebt zu haben, in einer Weise, die uns geläutert und erhoben hätte».[10]

Häufig wird dem *Hätte* gleich das zugehörige *Damals* retrospektiv mit an die Seite gestellt: «Wir hätten damals (...) die Suche aufnehmen müssen nach einer besseren Gesellschaft», meint Hans Mayer in «Ein Deutscher auf Widerruf», sein früheres eigenes Verhalten in kollektivem oder majestätischem Plural widerrufend – dann würden wir jetzt nicht mehr in einer immer noch schlechten Gesellschaft zu leben brauchen gleich wie im Jammertal.[11]

Alle diese Beispiele stimmen darin überein, daß in ihnen ein Wunsch (nach einem besseren Leben, einer besseren Welt usw.) formuliert wird, aber auf eine solche Weise, daß die Nichterfüllung des Wunsches, das Nicht-Eingetretensein der Option zugleich mit ausgedrückt ist. Es ist das Geheimnis des Konjunktiv-Plusquamperfekts, beides – im Grunde widersinnig – zu bewerkstelligen. Ja, aus der Fülle der Formulierungsbeispiele und Textbelege, die sich mühelos fortsetzen ließen, folgt zwingend die Erfahrung, daß der Gebrauch dieses Tempus bzw. Modus jenen Effekt mit schöner Regelmäßigkeit nach sich zieht. Deshalb muß im folgenden eine genauere Analyse des sprach- und grammatik-philosophischen Geheimnisses des Konjunktiv-Plusquamperfekts geleistet werden.

Doch zunächst ein Gegenbeispiel. Tatsächlich ist es durchaus möglich, Hätte-Sätze zu formulieren, die das Gegenteil der bedauernden Nachträglichkeit, des nostalgischen Umwünschens der Zeitenfolge, aussagen. Dazu muß, da der Konjunktiv-Plusquamperfekt offenbar stets die Negierung der Wirklichkeit des Gewünschten impliziert, nur eine weitere Negation eingebaut werden – ein bewußtseinsmäßig jedoch im Melancholieproblemkontext eher selten anzutreffendes Verfahren. Statt zu sagen: «Ich hätte mich früher anders verhalten müssen, dann wäre ich jetzt und würde ich in Zukunft glücklicher», eine

Wunsch-Aussage, die zwangsläufig ihre Negierung in bzw. an der Wirklichkeit nach sich zieht, ließe sich dann im Rückblick formulieren: «Ich hätte es *nicht* anders tun wollen». Diese weitere Negation, das Nicht-anders in Vollzug der Formulierung eines Hätte-Satzes, führt über die doppelte Verneinung wiederum zu einer positiven Position.

Ein interessantes historisches Beispiel dafür, in welchem sogar auch ausdrücklich das Spannungsmoment einer Damals-versus-heute-Wunschkonstruktion mitbedacht wird, bietet der mittelalterliche Dichter Hartmann von Aue, der seinen Erzähler der Iwein-Geschichte retrospektiv folgende Überlegung anstellen läßt: «Es dauert mich zutiefst / – und wenn es hülfe, würde ich es laut beklagen –, / daß heutzutage / so ein Frohsinn nicht mehr aufkommt, / wie man ihn damals kannte. / Doch müssen wir uns auch heute wohl fühlen. / Ich hätte damals nicht leben mögen, / wenn ich dann jetzt nicht hier wäre, / wo uns mit den Erzählungen von ihnen / wahres Vergnügen bereitet wird.»[12]

Das traurige Geheimnis des Konjunktiv-Plusquamperfekts.

– Man soll sich nicht scheuen, vermeintlichen Trivialitäten die nötige Aufmerksamkeit zu schenken. Manche einfachen Dinge sind vielleicht deshalb schwierig zu bemerken, weil sie ihr Geheimnis gerade nicht in schwer zugänglichen Tiefen bergen, sondern weil es, mit Hofmannsthal zu sprechen, im Gegenteil an der Oberfläche steckt. Gerade Philosophen, die es gewohnt sind, sich in komplizierte Zusammenhänge hineinzudenken, kann es bisweilen schwerfallen, im selben Maße simple Einsichten zu gewinnen. Zum Beispiel die Einsicht in das negative Wesen des Konjunktivs des Plusquamperfekts (bzw. des Konditional II): Ein jedes «*Hätte(n)...* getan» bedeutet immer das *Nicht*-getan-*Haben*, und «*Wäre(n)...* gewesen» impliziert dementsprechend stets ein *Nicht*-gewesen-*Sein*. Die Logik dieser impliziten Verneinung des jeweiligen im konjunktivischen Plusquamperfekt ausgesagten Inhalts wird beim alltäglichen Umgang mit der Sprache als selbstverständlich erfahren.

Wir verstehen, ohne zu zögern, wenn uns jemand sagt, er *hätte* diesen oder jenen Fehler nicht machen dürfen, daß er ihn *nicht* nicht-gemacht, also eben doch gemacht hat. Wir wissen, daß jedes retrospektive Wäre-X-gewesen auf der Ebene der Jetztzeit-Perspektive gleichbedeutend ist mit X-ist-aber-nicht-gewesen. Aber wir reflektieren normalerweise beim Sprechen nicht, warum dieser negative Zusammenhang besteht und wie er zustande kommt. Die ‹eingebaute Negation› des verbal-temporal Affirmierten im Konjunktiv-Plusquamperfekt (bzw. Konditional II) funktioniert als grammatikalischer Automatismus; aber auf welche Weise unsere jeweils in diesem bestimmten Tempus/Modus transportierten Wünsche oder Befürchtungen sich dabei in ihr Gegenteil verkehren, bleibt jenseits der bewußten Reflexion.

Der Konjunktiv ist als Möglichkeitsform ein ‹Modus›, eine ‹Aussageweise›. In ihm wird mithin eine bestimmte Art, Aussagen zu treffen, gefaßt, die sich von anderen Arten, nämlich dem Indikativ als Wirklichkeitsform und dem Imperativ als Befehlsform (sowie dem Optativ als Wunschform), abheben soll. Der Modus ermöglicht also die Unterscheidung «zwischen Faktischem und Hypothetischem, d. h. die Zuweisung des ausgesagten Verbalprozesses zur Welt der Tatsachen oder der Mutmaßungen, Behauptungen und Wünsche»[13]. Ist der Ausruf «Hätte ich das doch getan!» demzufolge vielleicht zu verstehen als verkappter, verspäteter Imperativ?

Man hat zu Recht konstatiert, daß unter Verwendung des Konjunktivs der Vergangenheit (Konjunktiv II) das jeweils Ausgesagte stets «aus dem gegebenen Horizont ausbricht»[14]. Gemeint ist der Horizont des gegenwärtigen Erlebens. Dieser Ausbruch geht ins Irreale – aber was ist warum irreal?

«Im irrealen Wunsche: (...) *Hätte er nur geschwiegen! Wärst du nur zu Hause geblieben!* (...) steht das Hilfsverb *wäre* bzw. *hätte* an der Spitze und die Vollzugs- oder Vollendungsform des Verbs am Ende des Ausrufs, um den nicht eingetretenen Vollzug des Verbalprozesses auszudrücken.»[15]

Der Konjunktiv II also als Ausdruck des Nicht-Eingetretenseins des im Verb Bezeichneten, dieser Beschreibung kann zugestimmt werden. Jedoch – die Auslassungen im Zitat weisen schon darauf hin – wird die Art und Weise des Nicht-Eingetretenseins des Gewünschten wiederum verunklärt, wenn Aussagen des Typs «Hätte... getan!» bzw. «Wäre... gewesen!» wie in den beiden genannten Beispielsätzen in einem Atemzug genannt werden mit dem präteritalen Konjunktiv eines Wunsches wie «Gäbe sich doch jeder Mühe!». Da das Präteritum (Imperfekt) im Gegensatz zum Plusquamperfekt den Bezug auf eine noch nicht abgeschlossene Vergangenheit bezeichnet, ist das Nicht-Eingetretensein des im Konjunktiv des Präteritums ausgedrückten

Wunsches «Gäbe sich doch jeder Mühe!» von einer anderen Art als das Nicht-Eingetretensein des Wunsches im Konjunktiv des Plusquamperfekts: «Hätte er nur geschwiegen! Wäre er nur zu Hause geblieben!» Diesen Unterschied gilt es genauer anzusehen.

Gewiß bezieht sich der Wunsch «Gäbe sich doch jeder Mühe!» auf eine Erfahrung aus der Vergangenheit, daß dem nicht so war. Aber das Gewünschte kann, da der Vergangenheitsbezug in der Form der Unabgeschlossenheit der Handlung temporalisiert worden ist, in Zukunft noch eintreten. In diesem Fall könnte der Sprecher auf seinen früher geäußerten Wunsch, der einer damaligen Negativerfahrung entsprungen war und an Besserung appellierte, zurückblickend feststellen, daß dieses Appellieren und Wünschen geholfen hat: Von da an hat sich jeder, der mit dieser Äußerung angesprochen war, Mühe gegeben. Wie anders dagegen steht es um das Nicht-Eingetretensein des Gewünschten im Konjunktiv des Plusquamperfekts, wenn also statt dessen formuliert wird: «Hätte sich doch jeder Mühe gegeben!» Hier ist der Vergangenheitsbezug in der Form der Abgeschlossenheit der Handlung temporalisiert, und das Umwünschen des Geschehenen vermag nichts mehr zu ändern an der Tatsache, daß es nun einmal nicht so gewesen war, wie es hätte besser sein sollen, und es fehlt die Zukunftseröffnung. Es liegt mithin ein gehöriges Stück Vergeblichkeit in der wunschweisen Äußerung eines jeden «Hätte... gehabt!» bzw. «Wäre... gewesen!», und sofern diese jeweilige Konstruktion im Plusquamperfekt-Konjunktiv als Affirmation eines Wunsches einherkommt, bedeutet sie in Wirklichkeit zugleich immer die Frustration dieses Es-anders-gewünscht-Haben – und implizit auch die Einsicht in diese Vergeblichkeit.

Der Konjunktiv des Plusquamperfekts bezeichnet also etwas Unwirkliches, stellt geradezu ein ‹Unding› dar. Er ist in höchstem Maße *nicht wirklich*. Das heißt freilich nicht, daß es ihn nicht gibt, sondern daß er etwas bezeichnet und zum Ausdruck bringt, was es vernünftigerweise nicht geben kann – und was es daher auch sprachlich besser gar nicht geben dürfte, weil (Christian Morgenstern umkehrend) nicht sein darf, was nicht sein kann. Dagegen aber verstößt diese (und nur diese) grammatikalische Modal- und Temporalform, und zwar systematisch. Denn in ihr, der Plusquamperfektskonjunktiv-Bildung, kann sich der Sprachteilnehmer erlauben, etwas aufrechtzuerhalten, was nicht sein kann – als vergeblichkeitsgetränkte Option.

Mit «Was nicht sein kann» ist folgendes gemeint: Sein-Können bedeutet kategorial Möglichkeit, und Möglichkeit impliziert natürlicherweise Veränderbarkeit, entweder eine sofortige oder eine immerhin zukünftige. Der Vergangenheitsbereich ist dabei notwendigerweise ausgespart. Denn diejenigen Möglichkeiten, die man einstmals gehabt und doch nicht genutzt hat, welche also in einer Zeit liegen, die einmal Zukunft gewesen war, inzwischen aber verstrichen ist, also durch den effektiven Bereich der Gegenwart, der Vergegenwärtigbarkeit, hindurchgegangen sind, ohne genutzt zu werden – diese ungenutzten ehemaligen Möglichkeiten sind zu nichts nütze denn zum Betrauertwerden. Solche ‹Möglichkeiten› sind in Anführungsstriche zu setzen, denn sie können *nicht mehr* sein; sie sind als vergangene Chancen in ihrem Veränderbarkeitspotential nicht mehr aktiv. Was an Potenz in ihnen steckte, hatte ein biographisches Verfallsdatum: Es mußte bis zu einem bestimmten Zeitpunkt gebraucht werden, um sich nicht selbst zu verbrauchen, sondern wirken zu können; es mußte ‹irgendwann› zur Verwirklichung gebracht werden, um verändern zu können. Schwer zu bestimmen, bis wohin dieses ‹irgendwann› des Verfallsdatums jeweils reicht. Aber irgendwann ist es in der Tat überschritten, und die Potenz der betreffenden verstrichenen Möglichkeit ist dahin, sie ‹kann› nicht mehr (sein).

Aber auch wenn eine solche einmal möglich gewesene Möglichkeit *nicht mehr* sein kann und nicht mehr halten kann, was sie versprach: Sie ‹hätte sein können›! Das heißt, sie überdauert im sprachlichen Bewußtsein als das Nicht-mehr-sein-Können eines uneingelösten, bleibenden Wunsches. Genau dies ist das ‹Undinghafte› an ihr: zwischen Sein und Nicht-Sein optativ eingeklemmt zu sein. Das Unding des Plusquamperfekt-Konjunktivs bezeichnet ein nicht-seiendes Sein, das nicht (wirklich) sein kann, weil es *nicht mehr* sein kann, das aber durchaus einmal sein gekonnt – hatte bzw. – hätte.

Dieses möglichkeitsdepotenzierte Sein, das einmal möglich Gewesene, dessen Wünschbarkeit nun nachträglich – als unerfüllte Sehnsucht – um so mehr aufrechterhalten wird, als ein ‹Es-möchte-wohlsein› für das (melancholische) Bewußtsein des Wünschenden, wird aber inzwischen auf ewig an seiner Erfüllung und Verwirklichung gehindert durch eben den Umstand seiner zeitlichen Verfallenheit, des Versäumnisses seiner Zeit, jener ‹glücklichen Stunde› seiner Einlösbarkeit, des Kairos. Diese Stunde hat ihm bereits geschlagen, und zwar im schlimmsten Falle so, wie nach Schiller «des Lebens Mai blüht» – nämlich «einmal und nie wieder». Es ist die Sterblichkeit des Kairos, diese Endlichkeit des Sein-Könnens gegenüber der Unendlichkeit des Nicht-mehr-sein-Könnens (aber auch gegenüber der Unendlichkeit des Noch-nicht-sein-Könnens), die hier zum Problem wird.[16]

Die verzweifelte Liebe zur getöteten Möglichkeit: Salomes Kuß

> *Wie würde ich geliebt haben,*
> *wenn ich geliebt hätte!*
> Gustave Flaubert, Brief

Ein eindrucksvolles theatralisches Beispiel für ein Leben im Modus vergangener Möglichkeit findet sich am Ende der «Salome»-Tragödie – in den letzten Worten der Prinzessin, bevor sie das geköpfte Haupt des geliebten-gehaßten Propheten Jochanaan küßt. Auf Salomes Bühnenexistenz bezogen, so wie Oscar Wilde sie uns vorstellt, handelt es sich, da sie nach diesem Kuß ihrer Entrückung noch einmal Ausdruck zu geben versucht, bis dann der König das Schlußwort spricht und sie zu töten befiehlt, genauer besehen um ihre vorletzten Worte – Worte auf der Kippe zwischen Welt und Wahn, voll von unerfülltem Sehnen und bitterem Bedauern, welche schließlich auf eine prekäre Erfüllung jenseits der Vernunft schließen lassen:

«Ach! Warum hast du mich nicht angesehen, Jochanaan? Hinter deinen Händen und deinen Schmähungen verbargst du dein Antlitz. Über deine Augen legtest du die Binde dessen, der seinen Gott sehen will. Nun, du hast ihn gesehen, deinen Gott, Jochanaan, aber mich, mich hast du nie gesehen. Hättest du mich gesehen, du hättest mich geliebt. Ich, ich habe dich gesehen, Jochanaan, und ich habe dich geliebt. Oh, wie ich dich geliebt habe! Ich liebe dich noch, Jochanaan, ich liebe nur dich. (...) Ach! Ach! Warum hast du mich nicht angesehen, Jochanaan? Hättest du mich angesehen, du hättest mich geliebt. Ich weiß, du hättest mich geliebt, und das Mysterium der Liebe ist größer als das Mysterium des Todes. Die Liebe allein zählt.»[17]

Und dann – nach dieser in der englischen Literatur einzigartigen Anhäufung von «if thou hadst» und «you wouldst have», von Plusquamperfekt-Konjunktiven also, die das Englische, wenn es nicht gerade von Alfred Lord Douglas stammt, üblicherweise kaum mehr kennt –

küßt sie ihn, den auf ihren Wunsch abgeschlagenen Kopf des geliebten Ignoranten.

Der entscheidende Problempunkt ist durch die Wiederholungen bereits klar hervorgetreten: Salome ist sich sicher, daß, hätte der Prophet bloß einmal sie wahrgenommen anstelle seines Gottes, er dann ihre Liebe hätte erwidern müssen. Aber wiederum gilt, daß jeder, der dies ‹hätte getan› bzw. ‹würdest getan haben› hört, unmißverständlich weiß: Er *hat* eben *nicht*, der Prophet.

Nun aber, mit seinem abgeschlagenen Kopf auf dem Silbertablett, könnte er nicht einmal mehr, selbst wenn er es wollte. Die Möglichkeit ist ein für allemal vernichtet, in das Reich der ungelebt getöteten Glückschancen eingegangen. Also kann die Prinzessin diesen Kopf noch so lange anreden und sich selbst ihres Er-hätte-mich-geliebt noch so häufig versichern wollen: *Hätte gehabt* heißt nun einmal, daß *Nichtgehabt-haben* stattgefunden hat, und es bedeutet zugleich, daß daran im Leben und normalerweise nichts mehr zu ändern ist.

«Ich *weiß*, du hättest mich geliebt»: Dieser kleine Satz sieht harmlos aus, aber er ist alles andere als das. Er bedeutet nämlich das Ende Salomes als eines Teils ihrer ‹community› und das Ende der Kommunikation mit ihr. Denn Salome weiß wider alle Vernunft, daß sie eine Gewißheit affirmiert, die sie nach den logischen Gesetzen der Grammatik von Sprache und Zahl nicht geltend machen kann. Allenfalls in einem religiösen Rahmen ließe sich dieses Wissen wider alle Vernunft noch aufrechterhalten. Aber dieser Rahmen existiert zum einen in der im Drama dargestellten Situation nicht, jedenfalls nicht für Salome. Zum anderen formuliert die Prinzessin ihre kontrafaktische Fiktion bewußt als ein rein persönliches Bezugssystem ihres Fürwahrhaltens, nämlich als eines zwischen sich und dem Toten: «*Ich* weiß, *du* hättest mich geliebt.»

Um diese Fiktion, diese sich zwangsläufig ständig selbst dementierende Option aufrechterhalten zu können, flüchtet sich Salome in den Wahn, daß das Mysterium der Liebe stärker sei als das des Todes. Was immer das sonst noch heißen mag, in diesem Problemzusammenhang soll es wohl bedeuten, daß das Prinzip der Unwiederbringlichkeit des Vergangenen, Versäumten, Gescheiterten, Nichtgewordenen eines Lebens, das als ein solches menschliches eben unter dem Verhängnis der Endlichkeit und Unumkehrbarkeit steht (Mysterium des Todes), außer Kraft gesetzt werden soll zugunsten seines unbegreiflichen (utopischen) Gegenteils, einer über die Schranken der Endlichkeit und des Todes hinweggehenden Liebe, die das Nicht-Haben des ‹Hätte› nachträglich in ein Haben zu verwandeln vermöchte.

Daß es ein solches Mysterium der Liebe geben könnte, mag man in christlicher Vorstellung (oder anderer religiöser Perspektive) zwar erhoffen; aber das ist ja eben nicht die Welt der Salome. Für ihre Welt – und für jede Welt, die sich, antik oder modern, nicht auf eine transzendente Heilsinstanz zu beziehen vermag (nämlich antik *noch nicht* oder modern *nicht mehr*) – muß natürlich, nämlich auf natürlich-kreatürliche Weise, das Gegenteil gelten: Das Mysterium des natürlichen Todes ist stärker als das Mysterium der natürlichen Liebe, will sagen, die Unwiederbringlichkeit und Unumkehrbarkeit des Versäumten angesichts des Todes wird auch durch noch so viel verzweifelnd liebendes Um- und Anderswünschen nicht mehr aus der Welt geschafft. – *Hätte geliebt* bleibt *Nicht-geliebt-haben*.

Von dieser zwingenden Einsicht in den natürlichen Verlauf des Lebens der menschlichen Gattung und Gesellschaft kann nur der Wahn dispensieren, der Austritt aus den Grenzen der vernünftigen Verständigung. In ihn flüchtet sich Salome daher (von uns aus betrachtet), wenn sie an der Negation des natürlichen Lebensverlaufs zugunsten der Position ihres un- bzw. irrealisierten Optativs, also zugunsten der Positivierung des Plusquamperfekt-Konjunktivs festhält.

In diesem Zustand, den wir Wahnsinn nennen würden, scheut sie den Tod (dessen Macht über die Liebe sie nicht anerkennen kann) auch nicht mehr für das eigene Leben. Es geschieht daher in konsequenter Verfolgung ihrer kontrafaktischen Idealisierung, daß sie die toten Lippen des ausgebluteten Kopfes ihres enthaupteten (Nicht-)Geliebten küßt, um in dieser ‹mysteriösen› Aufgipfelung ihres privaten Fürwahrhaltens den Sieg der Liebe über den Tod, das Als-Ob des Habens über das Nicht-Haben des ‹Hätte› triumphieren zu lassen. Sie vermählt sich dem Tode (von ihr aus betrachtet: der Liebe), dem sie daraufhin mit dem letzten Wort des Stücks, dem Befehl des Königs «Kill that woman!», verfällt, ihn und uns als mehr oder weniger ratlose und erschütterte Zuschauer dieses Dramas des Irrealis von «Hätte geliebt», von «Wenn... angesehen» und von Als-ob-gewesen zurücklassend.

Die Macht, die der Dialektik des Konjunktiv-Plusquamperfekts innewohnt, ist mehr als ein linguistisches Problem; sie ist von nicht zu unterschätzender existentieller Bedeutung für das menschliche Zeit-

und Glücksbewußtsein. Diese zeit- und glücksbewußtseinsspezifische Macht des ‹Sprachspiels› mit dem ‹Hätte› erzwingt Umorientierungen der intentionalen Ausrichtung, Dissoziierungen von Sympathie und Empathie, ja sogar, wie im Fall der «Salome» von Oscar Wilde, die Beendigung des Vortrags, weil die menschliche Verständigungsgrundlage entfällt, wenn dieses ‹Hätte...› widersinnig überstrapaziert wird.

Die Tragik der Vergangenheitsverhaftung: Benjamins Engel der Geschichte

> *Oh! nimm der Stunde wahr,*
> *eh' sie entschlüpft.*
> Friedrich Schiller,
> Die Piccolomini (1799)

Es gibt einen Text von Benjamin, der vom «Engel der Geschichte» spricht. Es handelt sich dabei um die neunte seiner «Thesen zum Begriff der Geschichte», die so beginnt: «Es gibt ein Bild von Klee, das ‹Angelus Novus› heißt»[18]. – Benjamin hat dieses Bild 1921 erwerben können, hat es mit in die Emigration genommen und über die gesamte elende Zeit des Exils in Paris und der Internierung, statt es zur finanziellen Existenzverbesserung zu verkaufen, behalten und als sein Kostbarstes bewahrt, als seinen privaten Schatz, sein Meditationsbild, das ihm heilig war. Im Laufe seines Lebens sollte er sich immer tiefer in das von Klee auf diesem Blatt in wenigen Strichen Umrissene vertiefen und hineinsehen, so daß er schließlich sich hineingesehen und sich in ihm gesehen hat, gleichsam sich in dem darauf Dargestellten erkannte. Es war ihm der Engel der Geschichte, sein Engel seiner Geschichte:

«Ein Engel ist darauf dargestellt, der aussieht, als wäre er im Begriff, sich von etwas zu entfernen, worauf er starrt. Seine Augen sind aufgerissen, sein Mund steht offen und seine Flügel sind ausgespannt. Der Engel der Geschichte muß so aussehen.»[19]

Blick zurück in Trauer und Zorn. – Dieses Bild hat Benjamin besessen, und zwar im doppelten Sinn der Subjekt-Objekt-Ununterscheidbarkeit dieses Satzes. Er hat es besessen, wie es ihn besessen hat, weil er von ihm besessen war – so sehr, daß er am Ende vielleicht gerade seinetwegen zu Tode gekommen ist; denn um sich nicht von dem Bild trennen zu müssen, hatte er mit der Flucht über die noch offene Grenze von Frankreich nach Spanien so lange gewartet, bis schließlich die Zuflucht versperrt war. Zuletzt mußte er das Bild doch noch von sich geben, was ihm finanziell die Fluchtreise zu ermöglichen half; aber das Band zwischen seinem Engel und ihm war damit zerrissen.

Viel hätte nicht gefehlt, und Benjamin hätte das Bild auf seinem letzten Weg über die Pyrenäen in der geheimnisumwitterten, seitdem verschollenen Aktentasche – auf die sich am Ende seines Lebens und seiner Kräfte Benjamins Interesse an der Welt reduziert hatte und die angeblich sein vielleicht doch noch fertiggestelltes «Passagenwerk» enthielt[20] – mit sich geschleppt durch die Unwegsamkeiten des Grenzgebirges bis an die Stätte seines Freitodes. Und wer weiß, vielleicht hätte dann das Bild das Werk retten können – so wie Benjamins Verzweiflungstat, nach der Zurückweisung an der Grenzstation sich das Leben zu nehmen, seine flüchtenden Mitreisenden rettete, denen die durch Benjamins Selbstmord bewegten spanischen Grenzer bekanntlich dann doch Durchlaß gewährten. Nachdem es Benjamin vorzog, seinem Leben ein Ende zu setzen als sich, nach den Strapazen in den Bergen endlich auf spanischem Boden angelangt, wegen seines illegalen Grenzübertritts zurück nach Frankreich in die Hände der Verfolger zurückschicken zu lassen – vielleicht hätte das herrenlose Manuskript durch das dann in derselben Aktentasche befindliche Kunstwerk davor bewahrt werden können, als uninteressantes Konvolut von in kleiner Handschrift auf deutsch beschriebenen Papierstößen achtlos in einem spanisch-französischen Papierkorb zu landen...

Man wird schier wahnsinnig, wenn man daran denkt. Vielleicht hätte, hätte... – wir wissen es nicht, wir können es nicht wissen. Um – sofern ein göttlicher Autor das Drehbuch all unserer Leiden auf Erden und Lebenstragödien verfaßt haben sollte und also poetisch-hermeneutische Gesichtspunkte zur Deutung herangezogen werden dürfen – mit Peter Szondi zu ergänzen: Wir *sollen* es nicht wissen.

Schau heimwärts, Engel.

«Der Engel der Geschichte muß so aussehen. Er hat das Antlitz der Vergangenheit zugewendet. Wo eine Kette von Begebenheiten vor *uns* erscheint, da sieht *er* eine einzige Katastrophe, die unablässig Trümmer auf Trümmer häuft und sie ihm vor die Füße schleudert. Er möchte wohl verweilen, die Toten wecken und das Zerschlagene zusammenfügen. Aber ein Sturm weht vom Paradiese her, der sich in seinen Flügeln verfangen hat und so stark ist, daß der Engel sie nicht mehr schließen kann. Dieser Sturm treibt ihn unaufhaltsam in die Zukunft, der er den Rücken kehrt, während der Trümmerhaufen vor ihm zum Himmel wächst. Das, was wir den Fortschritt nennen, ist *dieser* Sturm.»[21]

Wenn für ein Ende des Geschichtsverlaufs als permanenter Katastrophe eine Erlösung und Befreiung des Engels der Geschichte aus dem Elend des ihm aufgezwungenen Rückwärtsflugs in die Zukunft die notwendige Voraussetzung bildet, dann fragt sich, wie das möglich werden könnte. Dabei handelt es sich mithin um die klassische philosophische Frage nach der Bedingung der Möglichkeit, aber nicht in transzendentalem, sondern in pragma-politischem Gewand. Denn es soll hier nicht begründet werden, wie etwas sein kann, das schon ist bzw. dessen Existenz (z. B. Willensfreiheit) bereits unterstellt ist, sondern es geht darum zu ergründen, wie etwas sein bzw. werden kann, was noch nicht ist, was sich ändern soll – also nicht Kant, sondern Marx.

Den in der intellektuellen Tradition des Historischen Materialismus stehenden Benjamin wird diese pragma-politische Frage nach den Bedingungen der Möglichkeit einer solchen historischen Veränderung gerade in seinen «Thesen zum Begriff der Geschichte» sowohl als Marxisten, der er nicht war, als auch als Theologen, der er nicht sein wollte, mehr oder minder drängend inspiriert haben. Jedoch, bemerkenswerterweise gibt es in dieser neunten These, die sich dem traurigen Schicksal des Engels der Geschichte widmet, dessen Flügel sich im Sturm verfangen haben, eben keine diesbezüglichen Andeutungen. Der Text endet, ohne die Erlösungsfrage aufzuwerfen, mit der apodiktisch-resignativen Feststellung, das, was wir den Fortschritt nennen würden, sei dieser Sturm.

Der stürmische Fortschritt also, der den Engel gegen dessen Willen weiter in die Zukunft drängt und zur Beibehaltung seiner verkehrten Daseinshaltung nötigt, hat in Benjamins Bildmeditation das letzte Wort, nicht der dem Treiben Einhalt gebietende oder wenigstens fordernde Geschichtsphilosoph. Kein Gedanke, daß dem unheilvollen Fortschrittssturm – jedenfalls nicht in dieser These – zuletzt doch noch etwas entgegengesetzt würde, und sei es auch etwas noch so Unvermitteltes und rührend Gut-Gemeintes wie an anderer Stelle das gegen Marxens Bild von den Revolutionen als Lokomotiven der Weltgeschichte gesetzte Bedenken, vielleicht seien die Revolutionen ja vielmehr der Griff des in diesem Zug reisenden Menschengeschlechts nach der Notbremse. Nein, der Engel der Geschichte wird in diesem Text von Benjamin durch keinen *deus ex machina* und durch keine umgedeutete Revolution auch nur ansatzweise erlöst.

Stellvertretend für den sich darüber ausschweigenden Benjamin hat Ulrich Sonnemann sich mit der Frage der Befreiung des Engels aus seiner unfreiwilligen Rücken-Raumlage und aus der damit verbundenen Daseinshaltungsverkehrung, der Abkehr vom Lebensvollzug, beschäftigt. Er knüpft an das Problem von dessen Retrospektionszwang folgende Überlegung:

«In der berühmten Deutung des Angelus Novus von Klee, mit der in ihrer neunten These die Schrift in jedem Sinn ihren Brennpunkt hat (...), ist jene verinnerlichte Retrospektion schließlich die des Geschichtsengels selber. Der Fortschritt, der als Sturm ‹vom Paradiese weht›, hat in seinen geöffneten Flügeln sich so verfangen, daß er ihn vorwärts treibt: welches Vorwärts dem zurückschauenden Engel in dessen eigener Perspektive zu jenem Rückwärts wird, das Benjamin stoppen möchte. Bleibt man im Bild, ist nicht zu sehen, wie die Pauschalverwerfung eines Fortschritts, den er als jenen Sturm identifiziert hat, dessen Bewegung sistieren sollte: nicht anders könnte der Engel seinem ohnmächtigen Getriebensein sich entreißen, als daß er nicht länger auf den Trümmerberg starrt, der vor ihm ‹zum Himmel wächst›.»[22]

An dieser Stelle, wo eine bestimmte Problemauflösung sich eigentlich aufdrängen sollte, greift Sonnemann, sich selbst aus seiner «Negativen Anthropologie» zitierend, auf einen in jeder Hinsicht ‹verspielten› Lösungseinfall, der die Dinge auf komische Weise zu komplizieren und schließlich ad absurdum zu führen geeignet ist, zurück:

«Er muß sich dafür umkehren, das Gesicht von dem Trümmerberg abwenden: die einfachste aerodynamische Überlegung stellt klar, daß er nur so die Flügel schließen kann, sie zum höheren Glück seines Weges dann eventuell gar gebrauchen, wobei ein Start gegen den Wind, welcher nochmalige Rückwendung vielleicht nötig machte, es ihm keineswegs verwehren müßte, unter dessen gegen ihn kreuzender Ausnützung seine Flugrichtung selbst zu bestimmen. Furchtbarer ist er auf sich selbst gestellt als noch häretischste Hegelianer zu glauben nicht aufhören konnten: wenn er sich umwendet, sieht er, es gibt vor ihm nicht die Spur einer Straße, und will er seine Richtung gewinnen, muß er die Sturmschneise hinter sich im Blick behalten, die bei einem Wirbelwind leicht kreisförmig ist. Außer er bricht aus, wird er, das bedachte, da der Sturm noch kein Tornado war, auch nicht Benjamin, ins Paradies jetzt zurückgetrieben. (...) Was der Engel der Geschichte demzufolge jetzt braucht, ist ein Rückspiegel. Der Gedanke von Geschichtskritik faßt eine solche Installierung ins Auge.»²³

So witzig diese Betrachtung erscheinen mag, es steht zu vermuten, daß in ihr das Problem dieser geschichtsphilosophischen These auf mehrfache Weise in ein schiefes Licht gerückt wird. Das beginnt bereits damit, daß die eigentliche Motivation des Engels der Geschichte, zurückzublicken statt vorwärts, von Sonnemann nicht genügend berücksichtigt wird. «Er hat das Antlitz der Vergangenheit zugewendet», heißt es bei Benjamin, und: «Er möchte wohl verweilen, die Toten wecken und das Zerschlagene zusammenfügen». Das bedeutet: Zwar *fliegt* der Engel der Geschichte unfreiwilligerweise mit von der Zukunft abgewendetem Gesicht, aber an und für sich ist seine zukunftsabgekehrte, vergangenheitsverhaftete Stellung im Zeit-Raum ihm nicht aufgezwungen, sondern geschieht aus eigener Motivation. Der Engel blickt, nach eigenem Dafürhalten, in die richtige Richtung, nur bewegt er sich in die falsche. Aber er will sich ja gar nicht bewegen, er will von sich aus bleiben, die Zeit stillstellen und die Scherben der Vergangenheit wieder kitten. Er *wird* vielmehr bewegt, nämlich von jener geschichtsmächtigen Kraft, die die fortschreitende Zeit in der postparadiesischen Ära nun einmal ist. Und durch dieses passive Erleiden der Zeitbewegung verschlimmert sich die Lage des Engels der Geschichte erst in jener erheblichen Weise, in der sie bei Benjamin vorgeführt wird: Zum einen ist die retten wollende Rückwärtsgewandtheit des Engels vergeblich und letztlich für nichts gut, weil sie nicht zum Zuge kommen kann; zum anderen ist das Sich-Bewegen (bzw. Bewegtwerden) in Vergangenheitsverhaftung durch die geschichtliche Zeitdimension hindurch nicht nur peinigend für den zum ewigen Bedauernmüssen des Ruinierten verurteilten Betrachter, sondern in bestimmter Hinsicht auch noch sein Verschulden.

Dieser Zusammenhang wird bei Sonnemann ignoriert oder allenfalls geahnt, wenn er ganz richtig meint, der Engel in Benjamins Bild könne sich seinem ohnmächtigen Getriebensein nur dadurch entreißen, «daß er nicht länger auf den Trümmerberg starrt». In der Tat ist, wie Benjamin schon in seinem Trauerspielbuch es nannte, die Beendigung des «komtemplativen Starrkrampfs» im Blick auf die Ruine der Welt der entscheidende Ansatzpunkt für eine Erlösung des Engels der Geschichte. Aber warum das so ist, diese Problematik wird von den weiteren Ausführungen Sonnemanns – zur Aerodynamik einer Landung nach vollzogener Umkehrung im Raum sowie derjenigen eines erneuten Starts gegen den Wind bei wiederum vorausgesetzter Rückwendung, zur Gefahr des In-eine-Kreisbahn-Geratens im Falle eines Wirbelsturms und zur Notwendigkeit eines Rückspiegels zur Vermeidung dieser Gefahr – noch gar nicht berührt.

All das sind Spekulationen gemessen an der zur Debatte stehenden Kernfrage: Warum muß der Engel der Geschichte wollen, daß sein passiv-ohnmächtiges Getriebensein in die Zukunft aufhört, und was genau muß er statt dessen wollen?

Drehen Sie sich um, Herr Angelus! – Ohne den gedanklichen Verspieltheiten der Rückspiegeleien Sonnemanns im einzelnen weiter Rechnung zu tragen, sei für eine einfache und naheliegende Lösung plädiert: Der Engel der Geschichte, soll er aus seinem traurigen Schicksal erlöst werden, müßte vor allem seinen Blick wenden. Das heißt, er könnte aus seiner verhängnisvollen Vergangenheitsfixierung ausbrechen, indem er sein Antlitz direkt der Zukunft und damit der aus dem Reich der Möglichkeiten heraus jeweils Wirklichkeit werdenden Gegenwart zukehrt.

Verhängnisvoll aber ist seine Vergangenheitsverhaftung, weil sie in gewisser Hinsicht ein *Verschulden* des beklagten Zustands der Ruinierung alles Möglichgewesenen beinhaltet. Denn: Aus Trauer über den versäumten Augenblick des möglich gewesenen Glücks versäumt der melancholische Betrachter und Umwünscher der Vergangenheit im kontemplativen Starrkrampf fortwährend das Augenblickliche, das gerade Möglich-Seiende und bald Möglich-Werdende. Die Kunst des Möglichen, wie Bismarck die Politik genannt hat, wird von ihm in fataler Weise mißachtet, wenn er der Zukunft den Rücken zukehrt und sich blindlings und handlungsunfähig in sie hineinbewegt, also ohne ihr einen Blick zu gönnen, solange sie noch nicht vergangene Zukunft im Sinne des Nicht-Gewordenen, Unverwirklichten ist. Zurückblickend auf die Ruinen des Vergangenen treibt es ihn vorwärts in immer weitere, zukünftige Ruinen, «während der Trümmerhaufen vor ihm zum Himmel wächst»: Dieses Während ist aus der Perspektive des

Angelus Novus geschildert, der in seiner rückwärtsgewandten Optik nicht sehen kann, was er sehen würde, wenn er der Zukunft, anstatt ihr den Rücken zuzukehren, die Stirn bieten würde – nämlich daß, weil er ihr den Rücken zukehrt, der Trümmerhaufen fortwährend weiter sich auftürmt. Dies geschieht deshalb ohne Unterlaß, weil jeder neue Augenblick, den der Engel der Geschichte wahrzunehmen sich abgewendet hat, als nicht wahrgenommener Kairos augenblicklich dem Ruin anheimgegeben ist und das jeweils Mögliche, nicht gesehen, solange es noch auf ihn zukommt, auch weiterhin zuschanden werden muß.

Der Engel der Geschichte, der die Ruinierung der geschichtlichen Möglichkeiten des Besseren betrauert und die Ruinen wieder zusammenfügen möchte, ist also selber an der Permanenz der Produktion des Ruins beteiligt. In seinem Fall bewirkt nämlich die ihm theologischerseits gern zugesprochene «anamnetische Solidarität»[24], also das solidarisch-emphatische Nicht-vergessen-Können oder -Wollen alles Scheiterns, daß auch weiterhin alles scheitern wird und muß. Sie bewirkt, kontraintentional, gerade nicht ein Ende des Übels, auch nicht eine Aufhebung des historisch Gescheiterten oder eine Auferstehung der Toten bzw. Resurrektion der toten, einmal möglich gewesenen Möglichkeiten. Das möchte sie wohl bewirken, aber damit überfordert die «anamnetische Solidarität» ihre Kräfte. Sie kann als menschlicher Einspruch gegen die Zeit nicht wirklich erreichen, was allenfalls messianisch gedacht werden kann: die Geschichte ungeschehen zu machen. Sie kann nur dem Toten die Treue halten, aber davon wird er nicht wieder lebendig. Es stellt sich vielmehr die Frage, ob eine unbedingte Treue gegenüber dem Toten nicht zu einer Veruntreuung des Lebendigen, ob ein Festhalten am Ungewordenen nicht zu einem Verpassen des im Werden Begriffenen, ob eine ausschließliche Zuwendung zum Möglich-Gewesenen nicht zu einer Abwendung vom Möglich-Seienden führen wird.

Das Geschehene im Ruinenfeld der Geschichte ist – bei aller melancholischen Trauerhaltung und Vergangenheitsverhaftung – nie mehr ungeschehen zu machen; das hielt schon Hegel in seinen geschichtsphilosophischen Vorlesungen dem von Volney in seinem zur metaphysischen Verzweiflung gesteigerten *gestus melancholicus* dargestellten Ruinenbetrachter vor. Gewissermaßen zum Selbstschutz hielt Hegel die unempathische Abkehr von dieser Haltung für die *ultima ratio*, um nicht in lähmende Apathie gegenüber dem Weltlauf zu versinken.

Aber vielleicht ist die entscheidende Einsicht, auf deren Vermittlung es ankäme, doch erst noch diese: Die «anamnetische Solidarität» kann nicht nur nicht das Tote wieder lebendig machen, sie kann auch das Lebendige totkriegen; sich selbst überfordernd, verhindert nämlich das Nicht-vergessen-Können oder -Wollen, wenngleich ohne böse Absicht, daß das in der Gegenwart Mögliche vor einem erneuten Scheitern bewahrt wird. Denn dazu müßte das Mögliche, solange es möglich ist (und nicht erst später), wahrgenommen und also wahr gemacht werden. Die Rückblicksposition des Engels der Geschichte läßt aber diese Wahrnehmung gar nicht zu. Sein «kontemplativer Starrkrampf» auf die Ruine(n) der Geschichte, sein ausschließlicher Blick zurück läßt ihn jeden kairologischen Möglichkeitsmoment erst in dem Moment innewerden, wenn es in seinen auf das verlorene Paradies fixierten Gesichtskreis tritt. In diesem Gesichtskreis aber taucht es erst dann auf, wenn es die Gegenwartsposition passiert hat, es also zu spät ist, um noch etwas in ihm Schlummerndes wahrzunehmen und wahr zu machen. Wenn der Engel der Geschichte es sieht, tritt es bereits dem geschichtlichen Trümmerhaufen als ein weiteres ruiniertes Augenblicksfragment hinzu. So fließt dem Bedauern über das ewig Unverwirklichte gerade infolge dieses permanenten Bedauerns immer weiteres Unverwirklichtes aus der nicht wahrgenommenen Gegenwart zu.

9. Metaphysische Enttäuschung

Langeweile in der Moderne
oder das Übel des Guten

> – euch Allen, die ihr «am grossen Ekel»
> leidet gleich mir, denen der alte Gott
> starb und noch kein neuer Gott in Wiegen
> und Windeln liegt, –
> Friedrich Nietzsche,
> Das Lied der Schwermuth (1885)

Nach Nietzsches Diagnose leiden die Menschen der Moderne an einem metaphysischen Mangel. Die Jahrhunderte seit der Aufklärung sind – wenigstens untergründig – geprägt von einem früher kaum vorstellbaren und im christlichen Abendland auch wohl nie dagewesenen Verbindlichkeitsverlust an gesellschaftlich wie individuell orientierenden Werten, Zielen und Sinnbestimmungen des Daseins.

Ennui in der Moderne. – Dieser Schlußteil befaßt sich mit jener Zwischenlage von Nicht-mehr und Noch-nicht, die das zuvor im Sinne von Lebensgeschichte, Lebenszeitwahrnehmung und Selbstverwirklichungskrise behandelte Zwischenzeitproblem nunmehr in eine über die phänomenologischen Tücken der Konstituierung inneren Zeitbewußtseins hinausgehende Zeitdimension bringt. Was jetzt nämlich in den Blick treten soll, ist die Problematik der Zeit, in der wir – nach Nietzsche «metaphysisch enttäuscht» – leben, also die spezifisch moderne Zeit, wie sie, unter melancholiegeschichtlicher Perspektive, in ein merkwürdiges Zwielicht von Errungenschaften und Verlusten, Wohlstand und Übelstand, Hoffnungen, Illusionen und Enttäuschungen getaucht erscheint.

Metaphysische Enttäuschung, wenn sie denn das in unserem Zusammenhang zentrale Merkmal der modernen Welt ist, überhaupt jede Form von Enttäuschung ist ihrer eigenen Logik nach ein Zwischenphänomen: Sie ist logisch situiert zwischen Nicht-mehr und Noch-nicht. Keine Täuschung mehr (die vorherige Illusion ist als solche durchschaut worden, also Ent-Täuschung), bedeutet dies aber noch kein Glück. Damit, daß ein Altes scheitert, ist noch kein Neues bereits erfolgreich.

Das Phänomen der Langeweile oder des Ennui, das hier in seiner spezifisch modernen Gestalt als Problemlage einer säkularisiert-entgötterten Zeit und einer den materiellen Fortschritt vergötternden Welt auftaucht, steht in einer langen und komplizierten Tradition. Insbesondere das französische Ennui-Konzept besitzt im worthistorischen Bestand quer durch die Jahrhunderte eine derart facettenreiche und tiefgründige Begriffs- und Problemgeschichte, daß es im Grunde einer eigenen Arbeit bedürfte, um seine begriffsgeschichtlichen, literaturwissenschaftlich-motivischen und psychohistorisch-kulturpsychopathologischen, décadence-kritischen Implikationen auch nur annähernd klären zu können [1] – von der im engeren Sinn philosophischen Ennui-Tradition von Blaise Pascal bis Vladimir Jankélévitch und Louis Lavelle ganz zu schweigen. Dies wird hier nicht geschehen können, zumal das spezifische Problemfeld von Ennui und Langeweile inhaltlich über die engere Melancholieproblematik hinausreicht.[2] Thematisiert wird daher Ennui/Langeweile nur in einem eingeschränkten Bezug, nämlich allein unter der bereits angedeuteten Perspektive der modernen metaphysischen Enttäuschung.

Das Üble am Guten. – Es ist das Üble am Guten, daß es so langweilig ist. Das weniger Gute, Gefährdete, Ergänzungsbedürftige, bei dem der Mensch sich stärker gefordert sieht – also im Grunde ein mehr oder minder Schlechteres –, ist allemal interessanter und spannender als das Gute, weil es herausfordert, mehr Gestaltungsmöglichkeiten birgt und mehr persönliche Einsatzoptionen bietet: für das Gute, auf die Erreichung der guten Einrichtung der Welt hin. Das Gute vermag als Zielvorstellung wohl anzuspornen, als Besitzstand und dessen Wahrung jedoch kaum. Als einmal Erreichtes, als gute Einrichtung der Welt, hört das Gute leider auf, spannend zu sein und Interesse zu beanspruchen.

An der Geschichte der Literatur läßt sich das verdeutlichen. Die Positivität, die der klassische Bildungsroman, insbesondere der Goethesche, in seiner Gewißheit des Gelingens und der Zielerreichung ausstrahlte, erzeugte bei den Romantikern geradezu Übelkeit. Sie mochten jedenfalls nicht mehr abwarten, wie die Helden dieser oder jener

Irrungen und Wirrungen unter der Leitung eines allwissenden Fadenziehers zuletzt doch in das in Gutheit und Wohleingerichtetheit erstrahlende Reich gelungener Lebensplanung einbogen. Wo bleibt das Negative, Herr Geheimrat? Wo nämlich das Positive bleibt, und zwar so bleibt wie eine Erbtante auf Logierbesuch, die bleibt und bleibt und einen am Ende selbst beerbt, da wächst das Gefährliche auch – als Gegenbewegung, aus Übelkeit am Guten. Denn es ist das Üble am Guten, daß es alsbald langweilig wird.

So entdeckten die Romantiker – gegen die nur noch als positiv wahrgenommene späte Goethe-Welt (die sie nicht war) – für sich eine neue Welt der Negativität, beispielsweise der Nacht (bei Novalis), der Schatten und Schattenseiten der Seele (bei Hoffmann), des Schrecklichen und Horrorhaften (bei Klingemann). Zur selben Zeit, in der das wirkliche Übel und der reale Schrecken in der Wirklichkeit nennenswert vorzukommen aufhören, wandern sie in die Fiktionalität der Literatur ein. Indem sie dort präsent sind, hören sie nicht auf, die Einbildungskraft der Menschen zu beschäftigen. Damit aber eröffnen sich neue Möglichkeiten des Erschreckens und des Leidens an der Unwirklichkeit.

Denn wenn es das Üble am Guten ist, daß es am Ende, als Realisiertes, bald langweilig wird, dann deshalb, weil es so wenig Abenteuerliches mehr enthält und überhaupt mehr Handlungshemmnisse als Handlungsaufforderungen beinhaltet. Noch dort, wo eine Handlungsaufforderung sich findet, besteht sie in der auf Gutheit, Ethik und Besitzstandwahrung ausgerichteten wohlbestellten Welt – und das ist das Üble am Guten – zumeist darin, so zu agieren, daß man den Frieden der Gemeinschaft und das Gleichgewicht des Status quo nicht stört: etwa indem man unpartikularistisch und unegoistisch handeln soll, so daß aus der Maxime des Handelns ein allgemeines Gesetz gemacht werden könnte; oder indem man etwa unhypochondrisch nicht auf einer radikalen Verabschiedung und Umwälzung des Bestehenden als Voraussetzung idealen Handelns bestehen, sondern sich mit seinem Handeln in die Vernunft der bestehenden Welt einfügen soll.

Es bleiben offenbar in der modernen Welt von Wohlstandsgesellschaft und Versorgungsstaat an Handlungsresten nur kleine Portionen übrig, also begrenzte Ziele und mittelmäßiger Aufwand, was keinen vom Stuhl reißt. Das alles mag zwar gut und vernünftig sein, aber es bewegt, ja begeistert uns nicht – es ennuyiert.

Melancholie als *Zeitphänomen*: Das stellt sich also nicht nur auf der Ebene der Konstitution des inneren *Zeitbewußtseins* als ein lohnendes Problem dar, sondern auch auf der überindividuellen Ebene des *Zeitgeistes*, des gegenwärtigen Bewußtseins, das die Gesellschaft der Individuen von sich und ihrer Zeit besitzt. Dabei kann die Konstitution des gesellschaftlichen Zeitbewußtseins als Selbstempfindungsanzeiger in gewisser Hinsicht in Analogie zu den melancholisch erlebten Konstruktionen von Vergangenheits- und Zukunftsperspektiven auf der Individualebene der Bewußtseinsprozesse betrachtet werden.

So erscheint es zunächst einmal bemerkenswert, daß ein melancholisches Zeitempfinden in den meisten Fällen ein luxurierendes Phänomen ist. Ein gehobenes Lebensniveau ist offenbar geradezu notwendige Bedingung dafür, sich befindlichkeitsmäßig unter einem Niveau von Lebensgefühlserwartung erfahren zu können, das jenem hohen Lebensstandard entspräche, also unter den allgemein erreichten Stand der Glücksbilanz gedrückt – mithin als ‹deprimiert›. Geld (Besitz) allein macht nicht glücklich, sagt das Sprichwort, und Wohlstand führt nicht zwangsläufig zu größerer Zufriedenheit; eher schon verhält es sich heutzutage umgekehrt. Das Freigestelltsein von den psychischen und physischen Zwängen und Nötigungen des Kampfes ums Dasein in der fortgeschrittenen Kultur hat dann eher eine Abwertung des freigestellten Daseins (als eines unumkämpften, ungenutzten und daher langweilig werdenden) zur Folge als den Genuß des damit verbundenen Friedens und der gewonnenen Muße. Aus dem Überflüssigwerden des Daseinskampfes folgt häufig eher der Krampf der zur Entspannung genötigten Kräfte als ihre sinnvolle neue Nutzbarmachung.

Hinzu kommt ein weiterer Aspekt. Eine wachsende Eröffnung von immer neuen Möglichkeitshorizonten, in denen die Menschen sich individuell ‹verwirklichen› können, hat sich – modern fortschreitend – gegenüber den früher üblichen alltäglichen Einschränkungen der Lebensfristung und Wirklichkeitsentscheidung ergeben; dabei ist insbesondere die moderne Psychologie zu einer schier unerschöpflichen Quelle neuer Erschließungen von Erlebniswelten und ‹Arbeitsbeschaffungsmaßnahmen am Selbst› geworden. Freilich ist dies eine Errungenschaft, die nicht nur Freuden, sondern auch Leiden – des Nichtfestgelegtseins (die Qual der Wahl) – nach sich zieht.

Es ergibt sich, was die individuelle und gesellschaftliche Glücksbilanzierung angeht, letztendlich die bekannte Frage, die sich bereits Immanuel Kant in der Vorrede seiner «Kritik der reinen Vernunft» selbstkritisch stellt: Ob nicht weniger mehr gewesen wäre? Doch würde der Leser Kants ebensosehr wie der Betrachter der Wohlstandsgesellschaft irren, wenn er etwa vermeint, aus dieser gelegentlich aufgeworfenen Frage die Bereitschaft zum Verzicht auf weitere Expansion heraushören zu können: Denn das menschliche Denken und System expandiert nicht *nicht*. Es ist deshalb nicht zu umgehen, daß wir uns im folgenden den melancholieproblematischen Zeitperspektiven gesellschaftlicher Glücksexpansion widmen.

Überdruß im Überfluß – ein Gegenwartsbild

> *Das glücklichste Leben ist ihm beschieden,*
> *Doch niemand auf Erden ist zufrieden.*
> *Das edle Tier, man weiß nicht wie,*
> *Versinkt in tiefe Melancholie.*
>
> *Der weiße Melancholikus*
> *steht traurig mitten im Überfluß.*
> *Man will ihn ermuntern, man will ihn erheitern,*
> *Jedoch die klügsten Versuche scheitern.*
>
> Heinrich Heine,
> Der weiße Elefant (Romanzero, 1851)

Sind wir heutzutage, dem Motto gemäß, alle weiße Elefanten, und wenn ja, was hat uns – als ein Ich-weiß-nicht-was an Verdrießlichkeit (nescio quid taedium, je-ne-sais-quoi d'ennui) – dazu gemacht?

Immer nur lächeln. – Man stelle sich vor, es gibt Glück, und keiner sieht hin! Keiner empfindet es, und keiner findet es bemerkenswert – das sich vorzustellen, fällt nicht schwer: weil es nämlich jeden Tag ‹Glück› gibt auf dem Speisezettel der Überflußgesellschaft. Hier wird die alte einfache Unterscheidung – Glück von innen oder Glück von außen? – wieder wichtig. Denn Überdruß im Überfluß bedeutet auch, daß den überfließenden Glücksangeboten von außen kein Glücksbewußtsein korrespondiert, kein inneres Glücksgefühl, das ihnen gleichgewichtig entspricht. Der Mensch kann nur so glücklich sein, wie er sich fühlt, und das heißt, wie er *sich* fühlt in seinem Glücksgefühl, wie er das Verhältnis, das er zu sich selbst unterhält, als glückliches erfährt. Im Syndrom von Überdruß im Überfluß aber dominiert allein der Außen-Glücksaspekt, repräsentiert in den sogenannten Glücksgütern. Das Glück von außen stellt sich ein, und zwar immer und immer wieder, jedenfalls im Werbefernsehen: Fortuna lächelt ununterbrochen. Aber die Menschen lächeln immer häufiger nicht zurück.

Manchen Menschen ist das Lächeln arg vergangen. Andere, zugestanden, mögen glücklich sein durch den bloßen Erwerb, Besitz, Konsum von Glücksgütern. Vielleicht sitzen sie ja tatsächlich zufrieden vor ihren Fernsehgeräten, wie uns die Soziologen voller Besorgnis glauben machen wollen, und lächeln den Werbe-Engeln mit verklärten Augen zu; vielleicht ist das aber nur ein Pawlowscher Reflex. Jedenfalls sind solche Ausdrucksphänomene wie Lächeln und betontes Nicht-Lächeln oder Lachen und Weinen, spätestens seit Plessners einschlägigen Ausführungen[3], phänomenologisch nicht mehr auf die leichte Schulter zu nehmen; und diese Brisanz gilt erst recht glücksphilosophisch wie gesellschaftsdiagnostisch für das in unserem Zusammenhang von Überdruß im Überfluß in besonderer Zuspitzung erscheinende Phänomen: das melancholisch-verstörte Nicht-Zurücklächeln.

Von Balzac gibt es eine kleine Geschichte, in der am Ende eine unerwartete Abwendung vom Lächeln des Glücks den Verlauf der Ereignisse unterbricht und die Beteiligten wie den Leser aufschreckt. Bezeichnenderweise heißt sie «Adieu». 1830, auf dem weltschmerzlichen Höhepunkt des Mal du siècle, entwirft Balzac darin folgende eindrückliche Szenerie:

«‹Warum heiraten Sie nicht?› fuhr jene Dame fort, die selbst mehrere Töchter in einem Pensionat hatte. ‹Sie sind reich, Standesperson, von altem Adel; Sie haben Talente, Sie haben noch eine Zukunft, alles lächelt Ihnen zu.› ‹Jawohl›, erwiderte er, ‹aber es ist ein Lächeln, das mich tötet.› Am nächsten Tage erfuhr die Dame voll Erstaunen, daß Herr von Sucy sich während der Nacht eine Kugel vor den Kopf geschossen hatte.»[4]

Noch einmal also: Man stelle sich vor, das Glück lächelt dem Menschen zu, Fortuna winkt, alle lachen sie einen an. Die Showmaster als die modernen Hofnarren der Nation überschlagen sich vor Witz und aufgeräumter Heiterkeit, aber der Kunde all dieser Bemühungen – und der Kunde ist König – vernimmt die Kunde nicht und freut sich nicht recht über die Angebote, die Glücksgüter; er betreibt allenfalls Warenkunde, amüsiert sich jedenfalls nicht gerade königlich dabei. Der Kunde ist König, aber der König ist melancholisch: Das ist das Problem des Außenglücks in der Überflußgesellschaft.

Was übrigens, wie Walter Benjamin gezeigt hat[5], keinesfalls neu ist: Das war er schon immer, der König, ein Melancholiker, der einzige am Hof, der nicht lächelte, nicht lächeln mußte, der einzige, der unbeschränkt übellaunig sein durfte, während die Hofschranzen vor guter Laune zu strotzen hatten; und das wollte er immer sein, der Melancholiker, ein König, Mittelpunkt fürsorglicher Interessen und Initiativen, unternommen zu seiner Erheiterung; die aber vergeblich bleiben müssen, will er seine Königsstellung nicht verlieren. Denn das gehört als absolutes Muß ins depressive Arrangement, daß die trivial-alltäglichen Heiterkeitsverführungen an der erhabenen Klippe königlicher Melancholie Schiffbruch erleiden. Der König darf sich nicht seine Schwermut durch die billigen Verführungskünste des Hofnarren heilen lassen, oder er macht sich selbst zum Narren. Als die Garbo schließlich anfing zu lachen, hörte sie auf, göttlich zu sein; nach «Ninotschka» gab es für sie keinen Erfolg mehr.

Auch im Trauerspiel moderner Beziehungsarrangements tut der Depressive gut daran, seine unglückliche Miene aufrecht und sich damit den sekundären Krankheitsgewinn zu erhalten, weil nämlich die Mitwelt nur solange sich therapeutisch zum Narren machen läßt.

Askese oder Überfluß? Neugier oder Apathie?
– Nichts sei schlechter zu ertragen als eine Reihe von guten Tagen, hat Goethe gemeint, der den romantischen Weltschmerz noch ansatzweise kennengelernt hat. Was er sich wohl kaum hätte vorstellen können, ist das Ausmaß an Sattheit, die der moderne Weltschmerz im Syndrom von Überdruß im Überfluß inzwischen angenommen hat. Was heute fehlt, ist die Spannung oder genauer der Wechsel in der Spannung, der Rhythmus von Freud und Leid, Anstrengung und Erholung, Einsamkeit und Geselligkeit, wie Goethe ihn in seiner Ballade «Der Schatzgräber»[6] beschrieben hat: «Tages Arbeit! Abends Gäste! / Saure Wochen! Frohe Feste! / Sei dein künftig Zauberwort.» (Das erfährt dort allerdings einer, der «Arm am Beutel, krank am Herzen» auf Suche nach Außenglück, dem Schatz, gezogen war, also gerade nicht Überdruß im Überfluß erlebt.)

Was damit auch fehlt, ist die ständige Erneuerung der Motivation durch intrinsische Anschlußziele, wie sie etwa in der künstlerischen oder wissenschaftlichen Anstrengung als einem Prozeß ohne Sättigungsgrenze vorliegen. Überdruß kann sich da nicht einstellen, wo sich der Mensch von sich aus und aus sich heraus – Glück von innen – in beständiger Expansion, in dauernd sich erneuernder Bindung von Aktivitäten und Zielerreichungswünschen befindet. Ist Neugierde, wenigstens wissenschaftliche oder künstlerische Neugierde, eigentlich das phänomenologische Gegenteil von Überdruß – und also ein Rezept dagegen?

Die Antwort hierauf ist nicht so einfach; denn es gibt mindestens zwei Arten von Neugierde. Nicht umsonst war die Neugierde zunächst als *curiositas* – die uns noch heute in der Eindeutschung ‹Kuriosität› als symptomatisch für einen eher oberflächlichen, sensationslüsternen Bezug zur Welt der Dinge und Ereignisse begegnet – für die ältere Kirchenlehre eine lasterhafte Verfehlung des Wesentlichen und deshalb unter die Töchter einer der Todsünden verbannt, nämlich der Acedia als Herzensträgheit. Das Desinteresse am Wesentlichen, Spirituellen, am geistigen Heil, wie die Kirchenväter es in der Acedia als Trägheit, «nicht tief und innerlich genug zu wollen» (Kierkegaard), am Werk sehen, und das neugierige Interesse am Unwesentlichen, Profanen, Weltlichen, das sensationslüsterne Umherschweifen des Geistes (*evagatio mentis*) anstelle von dessen konzentrierter Sammlung in Gebet und Arbeit, das beides gehörte schon nach den Ansichten mittelalterlicher Menschen- und Seelenkenntnis im tiefsten Grund zusammen. Es hat, wie Blumenberg nachgewiesen hat, lange gedauert, die *curiositas* wenigstens teilweise, nämlich als wissenschaftliche Neugierde, von diesem Verdacht der Heils- und Selbstverfehlung zu befreien und frühneuzeitlich zu rehabilitieren.[7]

Es gibt also mindestens zwei Arten von Neugierde, die für die vorliegende Fragestellung relevant sind, eine oberflächliche, ablenkende und eine produktive, eindringliche, anders gesagt: eine zerstreuende und eine konzentrierende. – Genauso gibt es mindestens zwei Arten von Nicht-Neugierde, von Apathie: eine, die aus der Übersättigung und Erschlaffung der Zerstreuungssucht hervorgeht, und eine andere, die sich in diese Zerstreuungssucht erst gar nicht hineinbegibt, sondern sich ihre stoische Seelenruhe in der Distanz zum Getriebe der Welt erhält.

Im Zustandsbild des modernen manisch-depressiven Umherirrens in der entgötterten Welt[8] und in der dementsprechenden gesellschaftlichen Erscheinung von Überdruß im Überfluß liegt nun beides vor, Neugierde und Nicht-Neugierde halb und halb gemischt, aber beides jeweils nur in der einen bedenklichen Ausprägung, während das positive Gegengewicht hier wie dort fehlt. In der Formel vom ‹Überdruß im Überfluß› wird beides angesprochen – zum einen die schlechte Form der Neugierde, die Zerstreuungssucht und Ausschweifung ins Überflüssige und Oberflächliche ist, zum anderen die moderne Form der Apathie, der schon selber ganz schlecht ist vor Übersättigung und Abstumpfung. Die jeweils andere mögliche Gestalt, die Neugierde haben kann, nämlich künstlerischer oder wissenschaftlicher Expansionsdrang und Aufmerksamkeit der Wahrnehmung neuer Bezüge, kurz Intensivierung der Welterfahrungsmuster, und die Apathie, wie sie einmal war, nämlich klassische *apatheia*: innere Unerschütterlichkeit und Seelenruhe, Distanz zum Getümmel der Leidenschaften, fehlen dagegen beide in dieser Symptomatik. Sie stellen die Gegenmittel dar.

Der Mensch als Mängelwesen und Mangelwesen. – Ein moderner Ausdruck für Wohlbefinden lautet: ‹Ich kann nicht klagen.› Über diesen Satz könnte man tiefsinnig werden. Wohl sollte er einmal gegen den Strich gelesen werden, so daß das Ich-kann-nicht-klagen denselben Tonfall gewinnt wie ein ‹Ich kann nicht weinen›. Zu verstehen wäre er dann nicht mehr als: Ich habe keinen Grund zu klagen, sondern als: Ich würde gerne klagen, aber ich kann, vermag es nicht – ich würde gerne weinen, aber mir fehlen die Tränen.

Das Hilfsverb *können* in dieser Wohlbefindensaussage ‹Ich kann nicht klagen› ist mithin in seiner Bedeutung höchst prekär, vielleicht sogar einfach fehl am Platz und wäre wohl besser durch ein anderes zu ersetzen. Dann entstünden beispielsweise ‹Ich will nicht klagen› als Ausdruck des Entschlusses zu klaglos-tapferem Erdulden, ‹Ich muß nicht klagen› (bzw. ‹Ich brauche nicht zu klagen›) als Ausdruck der Grundlosigkeit bzw. des Motivationsdefizits zu klagen, ‹Ich darf nicht klagen› als Ausdruck eines Verbots zu klagen, ja sogar ‹Ich soll nicht klagen› als Ausdruck einer normativ vermittelten Pflicht des Absehens vom Klagen – man kann hierzu versuchsweise alle im Deutschen zur Verfügung stehenden Hilfsverben durchgehen. Alles das mag, wenngleich ungebräuchlich, sprachlich in bestimmten Kontexten seine Berechtigung haben, nur das allein geläufige ‹Ich kann nicht klagen›, ausgerechnet das macht sprachlogisch im Grunde keinen Sinn.

Denn wenn der Mensch eines immer kann, dann klagen. Ist doch das Klagen, wie das Buch Hiob als eines der ältesten Bestandteile des Alten Testaments beweist, in der Tat das ursprüngliche Verhalten des Menschen zu Gott oder in (wie immer genannter) religiöser Hinsicht.[9] Noch vor dem Beten, dem Bitten und Danken, kommt – religionshistorisch gesehen – das Klagen[10], das Sich-Beschweren des Menschen als Homo protestator bei Gott über die miesen Bedingungen seines Menschseins. Denn der Mensch ist – in anthropologischer wie theologischer Hinsicht – ein Mängelwesen, und die Mängel rechnet er – zu Recht, will man nicht die Evolution für alles verantwortlich machen – seinem Schöpfer vor.

Dabei wird das Klagen als historisch frühestes, ursprüngliches, naives Gottesverhältnis im Laufe der menschlichen Selbstbewußtseinskarriere schließlich zu einem *Anklagen*, was es von vornherein nicht immer schon war, sondern – theodizeespezifisch – erst unter entwickelten Bedingungen des Mensch-Gott-Bezugs wie auch des Mensch-Welt-Bezugs geworden ist. Der Mensch hält schließlich nicht mehr nur klagend die Mängel, unter denen er leidet, seinem Schöpfer vor wie ein Kind sein physisches Bauchweh der Mutter, um Zuwendung und Trost zu erhalten, sondern er tritt, nachdem die Menschheit aus den geistigen Kinderschuhen heraus ist, anklagend vor den Schöpfer wie ein Jüngling mit politischem Bauchweh vor seinen Vater und macht ihn für alle Mängel verantwortlich: Du hättest es verhindern können und müssen, daß die Welt schlecht ist und ich unglücklich bin.

In dem Maße, in dem – wie Marquard gezeigt hat[11] – die Anklage des Menschen gegen Gott wegen des Bösen und Leidens in der Welt prozessual dahin gehend gelöst wird, daß zu Gottes bestmöglicher Entlastung dessen völlige Schuldlosigkeit aufgrund erwiesener Nichtexistenz zum plausiblen Konsens von Anklage und Verteidigung vor dem Richterstuhl der Vernunft gemacht werden kann, ersetzt die Gesellschaft den verschwundenen Angeklagten und tritt an Gottes vakante Stelle – auch in puncto Verantwortlichkeit.

Damit wird aber auch der Schritt zur Trivialisierung des Klagens und Anklagens vorbereitet, wie sie in der Überfluß- und Überdrußgesellschaft gang und gäbe wird. Das Allerweltsbeklagen und das Allerweltsanklagen gehören gleichsam zu den unverzichtbaren Zügen ihrer

Physiognomie. Langeweile wird dabei zum zentralen Motiv des Klagens, und zwar in doppelter Hinsicht: Dem Beklagen der Langeweile korrespondiert ein Anklagen aus Langeweile. Wo die Wünsche ins Uferlose wachsen, werden die Menschen von ihrer Befriedigung immer weniger tangiert. Mit dem Wachstum der Wünsche und der Erwartung ihrer Einlösung geht aber auch ein Wachstum der Enttäuschungsgelegenheiten durch eine Verminderung der Frustrationsschwelle bei partieller Nicht-Einlösung einher.

Bemerkenswerterweise zeigt sich in dieser Hinsicht kein solcher Empfindlichkeitsverlust, wie er sich beim Befriedigungszuwachs zeigt. Im Gegenteil, der geringer werdenden Sensibilität für äußere Glückserfüllungsexpansionen steht vielmehr eine größer werdende Sensibilität für innere Unglückserfahrungsresiduen gegenüber. Das Gesetz der zunehmenden Penetranz von Resten macht sich also auch in der ungleichgewichtigen Glücks-Unglücksbilanzierung moderner Sensibilität, im Überdruß am Überfluß geltend. Wenn es daher heißt, daß der Mensch in der modernen Welt zunehmend ‹empfindlich› wird und reagiert, dann übersetzt das Alltagswortverständnis dieses in bedenkenswert einseitiger, aber zutreffender Weise so: Der moderne Mensch ist zunehmend frustriert.

Wie und warum geht diese Metamorphose des klagend-anklagenden Menschen vom Homo protestator zum Homo frustrator vonstatten? – Der Mensch, das dürfte hier eine wichtige Rolle spielen, ist nicht nur ein Mängelwesen, er ist auch ein *Mangelwesen*, also ein solches, das den Mangel braucht. Wenn nach Goethe oder sogar Luther [12] nichts für den Menschen schwerer zu ertragen ist als eine – endlose – Reihe von guten Tagen, dann deshalb, weil nichts auf die Dauer demoralisierender, demotivierender und langweiliger ist als ein ständiges erlebnismäßiges Fehlen des Mangels (und hierdurch ein Defizit an Anregung, Motivation, Herausforderung).

Wenn Goethe sich schon damals über die jungen Leute ärgerte, welche in den wohlbestelltesten und gesichertsten Zeiten verzweifeln, oder wenn Hegel von der romantischen Jugend forderte, endlich ihre hypochondrische Empfindlichkeit gegenüber dem angeblichen Philisterleben aufzugeben und die Welt als eine im wesentlichen fertige anzuerkennen, dann wird von beiden nicht genügend bedacht, was das Problem ‹Überdruß im Überfluß› im *Generationen*verhältnis bedeutet. – Natürlich verzweifeln die jungen Leute in modischer Werthermanier gerade deshalb, weil es die wohlbestelltesten und gesichertesten Zeiten sind, in denen sie leben; und gerade weil ihnen die Welt im wesentlichen fertig zu sein scheint, ist sie ihnen in hypochondrischer Empfindlichkeit unerträglich.

Das Gefühl, um das Beste betrogen worden zu sein, kann sich überhaupt nur unter diesen Bedingungen der Sekurität und Saturiertheit, des Versorgtseins bis zum Gehtnichtmehr einstellen; und es stellt sich erst recht und in ganzer Schärfe bei denjenigen ein, die verzehren sollen, was andere gesät und geerntet haben. Tatsächlich sind jene ja auch um das Beste betrogen: um das Erlebnis des Mangels und um das der aus eigener Energieansammlung und Kraftentfaltung erfolgenden Überwindung und Behebung des Mangels, also um die Erfahrung der Spannung des Selbsterreichens und um das Erfolgserlebnis des Auf-sich-stolz-sein-Könnens.

Nach-Nachkriegsgenerationen aber, im faktischen wie im übertragenen Sinn, verhungern deshalb seelisch gleichsam bei gedecktem Tisch und vor der überquellenden Speisekammer, weil sie von vornherein um das Hungern gebracht worden sind und um das daraus erwachsene Streben nach Überwindung des Übels. Sie werden zu Opfern einer Sattheit, die sie weder verschuldet noch verdient haben. Der Überfluß, der Nicht-Mangel, in den sie geboren wurden, überflutet ihre nach Morgenluft schnappenden Münder mit dem Allzufertigen der Wohlstandsküche, dem konsumatorisch allzubereit Zubereiteten. An Herbert Marcuses Kritik der Konsumhaltung und an den von ihm stellvertretend für die Nach-Nachkriegsgeneration der 68er Jugend formulierten Protest gegen eine Gesellschaft im Überfluß ließe sich hier anknüpfen.[13] Opfer einer Sattheit, die nicht die ihre ist, fühlen sie sich gemästet statt verköstigt. In übertragener Hinsicht ist – im übrigen geradezu typisch für einen psychosozialen Generationenkonflikt – gesellschaftspolitische ‹Magersucht› als Konsumverweigerungshaltung die konsequente Reaktion: das Hungern nach dem Hunger, die Sehnsucht nach dem Mangel.

Diese aus Überdruß im Überfluß, genauer noch aus Überdruß *am* Überfluß erwachsene Gefühlslage[14] könnte man versucht sein, für eine Art von ‹Melancholie der Erfüllung› zu halten – Erfüllung rein im materiellen Sinn des Versorgtseins verstanden. Tatsächlich handelt es sich aber in dem vorliegenden Fall von Langeweile und von Überdruß im Überfluß um eine Melancholie permanenter Nicht-Erfüllung. Denn das Entscheidende ist, daß die Sehnsucht – nach sinnvollem Nutzen und Erfahren der eigenen brachliegenden Energien – hier nie erfüllt wird, weshalb sich weder jene besonderen melancholischen Glückserfahrungen einstellen können noch die durch übertriebene Glückserwartungsillusionen sich selbst verhindernde Glückserfüllung, die im folgenden Thema ist.

Unendlichkeitssehnsucht und endliche ‹Enttäuschung›

Wenn ich von den guten Gaben der Natur
Je eine Regung, einen Hauch erfuhr,
So nannte ihn mein überwacher Sinn,
Unfähig des Vergessens, grell beim Namen.
Und wie dann tausende Vergleiche kamen,
War das Vertrauen, war das Glück dahin.
Und auch das Leid zerfasert und zerfressen
Vom Denken, abgeblaßt und ausgelaugt!
Wie wollte ich an meine Brust es pressen,
Wie hätt ich Wonne aus dem Schmerz gesaugt!
Sein Flügel streifte mich, ich wurde matt,
Und Unbehagen kam an Schmerzens statt (...).

Hugo von Hofmannsthal,
Der Tor und der Tod.
Lyrisches Drama (1893)

In Hinblick auf die am Ende dieses Kapitels noch näher zu untersuchende ‹Melancholie der Erfüllung› stellt sich als Vorüberlegung die Frage, warum eigentlich manchen Menschen Erlebnisse, die anderen volle Erfüllung geben, nur halbe Erfüllung bescheren, während sie zur anderen Hälfte zu Erfüllungsmelancholien werden?

Leidensnähe – Lebensferne. – Dabei spielt es offenbar keine besondere Rolle, ob es sich bei solchen Erlebnissen um lustvoll-freudige oder schmerzvoll-traurige handelt: wenn sie nur auf irgendeine Weise ‹-voll› wären, voller Intensität des gelebten Gefühls, diese – immer zu matten – Erlebnisse! Hofmannsthal läßt seinen «Toren» dasselbe bekennen, was auch Sartre in «L'Être et le Néant» über die «Komödie des Leidens» meint, nämlich daß nur das Flügelstreifen des Unbehagens im reflexiven Akt der poetischen Erlebnis-Evozierung übrigbleibt, wo doch das packende Leiden willkommen gewesen wäre:

«Wenn schon gelitten werden muß, so möchte ich, daß mein Leiden mich erfaßt und mich wie ein Gewitter überzieht: ich muß es jedoch zur Existenz erheben in meiner freien Spontaneität. Ich möchte es zugleich sein und erdulden, aber dieses enorme, opake Leiden, das mich auch mir heraus versetzen würde, streift mich dauernd mit seinem Flügel, und ich kann es nicht erfassen, ich finde nur *mich*, mich, der klagt und jammert, mich, der ich, um dieses Leiden, das ich bin, zu realisieren, unaufhörlich die Leidenskomödie spielen muß.»[15]

Aus der Zeit der Jahrhundertwende stammt eine kleine Erzählung Thomas Manns mit dem bezeichnenden Titel «Enttäuschung» (1896), in der – mit verblüffender Ähnlichkeit zu Äußerungen des jungen Hofmannsthals zu jener Zeit – das poetisch-existentielle Beziehungsnetz von Selbstillusion und Desillusion, Täuschung und Enttäuschung des melancholisch-sehnsüchtigen Bewußtseins aufgerollt wird. Thomas Mann läßt in dieser Erzählung seinen Ich-Erzähler in melancholisch bedeutungsschwangerem Ambiente, nämlich an einem späten Herbstabend in Venedig auf der Piazza San Marco, auf einen merkwürdigen Fremden stoßen, der mit ihm, dem zufälligen Tischnachbarn, eine scheinbar belanglose Konversation beginnt. Dieses dem Ich-Erzähler von jenem ihm Unbekannten mehr oder weniger aufgenötigte Gespräch aber entwickelt sich schnell zu einem monumentalen Melancholiemonolog seitens des geheimnisvollen Reisenden, der seinen Namen übrigens nicht preisgibt. Allerdings trägt er, wie man zu Recht festgestellt hat[16], gewisse Züge, die auf eine bewußte, von Thomas Mann beabsichtigte Ähnlichkeit mit Friedrich Nietzsche schließen lassen. Ein gnadenlos sezierender Selbstentblößer auch er, zumal mit Venedig als existentiell-krisenhaftem Lebenshintergrund, scheint seine intellektuelle Gestalt für die sich in besagtem Melancholie-Monolog des unbekannten Fremden abzeichnende, erschütternde Konfession metaphysischer Enttäuschung zumindestens Pate gestanden zu haben.

Das besagte Gespräch kommt unvermittelt zustande; denn mit einem Mal beginnt der geheimnisvolle Tischnachbar, ohne sich dem Ich-Erzähler bis dahin der gebotenen Form nach vorgestellt zu haben, diesen, der gerade im Begriff ist aufzustehen, folgendermaßen anzusprechen: «‹Sie sind zum erstenmal in Venedig, mein Herr? (...) Sie sehen das alles zum ersten Male? Es erreicht Ihre Erwartungen? –

Übertrifft es sie vielleicht sogar? – Ah! Sie haben es sich nicht schöner gedacht? – Das ist wahr? – Sie sagen das nicht nur, um glücklich und beneidenswert zu erscheinen? – Ah!›», woraufhin er sich zurücklehnt und den Erzähler «mit einem schnellen Blinzeln und einem unerklärlichen Gesichtsausdruck» betrachtet.[17]

Das Unerklärliche dieser seltsamen Begegnung und Eröffnung, die wie zufällig aus dem Nichts der Anonymität heraus entsteht, um sich dann auf befremdliche Weise schnell in eine extreme Lebensbeichte, ein intimes Sich-Öffnen und Sich-Anvertrauen seitens des Unbekannten zu verwandeln und die dann wiederum ziemlich unvermittelt und erwiderungslos beendet wird, dieses Unerklärliche also besteht nicht zuletzt darin, daß bis auf einen einzigen Zwischensatz, den der Ich-Erzähler noch einschiebt, der ganze weitere Verlauf der Erzählung ausschließlich durch das sich daraufhin entfaltende Schauspiel einer monologisch-melancholischen Konfession seitens des seltsamen Tischnachbarn ausgeführt wird. Der Leser wird mithin durch dessen zuletzt erwähnten ganz unerklärlichen Gesichtsausdruck gleichsam warnend auf das Erschütternde der folgenden Seelenentblößung vorbereitet.

In der hier zeitweilig eintretenden Gesprächspause kann sich der Ich-Erzähler noch für einige Augenblicke unschlüssig sein, ob er das so unförmlich ihm angetragene, die üblichen Schamgrenzen der Konversation überschreitende und im übrigen überaus einseitige Gespräch überhaupt zulassen und fortgeführt wissen möchte, das ihm mehr oder weniger aufgenötigt wird: «Die Pause, die eintrat, währte lange, und ohne zu wissen, wie dieses seltsame Gespräch fortzusetzen sei, war ich aufs neue im Begriff, mich zu erheben, als er sich hastig vorbeugte» (ebd.).

Von diesem Moment an bleibt dem Ich-Erzähler (genau wie dem Leser) nichts anderes übrig, als zuzuhören – tatsächlich wird bis zum Ende der Erzählung von ihm kein Wort mehr entgegnet werden – und alles zu Wort kommen zu lassen, was da an merkwürdiger und befremdlicher Lebensbeichte aus dem sich offenbarenden Herzen dieses anonymen Melancholikers hervorquillt. Die Eröffnung beginnt wie folgt:

«‹Wissen Sie, mein Herr, was das ist: Enttäuschung?› fragte er leise und eindringlich, indem er sich mit beiden Händen auf seinen Stock lehnte. – ‹Nicht im kleinen und einzelnen ein Mißlingen, ein Fehlschlagen, sondern die große, die allgemeine Enttäuschung, die alles, das ganze Leben einem bereitet? Sicherlich, Sie kennen sie nicht. Ich aber bin von Jugend auf mit ihr umhergegangen, und sie hat mich einsam, unglücklich und ein wenig wunderlich gemacht, ich leugne es nicht. Wie könnten Sie mich bereits verstehen, mein Herr? Vielleicht aber werden Sie es, wenn ich Sie bitten darf, mir zwei Minuten lang zuzuhören. Denn wenn es gesagt werden kann, so ist es schnell gesagt...›» (ebd.).

Leiden an der Poesie: Erwartungshypertrophie.

«Lassen Sie mich erwähnen, daß ich in einer ganz kleinen Stadt aufgewachsen bin in einem Pastorenhause, in dessen überreinlichen Räumen ein altmodisch pathetischer Gelehrtenoptimismus herrschte, und in dem man eine eigentümliche Atmosphäre von Kanzelrhetorik einatmete, – von diesen großen Wörtern für Gut und Böse, Schön und Häßlich, die ich so bitterlich hasse, weil sie vielleicht, sie allein, an meinem Leiden die Schuld tragen.

Das Leben bestand für mich schlechterdings aus großen Wörtern, denn ich kannte nichts davon als die ungeheuren und wesenlosen Ahnungen, die diese Wörter in mir hervorriefen. Ich erwartete von den Menschen das göttlich Gute und das haarsträubend Teuflische; ich erwartete vom Leben das entzückend Schöne und das Gräßliche, und eine Begierde nach alledem erfüllte mich, eine tiefe, angstvolle Sehnsucht nach der weiten Wirklichkeit, nach dem Erlebnis, gleichviel welcher Art, nach dem berauschend herrlichen Glück und dem unsäglich furchtbaren Leiden» (S. 47f).

Mit dieser Formulierung seines «Leidens an der Poesie», wie Karl Philipp Moritz es hundert Jahre früher im «Anton Reiser» genannt hat, knüpft der ‹Enttäuschte›, wie der unbekannte, sich bekennende Tischnachbar des Ich-Erzählers von nun an genannt werden mag, an die im Motto wiedergegebenen Verse des Hofmannsthalschen «Toren» nahtlos an. Ein gedankliches Abhängigkeitsverhältnis kann nicht ausgeschlossen werden («Der Tor und der Tod», 1893 verfaßt, wurde 1894 publiziert, «Enttäuschung» 1896 geschrieben. Vermutlich kannte Thomas Mann Hofmannsthals lyrisches Drama).

Erlebnis ist das Schlüsselwort nicht nur dieser Textpassage, sondern des gesamten Fin de siècle, der Generationsspanne bis zur Jahrhundertwende, in der die Lebensphilosophie, ebenfalls eine Evokation des – offenbar als beschwörungsbedürftig empfundenen – ‹Lebens›, Konjunktur hatte und in welcher der emphatische Begriff des «Erlebnisses» im Unterschied zu «Erleben», wie Gadamer konstatiert hat [18], überhaupt erst aufkommen und üblich werden konnte. – Zu achten ist bei den Worten des ‹Enttäuschten› in diesem Zusammenhang auf die Äußerung seiner Sehnsucht nach *dem* Erlebnis – und nicht etwa nach *einem* Erlebnis. Dieser Differenzpunkt wird nämlich erheblich, wenn es um die Frage der Einlösung solcher Sehnsucht geht. Ein Erlebnis zu haben, ist ungleich leichter, weil eher erfahrbar, als *das* Erlebnis. Abstrakte Oberbegriffe und Übererwartungen dieser Art, nach Marquard vergleichbar mit metaphysischem «Obst», werden verhängnisvoll, wenn sie bewirken, daß nicht mehr konkrete Äpfel oder Birnen den Hunger nach der «wahren Welt» (Nietzsche) stillen können, sondern nur noch «Obst», verstanden in platonisch-polemischer Weise als Diesseitsvermiesungsidee.[19] «Erlebnis», in seiner Abstraktionskarriere gegenüber dem alltäglichen «Erleben» sowieso schon ein zu spekulativer Äpfel-und-Birnen-Vergessenheit einladender Begriff, wird daher zu einem vom Ideenhimmel kaum mehr herunterholbaren «Obst», wenn es auch noch auf *das* Erlebnis sehnsuchtshypertroph zugespitzt wird. Enttäuschungen bleiben dann nicht aus. Dies wird auch in einer weiteren Lebensschilderung des ‹Enttäuschten› deutlich:

«Ich erinnere mich, mein Herr, mit trauriger Deutlichkeit der ersten Enttäuschung meines Lebens, und ich bitte Sie, zu bemerken, daß sie keineswegs in dem Fehlschlagen einer schönen Hoffnung bestand, sondern in dem Eintritt eines Unglücks. Ich war beinahe noch ein Kind, als ein nächtlicher Brand in meinem väterlichen Hause entstand. Das Feuer hatte heimlich und tückisch um sich gegriffen, bis an meine Kammertür brannte das ganze kleine Stockwerk, und auch die Treppe war nicht weit entfernt, in Flammen aufzugehen. Ich war der erste, der es bemerkte, und ich weiß, daß ich durch das Haus stürzte, indem ich ein über das andere Mal den Ruf hervorstieß: ‹Nun brennt es! Nun brennt es!› Ich entsinne mich dieses Wortes mit großer Genauigkeit, und ich weiß auch, welches Gefühl ihm zugrunde lag, obgleich es mir damals kaum zum Bewußtsein gekommen sein mag. Dies ist, so empfand ich, eine Feuersbrunst; nun erlebe ich sie! Schlimmer ist es nicht? Das ist das Ganze?» (S. 48).

Letztere Sehnsuchtsfrageformulierung, die auf das Ganze – will sagen: *das* Erlebnis – hinauswill, mag ihre Präfiguration in dem «N'est-ce que ça?» aus Stendhals Roman über Illusion und Desillusion, «Le rouge et le noir», haben (z. B. im 15. Kapitel dort); der Nachweis sei dahingestellt. Bemerkenswert erscheint in dieser Schilderung das schöne Wort von der «Feuersbrunst», dem Feuer, das nicht einfach nur ein Hausbrand ist, sondern eine ‹brünstige›, lechzende, sich ständig weiter entzündende Feuerphantasie, sozusagen in Götterdämmerungs- und Weltenbrandformat. *Feuersbrunst* ist Großbrandkatastrophismus mit Musik, Wagner («Götterdämmerung») oder Strauß («Feuersbrunst»), große Oper und pyroman(t)isches Gesamtkunstwerk, das Ganze als Brandopfer – wie auch immer man es phantasieren mag: Was ist dagegen schon ein einfacher, wirklicher Hausbrand?

> «Gott weiß, daß es keine Kleinigkeit war. Das ganze Haus brannte nieder, wir alle retteten uns mit Mühe aus äußerster Gefahr, und ich selbst trug ganz beträchtliche Verletzungen davon. Auch wäre es unrichtig, zu sagen, daß meine Phantasie den Ereignissen vorgegriffen und mir einen Brand des Elternhauses entsetzlicher ausgemalt hätte. Aber ein vages Ahnen, eine gestaltlose Vorstellung von etwas noch weit Gräßlicherem hatte in mir gelebt, und im Vergleich damit erschien die Wirklichkeit mir matt. Die Feuersbrunst war mein erstes großes Erlebnis: eine furchtbare Hoffnung wurde damit enttäuscht» (ebd.).

Recht verstanden, bestand das Erlebnis vor allem in der grandiosen Enttäuschung des unendlich aufgeladenen, poetischen Verständnis- und Erwartungshorizonts von «Feuersbrunst». Ein vages Ahnen, daß an Chateaubriands Analyse «Du vague des passions» denken läßt, spielt dabei sehnsuchtsmäßig ebensosehr eine Rolle wie wiedererkenntnismäßig die quasiplatonische, anamnestisch ungestalte Vorstellung von «Feuersbrunst». Entscheidend die Aussage, daß im Vergleich damit die Wirklichkeit matt erschien: ein schwacher Abglanz vom Feuerschein der «wahren Welt», gegen die sich, einige Jahre vor «Enttäuschung», schon Nietzsches Kritik an Platonismus und Christentum richtet.[20]

Der ‹Enttäuschte› weiter:

> «Fürchten Sie nicht, daß ich fortfahren werde, Ihnen meine Enttäuschungen im einzelnen zu berichten. Ich begnüge mich damit, zu sagen, daß ich mit unglückseligem Eifer meine großartigen Erwartungen vom Leben durch tausend Bücher nährte: durch die Werke der Dichter. Ach, ich habe gelernt, sie zu hassen, diese Dichter, die ihre großen Worte an alle Wände schreiben und sie mit einer in den Vesuv getauchten Zeder am liebsten an die Himmelsdecke malen möchten, – während ich doch nicht umhinkann, jedes große Wort als eine Lüge oder als einen Hohn zu empfinden!
>
> Verzückte Poeten haben mir vorgesungen, die Sprache sei arm, ach, sie sei arm, – o nein, mein Herr! Die Sprache, dünkt mich, ist reich, ist überschwenglich reich im Vergleich mit der Dürftigkeit und Begrenztheit des Lebens. Der Schmerz hat seine Grenzen: der körperliche in der Ohnmacht, der seelische im Stumpfsinn, – es ist mit dem Glück nicht anders! Das menschliche Mitteilungs-

bedürfnis aber hat sich Laute erfunden, die über diese Grenzen hinweglügen»
(S. 48 f).

Ein weiteres, nachgerade klassisches Motiv aus Nietzsches Philosophie klingt hier an, das sprachkritische der «Dichterlüge». Thomas Mann hat es offenbar nur selten in Anschlag gebracht [21], vielleicht weil es ihn ansonsten in seinem Selbstverständnis als Schriftsteller zu verunsichern geeignet gewesen wäre. Seine Abstinenz gegenüber der Beschäftigung mit der Sprachkritik Nietzsches wäre dann als Selbstschutzbemühen interpretierbar; und auch in diesem Fall ist es ja nicht der Erzähler Thomas Mann oder sein Ich-Erzähler, sondern es ist der ‹Enttäuschte› als Monolog-Erzähler, also ein Sonderling und Gescheiterter, der sich positiv auf die ‹Dichterlüge›-Kritik bezieht.

«Liegt es an mir? Läuft nur mir die Wirkung gewisser Wörter auf eine Weise das Rückenmark hinunter, daß sie mir Ahnungen von Erlebnissen erwecken, die es gar nicht gibt? Ich bin in das berühmte Leben hinausgetreten, voll von dieser Begierde nach einem, einem Erlebnis, das meinen großen Ahnungen entspräche» (S. 49).

Hier gilt die gleiche Beobachtung über das favorisierte Vokabular der Fin de siècle-Jahre wie vorhin. Das berühmte ‹Leben› erscheint im Kontext dieser Begriffsaufwertung und -überhöhung als eines, dessen Selbstverständlichkeit und Fraglosigkeit bereits epochal gelitten haben müssen, so daß seine Beschwörung philosophisch und literarisch wichtig werden kann. Auch beim Schlüsselwort ‹Erlebnis› führt Thomas Mann wiederum die Tücken dieser Beschwörungsfiguren vor, wenn er, anders als in der Gegenüberstellung von *das* Erlebnis versus *ein* Erlebnis, nun auch am unpersönlichen Artikel demonstriert, wie die emphatische Wiederholung von dem «einen, einen Erlebnis», das einmal im Leben zur Größe der Ahnungen in Übereinstimmung geraten möchte, die ins Maßlose überzogene Gebärde einer Sehnsuchtsattitüde spiegelt, deren Unerfüllbarkeit und Scheitern an der selbst geschaffenen, abstrakten Erwartungshöhe – Obst statt Äpfel oder Birnen – gleich mitgeliefert wird.

«Gott helfe mir, es ist mir nicht zuteil geworden! Ich bin umhergeschweift, um die gepriesenen Gegenden der Erde zu besuchen, um vor die Kunstwerke hinzutreten, um die die Menschheit mit den größten Wörtern tanzt; ich habe davorgestanden und mir gesagt: Es ist schön. Und doch: Schöner ist es nicht? Das ist das Ganze?

Ich habe keinen Sinn für Tatsächlichkeiten; das sagt vielleicht alles. Irgendwo in der Welt stand ich einmal im Gebirge an einer tiefen, schmalen Schlucht. Die Felsenwände waren nackt und senkrecht, und drunten brauste das Wasser über die Blöcke vorbei. Ich blickte hinab und dachte: Wie, wenn ich stürzte? Aber ich hatte Erfahrung genug, mir zu antworten: Wenn es geschähe, so würde ich im Falle zu mir sprechen: Nun stürzt du hinab, nun ist es Tatsache! Was ist das nun eigentlich? –» (ebd.).

Im Falle eines Falles ist Erfahrung wirklich alles; aber die ist dem ‹Enttäuschten›, anders als er von sich meint, in der Tat fremd. Was er für Erfahrung hält und für seine Erfahrung mit dem Leben ausgibt, stellt im Gegenteil die Nicht-Erfahrung und Erfahrungslosigkeit mit ihm dar. Er simuliert Erfahrung in Gedanken: «Wie, wenn ich stürzte?» Er lebt vorweg und in seiner Vorstellung, er erlebt im Konjunktiv, in Wenn- und Würde-Wendungen, er imaginiert sich, vielleicht unbewußt «Faust» variierend, seine hypothetischen Selbst-Stellungnahmen («würd' ich im Falle zu mir sprechen» – «werd' ich zum Augenblicke sagen», «nun stürzt du hinab» – «verweile doch», «nun ist es Tatsache» – «du bist so schön»), aber er *macht* keine Erfahrungen. Schon die Art und Weise, wie an dieser Stelle, der einzigen innerhalb von «Enttäuschung», der Begriff ‹Tatsache› ironisch verfremdet und gebrochen vorkommt, nämlich gerade nicht als Sache der Tat, sondern des Spiels mit der Vorstellung, verdeutlicht das Widersinnige seiner Ausführungen. Die Anekdote vom imaginierten Absturz illustriert wohl den fehlenden Sinn für ‹Tatsächlichkeiten›, zu welchen die ‹Tatsachen› bei dem Monolog-Erzähler sprachlich verkommen[22], aber sie illustriert dies, anders als der ‹Enttäuschte› meint, nicht in ihrer letzten Frage, sondern von ihrem ersten Ansatz an.

Als auf eine solche, verstörende Weise enttäuscht, je metaphysisch getäuscht wie dieser nietzschesierende ‹Enttäuschte› bei Thomas Mann, erscheint entwicklungsgeschichtlich erst der spezifisch moderne Mensch, genauer der Mensch des Fin du siècle, wie Nietzsche ihn prognostiziert und diagnostiziert hat. Tatsächlich steht dieser besondere Melancholiker-Typus nach Art des ‹Enttäuschten›, der an der eigenen Vorwegnahme seines Lebens krankt und an der reflexiven Zerstörung seiner spontanen Erlebnisfähigkeit leidet, um die Jahrhundertwende keinesfalls allein.

Im Gegenteil läßt sich behaupten, daß dieser mehr oder weniger ‹dichterisch› in die Irre geleitete Typ des ‹Ästheten› (bzw. ‹Dilettanten›) bei den meisten Schriftstellern der Epoche, die sich mit der Dekadenzthematik auseinandersetzten, in irgendeiner Form Gestalt gewonnen hat. In dieser jeweiligen Gestalt – insbesondere in dem «Toren Claudio» bei Hofmannsthal[23], aber auch in vielen Figuren Schnitzlers, Rilkes und Hermann Bangs, D'Annunzios, Maupassants oder Paul Bourgets[24] – findet meistens auch eine Auseinandersetzung ihres Dichters mit sich selbst, seiner eigenen lebensfernen und wortverliebten, eben ‹dekadenten› Position des ‹Erlebnis›-Verlustes statt. Denn diese in ihrem Unmittelbarkeitsverlust geschilderten Menschen sind im geheimen allesamt verhinderte Poeten, genau wie die Dichter jener Epoche sich umgekehrt zumeist als verhinderte Menschen empfanden. Mit einem modernen Ausdruck könnte man von narzißtischem Simulationstätertum sprechen. Die poetisch-ästhetische Simulation dieser ‹Dichtenden› von Glück und Leid in der Welt, vom Glücken und Leiden im Leben, ersetzt das reflexiv distanzierte Erleben so weit, daß die Instanz der Erfahrung, verglichen mit der ästhetischen Simulation, in einen kritischen Zustand gerät. Diese Krise der Erfahrung in der Stunde höchster Erwartung äußert sich – von Nietzsche über Thomas Mann bis zu Hofmannsthal – zuvörderst als dramatisch zugespitzte Sprachkritik, also schließlich als Sprach-Krise, wie sie ihren vielleicht beredtesten Ausdruck in Hofmannsthals berühmtem «Chandos-Brief» gefunden hat.[25]

Auch der ‹Enttäuschte› erlebt eine solche sprachkritische Krise im Bruch von Erleben und poetischem Vergleichen, in der Kluft von Erfahrung und Erwartung.

Das Leiden an Unendlichkeitsillusionen mündet mithin in eine Melancholie der Desillusionierung, indem sich mit dem eingetretenen Erlebnis, dem erreichten Ziel, die ersehnte und vorgestellte Erfüllung nicht einstellt – ja nicht einzustellen vermag: Denn die in einer exaltierten Vorstellungswelt ins Unendliche gerückte und entrückte illusionäre ‹Erfüllung› kann von der Banalität der Wirklichkeit gar nicht erreicht werden.[26] Das so programmierte persönliche Erlebnisdefizit in der realen Welt menschlicher Endlichkeit führt zwangsläufig zu Desillusionierung und endlicher Enttäuschung, aber leider meistens nicht an sich selbst, sondern an der Welt. – Solche Melancholie der Desillusionierung ist gewissermaßen eine Melancholie der Nicht-Erfüllung, der immer ausbleibenden, sich nicht einmal im Ansatz einstellenden, von vornherein unmöglichen Verwirklichung.

Melancholie der Erfüllung

Omne animal triste post coitum.
(Jedes Tier ist postkoital traurig.)
Aurelius Augustinus (zugeschrieben)

Zum Ende kommen ist nicht immer nur eine Erleichterung. Es kann den Ankömmling, bei aller Freude über das Erreichen des Ziels und über das jeweils Erreichte, am Ende seines Weges auch ein wenig traurig stimmen, daß er die Angelegenheit nun hinter sich hat.

Die Schwere des Endes. – Abgesehen davon, daß es natürlich ein großes Glück für den Menschen ist, sein mehr oder weniger selbstgestecktes Ziel zu erreichen, ist zuweilen auf eine merkwürdige Weise sogleich auch ein Un-Glück mit präsent oder doch wenigstens sehr bald spürbar, gleichsam eine Lücke mitten im Glücksgefühl, eine Art Verlust oder Enttäuschung, ein jähes Bodenlosigkeitserlebnis im Moment des Triumphs, eine Schreckphantasie unerklärlichen Stolperns, Taumelns, Stürzens – ausgerechnet auf dem Siegespodest.

Man mag es zunächst für einen momentanen Schwächeanfall halten. Sprachlich kommt das in dem bemerkenswerten Aktiv-Passiv-Wechsel von ‹Ich-habe-es-geschafft› zu ‹Ich-bin-geschafft› zum Ausdruck. Plötzlich wird eine gewisse Leere spürbar. Man merkt, man hängt bereits irgendwie durch. Die Last der Anspannung auf die Zielerreichung hin ist von einem genommen, aber das ist durchaus nicht nur ein Erleichterungserlebnis. Es handelt sich – wenigstens zunächst – bei der Erfüllung um eine Grenzerfahrung: Mit dem Gipfel der Erfüllung wird auch das Ende erfahren, weiter geht es nicht; vielmehr geht es nun bergab. Diese Endlichkeitsschranke, gesetzt gegen alle Lust, die Ewigkeit will, also immer weitere, unbegrenzte Aufgipfelung, konfrontiert den Menschen mit der Begrenztheit seiner Lebenskraft und -zeit und damit bereits letztlich, wenn auch vielleicht nur unterschwellig, mit dem Bewußtsein seines Sterbenmüssens.

Petit mort, ein kleiner Tod, wird der Höhepunkt der geschlechtlichen Vereinigung im Französischen genannt – auch eine ‹Melancholie der Erfüllung›. Vielleicht heißt es deshalb, man solle aufhören, wenn es am schönsten ist, weil man bei Beherzigung dieser Maxime nicht erfährt, wie traurig es ist, wenn das Schönste vorbei ist. Wenn aber im

Moment der Erfüllung das Schönste, nämlich der Weg hin zur Erfüllung, vorbei ist, läuft diese Einsicht wohl am Ende darauf hinaus, daß das Glück am schönsten im Vorletzten erscheint. Dementsprechendes findet sich in der asiatischen Weisheitslehre nicht nur in der Praxis des Tantra, sondern auch in der Theorie des I-Ging, wo «die Stufe ‹nach der Vollendung› nur die vorletzte, die letzte und höchste Stufe dagegen die ‹vor der Vollendung› (ist).»[27]

Auch die Beendigung einer Studie über Melancholie als philosophische Herausforderung birgt am Schluß das Problem einer Herausforderung des Autors durch die Melancholie der Erfüllung: Was hätte er noch alles bringen und sagen wollen! Hätte er von dem, was er endlich gebracht hat, nicht manches besser und präziser sagen können? Wäre das, was zuletzt nicht präsentiert, sondern weggelassen wurde (z. B. ein Kapitel über Ficino, über Burton, über Schopenhauer), nicht vielleicht lohnender gewesen als manches von dem, für das er sich nun endgültig entschieden hat?

Schließlich die sich dem Autor am Ende einer langen Arbeit aufdrängenden Fragen: Was macht er jetzt? Eine weitere Abhandlung schreiben oder die ganze Philosophie an den Nagel hängen? Und wohin dann, um noch einmal Georg Heym zu bemühen, mit dem brachliegenden Enthusiasmus in dieser banalen Zeit geringen gesellschaftlichen Interesses für Geist und Geisteswissenschaften? Gar etwas ‹ganz anderes› anfangen?

Ach, das Ganz Andere, das man in quasi-religiöser Selbst-Transzendenz hätte tun und sein können und wollen: Es ist, wir wissen es inzwischen nur zu gut, als Sehnsuchtsgestalt eine Brutstätte unglücklichen Bewußtseins.

Kleine Typologie der Postkulminations-Tristesse. – Diese verschiedenen Gesichtspunkte der melancholischen Erfüllungsklage lassen sich gewissen Grundmustern zuordnen. Nicht zufällig hat Michael Landmann den im Sprachgebrauch seltenen Plural von Melancholie bemüht, um unterschiedliche «Melancholien» der Erfüllung zu bezeichnen und zu schematisieren. Anders freilich als Landmann, der die «Trauer der Schönheit» von der «Trauer des Sieges» und der «Trauer des Gelingens» trennt, um schließlich auch noch «Das Glück des Besiegten» zu beschwören[28], scheint es sinnvoll, bei der Melancholie der Erfüllung eine prosaischere Unterscheidung in verschiedene Arten zu treffen: in die Melancholie des Alternativenverlusts, der Spannungseinbuße, der Restpenetranz, des Expandierbarkeitendes, der Horizontverschiebung und schließlich des Zielmangels.

Der Streifzug durch die verschiedenen, aber verwandten Grundmuster beginnt mit dem Elend des *Alternativenverlusts*, mit der bekannten Qual der Wahl. Ist sie überstanden und eine Entscheidung gefällt, so wird damit noch nicht die Melancholie gebannt; im Gegenteil, sie beginnt dann oft erst. Die Erfüllung einer Entscheidung für eine von mehreren Möglichkeiten impliziert nämlich in der Regel einen Verlust von Freiheit. Das Sich-festgelegt-Haben kann auch als Einschränkung von Wahlmöglichkeit empfunden werden; denn hat man gewählt, wo sich gegenseitig mehr oder minder ausschließende Alternativen bestanden, so hat man danach keine Wahl mehr. Man hat sie vielmehr hinter sich, aber das ist – Melancholie der Erfüllung – nur im ersten Moment eine Befreiung. Im nächsten folgt bereits die Einschränkung: Die quälende Fortsetzung der Qual vor der Wahl (der Qual der Möglichkeit der Entscheidung) erscheint nun in der Qual nach der Wahl (der Qual der Wirklichkeit der Entscheidung). Vor der Festlegung, denkt man, war man freier. Am liebsten wäre es einem, man könnte wählen und sich für etwas entscheiden, aber diese Wahl auch wieder rückgängig machen, also die Freiheit der Wahl vollständig aufrechterhalten, so wie sie vor der Entscheidung bestand, und zugleich das Gewählte, bei voller Reversibilität, erhalten, gleichsam zum Probeleben.

Das geläufigste Beispiel für diese Art der möglichkeitsmelancholischen Daseinsverrenkung ist die alltägliche Kaufentscheidung mit Umtauschrecht. Es gibt bei vielen Menschen eine verhängnisvolle Neigung zum Umtauschen um des Umtauschens willen. Sie ist schlimmstenfalls genauso manisch wie depressiv: depressiv im Treffen der Entscheidung bzw. im Stehen zu ihr, manisch im Rückgängigmachen derselben. Darin wirkt wohl eine Kraft, die den Gestalten der Melancholie der Erfüllung zugehört und den Menschen unglücklich sein läßt, solange er von seinem Umtauschrecht keinen Gebrauch macht.

Genauer gesagt handelt es sich dabei um ein Rückgängigmachen vermeintlichen Freiheitsverlusts. Denn das Nichtgewählte wird aufgewertet durch den Glanz der untergehenden Sonne der Möglichkeit, auch anders zu entscheiden, während auf dem Gewählten bereits der

Schatten der in der Entscheidung zu ihm vollzogenen Freiheitseinbuße liegt. In diesem Licht spricht für das Nichtgewählte, nach der Entscheidung für das Andere, nicht nur mehr als vorher, sondern auch beinahe (wenigstens kurzfristig) mehr als für das Gewählte. Nur vorher sieht das Nichtgewählte, solange es nämlich als Nichtzuwählendes erscheint, merkwürdigerweise immer entschieden schlechter aus.

Die einfachste Lösung für diese Art potentieller Erfüllungsmelancholie besteht darin, gleichzeitig auf alles zur Wahl Stehende zu greifen. Beim Einkauf kann das gelingen und wird von den Verkaufspsychologen gern unterstützt: Ich wähle dann das Rote und das Grüne, das Schwarze und das Blau-Gelbe und brauche insofern nicht mehr zu befürchten, von meinem Umtauschrecht Gebrauch machen zu müssen, als ich mich für alle Möglichkeiten entschieden habe, es sei denn, sie gefallen mir infolge eines Zusammenbruchs meiner Vorlieben und Fähigkeit zur Differenzierung auf einmal alle nicht mehr – oder es kommt am Ende zu teuer. Doch es gibt auch Zwänge im Leben mit sich ausschließenden Alternativen. Die demokratisch-politische Wahl zeigt das bereits. Hierbei ist es mir nicht möglich, mich bei einem Wahlgang der Qual der freiheitseinschränkenden Festlegung zu entledigen, indem ich das Rote und das Grüne, das Schwarze und das Blau-Gelbe innerhalb des Parteispektrums zugleich wähle. Es sei denn, mir machte ein Zusammenbruch meiner Vorlieben und Fähigkeit zur Differenzierung und damit das Ungültigwerden meiner Wahl nichts mehr aus – aber auch das kommt am Ende teuer.

Die Melancholie des Alternativenverlusts betrifft potentiell jede Verwirklichung; denn jede Entscheidung für eine Möglichkeit schließt die Nicht-Verwirklichung anderer Möglichkeiten ein, indem sie die gleichzeitige Realisierung von Alternativen ausschließt.

Erfüllung, nicht nur als Entscheiden für etwas, sondern darüber hinaus als Erreichen von etwas verstanden, bedeutet eine Beendigung der vorhergehenden Bewegung, selbst wenn diese nur das Hin und Her des Sich-nicht-entscheiden-Könnens war. Mit dem Erreichen des vorher angestrengt Erstrebten ist nämlich auch ein Verlust an Dynamik, ein Abflauen der gerichteten Energie, ein Absinken der Spannung verbunden. In diesem Sinne spielt das Motto von der postkoitalen Tristesse ganz allgemein auf den mit dem Höhepunkt einer Anspannungskurve notwendig verbundenen Niedergang der Energeia an. Diese Erfüllungsmelancholie ist eine *Spannungseinbuße*. Sie ist letztlich nichts anderes als ein natürliches und kreatürliches Erschöpfungsphänomen.

Dieser mehr oder minder melancholischen Erschöpfung nach dem Erreichen eines vorläufigen Höhepunkts wird man sich allerdings um so weniger friedlich anheimgeben können, je mehr einen das Bewußtsein stört, daß etwas fehlt. Freilich, irgend etwas fehlt wohl immer zum kompletten Glücklichsein; das hat auch Wilhelm Busch gemeint bzw. gereimt:

> «Bekanntlich möchte in dieser Welt / Jeder gern haben, was ihm gefällt. / Gelingt es dann mal dem wirklich Frommen, / An die gute Gabe dranzukommen, / Um die er dringend früh und spat / Aus tiefster Seele so inniglich bat, / Gleich steht er da, seufzt, hustet und spricht: / ‹Ach Herr, nun ist es ja doch so nicht!›»[29]

Daß auch im Falle der Erfüllung immer noch etwas fehlt, braucht im Rahmen menschlicher Endlichkeit weder zu wundern noch zu stören. Die entscheidende Frage ist vielmehr, wieviel Bedeutung dem jeweils Fehlenden zugemessen wird. Die pathetische Formulierung bei Brecht, das hartnäckig wiederholte «Ja, aber etwas fehlt» («Mahagony»), weist bereits darauf hin, daß sich hier, mitten in der Erfahrung der Erfüllung, ein merkwürdig wiederkehrendes Phänomen von Übergewichtung des verblieben Unerfüllten geltend macht, welches Odo Marquard das «Gesetz der zunehmenden Penetranz von Resten» genannt hat. Dementsprechend sei diese Erfüllungsmelancholie die der *Restpenetranz* genannt. Je weniger an unerledigtem oder unerfülltem Rest bleibt, so die These, desto mehr – nämlich umgekehrt proportional zum Maß seiner Reduzierung – stört dieser Rest.

Positiv läßt sich dieses Erfüllungsstreben als eine Melancholie des *Expandierbarkeitendes* formulieren. Plausibel wird diese Umdeutung des Rest bleibenden «etwas fehlt», wenn wir an sportliche Höhepunkte denken. Die Aufstellung eines neuen Weltrekords etwa wird für dessen Inhaber nämlich dann erfüllungsmelancholisch erfahren, wenn er merkt, daß er damit am Ende seiner persönlichen Leistungssteigerungsgrenze angekommen ist. Was für den Sport gilt, läßt sich auch auf die expandierenden Systeme Kunst und Wissenschaft übertragen. Das Gefühl des Forschers, daß das Erreichte nie genug ist (eine Melancholie der ewigen Unzulänglichkeit), wird allerdings nicht auch noch von Altersabbausorgen begleitet wie beim Sportler. In Kunst und

Wissenschaft handelt es sich daher eher um eine Melancholie der *Horizontverschiebung*: Nur der nächste Gipfel, der weitere Ziel- und Aussichtspunkt ist interessant, nie der gerade erklommene; was aber auch ein Glück ist – man hat zu tun.

Kommen wir – nach diesen Möglichkeiten der Gestaltung von Erfüllungsmelancholie – schließlich zur letzten, zur Melancholie des *Zielmangels*. Selbst wenn die Ziele immer weiter gesteckt werden: Es bleibt nicht aus, daß sie eines Tages einmal erfüllt werden könnten. Damit ergeben sich neue Probleme, denn, wie Watzlawick in seiner «Anleitung zum Unglücklichsein» eindringlich schildert, «vor Ankommen wird gewarnt»[30]: Wehe dem Unglücklichen, dessen Weg durch die Welt scheinbar unstillbarer Sehnsüchte und unerreichbarer Glücksverheißungen plötzlich am Ziel angekommen ist.

An keinem Beispiel wird das deutlicher als an dem vor unerwiderter Liebe unglücklich Schmachtenden, der am Ende wider Erwarten doch erhört wird. Denn der Schritt von unglücklichem Sehnen zu glücklicher Erfüllung ist schwer. Aber warum?

Blicken wir in das klassische Reservoir an Schilderungen der Tücken des menschlichen Herzens, also in die Schöne Literatur, so bemerken wir eine merkwürdige Übereinstimmung in der Beurteilung eines Paradoxons. Es läuft darauf hinaus, daß in jedem Fall der Mensch bei richtiger Beachtung antidiätetischer Selbstbeobachtungs- und Erfahrungsregeln immer unglücklich bleiben kann und nie glücklich zu werden braucht. George Bernard Shaw schildert dieses Paradox in «Mensch und Übermensch» (1903) so: «Mein Herr, es gibt zwei Tragödien im Leben: Die eine ist, seinen Herzenswunsch unerfüllt zu sehen. Die andere ist, ihn erfüllt zu sehen.»[31]

Es war vielleicht keine Tragödie in Shaws Schaffen, aber doch ein gewisses Ärgernis, daß er seinen Herzenswunsch nach Witz und Originalität in diesem Fall unerfüllt sehen mußte: Denn jenes geistreiche Aperçu, das er in seinem Stück dem Satan als melancholisch-zynische Weisheit über die Menschen in den Mund legte, war nicht von ihm. Obwohl die heimlich zitierte Vorlage gerade erst ein Jahrzehnt alt war, riskierte er nichts; denn der wirkliche Urheber des Aperçus war bei seinem Stück bereits drei Jahre tot – Oscar Wilde, der in «Lady Wendermeres Fächer» (1892), ebenfalls einer Komödie, gegen Ende des dritten Akts über die Liebe spricht:

«*Dumby:* Sie liebt Sie also wirklich nicht? – *Lord Darlington:* Nein, sie liebt mich nicht! – *Dumby:* Ich gratuliere Ihnen, lieber Freund. In dieser Welt gibt es nur zwei Tragödien. Die eine ist, nicht zu bekommen, was man möchte, und die andere ist, es zu bekommen. Die letztere ist weit schlimmer. Die letztere ist eine echte Tragödie! Aber es interessiert mich, zu hören, daß sie Sie nicht liebt. Wie lange könnten Sie eine Frau lieben, die Sie nicht liebt, Cecil? – *Cecil Graham:* Eine Frau, die mich nicht liebt? Oh, mein Leben lang. – *Dumby:* Ich auch. Aber es ist so schwer, eine zu treffen.»[32]

Wie könnte man doch in ewig unerfüllter Sehnsucht glücklich werden, wenn man nur endlich einmal eine Frau fände, die einen *nicht* liebte! Aber alle Frauen lieben den melancholischen Dandy und Zyniker Dumby, und so erlebt er immer wieder die tragischere der beiden möglichen Enttäuschungen: nämlich daß er bekommt, was er sich wünscht, und so eins ums andere Mal die Liebessehnsucht nach dem/der Unerreichbaren erfüllungsmelancholisch erliegen sieht. In aktualisierter Version: Alle Frauen, sagt Kim Basinger, die es wissen muß, lieben Sean Connery, und dieser liebt Golf. – Zu Recht, möchte ich hinzufügen; denn das ständig sich steigernde Handicap beim Spielen ist die wahre unerreichbare Geliebte – und vielleicht ein erfolgversprechendes Rezept zur Vermeidung der Melancholie des Zielkonflikts.

Schlußbemerkung:
Zwischen Sehnsucht und Hoffnung

Tristesse oblige
Odo Marquard, Schwierigkeiten mit
der Geschichtsphilosophie (1973)

Das Problem der Melancholie führt am Ende dieser Arbeit zu deren Anfang zurück, zur aristotelisch-peripatetischen Frage nach der merkwürdigen Konstitution der Melancholiker, wie sie in der doppelgesichtigen *extremitas* von großem Ungenügen und Leiden an und in der Welt und großen, leidenschaftlichen, ‹genialen› Anstrengungen und Leistungen in ihr erscheint. Es hat sich bei dem hier eingeschlagenen Weg durch die verschiedenen mehr oder weniger zeittypischen Manifestationen des Melancholieproblems im historischen Verlauf der abendländischen Kultur gezeigt, daß ein Ungleichgewicht von Sehnsucht und Hoffnung bei der Suche nach dem Glück und beim Streben nach individueller Sinnerfüllung das Gemeinsame dieser Phänomene darstellt. Demnach ist die Melancholie ein nicht aus der Welt zu schaffendes Phänomen menschlichen Wirkens und Empfindens, und das heißt: Sie *kann* nicht nur *nicht* aus der Welt geschafft werden, sie *soll* es auch *nicht*.

Melancholie ist weder zu verdammen noch zu negieren, da sie im wesentlichen ein grundsätzliches Spannungsverhältnis der menschlichen Psyche widerspiegelt, nämlich das Ungleichgewicht von Sehnsucht auf Erfüllung gegenüber der persönlich empfundenen Hoffnung auf Zielerreichung. Das kann in den verschiedensten Ausprägungen zum Ausdruck gebracht werden: als Trübsal, Traurigkeit, Schwermut, Hypochondrie, Weltschmerz usw., im weitesten Sinne also als ein wie immer «unglückliches» Bewußtsein, das hier – über Hegel hinaus – in allgemeiner, anthropologischer Bedeutung aufzufassen ist.

Melancholievermeidung oder -begrenzung stellt sich somit als ein Gleichgewichtsproblem dar, und zwar als ein dynamisches. Das «himmelhoch jauchzend, zu Tode betrübt», dichterischer Ausdruck melancholischer (und manisch-enthusiastischer) Extremitas, trifft die Stimmungslage der Melancholiegefährdeten nicht nur von Liebenden, wie in Goethes «Egmont», sondern trifft auch zu in vergleichbaren Situationen ambivalenter Stimmungslagen zwischen Bangen und Hoffen auf Sehnsuchtserfüllung, etwa beim Künstler, Forscher oder auch beim Kranken im Zagen und Hoffen auf Genesung.

Die der Sehnsucht auf Erfüllung korrespondierende, gleichsam das Gleichgewicht haltende Hoffnung bzw. Erwartung beruht zwar auf Erfahrung, aber sie ist auch den von äußeren Einflüssen und unbewußten Eindrücken geprägten Stimmungen unterworfen und läßt sie, Hoffnung bzw. Erwartung, im Takt dieser Stimmungslagen schwanken: ein Problem labil-dynamischen Gleichgewichts.

Die melancholische Ausprägung folgt und entspricht mithin dem jeweiligen individuellen Hoffnungsdefizit in seiner Dauer und Stärke. Sie kann im Extremfall – bei höchstem Sehnsuchtsverlangen nach Erfüllung, aber völliger Hoffnungslosigkeit der Erlangung – sich zu einer existentiellen Krise und Lebensgefahr ausweiten, wie wir es bei Kleist etwa vor Augen haben.

Einen anderen Extremfall melancholischen Befindens stellen die Langeweile und der Überdruß im Überfluß dar, nämlich eine Hoffnungslosigkeit mangels Zielen und Erwartungen. Wo keine Ideale und Verheißungen mehr locken, wo kein hoher Preis mehr vorgestellt und angestrebt wird, weil alles billig zu haben ist und die Werte «verramscht» (Heidegger) werden, muß auch das Hoffnungsniveau sinken und verkümmern. Es stellt sich gewissermaßen eine Melancholie ‹zum Nulltarif› ein.

Bildhaft läßt sich die Struktur der Melancholieentstehung und -überwindung an einem mehr oder minder großen, mehr oder weniger gefüllten Gefäß verdeutlichen: In diesem Vergleich wäre der bloße Krug ein Sinnbild der Zielsetzung, wobei seine Größe bzw. Höhe der Sehnsucht nach Zielerreichung entspräche und der Gefäßinhalt das Sinnbild der konkreten Hoffnung und Erwartung auf Erfüllung darstellte. Viel wird nur dann geschöpft werden und Großes nur dann erreicht, wenn dieses Gefäß von Zielsetzung und Sehnsucht nach Zielerreichung ein dementsprechend großes ist und wenn Hoffnung und Erwartung dieses Gefäß auch ausfüllen. Nur dann wird inhaltlich Mächtiges gefaßt. Bei hoher Zielsetzung sind nun aber gewisse – zumindest temporäre – Defizite an Hoffnung (bzw. Füllung) nicht zu vermeiden. Der Weg zum Erfolg verläuft selten einsinnig progressiv, also ohne vorübergehende Enttäuschungen und Rückschläge. Sofern die Hoffnungsdefizite das Maß des Zuträglichen in Dauer und Stärke nicht überschreiten, müssen sie sogar als unvermeidliche Begleiterscheinungen und damit geradezu als inhärente Notwendigkeiten von Produktivität und Kulturschöpfung angesehen werden. Insofern erscheint mir Melancholie in begrenzter Stärke und Dauer als eine Art schöpferischer Pause, als ein Atemholen der Psyche, geeignet, neuen Mut und erneute Zuversicht zu gewinnen, also als ein Prozeß, aus dem heraus sich die Motivation und Kreativität neu beleben.

In dieser Weise kann das Spannungsverhältnis zwischen Sehnsucht und Hoffnung einem Ausgleich zugeführt werden, und wie schon in den «Problemata Physica» XXX, 1 formuliert ist: Wenn eine Ausgewogenheit der bestimmenden Kräfte bei den Melancholikern vorliegt, dann sind sie hervorragende Menschen. Vielleicht sind deshalb alle schöpferischen Menschen so melancholiegefährdet, weil dieses Schöpfen mit ständigem Gewahrwerden und Bewältigenmüssen von schwarzen Löchern der Schwäche einhergeht.

Anmerkungen

1. Metamorphe Schwarzgalligkeit

1 Aristoteles, Werke in deutscher Übersetzung, hg. von Ernst Grumach/ Hellmut Flashar, Bd. 19: Problemata Physica, übers. u. komm. von Hellmut Flashar, Berlin/Darmstadt 1962, S. 250 (954a 10–12). Flashar (1962) hat für «die berühmte Abhandlung über die Melancholie (XXX 1), das einzige Kapitel der Probl.[emata Physica], das sich allgemeiner Kenntnis und Verbreitung erfreut[e]» (S. 327), einen Abriß der Nachwirkungsgeschichte von der Antike bis zur Neuzeit gegeben (S. 715–717). Ausführlich wird das Weiterleben des aristotelischen Begriffs der Melancholie im Mittelalter bei Klibansky/Panofsky/Saxl (1964) behandelt (im gleichnamigen Kapitel S. 67–74: The Survival of the Aristotelian Notion of Melancholy in the Middle Ages); vgl. auch die Editionen von Angelino/Salvaneschi (1981) und Pigeaud (1988).

2 ‹Problem› hatte in der antiken Philosophie eine spezifische, vom heutigen Sprachgebrauch verschiedene Bedeutung. Ursprünglich im Griechischen mit dem Beiklang des ‹Vorgebirges› oder des ‹Vorwurfs› (im Sinne von: etwas vor sich hinwerfen und dann dahinter verschanzen) versehen, wird das ‹Problem› dann philosophischerseits zu einer Frage mit der Grundstruktur «Warum ist etwas so, und warum ist es nicht vielmehr anders?» bzw. «Warum ist etwas folgendermaßen und ein entsprechendes Anderes aber nicht in der gleichen Weise der Fall?». Das Melancholie-Problem besitzt demzufolge eine untypische Struktur: «Hier ist die eigentliche Behauptung bereits in der Frage enthalten, mit der das Kapitel einsetzt, eine Antwortformel fehlt überhaupt. Dafür wird der Gedanke in einer längeren Abhandlung zusammenhängend entwickelt» (Flashar 1962, S. 327).

3 A.a.O., S. 250 (953a 10–33) unter Berücksichtigung einer späteren Berichtigung: «Es muß heißen: ‹wie man z. B. aus den Heldensagen berichtet, was dem Herakles widerfuhr›» (Flashar 1966, S. 63, Anm. 8).

4 «Melancholie der Besten» ist wohl die gelungenste deutsche Kurzformel für die ps.-aristotelische Melancholieproblemstellung. Sie erscheint – im Zusammenhang mit der forschungsgeschichtlich bislang unbeachtet gebliebenen Rezeption von Probl. XXX,1 bei dem Barockgelehrten Matthias Bernegger – bei Wilhelm Kühlmann, Gelehrtenrepublik und Fürstenstaat, Tübingen 1982, im Kapitel «‹Melancholie der Besten›: Anerkennung und Auflösung der Zeitklage» (S. 267–283).

5 Vgl. Vaihinger (1898a), Kant als Melancholiker; Vaihinger (1898b). Noch-

mals Kant als Melancholiker; sowie neuerdings Böhme/Böhme (1983), Das Andere der Vernunft, insb. die Kap. II,2.2, VII, VIII,5 u. VIII,9.
6 Hegels Brief an Windischmann vom 27.5. 1810 gibt Aufschluß über seine «Jugend-Hypochondrie».
7 Vgl. die im Anschluß an Staigers Vortrag (1954), Schellings Schwermut (S. 112–133), geführte Diskussion (S. 134–145). Ein Nachwort zu dieser Diskussion aus seiner Sicht findet sich wenig später in Jaspers Schelling-Buch (München 1955, S. 266–271).
8 Schopenhauer, Die Welt als Wille und Vorstellung, 1. Bd., 4. Buch, §68; 2. Bd., 2. Buch, Kap. 28; 2. Bd., 3. Buch, Kap. 31: «Vom Genie»; Aphorismen zur Lebensweisheit, Kap. 2; Parerga und Paralipomena, §191 und §322.
9 Zu diesem Punkt ist außerordentlich viel geforscht worden seit Romano Guardinis Rede ‹Vom Sinn der Schwermut› (1928), Zürich 1949; vgl. Rolf Mayr, Von der Schwermut. Gedanken zu einem Thema Kierkegaards in: Die Besinnung (1948), S. 255–260; Harald v. Martin, Søren Kierkegaard, The Melancholy Dane, London 1950; Tellenbach 1960, S. 15ff; Grimault (1965); Grimsley (1965); Lambotte (1977); McCarthy (1977); Vom Hofe (1982); Khan (1985).
10 Vgl. Tellenbach (1960), Gestalten der Melancholie, S. 18ff; Philonenko (1971), Mélancolie et consolation chez Nietzsche; Völker (1978), Muse Melancholie – Therapeutikum Poesie, Kap. 4: «nach Rede verlangt mich». Melancholie und lyrisches Sprechen in Nietzsches ‹Also sprach Zarathustra› (S. 65–84); Kruse (1987), Apollinisch-Dionysisch. Moderne Melancholie und Unio Mystica, insb. 1. Buch: «Moderne Melancholie und Unio Mystica. Ein Interpretationsvorschlag zum Frühwerk Friedrich Nietzsches» (S. 17ff).
11 Vgl. Wilhelm Lange-Eichbaum (1928), Genie, Irrsinn und Ruhm, München [7]1985ff (auf 10 Bände angelegte völlige Neubearbeitung, hg. Wolfgang Ritter).
12 Vgl. Harald Weinrich, Artikel «Ingenium», in: Historisches Wörterbuch der Philosophie (=HWP) 4 (1976), Sp. 360; Weinrich, Das Ingenium Don Quichotes, Münster 1956, insb. §§ 103–144: Melancholie (S. 47–62); Jochen Schmidt, Die Geschichte des Genie-Gedankens in der deutschen Literatur, Philosophie und Politik 1750–1945, Darmstadt 1985, insb. Bd. 1, S. 105–110: «Die Dunkelheit des genialen Temperaments: Aktualisierung der traditionellen Verbindung von Genie und Melancholie».
13 Vgl. Cicero, Tusculanae disputationes 1, 80, übers. von Olof Gigon, Stuttgart 1973, S. 39, Hervorh. von mir.
14 A. a. O., 3, 11; übers. von Gigon, S. 94.
15 Vgl. Roussel (1988) sowie Gravel (1982), Van der Eijk (1990), insb. S. 55–61: Die Theorie über die Melancholie in Probl. XXX 1.

16 Arnaldus de Villanova, Opera, Lyon 1520, S. 295, zit. nach Giehlow (1903), S. 36.
17 Vgl. Panofsky/Saxl (1923), S. 4; Klibansky/Panofsky/Saxl (1964), S. 127.
18 Vgl. Benjamin, Linke Melancholie (1931), in: GS3, Frankfurt/M. 1972, S. 283.
19 Vgl. Panofsky/Saxl (1923), S. 4ff, 77–80, 81–92; Klibansky/Panofsky/Saxl (1964), S. 127f, 130–133.
20 Die Etymologie des Wortes «Konstellation», das wir heutzutage gewöhnlich im Sinne von «Zusammentreffen bestimmter Umstände und die daraus resultierende Lage, Gruppierung» (Duden-Fremdwörterbuch) verwenden, verweist auf lat. stella: der Stern, das Gestirn, und bezeichnet in seiner Zusammensetzung «con-stella-tio» eben jene Stellung der Gestirne mit- bzw. zueinander, die nach antiker und mittelalterlicher Wissenschaftssicht direkten Einfluß auf die irdischen, menschlichen Verhältnisse ausübte und also die Einheit von Makrokosmos und Mikrokosmos repräsentierte.
21 Zit. nach Panofsky/Saxl (1923), S. 4–5.
22 «Und in der Tat: wenngleich auch die anderen griechischen Gottheiten fast durchweg doppelgestaltig erscheinen in dem Sinne, daß sie zugleich verderben und segnen, schaffen und zerstören können, so ist doch vielleicht diese Doppelgestaltigkeit bei keiner von ihnen zu einer so grundsätzlichen und wesenhaften Polarität ausgeprägt, wie bei Kronos. Die Kronosvorstellung ist nicht nur dualistisch in bezug auf die Wirkung des Gottes nach außen, sondern auch in bezug auf sein eigenes, gleichsam persönliches Schicksal, und sie ist es außerdem in solchem Umfang und in solcher Schärfe, daß man den Kronos geradezu als einen *Gott der Extreme* bezeichnen könnte» (Panofsky/Saxl 1923, S. 10).
23 Vgl. dazu C. G. Jungs «Symbole der Wandlung», wo dieses strukturale Merkmal des Mythos als «die im Archetypus geeinigten Gegensätze» bezeichnet wird (Ges. Werke, Bd. 5, Olten/Freiburg 1973, S. 469).
24 Vgl. Hesiod, Theogonie, V. 736–739 (Sämtliche Werke, übers. von Thassilo v. Scheffer, Wiesbaden ²1947): «Da sind der schwarzen Erde, des nebligen Tartarosdunkels / Und des wogenden Meeres und auch des sternigen Himmels, / Aller Dinge Quell der Reihe nach und auch ihr Ende, / Widerlich modrig, es faßt sogar die Götter ein Grausen»; und V. 758f: «Dort auch liegt die Behausung der machtgeborenen Kinder / Schlaf und Tod, der großen entsetzlichen Götter». – Es bereitet sich an dieser Stelle bei Hesiod eine Assoziation vor, die für unsere nächsten Überlegungen bedeutsam wird, diejenige nämlich vom gestürzten Weltherrscher Kronos/Saturn und dem Tod. Hinzuweisen ist überdies auf ein noch nicht ausformuliertes, aber in Umrissen bereits erkennbares Viererschema der Elemente Erde, Luft, Wasser und Feuer, das in diesen Versen enthalten zu sein scheint, wenn die Rede ist von der schwarzen Erde und der nebligen Luft des Tartarosdunkels so-

wie dem Wasser des wogenden Meeres und dem Feuer des sternigen Himmels.

25 Vgl. Wilhelm Heinrich Roscher (Hg.), Ausführliches Lexikon der griechischen und römischen Mythologie, Leipzig 1884 ff, Bd. II/1, Sp. 1464 und Sp. 1470.
26 Vgl. Roscher (1884 ff), Bd. I/1, Sp. 899–900.
27 Im 3. Jh. v. Chr. wurde auch der alte Kultus des Saturnus hellenisiert; «diese Umwandlung des Festbrauches bildet natürlich nicht den Anfang, sondern den Abschluß der Hellenisierung des Kultes und hat die bereits vollzogene Gleichsetzung des römischen Saturnus mit dem griechischen Kronos zur Voraussetzung» (Roscher 1884 ff, Bd. IV, Sp. 432).
28 Hesiod, «Werke und Tage», V. 109–120, übers. von v. Scheffer.
29 Vgl. Roscher (1884 ff), Bd. II/1, Sp. 1459.
30 So geschehen beispielsweise durch Diodor und Protarchos von Tralles; vgl. Roscher (1884 ff), Bd. IV, Sp. 433–434.
31 Vgl. Roscher (1884 ff), Bd. III/2, Sp. 2526.
32 Vgl. Roscher (1884 ff), Bd. II/1, Sp. 1498 ff und Bd. IV, Sp. 1480–81.
33 Vgl. Klibansky/Panofsky/Saxl (1964), S. 141.
34 Vgl. Schöner (1964), S. 17.
35 Vgl. Klibansky/Panofsky/Saxl (1964), S. 3–15; Schöner (1964), S. 15–56; Flashar (1966), S. 21–49, Kleine (1975), sowie neuerdings Pigeaud (1981) und Jackson (1986).
36 Vgl. Klibansky/Panofsky/Saxl (1964), S. 4–9.
37 Das lateinische Motto aus «De mundi... constitutione» findet sich in Migne PL, 40, 881D (dt. Übersetzung hier und später von mir). – Dieser Text von vor 1135 n. Chr. wurde vermutlich von einem Vorgänger des Wilhelm von Conches verfaßt; vgl. Klibansky/Panofsky/Saxl (1964), S. 3 u. 182.
38 Allerdings ist für die Erfassung der galenischen Systematik des Vierschemas zu beachten: «Man muß das ganze Werk in eins nehmen; bei der Betrachtung von Einzelschriften wird man dagegen auf Unvollständigkeiten, Diskussionen, Aspektverschiebungen, Variationen stoßen» (Schöner 1964, S. 87).
39 Für die geschichtliche Entwicklung dieser Gedankengänge und ihre Zuordnung zu den verschiedenen griechischen Philosophen vgl. Klibansky/Panofsky/Saxl (1964), S. 3–15, und Schöner (1964), S. 5–14.
40 Zur Entstehungsgeschichte dieser Gegenauffassung vgl. Müri (1953), S. 38: «Es ist nicht nachzuweisen, wo und durch wen dieser Schritt getan worden ist; bei Aristoteles ist um 345 wahrscheinlich, um 325 zuverlässig der konstitutionelle Melancholiker bekannt, bei Theophrast ist von demjenigen Menschen, der an schwarzer Galle erkranken kann, derjenige deutlich abgehoben, der von *Natur* aus Melancholiker ist.»

41 Vgl. Müri (1953), S. 38, sowie neuerdings Roussel (1988) und Gravel (1982), Van der Eijk (1990).
42 Vgl. Carl Gustav Carus, Psyche (1846), hg. von R. Marx, Stuttgart 1941, S. 271–279: «Zur Geschichte der Trauer».

2. Gottferne Trübseligkeit

1 Vgl. den Hinweis von Lepenies (1972, S. 37) auf das Melancholieverbot im christlichen ‹Sonnenstaat› Campanellas: Dessen Utopie sei «einer Gesellschaft oktroyiert, deren Mitglieder es sich nicht mehr gestatten dürfen traurig zu sein – wollen sie nicht durch ihre unverhüllten Affekte das letztliche Scheitern der Totalplanung enthüllen»; vgl. auch Strumia (1985).
2 «Verzeihung des Bösen», dieser Genitiv ist doppelt verstehbar: entweder als eine Verzeihung, die dem Bösen zuteil wird (genitivus objectivus), oder als eine vom Bösen selbst ausgesprochene (genitivus subjectivus); vgl. auch G. W. F. Hegel, Phänomenologie des Geistes, Kapitel VI.C.c.: «Das Gewissen. Die schöne Seele, das Böse und seine Verzeihung».
3 Vgl. Anke Wiegand, Die Schönheit und das Böse, München/Salzburg 1967, S. 48 ff: «Schönheit und Schwermut: Satan in Milton's ‹Paradise Lost›, und S. 70 ff: «Der romantische Held als Inkarnation des Satans».
4 Vgl. Mario Praz, Liebe, Tod und Teufel. Die schwarze Romantik, München 1960.
5 Vgl. Max Scheler, Reue und Wiedergeburt, in: ders., Vom Ewigen im Menschen, Berlin 1923, S. 5–58; Vladimir Jankélévitch, Valeur et signification de la mauvaise conscience, Paris 1933, Kap. 2: «Irréversibilité» (S. 45–97), insb. die Abschnitte 2 und 3: «Le passé du remords» (S. 53 ff) und «L'irrémédiable: Remords et Repentir» (S. 61 ff).
6 Vgl. die Arbeiten von Wenzel (1960) und (1966), Bunge (1983), Jehl (1984), Gründer (1985), Flüeler (1987), Post (1988), Bader (1990) und Augst (1990).
7 Vgl. Rainer Jehl, Die Geschichte des Lasterschemas und seiner Funktion. Von der Väterzeit bis zur karolingischen Erneuerung, in: Franziskanische Studien 64 (1982), S. 261–359, hier S. 261; vgl. auch Siegfried Wenzel, The Seven Deadly Sins: Some Problems of Research, in: Speculum 43 (1968), S. 1–22; sowie Morton W. Bloomfield, The Seven Deadly Sins: An Introduction to the History of a Religious Concept with Special Reference to Medieval English Literature, East Lansing (Michigan) 1952.
8 Vgl. Henke (1919); Klostermann (1964); Loos (1975).
9 Vgl. Farinelli (1902), Wenzel (1961), Wilkins (1962), Amargier (1974).
10 Vgl. Frederick Tupper, Chaucer and the Seven Deadly Sins, in: PMLA 29 (1914), S. 93–128; John Livingston Lowes, Chaucer and the Seven Deadly Sins, in: PMLA 30 (1915), S. 237–371; G. Dempster, The Parson's Tale, in:

Sources and Analogues of Chaucer's Canterbury Tales, hg. von W. F. Byran/G. Dempster, New York 1941, S. 723–760.

11 Vgl. für die Kurzversion: Nützlicher Unterricht/ vom Ersten Gebot (...). Sampt angehengter (usw.), Erfurt 1557 (hier nach Seitenzählung zitiert); für die Langversion die Ausgabe Nürnberg 1569, betitelt: Nützlicher Bericht vnd / Heilsammer Rath aus Gottes Wort / wider den Melancholischen Teuffel / Allen schwermütigen vnnd traurigen hertzen / zum sonderlichen beschwerten trost; sowie die Ausgabe Tham in der Neumark 1572, betitelt: Melancholischer Teuffel / das ist / Nützlicher Bericht vund heylsamer Rath / Gegründet ausz Gottes Wort / wie man alle Melancholische / Teufflische Gedanken / von sich treiben sol / Insonderheit allen schwermütigen Hertzen zu sonderlichem Trost gestellt.

12 Vgl. dazu Günter Bandmann, Melancholie und Musik. Ikonographische Studien, Köln/Opladen 1960, insb. Kap. 1, S. 11–21: «Melancholie als Leiden – Musik als Hilfe. 1. David und Saul»; sowie Werner Kümmel, Melancholie und die Macht der Musik, in: Medizinhistorisches Journal 4 (1969), S. 189–209.

13 Vgl. Panofsky/Saxl (1923), S. 71f; Klibansky/Panofsky/Saxl (1964), S. 73.

14 Vgl. Gründer (1985), S. 93.

15 Vgl. Charles Augustin Saint-Beuve, Port-Royal, Paris 1886, Bd. 1, S. 137; vgl. die Edition der Bibliothèque de la Pléiade, Bd. 93, Paris 1953, S. 232 (A.).

16 Vgl. Saint-Beuve, Chateaubriand et son groupe littéraire sous l'empire. Cours professé à Liège en 1848–1849, nouvelle édition annotée par Maurice Allem, Paris 1948, Bd. 1, S. 278–279.

17 Vgl. Marc Girardin (dit Saint-Marc Girardin), Cours de littérature dramatique, ou l'usage des passions dans le drame, 5 Bde., Paris 1843–1863, Bd. 1, S. 109ff.

18 Vgl. A. de Martonne, Recherches sur l'acédia, chapitre d'un livre inédit, in: Société académique de Saint-Quentin – Annales scientifiques, agricoles et industrielles du département de l'Aisne, 1851, S. 187–199.

19 Vgl. Alexandre-Jacques-François Brierre de Boismont, De l'ennui. «Taedium vitae», in: Annales médico-psychologiques 2 (1850), S. 545–585; ders., Du suicide et de la folie suicide, considérés dans leur rapport avec la médecine, la statistique et la philosophie, Paris 1856. – Zu Martonne und Brierre de Boismont (1798–1881) vgl. Mehnert (1978), S. 37ff, und Bouchez (1973), S. 9–11.

20 Vgl. Charles Baudelaire, Fusées XIV, wo er den Titel von Brierres Selbstmord-Buch notiert und zum Schluß, offensichtlich seine Saint-Beuve-Lektüre resümierend, kurz festhält: «Le portrait de *Sérène*, par *Sêneque*. Celui de *Stagire*, par saint Jean *Chrysostôme*. *L'Acedia*, maldies des moines. *Le Tae-*

dium vitae», in: Baudelaire, L'art romantique, suivi de Fusées, hg. von Hervé Falcou, Paris 1964, S. 394.
21 Vgl. Thomas Stearns Eliot, Baudelaire (1930), in: ders., Selected Essays 1917–1932, New York 1932, S. 339; Aldous Huxley, Accidie (1923), in: ders., On the Margin. Notes and Essays, London 1923, S. 18–25.
22 Vgl. Sören Kierkegaard, Tagebücher, übers. von H. Ullrich, Berlin 1930, S. 455, Eintragung vom 20. Juli 1839 (‹Papirer› II A 484); vgl. dazu auch die Randnotiz Kierkegaards aus späterer Zeit: «es ist das, was mein Vater ‹eine stille Verzweiflung› nannte», auch in: Ges. Werke, 15. Abt., Düsseldorf 1958, S. 547, A. 220. Zur Acedia bei Kierkegaard vgl. Lambotte (1978), S. 67–68, sowie Helmuth Vetter, Stadien der Existenz, Wien 1979, S. 53 ff.
23 Vgl. Walter Ruttenbeck, Sören Kierkegaard. Der christliche Denker und sein Werk, Berlin/Frankfurt/O. 1929, S. 11 f: «Kierkegaard besaß ungefähr 40 Bände Kirchenväter (...), Arnolds Kirchen- und Ketzergeschichten, Ketzerlexikon, Naturgeschichte des Mönchtums». – Es gibt allerdings auch Hinweise darauf, daß Kierkegaard die Acedia-Anregung von Wilhelm Martin Leberecht de Wettes «Christlicher Seelenlehre» (Berlin 1819/21) übernommen hat; vgl. Helmuth Vetter, Einen Menschen finden. Zu Leben und Werk Sören Kierkegaards, in: «Entweder/Oder». Herausgefordert durch Kierkegaard, hg. von Jörg Splett/Herbert Fraunhofer, Frankfurt/M. 1988, S. 13–37, hier S. 23 f u. 32.
24 Vgl. Werner Sombart, Der Bourgeois. Zur Geistesgeschichte des modernen Wirtschaftsmenschen, München/Leipzig 1913, 2. Buch: Die Quellen des kapitalistischen Geistes, 2. Abschnitt: Die sittlichen Mächte, 19. Kapitel: Der Katholizismus (S. 303–322), insb. S. 312 f, 321 f (Anm. 322).
25 Vgl. Josef Pieper, Über die Hoffnung, München 1949, S. 61.
26 Ebd., S. 58 und S. 59.
27 Ebd., S. 60.
28 Ebd., S. 54.

3. Weltschmerzliche Empfindsamkeit

1 Vgl. Wolfgang Promies, Der Bürger und der Narr, München 1966, S. 243: «Die Begriffe Hypochondrie und Melancholie werden in der Aufklärungszeit noch promiscue gebraucht. Jablonskis Lexikon schildert sogar den Zustand der Hypochondrie eingehender unter dem Stichwort ‹Melancholie›». Differenzierungen dagegen bei Fischer-Homberger (1970) und Schings (1977).
2 Vgl. Johann Georg Hamann, Briefwechsel, hg. von Ziesener/Henkel, Bd. 4, S. 301–302.

3 Vgl. Heimito von Doderer, Repertorium. Ein Begreifbuch von höheren und niederen Lebens-Sachen, hg. von Dietrich Weber, München 1969, S. 119.
4 Vgl. G. W. F. Hegel, Werke in zwanzig Bänden. Theorie Werkausgabe (im folgenden: TW) Bd. 10, S. 72; Hervorhebung von mir.
5 Vgl. Vorlesungsmitschriften von Kehler (Ms. S. 69) und Griesheim (Ms. S. 94 ff), zit. nach: Hegels Philosophie des subjektiven Geistes, hg. von Michael J. Petry, Dordrecht/Boston 1978, Bd. 2, S. 88 Anm.; Hervorhebung von mir.
6 Hegel, TW 10, S. 83.
7 Vgl. dazu Odo Marquard, Hegel und das Sollen (1964), in: ders., Schwierigkeiten mit der Geschichtsphilosophie, Frankfurt/M. 1973, S. 37–51 und S. 153–167 (Anmerkungen).
8 Hegel, TW 10, S. 83.
9 Vgl. Hegel, Grundlinien der Philosophie des Rechts (1820), TW 7, S. 24.
10 Hegel, TW 10, S. 83.
11 In diesem Optimismus läßt sich Hegel nicht beirren: «Zu diesem Ziele kommt der Jüngling notwendig. Sein unmittelbarer Zweck ist der, sich zu bilden, um sich zur Verwirklichung seiner Ideale zu befähigen. In dem Versuch dieser Verwirklichung wird er zum Manne» (TW 10, S. 83).
12 Hegel, TW 10, S. 83 f; Hervorh. von mir; vgl. zum Leiden am Ideal auch Chazaud (1979).
13 Vgl. Immanuel Kant, Werkausgabe, hg. von Wilhelm Weischedel, Frankfurt/M. 1968, Bd. 2, S. 895; vgl. zur Einbildungspathologie auch Baur (1988) und Kristeva (1988 a/b).
14 Ebd., S. 833 u. 842.
15 Vgl. Friedrich Nietzsche, Werke, hg. von Karl Schlechta, Bd. III, S. 589.
16 Zur unterschiedlichen Einschätzung von Hegels einschlägigem Hypochondrie-Geständnis im Brief an Windischmann vom 27. Mai 1810 vgl. einerseits Gustav Emil Müller, Hegel. Denkgeschichte eines Lebendigen, Bern/München 1959, S. 172, andererseits Otto Pöggeler, Hegel, der Verfasser des ältesten Systemprogramms des deutschen Idealismus, in: Hegel-Tage Urbino 1965 (Hegel-Studien. Beiheft 4), Bonn 1969, S. 29 f.
17 Hegel, TW 10, S. 84.
18 Hegel, TW 10, S. 84 f.
19 Hegel, TW 10, S. 174.
20 Ebd., S. 175 f.
21 Ebd., S. 177.
22 Vgl. Karl Heinz Bohrer, Identität und Selbstverlust. Zum romantischen Subjektbegriff, in: Merkur 38 (1984), S. 368–379, hier S. 374, mit dem Hinweis, daß schon Goethe etwa mit seinem Urteil, alles Romantische sei krank, vor allem auch Kleist gemeint habe.

23 Vgl. Johann Daniel Falk, Goethe aus näherm persönlichen Umgang dargestellt, Leipzig 1832, S. 120–122.
24 Vgl. Julian Schmidt, Geschichte der deutschen Nationalliteratur im neunzehnten Jahrhundert, Leipzig 1853, Bd. 2, S. 10; Georg Gottfried Gervinus, Geschichte der deutschen Dichtung, Leipzig 1853 (4. Ausgabe von «Geschichte der poetischen Nationalliteratur der Deuschen», 1835–42), Bd. 5, S. 615. – Kritik an diesen durch die klassische Ästhetik der Goethezeit inspirierten Positionen und die beste Übersicht der Äußerungen bietet der kürzlich erschienene Aufsatz von Walter Müller-Seidel, Kleists «Hypochondrie»: Zu seinem Verständnis in klassischer und moderner Ästhetik, in: Texte, Motive und Gestalten der Goethezeit. Festschrift für Hans Reiss, hg. von John L. Hibberd / H. B. Nisbett, Tübingen 1989, S. 225–250. Allerdings bleibt in dieser materialreichen rezeptionsgeschichtlichen Studie die Frage nach der Hypochondrie bei Kleist unbearbeitet.
25 Brief an die Schwester Ulrike von Kleist, Berlin 23.3.1801, in: Kleist, Geschichte meiner Seele, hg. von Helmut Sembdner, Frankfurt/M. 1977, S. 177.
26 Ebd., S. 402.
27 Ebd., S. 172–177: Brief an Wilhelmine von Zenge (die damalige Verlobte), Berlin 22.3.1801, im folgenden nur nach Seitenzahl im Text zitiert.
28 Vgl. z. B. Starobinski (1960), S. 75–79: Reisen.
29 Vgl. Sören Kierkegaard, Die Krankheit zum Tode (1849), übers. von Liselotte Richter, Reinbek 1962, S. 34 ff: Die «Verzweiflung der Möglichkeit ist das Fehlen der Notwendigkeit».
30 Ebd., S. 244: Brief an Adolphine von Werdeck, Paris (u. Frankfurt/M.), November 1801.
31 Vgl. Lepenies (1972), S. 185–213.
32 Ebd., S. 222: Brief an Adolphine von Werdeck. – Bohrer (a. a. O., S. 378) interpretiert diese Aussage als «die erschreckende Erfahrung, daß gelebte Gegenwart die Zerstörung vergangener Zukunft in sich schließt».
33 Vgl. Etienne Pivert de Senancour, Oberman. Roman in Briefen, übers. von Jürg Peter Walser, Frankfurt/M. 1982, S. 60–62.
34 Vgl. William Rose, From Goethe to Byron. The Development of «Weltschmerz» in German Literature, London/New Yort 1924; Sickels (^{2}1969); M. Kay Flavell, Goethe, Rousseau, and the «Hyp», in: Oxford German Studies 7 (1972/73), S. 5–23; Heitmann (1982).
35 Vgl. Weber (1949), S. 47–59; Grimsley (1956); Bouchez (1973), S. 57–63; Kuhn (1976), S. 198–218; Heitmann (1982), S. 59 ff; sowie Michael J. Call, Diagnosing the «Mal» of the empire. A Study of its origins and manifestations in texts of Chateaubriand, Senancour and Constant, Diss. phil. Stanford 1982, wieder als: Back to the garden. Chateaubriand, Senancour and Constant, Saragota (Calif.) 1988, insb. S. 15–56.

36 Chateaubriand hatte 1791, vor der sich anbahnenden Verdüsterung der Revolution verreisend und auf der Suche nach glücklicheren Ländern, eine Fahrt nach Nordamerika unternommen. Den «René» und die 1801 erstmals veröffentlichte, aufs engste verwandte Erzählung «Atala ou Les amours de deux sauvages dans le désert», literarische Reflexionen dieser Amerika-Erfahrung, welche beide zunächst als belletristische «Zugaben» in der Erstausgabe des «Génie du christianisme» von 1802 standen, hat Chateaubriand 1805 als gemeinsame Ausgabe veröffentlicht und 1828 erneut zusammen mit «Les aventures du dernier Abencérage» in seiner Ausgabe letzter Hand vereinigt (Œuvres complètes, Bd. 16), weshalb der «René» dann von Chateaubriand im «Génie du Christianisme» der Ausgabe der Œuvres complètes von 1828 (Bd. 11 – 15) gestrichen wurde, so daß das Melancholie-Kapitel «Du vague des passions» seitdem ohne novellistisches Seitenstück steht.
37 Vgl. August Wilhelm Schlegel, Kritische Schriften und Briefe, hg. von Edgar Lohner, Bd. 5: Vorlesungen über dramatische Kunst und Literatur, 1. Teil, Stuttgart / Berlin / Köln / Mainz 1966, S. 25.
38 Génie du christianisme (II/4,9), hg. von Pierre Reboul, Paris 1966, S. 309; dt. Übers. im folgenden von mir.
39 Vgl. Friedrich Nietzsche, Also sprach Zarathustra, in: Werke, hg. von Karl Schlechta, Bd. II, S. 532.
40 Vgl. Franz Rosenzweig, Der Stern der Erlösung (1921), Heidelberg ²1954, S. 172; für die «Entzauberung der Welt» vgl. Max Weber, Vom inneren Beruf der Wissenschaft, in: ders., Soziologie – Weltgeschichtliche Analysen – Politik, hg. von Johannes Winckelmann, Stuttgart ²1956, S. 317.

4. Verfolgtes Glück

1 Mit dieser Einschätzung resümiert Norbert Hinske in seinem philosophischen Fachbeitrag «Glück und Enttäuschung» zum Sammelband «Anatomie des Glücks» (hg. von Herbert Kundler, Köln 1971, S. 217) bedauernd seine Enttäuschung, zum Beispiel in dem vielhundertseitigen Kompendium «Die Antworten der Philosophie heute» die Frage nach dem Glück (geschweige denn die Antwort) vergeblich gesucht und noch nicht einmal den Begriff Glück im Sachregister gefunden zu haben. Hinske schließt an diese traurige Feststellung die Frage an, «ob eine solche Haltung nicht zugleich als eine Bankrotterklärung der Philosophie zu betrachten sei (S. 218). Für die Arbeit gegen diesen Bankrott vgl. Günther Bien (Hg.), Die Frage nach dem Glück, Stuttgart / Bad Cannstatt 1978.
2 Vgl. Theodor W. Adorno, Minima Moralia. Reflexionen aus dem beschädigten Leben (1951), Frankfurt / M. 1976, S. 143–144.
3 Vgl. Jean-Jacques Rousseau, De la société générale du genre humain, Bei-

lage (1754) zum Discours sur l'origine et les fondements de l'inégalité parmi les hommes, in: Schriften zur Kulturkritik, hg. von Kurt Weigand, Hamburg 1971, S. 287/289.

4 Zu Eichendorffs «Wanderer-Motivik» vgl. Lothar Pikulik, Bedeutung und Funktion der Ferne bei Eichendorff, in: Aurora 35 (1975), S. 21–34; ders., Romantik als Ungenügen an der Normalität, am Beispiel Tiecks, Hoffmanns, Eichendorffs, Frankfurt/M. 1979, Kap. III,3: «Ferne» (S. 361–390), und Kap. III,4: «Wandern» (S. 391–410), sowie S. 233–239: «Exkurs: Melancholie».

5 Schubert hat sechs «Wanderer» komponiert: D 224, D 489, D 649, D 760, D 768 und D 870.

6 Als Sprichwort ohne Urheberhinweis wurde das «Wo du nicht bist, da ist das Glück» vor ein paar Jahren noch in einem Beitrag zur marxistisch-leninistischen Glücksphilosophie eingestuft; vgl. Rosemarie Winzer, Gedanken über den Begriff Glück, in: Deutsche Zeitschrift für Philosophie 14 (1966), S. 1101.

7 Vgl. Charles Baudelaire, Die Tänzerin Fanfario und Der Spleen von Paris, übers. von Walter Küchler, Zürich 1977, S. 204.

8 Ebd. Nr. 37: Les bienfaits de la lune / Die Wohltaten des Mondes (S. 179).

9 Ebd. Nr. 31: Les vocations / Die Berufungen (S. 167). Diese Übersetzung scheint aber wiederum bereits an der Schubertschen Wendung orientiert zu sein. Im französischen Original heißt es, nicht ganz so liedtextnah: «Je ne suis jamais bien nulle part, et je crois toujours que je suis mieux ailleurs que là où je suis.» Dem Wortlaut nach exakter übersetzt daher Erik-Ernst Schwabach in: Charles Baudelaire, Ausgewählte Werke: Die künstlerischen Paradiese, hg. von Franz Blei, München 1925, S. 234: «Ich fühle mich nirgends wohl und ich glaube immer, daß ich mich woanders, als ich gerade bin, besser fühlen werde.»

10 Vgl. Heines Mitteilung vom 26. März 1843 aus «Lutetia» (Zweiter Teil, Nr. 56), in: Sämtliche Schriften in zwölf Bänden, hg. von Klaus Briegleb, Bd. 9: Schriften 1831–1855, hg. von Karl Heinz Stahl, Frankfurt/Berlin/Wien 1981, S. 446.

11 Aus den Gedichten Evariste de Parnys (1753–1814), zit. nach Georg Büchmann, Geflügelte Worte. Neue Ausgabe, München/Zürich 1959, S. 177.

12 Vgl. Alphonse de Lamartine, Méditations poétiques, édition complète avec les commentaires de l'auteur, Paris 1937, S. 6 (dt. Übersetzung von mir), und zur These der Verwandtschaft mit Schmidt von Lübecks Gedicht: Wolfgang Martens, Bild und Motiv im Weltschmerz. Studien zur Dichtung Lenaus, Köln/Graz 1957, S. 81.

13 Vgl. Jacob Burckhardt, Gesamtausgabe, Bd. 9: Griechische Kulturgeschichte, Zweiter Band, hg. von Felix Stähelin, Berlin/Leipzig 1930, S. 343–378.

14 Ebd., S. 353.
15 Vgl. Rehm, Der Dichter und die neue Einsamkeit. Aufsätze zur Literatur um 1900, Göttingen 1969, S. 34–77, hier S. 40, Anm. 5.
16 Vgl. Rehm, Jacob Burckhardt, Fraunfeld/Leipzig 1930, S. 270–271; er weist in diesem Zusammenhang auf Burckhardts Vortrag «Über das Phäakenland Homers» hin und spricht Burckhardts Lebensstimmung verschiedentlich als Schwermut und Wehmut, Trauer und Melancholie an (S. 268 ff, 275 ff).
17 Vgl. Rehm, Nachsommer. Zur Deutung von Stifters Dichtung, München 1951, S. 80–81.
18 Vgl. Adler, Praxis und Theorie der Individualpsychologie, neu hg. von Wolfgang Metzger, Frankfurt/M. 1974, S. 280.
19 De tranquilitate animi 2,13, in: L. Annaeus Seneca, Vom glückseligen Leben und andere Schriften. Übers. nach Ludwig Rumpel, hg. von Peter Jaerisch, Stuttgart 1982, S. 36.
20 Ebd., 2,13 f; a. a. O., S. 78 f; dt. Übers. S. 36.
21 Vgl. T. Lucretius Carus, De rerum natura III, 1053–1072; «Von der Natur der Dinge» wird deutsch zitiert nach der v. Knebelschen Übersetzung (1831), Frankfurt/M. 1960, S. 117 f; Hervorh. von mir.
22 Vgl. Seneca, De tranquilitate animi 2,14; dt. Übers. a. a. O., S. 36; Hervorh. von mir.
23 Vgl. Horaz, Episteln. Lateinisch und Deutsch, übers. u. erläutert von C. M. Wieland, hg. von Gerhard Wirth, Reinbek bei Hamburg 1963, S. 94/95, Verse 20–29; Hervorh. von mir.
24 A. a. O., S. 93.
25 A. a. O., S. 82 f; Vers 28 f; Hervorhebungen Wielands. Zum Zusammenhang von Lukrez, Horaz und Seneca mit der modern-melancholischen Seelenlage vgl. auch Kuhn (1966), S. 26 ff, sowie Bouchez (1973), S. 25–30.
26 Vgl. Horatius, Opera, hg. von Friedrich Klingner, Leipzig 1982, carm. III, 1, Verse 37–40; dt. Übers. von mir.
27 A. a. O., carm. II, 16, Verse 18–20; dt. Übers. von mir.
28 Vgl. Horaz, Episteln, a. a. O., 1, 14, V. 12 f, S. 108/110 (übers. von Wieland).
29 Vgl. L. Annaeus Seneca, Philosophische Schriften, Bd. 4: Ad Lucillium epistulae morales LXX–CXXIV, übers. u. mit Anmerkungen versehen von Manfred Rosenbach, Darmstadt 1984, Brief 104, 7, S. 596; dt. Übers. nach Otto Apelt, Lucius Annaeus Seneca, Philosophische Schriften, Bd. 4, Leipzig 1924, S. 217.
30 Brief 104, 8; a. a. O., S. 598; dt. Übers. Apelt, S. 217 f.
31 Brief 104, 14; a. a. O., S. 602; dt. Übers. Apelt, S. 219 f.
32 Brief 104, 17; a. a. O., S. 604; dt. Übers. Apelt, S. 220.
33 Brief 104, 19 f; a. a. O., S. 606; dt. Übers. Apelt, S. 221.

34 Vgl. L. Annaeus Seneca, Philosophische Schriften, Bd. 3: Ad Lucillus epistulae morales I–LXIX, übers., eingel. u. mit Anm. versehen von Manfred Rosenbach, Darmstadt 1974, Brief 28, 1 f, S. 234/236; dt. Übers. nach Ernst Glaser-Gerhard, Briefe an Lucilius. Gesamtausgabe 1 (Briefe 1–80), Reinbek bei Hamburg 1965, S. 69.

35 Brief 28, 2; a.a.O., S. 236; dt. Übers. Glaser-Gerhard, S. 69; Rosenbach übersetzt: «In Vergeblichkeit verfällt diese Unrast. Du fragst, warum dir diese Flucht nicht hilft? Mit dir fliehst du» (S. 237).

36 Vgl. Roland Mortier, La poétique des ruines en France. Ses origines, ses variations de la Renaissance à Victor Hugo, Genf 1974.

37 Vgl. Denis Diderot, Salons, hg. von Jean Seznec und Jean Adhémar, 4 Bde., London, 1957–67 (Bd. 1: Salons de 1759, 1761, 1762; Bd. 2: Salon de 1765; Bd. 3: Salon de 1767; Bd. 4: Salons de 1769, 1771, 1775, 1781).

38 Vgl. Diderot, Salons, hg. von Seznec/Adhémar, Bd. 3: Salon de 1767, London 1963, S. 227f; ebf. in: ders., Œuvres, hg. von Assézat, Bd. IX, S. 227f; dt. zit. nach Jean Starobinski, Die Erfindung der Freiheit 1700–1789, übers. von Hans Staub, Genf 1964, S. 183.

39 Vgl. Heinrich Heine, Sämtliche Schriften, hg. von Klaus Briegleb, Bd. 6, S. 655.

40 Vgl. Friedrich Wilhelm Joseph Schelling, Werke IV, Ergänzungsbd. (Münchner Jubiläumsausgabe), S. 135; Hervorh. von mir.

41 Vgl. Schelling, Werke (Münchner Jubiläumsdruck), hg. Manfred Schröter, Hauptband 2, München 1925, S. 608.

42 Vgl. Schelling, Sämtliche Werke (SW), Stuttgart/Augsburg 1856–61, Bd. VIII, S. 211.

43 Vgl. Schelling, SW VII, S. 465f.

44 Vgl. Schelling, SW VII, S. 399.

45 Vgl. Karl Jaspers, Schelling – Größe und Verhängnis, München 1955, S. 269ff.

46 Vgl. Michel Foucault, Die Ordnung der Dinge, Frankfurt/M. 1971, S. 462.

47 Vgl. Botho Strauß, Rumor, München 1980.

48 Vgl. Constantin François de Volney, Die Ruinen oder Betrachtungen über die Revolution der Reiche, übers. von Dorothea Margareta Forkel und Georg Forster, Vorrede von Georg Forster, Anhang: Das natürliche Gesetz oder physische Grundsätze der Moral. Mit einem Essay und hg. von Günther Mensching, Frankfurt/M. 1977, S. 23 u. 24.

49 Der Untersuchung des «Gestus melancholicus» habe ich meine Psychologie-Diplomarbeit gewidmet; vgl. Roland Lambrecht, Psychologie und Ikonologie. Das problematische Verhältnis der psychologischen Wissenschaft zum Bild, dargestellt am Beispiel der Kopfstützgebärde in der bildenden Kunst, Universität Bonn 1987 (Psychologisches Institut, unveröf-

fentlicht). Vgl. im übrigen Erika Meidow, Das Motiv, den Kopf in die Hand zu stützen, Diss. Greifswald 1945; Gerhard Neumann, Gesten und Gebärden in der griechischen Kunst, Berlin 1965, S. 106–152; sowie neuerdings Préaud (1982).

50 Vgl. Volney, a. a. O., S. 24–27.

51 So z. B. bei Ingrid G. Daemmich, The Ruins Motif in French Literature, Diss. Wayne State Univ. 1970 (Ann Arbor, Michigan 1971, S. 121 f) mit ihrer auf Volney gemünzten Bemerkung, die ruinenmelancholischen Themenversatzstücke Diderotscher Provenienz seien wohlbekannt gewesen «to the late eighteenth century reader, especially the connaisseur of Diderot's ‹Salon de 1767›». Doch genau das ist im Gegenteil ziemlich problematisch. Denn ein solcher Leser und Kenner des ‹Salon de 1767› zu werden, war vor 1798, also dem Jahr der ersten Veröffentlichung dieser Schrift in Frankreich durch Maigeon, eben nicht gerade leicht. Schließlich hatte Diderot auch diesen «Salon» exklusiv für die «Correspondance littéraire» seines Freundes Baron Melchior Grimm geschrieben, für eine Zeitschrift also, die, um der Pressezensur zu entgehen, nicht wie üblich gedruckt wurde, sondern erst in handschriftlicher Vervielfältigung mit extrem klein gehaltener Auflage vorrangig an einige europäische Fürstenhöfe ging, um sie mit Neuigkeiten und Trendmeldungen aus Paris, der Hauptstadt Europas gleichsam, zu beliefern. Auf dem Wege handelsüblicher Lektüre konnte Volney also zur Zeit der Abfassung seiner «Ruines» kein Connaisseur des «Salon de 1767» geworden sein.

52 Vgl. Jean Gaulmier, L'Idéologue Volney, Beirut 1941, S. XIX u. 34–39; bei Volneys Rückkehr im Jahre 1787 war Diderot bereits seit einiger Zeit tot.

53 Volney, a. a. O., S. 28–29.

54 So hat d'Hondt darauf hingewiesen, daß Hegel in jungen Jahren regelmäßig die Zeitschrift «Minerva» las, in der die erste deutsche Übersetzung von Volneys «Ruinen» 1792 teilweise vorabgedruckt worden ist; vgl. Jacques d'Hondt, Verborgene Quellen des Hegelschen Denkens, Berlin(-Ost) 1972, S. 71 ff; Hegel wird also mit zu den ersten Rezipienten der «Ruinen» in Deutschland gehört haben. Darüber hinaus hat Hegel offenbar auch das Buch im französischen Original besessen; vgl. Otto Pöggeler, Hegels Verhältnis zur Archäologie, in: Hegel-Studien 14 (1979), S. 158.

55 Vgl. G. W. F. Hegel, Die Vernunft in der Geschichte, hg. von Johannes Hoffmeister, S. 34 f; Hervorh. von mir.

56 A. a. O., S. 80; Hervorh. von mir.

57 Ebd.; Hervorh. von mir.

58 A. a. O., S. 80; Hervorh. von mir.

5. Unglückliches Bewußtsein

1 Vgl. z. B. aus der Berner Zeit die «Drei Fragmente zu einer Kritik des Christentums» (1793/94), wo es von der christlichen Religion heißt, sie sei als Privatreligion «traurig und melancholisch», weil in ihr, anders als bei den Griechen, nicht für die Phantasie gesorgt sei (TW 1, S. 72); andererseits heißt es über die jüdische Religion in einem Fragment in Hegels Nachlaß («Fortschreiten der Gesetzgebung...», Frankfurt, Anfang 1789), sie sei «eine Religion aus Unglück und fürs Unglück», kurz: «eine Religion des Unglücks»; denn im Unglück sei die Trennung vorhanden, im Glück sei diese Trennung verschwunden, da hingegen der jüdische Gott höchste Trennung sei und nur – bemerkenswerte Stichworte – die Herrschaft oder die Knechtschaft zulasse (Hegel, Schriften 1796–1800, hg. von Hamacher, S. 367). Im «Grundkonzept zum Geist des Christentums» (1798), ebenfalls aus Hegels Frankfurter Zeit, werden bereits «schöne Seelen, die unglücklich sind» in ihrer Gesinnungsethik, beschrieben (TW 1, S. 302). Im Haupttext von «Der Geist des Christentums» (1798/99) nimmt Hegel seine Rede von der «Schönheit der Seele» in der christlichen Religion wieder auf, um in deren Rückzug von der Welt «ihr unglückliches Schicksal, das sie selbst mit Bewußtsein gemacht hat», sogar als «das höchste, unglücklichste Schicksal» zu bezeichnen (TW 1, S. 349 und 351). In seiner Neufassung des Anfangs (1800) von «Die Positivität der christlichen Religion» schließlich sagt Hegel über die christliche Kirche, daß «der unglücklichste Trübsinn (...) in ihr seine Nahrung und Rechtfertigung gefunden» habe (TW 1, S. 218).

2 Vgl. etwa Johannes Heinrichs, Die Logik der «Phänomenologie des Geistes», Bonn ²1983, S. 200–220, 436–444, 458f; Paul Edward Cain, Widerspruch und Subjektivität, Bonn 1978, S. 305–377: «Bewußtsein im Widerspruch mit sich selbst»; André Léonard, La foi chez Hegel, Paris 1970, S. 121–135; Merold Westphal, History and truth in Hegel's ‹Phenomenology›, Atlantic Highlands 1979, S. 143, 160ff, 166, 176, 191ff, 202f, 222f; sowie die Gesamtdarstellungen von Werner Marx, Das Selbstbewußtsein in Hegels Phänomenologie des Geistes, Frankfurt/M. 1986 und Jarczyk/Labarrière (1989).

3 Das reicht vom frühen Existentialismus Wahls (1929) und Benjamin Fondanes (La conscience malheureuse, Paris 1936) über die Analysen Niels (1966) und Antonio Escohotados (La conciencia infeliz, Madrid 1972) bis zu den Literaturgeschichten Philippe Chardins (Le roman de la conscience malheureuse) und Mayers (1986).

4 Vgl. auch Jon Steward, Die Rolle des unglücklichen Bewußtseins in Hegels «Phänomenologie des Geistes», in: Dt. Zschr. f. Philos. 39 (1991), S. 12–21.

5 Vgl. Friedrich Fulda, Artikel «Bewußtsein, unglückliches», in: Historisches Wörterbuch der Philosophie (HWP) 1 (1971), Sp. 905.

6 Vgl. Hans Küng, Menschwerdung Gottes, Freiburg 1970, S. 147, 259; Günter Rohrmoser, Emanzipation und Freiheit, München 1970, S. 109, 168, 360; Matthias Wilden, Hegels Religionsbegriff, Diss. Münster 1974, S. 203–218.
7 Vgl. Georg Lukács, Der junge Hegel, Berlin 1954, S. 546f; Roger Garaudy, Gott ist tot, Berlin(-Ost) 1965, S. 219, 241, 263, 289f; Leszek Kolakowski, Die Hauptströmungen des Marxismus, München/Zürich 1977, Bd. 1, S. 79f.
8 Vgl. Hermann Glockner, Hegel, Bd. 2, Stuttgart 1940, S. 53, 494; Alexandre Kojève, Hegel (1947), Frankfurt/M. 1975, S. 73f; Otto Pöggeler, Hegels Idee einer Phänomenologie des Geistes, Freiburg 1973, S. 231ff.
9 Vgl. Emanuel Hirsch, Die Beisetzung der Romantiker in Hegels Phänomenologie, in: DVjS 2 (1924), insb. S. 514, 528; Johannes Hoffmeister, Hölderlin und Hegel, Tübingen 1931, S. 31; Walther Rehm, Experimentum Medietatis, München 1947, S. 221; ders., Orpheus, Düsseldorf 1950, S. 324; Bauer (1953), S. 13f, 16, 28; Hans Joachim Schrimpf, Moritz – Anton Reiser, in: Der deutsche Roman, hg. von Benno von Wiese, Bd. 1, Düsseldorf 1963, insb. S. 107–115; Bronislaw Baczko, Rousseau, Wien 1970, S. 345; Schings (1977), S. 416.
10 Vgl. Dietrich Böhler, Metakritik der Marxschen Ideologie-Kritik, Frankfurt/M. 1971, S. 139; Lothar Koch, Humanistischer Atheismus, Stuttgart 1971, S. 57; David McLellan, Die Junghegelianer und Karl Marx, München 1974, S. 68f.
11 Vgl. Robert Lee Perkins, Kierkegaard and Hegel, Diss. Bloomington 1965, S. 55–77; Hermann Deuser, Sören Kierkegaard, München/Mainz 1974, S. 123–132, 178–183; Stephen N. Dunning, Kierkegaard's Dialectic of Inwardness, Princeton 1985, S. 45–47, 51, 73, 268.
12 Aurelius Augustinus (354–430) schrieb seine 13 Bücher umfassende Autobiographie «Confessiones» um 400 n. Chr.
13 Vgl. Augustinus, Über die Dreieinigkeit (4,1), in: Texte der Kirchenväter, hg. von Alfons Heilmann, München 1963, Bd. 3, S. 53.
14 Vgl. Augustinus, Erklärung der Psalmen (zu Ps. 49,22), in: Texte der Kirchenväter, a.a.O., Bd. 3, S. 107f; Hervorh. von mir.
15 Vgl. Augustinus, Über die Dreieinigkeit (4,1), in: a.a.O., Bd. 3, S. 51.
16 Vgl. Augustinus, Vorträge über das Johannes-Evangelium (6,2), in: a.a.O., Bd. 2, S. 500.
17 Vgl. Augustinus, Homilien zum 1. Johannes-Brief (7,1), in: a.a.O., Bd. 2, S. 463.
18 Vgl. Augustinus, Brief an Proba (14), in: a.a.O., Bd. 3, S. 63.
19 Vgl. Augustinus, Selbstgespräche (1), in: a.a.O., Bd. 2, S. 486.
20 Vgl. Augustinus, Homilien zum 1. Johannes-Brief (4,6), in: a.a.O., Bd. 3, S. 56; Hervorh. von mir.

21 Vgl. z. B. Thimme in den Anmerkungen zu seiner Übersetzung der «Bekenntnisse» (1950).
22 Vgl. Pierre Courcelle, Les confessions de saint Augustin dans la tradition littéraire, Paris 1963.
23 Mein Vergleich bezieht sich auf die Augustinus-Editionsübersetzungen von Lachmann, 1888; Hoffmann, 1914; Hefele, 1921; Thimme, 1950; Schiele, 1950; Perl, 1952; Bernhart, 1955; sowie auf die einschlägige Passage in Paul Ludwig Landsberg, Die Erfahrung des Todes (1937), hg. von Arnold Metzger, Frankfurt/M. 1973, S. 83.
24 Übersetzung zitiert nach Joachim Ritter, Landschaft. Zur Funktion des Ästhetischen in der modernen Gesellschaft (1963), in: ders., Subjektivität. Sechs Aufsätze, Frankfurt/M. 1974, S. 141–163, hier S. 143.
25 Vgl. Wahl (s. Anm. 31); Adorno (1963) sowie neuerdings Vom Hofe (1982).
26 Vgl. Kierkegaard, Entweder-Oder, übers. von Heinrich Fauteck, München 1975, S. 259.
27 Vgl. Hans Reuter, S. Kierkegaards religionsphilosophische Gedanken im Verhältnis zu Hegels religionsphilosophischem System (Diss. phil. Berlin 1913), Leipzig 1914, S. 92, Anm. 3.
28 Ebd., S. 93.
29 Zur Person und zum Werk Geismars (1871–1939) vgl. N. H. Søe, Geismar, in: The Legacy and Interpretation of Kierkegaard, hg. von Niels Thulstrup/Marie Mikulová Thulstrup, Copenhagen 1981 (Bibliotheca Kierkegaardina, 8), S. 215–231.
30 Vgl. Eduard Geismar, Sören Kierkegaard. Seine Lebensentwicklung und seine Wirksamkeit als Schriftsteller, Göttingen 1929, S. 340f; Hervorh. von mir.
31 Der erste Aufsatz (1931) ist erweitert als Kap. 4: La lutte contre le hégelianisme, in: ders., Études Kierkegaardiennes, Paris 1938, S. 86–159; der zweite (1933) als «Appendice» zu Kap. 4 wieder in: ders., Études Kierkegaardiennes, Paris 1938, S. 159–171 zu finden.
32 A. a. O., Hervorh. von mir.
33 A. a. O., S. 166f; Hervorh. von mir.
34 Vgl. Sören Kierkegaard, Gesammelte Werke, 24. und 25. Abteilung: Die Krankheit zum Tode, übers. von Emmanuel Hirsch, Düsseldorf 1954, S. 34 und S. 172 (gestrichener Schluß); Hervorh. von mir. Der Herausgeber merkt an: «Der Ausdruck unglückliches Bewußtsein ist von Hegel geprägt (...). Auch sachlich finden sich Berührungen der Analyse des verzweifelten Selbst mit diesem Abschnitt aus Hegel» (S. 172).
35 Vgl. den «Römerbrief» Karl Barths ab der 2. völlig umgearbeiteten Aufl. (1922 u. ö.), wo er im Vorwort sich positiv bezieht auf «das, was Kierkegaard den ‹unendlichen qualitativen Unterschied› von Zeit und Ewigkeit

genannt hat, in seiner negativen und positiven Bedeutung»: Barth, Der Römerbrief, Zollikon/Zürich 1947, 8. Abdruck der neuen Bearbeitung, S. XII; siehe auch ebd., S. 73: Glaube als das radikale Trotzdem; sowie S. 235: «Religion ist alles andre als Harmonie mit sich selbst oder gar noch mit dem Unendlichen. Hier ist kein Raum für noble Gefühle und edle Menschlichkeit. (...) Hier ist der Abgrund, hier ist Grauen». – Vgl. dazu auch L. Pimonas Artikel «Dialektik. V.», in: HWP 2 (1972), S. 224–226.

36 Zur Begriffsprägung vgl. Rudolf Otto, Das Heilige (zuerst 1917), Kap. 5: «Das Moment des mysterium: das ‹Ganz andere›», Breslau ^{5}1920, S. 28 ff; zur Begriffsrezeption vgl. M. Seils, Artikel «(Das) Ganz Andere», in: HWP 3 (1974), Sp. 3.

37 Vgl. Max Horkheimer, Die Sehnsucht nach dem ganz Anderen. Ein Interview mit Kommentar von Hellmut Gumnior, Hamburg 1970; sowie die drei im «Spiegel» (1969, Nr. 33; 1970, Nr. 1/2; 1973, Nr. 29) veröffentlichten Gespräche mit Horkheimer.

38 Vgl. die Äußerung Horkheimers von 1969: Auch Adorno habe «immer von Sehnsucht nach dem ‹anderen› gesprochen [...]. Ganz richtig, eine negative Theologie, aber nicht negativ in dem Sinne, daß es Gott nicht gibt, sondern in dem Sinne, daß er nicht darzustellen ist», in: Der Spiegel 11.8.1969; sowie die Äußerung von 1970: «Adorno und ich – wer von uns beiden es zuerst formuliert hat, weiß ich heute nicht mehr –, (...) haben (...) beide nicht mehr von Gott, sondern von der ‹Sehnsucht nach dem Anderen› gesprochen», in: Der Spiegel 1970, Nr. 1/2, S. 81.

39 Vgl. Helmut Gumnior/Rudolf Ringguth, Max Horkheimer, Reinbek bei Hamburg 1973, S. 84.

40 A. a. O., S. 86.

41 Vgl. Jean Paul Sartre, L'être et le néant, Paris 1943, S. 134; dt.: Das Sein und das Nichts, übers. von Hans Schöneberg und Traugott König, Reinbek bei Hamburg 1993, S. 191; Hervorh. von mir; vgl. auch den darauf folgenden Abschnitt.

42 Vgl. Gotthold Hasenhüttl, Die Gottesfrage im Werk Jean Paul Sartres, in: Zeitwende 52 (1982), S. 81–91, hier S. 89 u. 84.

43 Vgl. Sartre, Les intellectuels, in: ders., Situations VIII, Paris 1972, S. 371–476, hier S. 373 f; dt. in: ders., Mai '68 und die Folgen, Bd. 2, übers. Dietrich Laube, Traugott König u. a., Reinbek bei Hamburg 1975, S. 7–77, hier S. 7; Sartre/Gavi/Victor, Der Intellektuelle als Revolutionär, übers. Annette Lallemand, Reinbek bei Hamburg 1976, S. 63.

44 A. a. O., S. 396; dt. a. a. O., S. 23.

45 A. a. O., S. 467; dt. a. a. O., S. 71.

46 Vgl. Sartre, L'idiot de la famille. Gustave Flaubert de 1821 à 1857, 3 Bde., Paris 1971–72, hier Bd. I/II, S. 233; dt.: Der Idiot der Familie, Gustave Flaubert 1821–1857, übers. von Traugott König, 5 Bde., Reinbek bei

Hamburg 1977 ff, hier Bd. I, S. 235. – Vgl. zu dieser Bezugnahme auf Hegels (Selbst-)Bewußtseinskonzeption auch die weitere Referenz in Bd. I/II, S. 276, Anm. 1 (dt. Bd. 1, S. 279).
47 A. a. O., Bd. I/II, S. 563; dt. a. a. O., Bd. 1, S. 569; Hervorh. von mir.
48 A. a. O., Bd. I/II, S. 1756; dt. a. a. O., S. 1151.
49 Vgl. Sartre. Mallarmés Engagement, übers. von Traugott König, Reinbek bei Hamburg 1983. Darin sind übersetzt die Aufsätze Sartres «L'engagement de Mallarmé» (1952), frz. zuerst in: Obliques 18/19, Paris 1979, S. 169–194, hg. von Michel Sicard, und Sartres «Mallarmé (1842–1898)» (1966), aus: ders., Situations IX, Paris 1972, S. 191–201. Da der hier entscheidende erste Text in der französischen Sartre-Edition noch nicht endgültig vorliegt (das mehrere hundertseitige Werk wurde bei einem Sprengstoffanschlag 1952 in Sartres Wohnung zerstört; dies sind die bislang wiedergefundenen Reste), werden die folgenden Belege nur nach der deutschen Edition angegeben.
50 A. a. O., S. 163 und S. 165–166.
51 A. a. O., S. 67; Hervorh. von mir.
52 Vgl. Niel (1966) und Teroni (1986).

6. Traurige Wissenschaft

1 Vgl. etwa Henning Günther, Der Melancholiker, in: ders., Walter Benjamin und der humane Marxismus, Olten 1974, S. 111 f; Fritz J. Raddatz, Die Kräfte des Rausches für die Revolution gewinnen. Der Literaturbegriff des preußischen Snobs und jüdischen Melancholikers Walter Benjamin, in: ders. (1979), S. 191–221; Bernd Witte, Der Intellektuelle als Melancholiker, in: ders., Walter Benjamin. Der Intellektuelle als Kritiker. Untersuchungen zu seinem Frühwerk, Stuttgart 1976, S. 133–136.
2 Vgl. etwa Helmut Gumnior, Horkheimer – Auf das Andere hoffen, in: Der Spiegel, Nr. 1-2/1970, S. 76–77; Anselm Skuhra, Pessimistischer Individualismus – Sehnsucht nach dem Ganz Anderen, in: ders., Max Horkheimer. Eine Einführung in sein Denken, Stuttgart/Berlin/Köln/Mainz 1974, S. 81–86; Heidrun Hesse, Resignation: Horkheimers Sehnsucht nach dem «Ganz Anderen», in: dies., Vernunft und Selbstbehauptung. Kritische Theorie als Kritik der neuzeitlichen Rationalität, Frankfurt/M. 1984, S. 137–141; Gérard Raulet, Muß es das Ganz-Andere sein? Kritik der Vernunft und kritischer Gebrauch des Pessimismus bei Max Horkheimer, in: ders., Gehemmte Zukunft. Zur gegenwärtigen Krise der Emanzipation, Darmstadt/Neuwied 1986, S. 95–121.
3 Vgl. dazu Tar (1974) und Rose (1978).
4 Vgl. Gerd-Klaus Kaltenbrunner, Weltschmerz und Utopie, in: Werk-

hefte 21 (1967), S. 374–376; einen «Ton von Trauer, Resignation und apokalyptischem Weltschmerz» bei Marcuse konstatiert Kaltenbrunner ebf. in: Merkur, H. 236, 21 (1967), S. 1083; orthodoxe marxistische Kritik übt Robert Steigerwald, Dialektik der Verzweiflung, Zu Herbert Marcuses ‹Der eindimensionale Mensch›, in: Marxistische Blätter 5 (1967), 6, S. 33–38.

5 Vgl. Benjamin (1931), in: GS 3, Frankfurt/M. 1973, S. 279–283; neuerliche Kritiken der melancholischen Linken bei Schneider (1981).
6 Vgl. Nikolai Bucharin, Letztes Wort des Angeklagten Bucharin, in: Nikolai Bucharin/Abram Deborin, Kontroversen über dialektischen und mechanischen Materialismus, hg. von Oskar Negt, Frankfurt/M. 1974, S. 264–282, insb. S. 278.
7 Vgl. dazu die Diskussion der ökonomischen Krankheitsmetaphorik bei Susan Sontag, Krankheit als Metapher, München/Wien 1978, insb. S. 67f.
8 Vgl. Michael Rutschky, Erinnerungen an die Gesellschaftskritik, in: Merkur, H. 423, 38 (1984), S. 28–38, hier S. 28.
9 Obwohl der «Weltschmerz» als Phänomen mindestens schon eine Generation früher erscheint und mit der romantischen Mentalität von Anfang an untrennbar verbunden ist, findet sich für die Wortschöpfung selbst der erste Beleg relativ spät, nämlich in Jean Pauls posthum veröffentlichter Schrift «Selina» (gedruckt 1827), wo freilich Weltschmerz noch eine Angelegenheit Gottes ist. In der weltlichen Bedeutung der melancholischen Angewidertheit von der Welt machte den Begriff Weltschmerz erst Heine populär.
10 Vgl. das Streitgespräch zwischen Theodor W. Adorno und Arnold Gehlen, ‹Ist die Soziologie eine Wissenschaft vom Menschen?› (1965), zit. nach Friedemann Grenz, Adornos Philosophie in Grundbegriffen, Frankfurt/M. 1974, S. 225–251, hier S. 251.
11 Vgl. Sigmund Freud, Das Unbehagen in der Kultur (1930), in: Gesammelte Werke, hg. von Anna Freud, London 1948, Bd. 14, S. 419–506.
12 Vgl. Herbert Marcuse, Eros and Civilization. A Philosophical Inquiry into Freud, Boston 1955; dt.: Triebstruktur und Gesellschaft. Ein philosophischer Beitrag zu Sigmund Freud, Frankfurt/M. 1965.
13 Bei Marcuse zuerst als publizistisches Titelschlagwort in: Emanzipation der Frau in der repressiven Gesellschaft. Ein Gespräch mit Peter Furth, in: Das Argument, H. 23 (1962), S. 4–11.
14 Vgl. Herbert Marcuse, Repressive Tolerance, in: Robert P. Wolff u. a., A Critique of Pure Tolerance, Boston 1965, S. 81–117; dt.: Repressive Toleranz, übers. von Alfred Schmidt, in: Robert Paul Wolff u. a., Kritik der reinen Toleranz, Frankfurt/M. 1966, S. 91–128.
15 Vgl. Herbert Marcuse, Ist die Idee der Revolution eine Mystifikation? Herbert Marcuse antwortet auf vier Fragen (von Günther Busch), in: Kurs-

buch Nr. 9 (1967), S. 1–6; sowie ders., Repression und Rebellion. Gespräch mit Günther Maschke, in: Tagebuch, Oktober/November 1969, S. 14 f.
16 Vgl. Herbert Marcuse, Totale Verweigerung. Interview mit A. Horn, in: Gutenbergbrief Nr. 5 (1968).
17 Vgl. Herbert Marcuse, Rebellion gegen die «Gesellschaft im Überfluß», in: Revolution gegen den Staat? Die außerparlamentarische Opposition – die neue Linke, hg. von Hans Dollinger, Bern 1968, S. 11–13.
18 Vgl Herbert Marcuse, Revolution aus Ekel. Gespräch, in: Der Spiegel 23 (1969), Nr. 31, S. 103–106.
19 Marcuse hat diesen Ausdruck eines «great refusal» 1955 in «Eros and Civilization» von A. N. Whitehead, Science and the Modern World, New York 1926, S. 228, entliehen und über die ursprünglich ästhetische Dimension hinaus mythologisiert zu einem Urbild der «Großen Weigerung», in welcher der befreite Eros die Vereinigung des Getrennten in der vom Gewaltprinzip erlösten Natur leisten soll; vgl. hierzu genauer Manfred Riedel, Der Denker Herbert Marcuse – II. Die Philosophie der «Weigerung», in: Merkur, H. 236, 21 (1967), S. 1084–1090, insb. S. 1089; sowie David Bathrick, Die ästhetisch-utopische Dimension der «Weigerung» im Denken Herbert Marcuses, übers. von Jost Hermand, in: Deutsches utopisches Denken im 20. Jahrhundert, hg. von Reinhold Grimm/Jost Hermand, Stuttgart/Berlin/Köln/Mainz 1974, S. 104–119.
20 Vgl. Herbert Marcuse, Befreiung von der Überflußgesellschaft (1967), in: Kursbuch 16 (1969), S. 185–198, hier S. 187.
21 Vgl. dazu Wolfgang Fritz Haug, Das Ganze und das ganz Andere. Zur Kritik der reinen revolutionären Transzendenz, in: Antworten auf Herbert Marcuse, hg. von Jürgen Habermas, Frankfurt/M. 1968, S. 50–72; Jacob Taubes, Revolution und Transzendenz. Zum Tode des Philosophen Herbert Marcuse, in: Der Tagesspiegel, Nr. 10290, 31. 7. 1979, S. 9.
22 Vgl. Herbert Marcuse, The Conquest of the Unhappy Consciousness: Repressive Desublimation, in: ders., One Dimensional Man (1964), Kap. 4 (London ²1968, S. 58–76); dt. (1967), übers. von Alfred Schmidt, Neuwied ²1970, S. 76–102.
23 A. a. O., S. 81.
24 A. a. O., S. 95.
25 Vgl. Friedrich Nietzsche, Die fröhliche Wissenschaft (1882), Nr. 98: «Zum Ruhme Shakespeares» (KSA 3, S. 452; Schlechta II, S. 103). – Nietzsches Werke werden im folgenden zitiert nach den beiden Ausgaben: Sämtliche Werke. Kritische Studienausgabe in 15 Bänden, hg. von Giorgio Colli/Mazzino Montinari, München 1980 (abgekürzt: KSA); sowie: Werke, hg. von Karl Schlechta, 3 Bde., München ⁶1969, im Taschenbuch Frankfurt/Berlin/Wien 1977 (abgekürzt: Schlechta).

26 Dass., Nr. 134 (KSA 3, S. 484f; Schlechta II, 131).
27 Dass., Nr. 49 (KSA 3, S. 414; Schlechta II, S. 71).
28 Der Chronologie seiner Werke nach lassen sich diese drei Schichten schwerpunktmäßig zuordnen zum einen den Jahren 1872–74 («Geburt der Tragödie», «Die Philosophie im tragischen Zeitalter der Griechen», «Vom Nutzen und Nachteil der Historie für das Leben»), zum anderen den Schriften der Jahre 1881–82 («Morgenröthe», «Die fröhliche Wissenschaft») und zuletzt denen der Jahre 1885–87 («Also sprach Zarathustra. Vierter Teil», «Jenseits von Gut und Böse», «Zur Genealogie der Moral» sowie diverse Spät-Vorworte); vgl. Philonenko (1971), Völker (1978) und Kruse (1987).
29 Die hier ausgewertete Eintragung aus Nietzsches nachgelassenen Fragmenten (3[71], KSA 7, S. 79), wichtig vor allem durch den bei Nietzsche an dieser Stelle singulär deutlichen Bezug auf das ps.-aristotelische Melancholie-Problem, lautet im Notationsduktus der Originalskizze: «Einleitung: das ‹heitere materialistische Hellenenthum›, von dem die Neueren träumen, zu geißeln! / Die Tragödie und die tragische Weltanschauung: nur einmal national! / Die großen μελαγχολικοι. / Die Gorgo und die Meduse.»
30 KSA 7, S. 180 (7 [124]).
31 KSA 7, S. 224 (8 [13]: ‹Kunst und Wissenschaft›, datiert Winter 1870/71–Herbst 1872).
32 KSA 7, S. 180 (7 [124]).
33 KSA 7, S. 82 (3 [84]).
34 KSA 1, S. 818; Schlechta III, S. 366.
35 Ebd.; Schlechta III, S. 365.
36 KSA 1, S. 837; Schlechta III, S. 382.
37 KSA 1, S. 818; Schlechta III, S. 365. – Nietzsche selbst gibt «Parerga» II, Kap. 22, S. 327 an; die Herausgeber korrigieren jedoch auf II, Kap. 12, S. 325. Vgl. KSA 14, S. 110.
38 Nietzsche, Unzeitgemässe Betrachtungen. Zweites Stück: Vom Nutzen und Nachtheil der Historie für das Leben (1874), 1 (KSA 1, S. 248f; Schlechta I, S. 211f).

7. Nostalgische Rückbezüglichkeit

1 Vgl. Hebräerbrief XI, 13–16: «Diese alle sind gestorben im Glauben und haben das Verheißene nicht erlangt, sondern es nur von ferne gesehen und gegrüßt und haben bekannt, daß sie Gäste und Fremdlinge auf Erden sind. Denn die solches sagen, die geben zu verstehen, daß sie ein Vaterland suchen. Und zwar, wenn sie das gemeint hätten, von welchem sie ausgezogen waren, hätten sie ja Zeit gehabt, wieder umzukehren. Nun aber begehren sie eines besseren Vaterlandes, nämlich eines himmlischen.»

2 Vgl. Gabriel Marcel, Homo viator. Philosophie der Hoffnung (1944), übers. von Wolfgang Rüttenauer, Düsseldorf 1949.
3 Material im 2. Band von Jakob Burckhardts «Griechischer Kulturgeschichte», im Kapitel «Zur Gesamtbilanz des griechischen Lebens».
4 Karl Marx im Brief an Beesly, 1869; ungesichert, als Diktum zuerst durch L. Brentano überliefert, dann durch E. Bernstein und zuletzt bei: George Sorel, Über die Gewalt, Frankfurt/M. 1969, S. 158–159.
5 Vgl. Friedrich Nietzsche, Also sprach Zarathustra, 4 (Der Schatten), Schlechta II, S. 511.
6 Vgl. Ernst Bloch, Gesamtausgabe, Bd. 3, S. 1628.
7 Das Fremdwörterbuch des Duden (S. 499) und Meyers Enzyklopädisches Lexikon (Bd. 17, S. 447) bestimmen, beide nahezu wörtlich übereinstimmend, Nostalgie als «schwärmerisch romantisierende, mit Sehnsucht oder Wehmut verbundene Rückwendung zu früheren, in der Erinnerung sich verklärenden Zeiten, Erlebnissen, Erscheinungen in Kunst, Musik, Mode u. a.». Erst an zweiter Stelle nennt der Duden kurz «Heimweh (Med.)».
8 Vgl. Wolf-Dieter Stempel, Das Heimweh und seine Bezeichnung im Romanischen, in: Archiv für das Studium der neueren Sprachen und Literaturen 199 (1962/63), S. 353–374.
9 Weiterführendes bei Ernst (1949), Starobinski (1963) und Brunnert (1984).
10 Vgl. Walter Vogt, Melancholie. Die Erlebnisse des Amateurkriminalisten Beno von Stürler, Zürich 1978 (¹1967), S. 7–8.
11 Vgl. Hermann Lübbe, Nostalgie und Utopie. Über die Flucht aus der Gegenwart. Vortrag, gehalten am 15. September 1981 vor Mitgliedern des Industrie-Clubs Düsseldorf, Düsseldorf 1981, S. 4: «Wir haben es, in allgemeiner Formulierung, zu tun mit vergangenheits- bzw. zukunftsflüchtiger Kompensation eines änderungstempobedingten kulturellen Vertrautheitsschwunds.»

8. Verlorene Zeiten

1 Vgl. Wolfgang Harms, Homo viator in bivio. Studien zur Bildlichkeit des Weges, München 1970, sowie in psychologischer Sicht: Hans Thomae, Der Mensch in der Entscheidung, München 1960.
2 Vgl. Friedrich Hölderlin, Hyperion, Stuttgart 1978, S. 7.
3 Vgl. Boethius, Philosophia consolationes libri V, II 7.
4 Zit. nach Rudolf und Margot Wittkower, Born under Saturn, London 1963; dt.: Künstler – Außenseiter der Gesellschaft, Stuttgart/Berlin/Köln/Mainz 1965, S. 72.
5 Vgl. Johann Gottfried Herder, Werke, hg. von Karl Gustav Gerold, München/Wien 1953 (Dortmund 1982), Bd. 2, S. 25.

6 Vgl. Joseph Freiherr von Eichendorff, Dichter und ihre Gesellen, Berlin 1843.
7 Vgl. J. M. R. Lenz, Werke und Schriften, hg. von Britta Titel/Helmut Haug, Bd. 1, Frankfurt/M. 1966, S. 272.
8 Vgl. Etienne Pivert de Senancour, Oberman (1804), übers. von Jürg Peter Walser, Frankfurt/M. 1982, S. 62.
9 Vgl. Friedrich Schiller, Wallensteins Tod V, 5, 3657–3661, und ebd. V, 5, 3612, ein Melancholie-Aspekt, der Borchmeyer (1988) entgangen ist.
10 Vgl. Arnold Gehlen, Das entflohene Glück. Eine Deutung der Nostalgie, in: Merkur 30 (1976), S. 432–442; wieder in: Was ist Glück? Ein Symposion, hg. von Ulrich Hommes, München 1976, S. 26–38, hier S. 33.
11 Vgl. Hans Mayer, Ein Deutscher auf Widerruf, Frankfurt/M. 1982; vgl. als neueres Beispiel auch Christine Brückner, Wenn du geredet hättest, Desdemona. Ungehaltene Reden ungehaltener Frauen, Hamburg 1983.
12 Vgl. Hartmann von Aue, Iwein, Prolog, V. 48–58, übers. von Rüdiger Krohn, in: Mittelhochdeutsche Texte. Mittelhochdeutsch und neuhochdeutsch, hg. von Rüdiger Krohn/Peter Wapnewski, Göttingen 1973, S. 53.
13 Vgl. Johannes Erben, Deutsche Grammatik. Ein Leitfaden, Frankfurt/M. 1968, S. 62.
14 Vgl. H. Brinkmann, Die deutsche Sprache. Gestalt und Leistung, Düsseldorf 1962, S. 356.
15 Vgl. Erben, a. a. O., S. 67–68.
16 Zur Zeiterfahrungsmelancholie vgl. neuerdings auch Theunissen (1991 und 1993).
17 Vgl. Oscar Wilde, Salome. Trauerspiel in einem Akt (Salomé. Drame en un acte, Paris 1893; Erstaufführung 11. Februar 1896, Paris), in: ders., Sämtliche Werke, Bd. 4: Theaterstücke II, hg. von Norbert Kohl, Frankfurt/M. 1982, S. 42; engl.: Salomé. A Tragedy in one Act. Translated from the French of Oscar Wilde by Lord Alfred Douglas, in: Complete Works of Oscar Wilde, ed. by J. B. Foreman, with an Introduction by Vyvyan Holland, London/Glasgow 1966 (New Edition), S. 552–575, hier S. 574.
18 Vgl. Walter Benjamin, Über den Begriff der Geschichte (1940), in: ders., Gesammelte Schriften, Bd. 1, hg. von Rolf Tiedemann und Hermann Schweppenhäuser, Frankfurt/M. 1974, S. 690–704, hier S. 697–698.
19 Ebd.; abgebildet findet sich der «Angelus Novus» in: Zur Aktualität Walter Benjamins, hg. von Siegfried Unseld, Frankfurt/M. 1972, S. 85.
20 Vgl. Lisa Fitko, «Der alte Benjamin», übers. von Christoph Groffy, in: Merkur 403 (1982); überarbeitet wieder in: dies., Mein Weg über die Pyrenäen. Erinnerungen 1940/41, München/Wien 1985; Taschenbuchausgabe München 1989, S. 112–125.
21 A. a. O. (vgl. auch Anm. 22).
22 Vgl. Ulrich Sonnemann, Geschichte gegen den Strich gebürstet. Die Apo-

rien des Historismus und die Thesen Walter Benjamins über den Begriff der Geschichte, in: Materialien zu Benjamins Thesen «Über den Begriff der Geschichte», hg. von Peter Bulthaup, Frankfurt/M. 1975, S. 231–253, hier S. 245.

23 A. a. O.; sowie ders., Negative Anthropologie. Vorstudien zur Sabotage des Schicksals, Reinbek bei Hamburg 1969 (Frankfurt/M. ²1981), S. 277.

24 Vgl. Helmut Peukert, Das Paradox der anamnetischen Solidarität, in: ders., Wissenschaftstheorie, Handlungstheorie, Fundamentale Theorie. Analysen zu Ansatz und Status theologischer Theoriebildung, Frankfurt/M. 1978, S. 308–310; vgl. dazu auch Franz Josef Illhardt, Trauer. Eine moraltheologische und anthropologische Untersuchung, Düsseldorf 1982, Kap. 3.3: «Exkurs zur Einführung von Th. W. Adorno und W. Benjamin: Trauer zwischen Resignation und Rettung in der Kritischen Theorie» (S. 171–219), insb. S. 192 ff: «W. Benjamins Denken im Bannkreis der Trauer».

9. Metaphysische Enttäuschung

1 Vgl. Tardieu (1903); Digo (²1971); Bianchini Fales (1946); Weber (1949); Vladimir Jankélévitch: L'Aventure, l'ennui, le serieux, Paris 1963; Werner Arnold, Ennui – Spleen – Nausée – Tristesse. Vier Formen literarischen Ungenügens an der Welt, in: Die Neueren Sprachen 4 (1966), S. 159–173; Reinhard Kuhn, Ennui in der französischen Literatur, in: Die neueren Sprachen 16 (1967), S. 17–30; Simone Lavabre, Ennui, Spleen, Mélancolie. Rapports et définitions, in: Annales Faculté des Lettres (...) Toulouse, Caliban 6, NS 5 (1969), S. 115–131; Sagnes (1969); Bouchez (1973); Völker (1975); Kuhn (1976); Huguet (1984 und 1987).

2 Vgl. zur neueren Langeweile-Forschung Bellebaum (1990), Doehlemann (1991), und Hübner, speziell bei Heidegger: Acevedi (1988) und Paumen (1989).

3 Vgl. Helmuth Plessner, Das Lächeln (1950), in: ders., Zwischen Philosophie und Gesellschaft, Frankfurt/M. 1979, S. 220–232; ders., Lachen und Weinen (1941), in: ders., Philosophische Anthropologie, Frankfurt/M. 1970, S. 13–171.

4 Vgl. Honoré de Balzac, «Adieu» (1830), übers. von Hugo Katz, in: ders., Die menschliche Komödie, Bd. 7: Honorine. Erzählungen, Zürich 1977, S. 309.

5 Vgl. Walter Benjamin, Ursprung des deutschen Trauerspiels (1928), GS I, Frankfurt/M. 1974, S. 317 ff, dort das Kapitel: «Rechtfertigungslehre, Απαθεια, Melancholie – *Trübsinn des Fürsten*».

6 Zuerst in Schillers «Musenalmanach für 1798», S. 46.

7 Vgl. Hans Blumenberg, Der Prozeß der theoretischen Neugierde (erw.

und überarb. Neuausgabe von «Die Legitimität der Neuzeit», 3. Teil), Frankfurt/M. 1973, zur Acedia insb. S. 134 f.
8 Vgl. Karl Siegfried Guthke, Die Mythologie der entgötterten Welt. Ein literarisches Thema von der Aufklärung bis zur Gegenwart, Göttingen 1971.
9 Vgl. Jürgen Ebach, Artikel «Hiob, Hiobbuch», in: Theologische Realenzyklopädie, Bd. 15, Berlin/New York 1986, Sp. 360–380; H. P. Müller, Das Hiobproblem. Seine Stellung und Entstehung im Alten Orient und im Alten Testament, Darmstadt 1978.
10 Vgl. Claus Westermann, Lob und Klage in den Psalmen, Göttingen ^{5}1977.
11 Vgl. Odo Marquard, Vernunft als Grenzreaktion. Zur Verwandlung der Vernunft durch die Theodizee, in: Wandel des Vernunftbegriffs, hg. von Hans Poser, Freiburg/München 1981, S. 107–133; ders., Theodizee, Geschichtsphilosophie, Gnosis, in: Spiel und Gleichnis. Festschrift für Jacob Taubes, hg. von Norbert W. Bolz/Wolfgang Hübener, Würzburg 1983, S. 160–167; ders., Entlastungen. Theodizeemotive in der neuzeitlichen Philosophie, in: Wissenschaftskolleg – Institute for Advanced Study – zu Berlin. Jahrbuch 1982/83, hg. von Peter Wapnewski, Berlin 1984, S. 245–258; ders., Bemerkungen zur Theodizee, in: Leiden, hg. von Willi Oelmüller, Paderborn 1986, S. 213–218.
12 «Alles in der Welt läßt sich ertragen, / Nur nicht eine Reihe von schönen Tagen.» – Goethes sprichwörtlich gewordener Zweizeiler (Nr. 56) aus seiner für die Ausgabe seiner Werke von 1815 (Bd. 2, S. 227) eigens erstellten Sammlung «Sprichwörtlich» leitet sich, wie R. M. Meyer 1901 eruiert hat (in: Archiv für das Studium der neueren Sprachen 106, S. 20–21), offenbar von einschlägigen Äußerungen Martin Luthers her. So heißt es in Luthers Tischreden mehrfach: «Gute Tage können wir nicht ertragen» (Nr. 57), «Die Welt kann gute Tage nicht ertragen» (Nr. 362, Überschrift) und: «Die Welt kann nichts weniger ertragen, denn gute Tage; sie kann gute Tage und Wohlfahrt nicht ertragen, sie hat zu schwache Beine dazu» (Nr. 362, Einleitungssatz). Die letztere Formulierung wiederum erinnert an eine Stelle aus Luthers «Trostbrief an die Christen zu Augsburg» von 1525; aus dieser Parallelstelle aber geht hervor, daß auch Luther nicht im eigentlichen Sinne der Erfinder der besagten Goethe-Weisheit ist, sondern tatsächlich der sprichwörtliche Volksmund. Luther schreibt dort (Weimarer Ausgabe, Bd. 12): «Seyntemal die Natur nit vermag eyttel freude und lust zu ertragen die lenge, wie man spricht: ‹der mensch kan alles erleiden on (d. h. ohne) gutte Tage› und ‹müssen starke beyne sein, die gutte tage ertragen sollen›.»
13 Vgl. Herbert Marcuse, Rebellion gegen die «Gesellschaft im Überfluß», in: Rebellion gegen den Staat? Die außerparlamentarische Opposition – die neue Linke, hg. von Hans Dollinger, Bern 1968, S. 11–13.
14 Vgl. Michael von Klipstein/Burkhard Strümpel, Überdruß am Überfluß.

Die Deutschen nach dem Wirtschaftswunder, München/Wien 1984; sowie Kurt Sontheimer, Unzufriedenheit im Überfluß. Über das wachsende Enttäuschungspotential der Wohlfahrtsgesellschaft, in: FAZ, Nr. 156, 9.7.1985, S. 11. – Für mögliche historische Parallelerscheinungen, z. B. in spätreformatorischer Zeit, vgl. Simon Schama, Überfluß und schöner Schein. Zur Kultur der Niederlande im Goldenen Zeitalter, Stuttgart 1988, sowie in spätantiker Zeit: Gabriel Bunge, Akedia. Die Lehre des Evagrios Pontikos vom Überdruß, Köln 1983.

15 Vgl. Jean-Paul Sartre, Das Sein und das Nichts, übers. von Hans Schönberg und Traugott König. Reinbek bei Hamburg 1993, S. 194.

16 «Den Bezug auf Nietzsche hat zuerst H. M. Wolff erkannt: der Fremde auf dem Markusplatz trage ‹unverkennbare Züge Nietzsches›»: Hans Rudolf Vaget, Thomas Mann-Kommentar zu sämtlichen Erzählungen, München 1984, S. 65.

17 Vgl. Thomas Mann, Enttäuschung, in: ders., Die Erzählungen, Bd. 1, Frankfurt/M. 1975, S. 46–50, hier S. 47; im folgenden wird die Seitenzahl ohne weitere Anmerkung im Text genannt.

18 Vgl. Hans-Georg Gadamer, Wahrheit und Methode. Grundzüge einer philosophischen Hermeneutik, Tübingen ⁴1975, S. 75.

19 Für die «Obst versus Äpfel»-Polemik vgl. Odo Marquard, Wider die allzu laute Klage vom Sinnverlust. Philosophische Bemerkungen und eine Fürsprache fürs Unsensationelle, in: ders., Apologie des Zufälligen. Philosophische Studien, Stuttgart 1986, S. 33–53.

20 Vgl. Friedrich Nietzsche, Wie die «wahre Welt» endlich zur Fabel wurde, in: ders., Götzen-Dämmerung, oder: Wie man mit dem Hammer philosophiert (1889). Zu Th. Manns Beschäftigung mit Nietzsche vgl. André Banuls, Schopenhauer und Nietzsche in Thomas Manns Frühwerk, in: Études germaniques 39 (1975), S. 129–147; Peter Pütz, Kunst und Künstlerexistenz bei Nietzsche und Thomas Mann. Zum Problem des Ästhetischen Perspektivismus in der Moderne, Bonn 1963.

21 Vgl. Vaget, a. a. O. (Anm. 16), S. 64.

22 Vgl. dagegen Rolf Geissler, Die verfehlte Wirklichkeit. Thomas Manns Erzählung ‹Enttäuschung›, in: Wirkendes Wort 16 (1966), S. 323–329, mit umgekehrter Interpretation.

23 Vgl. Richard Alewyn, Der Tod des Ästheten (1944/49), in: ders., Über Hugo von Hofmannsthal, Göttingen 1958 (²1967), S. 64–77; W. H. Rey, Die Drohung der Zeit in Hofmannsthals Frühwerk, in: Euphorion 48 (1954), S. 280–310; Hinrich C. Seeba, Kritik des ästhetischen Menschen – Hermeneutik und Moral in Hoffmannsthals ‹Der Tor und der Tod›, Bad Homburg 1970; Corinna Jäger-Trees, Aspekte der Dekadenz in Hofmannsthals Dramen und Erzählungen des Frühwerks, Bern/Stuttgart 1988.

24 Ausführliche Aufstellung bei Wolfdietrich Rasch, Claudio – Zur Darstellung der Lebensferne in der Dichtung um 1900, in: Jahrbuch der Deutschen Schillergesellschaft 22 (1978), S. 552–571; vgl. auch Ulrich Schulz-Buschhaus, Bourget oder die Gefahren der Psychologie, des Historismus und der Literatur, in: Lendemains 8 (1983), H. 30, S. 36–45; ders., Der Tod des «Dilettanten» – Über Hofmannsthal und Paul Bourget, in: Aufstieg und Krise der Vernunft. Festschrift für Hans Hinterhäuser, hg. von Michael Rössner/Birgit Wagner, Wien/Köln/Graz 1984, S. 181–195.
25 Vgl. Hugo von Hofmannsthal, Ein Brief (1920), in: ders., Gesammelte Werke in zehn Einzelbänden, hg. von Bernd Schoeller, Bd. 7, S. 461–472; aus der umfangreichen Forschungsliteratur zu diesem Lieblingsstück jeder von Nietzsche inspirierten sprachphilosophischen Germanistik sei nur genannt die kürzlich erschienene Arbeit von Andreas Härter, Der Anstand des Schweigens. Bedingungen des Redens in Hofmannsthals ‹Brief›, Bonn 1989, insbesondere wegen ihres ersten Kapitels: «Melancholie».
26 Für die weitergehende Problematisierung und den Versuch der therapeutischen Kehre des Erwartung-Erfahrung-Bruchs durch Umkehrung des Verhältnisses vgl. Odo Marquard, Krise der Erwartung – Stunde der Erfahrung. Zur ästhetischen Kompensation des modernen Erfahrungsverlustes, Konstanz 1982.
27 Vgl. Michael Landmann, Melancholien der Erfüllung, in: ders., Anklage gegen die Vernunft, Stuttgart 1976, S. 208–230, hier S. 221; in kürzerer Form zuerst in: Concilium 10 (1974), S. 318–325.
28 A. a. O., S. 208–211: I. Die Trauer der Schönheit; S. 211–216: II. Die Trauer des Gelingens; S. 217–227: III. Die Trauer des Sieges; S. 228–230: IV. Das Glück des Besiegten; neuere politische Beispiele für postkulminative Melancholie bei Todorov (1990) und Konrád (1992).
29 Vgl. Wilhelm Busch, Knopp geht mal aus, in: ders., Knopp-Trilogie II: Herr und Frau Knopp (1876).
30 Vgl. Paul Watzlawick, Anleitung zum Unglücklichsein, München 1983, S. 63–70.
31 Vgl. George Bernard Shaw, Man and Superman. A Comedy and a Philosophy, London 1903 (Uraufführung 1905); dt.: Mensch und Übermensch, übers. von Annemarie und Heinrich Böll, Frankfurt/M. 1972, S. 322f; ebf. in: Shaw-Brevier, hg. von U. Michels-Wenz, Frankfurt/M. 1976, S. 492. – Auch Watzlawick vermutet Shaw als Urheber dieses Aperçus, das er so zitiert: «Im Leben gibt es zwei Tragödien. Die eine ist die Nichterfüllung eines Herzenswunsches. Die andere seine Erfüllung (...)» (a. a. O., S. 64).
32 Vgl. Oscar Wilde, Lady Windermere's Fan, London 1893 (Uraufführung 1892); dt. in: Sämtliche Werke, hg. von Norbert Kohl, Bd. 3, Theaterstücke 1, Frankfurt/M. 1982, hier S. 57f.

Literaturverzeichnis

Acevedo, Jorge: El sentido heideggeriano de la culpa y la melancolia, in: Revista de filosofia 31/32 (1988), S. 55–65.
Adorno, Theodor W.: Kierkegaard noch einmal, in: Neue Deutsche Hefte 95 (1963), S. 5–25.
Agamben, Giorgio: Los fantasmas de la melancholía, in: Pasajes 8 (1987), S. 5–22.
Alt, Peter-André: «Das Gute ist in gewissem Sinne trostlos». Motive der Melancholie bei Kafka, in: Modern Austrian Literature 21 (1988), 2, S. 55–76.
Amargier, P.-A.: De la mélancolie chez Pétrarque. Signification théologique, in: Revue Thomiste 74 (1974), S. 23–34.
Amend, Anne: Zwischen «Implosion» und «Explosion» – zur Dynamik der Melancholie im Werk der Germaine de Staël, Trier 1991.
Angelino, Carlo/Salvaneschi, Enrica (Hg.): Aristotele, La «melanconia» dell' uomo di genio, Genua 1982.
Anselm, Sigrun: Vom Ende der Melancholie zur Selbstinszenierung des Subjekts, Pfaffenweiler 1990.
Augst, Rüdiger: Lebensverwirklichung und christlicher Glaube. Acedia – religiöse Gleichgültigkeit als Logismos und Denkform bei Evagrius Ponticus, Frankfurt/Bern (usw.) 1990.
Babb, Lawrence: The Elizabethan Malady. A Study of Melancholy in English Literature from 1580–1642, East Lansing 1951.
Bachmann, Dieter (Hg.): Melancholie – Momente eines Zeitgefühls, in: du. Die Zeitschrift der Kultur Nr. 573 (11/1988).
Bader, Günter: Melancholie und Metapher. Eine Skizze, Tübingen 1990.
Bauer, Johann: Die Wehmut des romantischen Menschen, Diss. Freiburg 1953.
Bandmann, Günter: Melancholie und Musik. Ikonographische Studien, Opladen 1960.
Baur, Susan: Hypochondria – Woeful Imaginations, Los Angeles 1988.
Bellebaum, Alfred: Langeweile, Überdruß und Lebenssinn. Eine zeitgeschichtliche und kultursoziologische Untersuchung, Opladen 1990.
Bianchini Fales, Angela: Histoire du mot et de la conception de l'ennui en France, Diss. Baltimore 1946.
Binswanger, Ludwig: Melancholie und Manie. Phänomenologische Studien, Pfullingen 1960.
Biran, Sigmund: Melancholie und Todestrieb. Dynamische Psychologie der Melancholie, München/Basel 1961.
Blamberger, Günter: Versuch über den deutschen Gegenwartsroman. Krisenbewußtsein und Neubegründung im Zeichen der Melancholie, Stuttgart 1985.
Bleikasten, André: The Ink of Melancholy, Bloomington 1990.
Böhme, Hartmut: Melancholie der Kritik. Zur Rehabilitation des saturnischen Temperaments, in: Spuren Nr. 11/12 (1985), S. 28–36.

Böhme, Hartmut: Der Melancholiker. Ein Charakterbild, in: FAZ-Magazin, Nr. 293, 11.10.1985, S. 44–47.

Böhme, Hartmut: Zur literarischen Wirkungsgeschichte von Albrecht Dürers Kupferstich «Melencolia I», in: Zur Theorie, Geschichte und Wirkung von Literatur, hg. von J. Schönert/H. Segeberg, Frankfurt/M. (usw.) 1988, S. 84–123.

Böhme, Hartmut: Melancolia I. Im Labyrinth der Deutungen, Frankfurt/M. 1989.

Böhme, Hartmut/Böhme, Gernot: Das Andere der Vernunft. Zur Entwicklung von Rationalitätsstrukturen am Beispiel Kants, Frankfurt/M. 1983.

Borchmeyer, Dieter: Macht und Melancholie. Schillers Wallenstein, Frankfurt/M. 1988.

Bottani, Livio: Ermeneutica del sublime e malinconia, in: Filosofia 40 (1989), S. 73–100.

Bouchez, Madeleine: L'Ennui de Sénèque à Moravia, Paris 1973.

Bräumer, Hansjörg: Vom Sinn der Schwermut, Kassel 1982.

Brann, Noel L.: The Renaissance Passion of Melancholy, Diss. Stanford 1965.

Brilli, Attilio (Hg.): La malinconia nel Medio Evo e nel Rinascimento, Urbino 1982.

Bruckner, Pascal: Die demokratische Melancholie, übers. Maria Buchwald, Hamburg 1991.

Brunnert, Klaus: Nostalgie in der Geschichte der Medizin, Düsseldorf 1984.

Buchegger-Mentzel, Franziska: Depression und Melancholie aus tiefenpsychologischer Sicht, Konstanz 1984.

Bucher, Richard: Depression und Melancholie. Eine historische und triebpsychologische Untersuchung zur Struktur und Klassifikation der Depressionsformen, Bern (usw.) 1977.

Bunge, Gabriel: Akedia. Die Lehre des Evagrios Pontikos vom Überdruß, Köln 1983.

Chambers, Ross: Mélancolie et opposition. Les débuts du modernisme en France, Paris 1987.

Chargaff, Erwin: Zweierlei Trauer, in: Sinn und Form 45 (1993), S. 693–702.

Chazaud, Jacques: La Souffrance de l'idéal. Études psychanalytiques sur la mélancolie, Toulouse 1979.

Delumeau, Jean: L'age d'or de la mélancolie, in: L'Histoire 42/1982, S. 28–37.

Diaz-Plaja, Guillermo: Tratado de las melancholías españolas, Madrid 1975.

Digo, René: De l'ennui à mélancolie. Esquisse d'une structure temporelle des états dépressifs (1942), Toulouse ²1971.

Doehlemann, Martin: Langeweile? Deutung eines verbreiteten Phänomens, Frankfurt/M. 1991.

Dolfi, Anna (Hg.): Malinconia. Malattia malinconia e letterature moderna, Rom 1991.

Dubiel, Helmut: Linke Trauerarbeit, in: Merkur 44 (1990), H. 496, S. 482–491.

Egyptien, Jürgen: Erhabene Melancholie, in: Spuren Nr. 36 (1991), S. 42–45.

Engelhardt, Dietrich von u. a. (Hg.): Melancholie in Literatur und Kunst, Hürtgenwald 1990.

Ernst, Fritz: Vom Heimweh, Zürich 1949.

Farinelli, Arturo: La melanconia del Petrarca, in: Rivista d'Italia 5.2 (1902), S. 5–39.

Feldmann, Detlef: Die «religiöse Melancholie» in der deutschsprachigen medizinischen/theologischen Literatur des ausgehenden 18. und des frühen 19. Jahrhunderts, Diss. Kiel 1973.

‹Figures de la Mélancolie›, L'Écrit du Temps, Nr. 13/1987.

Fischer-Homberger, Esther: Hypochondrie. Melancholie bis Neurose, Krankheiten und Zustandsbilder, Bern (usw.) 1970.

Flashar, Hellmut: Melancholie und Melancholiker in den medizinischen Theorien der Antike, Berlin 1966.

Fletcher, John/Benjamin, Andrew (Hg.): Abjection, Melancholia and Love. The Work of Julia Kristeva, London 1989.

Flüeler, Christoph: Acedia und Melancholie im Spätmittelalter, in: Freiburger Zeitschrift für Philosophie und Theologie 34 (1987), S. 379–398.

Foldény, Lászlo F.: Melancholie, übers. von Nora Tahy und Gerd Bergfleth, München 1988.

Foucault, Michel: Wahnsinn und Gesellschaft, übers. von Ulrich Köppen, Frankfurt/M. ³1978.

Fraund, Thomas: Bewegung – Korrektur – Utopie. Studien zum Verhältnis von Melancholie und Ästhetik im Erzählwerk Thomas Bernhards, Frankfurt/Bern/New York 1986.

Freud, Sigmund: Trauer und Melancholie (1916), in: ders., Gesammelte Werke, hg. von Anna Freud u. a., Bd. 10, Frankfurt/M. ⁴1967, S. 427–446.

Friedrich, Volker: Melancholie als Haltung, Berlin 1991.

Gebsattel, Victor Emil von: Zeitbezogenes Zwangsdenken in der Melancholie (1928), in: ders., Prolegomena einer medizinischen Anthropologie, Berlin (usw.) 1954, S. 1–17.

Gebsattel, Victor Emil von: Zur Frage der Depersonalisation. Ein Beitrag zur Theorie der Melancholie (1937), in: ders., Prolegomena einer medizinischen Anthropologie, Berlin (usw.) 1954, S. 18–46.

Gellert Lyons, Bridget: Voices of Melancholy. Studies in Literary Treatment of Melancholy in Renaissance England, London 1971.

Giehlow, Carl: Dürers Stich ‹Melencolia I› und der Maximilianische Humanistenkreis, in: Mitteilungen der Gesellschaft für vervielfältigende Kunst/Beilage der Graphischen Künste 26 (1903), S. 29–41, und 27 (1904), S. 6–18 u. 57–78.

Glatzel, Johann: Melancholie und Wahnsinn. Beiträge zur Psychopathologie und ihren Grenzgebieten, Darmstadt 1990.

Goll-Bickmann, Dieter: Aspekte der Melancholie in der frühen und mittleren Prosa Wolfgang Hildesheimers, Münster 1989.

Gravel, Pierre: Aristote sur le vin, le sexe, la folie, le génie. Mélancolie, in: Études françaises 18 (1982), 1, S. 129–145.

Grimault, Marguerite: La mélancolie de Kierkegaard, Paris 1965.

Grimsley, Ronald: Romantic Melancholy in Chauteaubriand and Kierkegaard, in: Comparative Literature 8 (1956), S. 227–244.

Gründer, Karlfried: Acedia – zum Potential eines verlorenen Begriffs, im Blick auf Mitscherlichs «Unfähigkeit zu trauern», in: Philosophische Tradition im Dialog mit der Gegenwart, hg. von Andreas Cesana/Olga Rubitschon, Basel (usw.) 1985, S. 87–95.

Grütter, Tina: Melancholie und Abgrund. Die Bedeutung des Gesteins bei Caspar

David Friedrich. Ein Beitrag zum Symboldenken der Frühromantik, Berlin 1986.

Hageney, Wolfgang (Hg.): Melancholy, New York 1986.

Hausmann, Frank-Rutger: Melancholie und Misanthropie im 17. und 18. Jahrhundert: Molière und Rousseau, in: Aufsätze zur Literaturgeschichte in Frankreich, Belgien und Spanien, hg. von Hans-Joachim Loe, Frankfurt/M. 1985, S. 29–58.

Heger, Henrik: Die Melancholie bei den französischen Lyrikern des Spätmittelalters, Bonn 1967.

Heidbrink, Ludger: Fröhliche Trauer, in: Spuren Nr. 25 (1988), S. 30–34.

Heidbrink, Ludger: Zubehör der Nacht oder das Ende der Melancholie, in: FAZ-Magazin, Nr. 531, 4. 5. 1990, S. 90–104.

Heidbrink, Ludger: Melancholie und Moderne. Zur Kritik der historischen Verzweiflung, München 1994.

Heidbrink, Ludger: Nach der Melancholie. Einige Anmerkungen zur Schwermut der Postmoderne, in: Frankfurter Rundschau, 11. 6. 1992, Beilage S. 2.

Heitkamp, Helmut: Poesie der Depression. Untersuchungen zur Raum- und Zeitdarstellung Georg Heyms, Frankfurt/Bern (usw.) 1989.

Heitmann, Klaus: Der Weltschmerz in den europäischen Literaturen, in: Neues Handbuch der Literaturwissenschaft, Bd. 15: Europäische Romantik II, hg. von Klaus Heitmann, Wiesbaden 1982, S. 57–81.

Henke, Johannes: Dantes «Trägheit zum Guten», in: Deutscher Merkur 50 (1919), S. 167–169.

Höck, Wilhelm: Der Hypochonder. Ein Charakterbild, in: FAZ-Magazin, Nr. 274, 31. 5. 1985, S. 62–65.

Hofstaetter, Ursula: Langeweile bei Heinrich Heine, Heidelberg 1991.

Hohl, Hanna: Saturn, Melancholie, Genie, Stuttgart 1992.

Hohmann, Joachim S. (Hg.): Melancholie. Ein deutsches Gefühl, Trier 1989.

Horstmann, Ulrich: Der lange Schatten der Melancholie. Versuch über ein angeschwärztes Gefühl, Essen 1985.

Horstmann, Ulrich: Rückzugsgefecht für die Melancholie, in: Der Spiegel 6/1987, S. 202–203.

Horstmann, Ulrich (Hg.): Die stillen Brüter. Ein Melancholie-Lesebuch, Hamburg 1992.

Hübner, Benno: Der de-projizierte Mensch. Meta-physik der Langeweile, Wien 1991.

Huguet, Michèle: L'Ennui et ses discours, Paris 1984.

Huguet, Michèle: L'Ennui ou la douleur du temps, Paris 1987.

Jackson, Stanley W.: Melancholia and Depression. From Hippocratic Times to Modern Times, New Haven 1986.

Jaques-Bosch, Bettina: Kritik und Melancholie im Werk Max Frischs. Zur Entwicklung einer für die Schweizer Literatur typischen Dichotomie, Bern/Frankfurt (usw.) 1984.

Jarczyk, Gwendoline/Labarrière, Pierre-Jean: Hegel – le malheur de la conscience ou l'accès à la raison. «Liberté de l'autoconscience; stoïcisme, scepticisme et la conscience malheureuse», Paris 1989.

Jehl, Rainer: Melancholie und Acedia. Ein Beitrag zur Anthropologie und Ethik Bonaventuras, Paderborn 1984.

Kahn, Abrahim H.: Melancholy, Irony and Kierkegaard, in: International Journal for Philosophy and Religion 17 (1985), S. 67–86.

Karp, Diana: Madness, Mania, Melancholy – The Artist as Observer, Philadelphia 1984.

Klein, Tim: Hamlet und der Melancholiker in Kants ‹Beobachtungen über das Gefühl des Schönen und Erhabenen›, in: Kant-Studien 10 (1905), S. 76–80.

Kleine, Werner: Milz und schwarze Galle in der antiken medizinischen Literatur, Diss. Kiel 1975.

Klibansky, Raymond/Panofsky, Erwin/Saxl, Fritz: Saturn and Melancholy. Studies in the History of Natural Philosophy, Religion and Art, London 1964; dt.: Saturn und Melancholie. Studien zur Geschichte der Naturphilosophie und Medizin, der Religion und Kunst, übers. von Christa Buschendorf, Frankfurt/M. 1990.

Klostermann, Wolf-Günther: Acedia und schwarze Galle. Bemerkungen zu Dante, Inferno VII, 115ff, in: Romanische Forschungen 76 (1964), S. 183–193.

Knautz, Isabel: Epische Schwärmerkuren. Johann Karl Wezels Romane gegen die Melancholie, Würzburg 1990.

Kofmann, Sarah: Melancholie der Kunst, übers. von Birgit Wagner, Graz/Wien 1986.

Konrád, György: Die Melancholie der Wiedergeburt, Frankfurt/M. 1992.

Kristeva, Julia: Soleil noir. Dépression et mélancolie, Paris 1987; dt.: Schwarze Sonne – Depression und Melancholie, Frankfurt/M. 1993.

Kristeva, Julia: On the Melancholic Imagery, in: Discourse in Psychoanalysis and Literature, hg. von Shlomith Rimmon-Kenan, New York 1988, S. 104–123.

Kristeva, Julia: On Melancholic Imagination, in: Postmodernism and Continental Philosophy, hg. von Hugh Silverman, Albany 1988, S. 12–23.

Kruse, Bernhard-Arnold: Apollinisch-Dionysisch. Moderne Melancholie und Unio Mystica, Frankfurt/M. 1987.

Kuhn, Reinhard: The Demon of Noontide. Ennui in Western Literature, Princeton 1976.

Kunissen, Klaus: Kampfbeschreibungen. Melancholische Konflikte im literarischen Werk Franz Kafkas, Dürnau 1985.

Lambotte, Marie-Claude: Kierkegaard – le spectacle de la mélancolie. Introduction à une psychologie de la violence, in: La Violence 1. Actes du colloque de Milan 1977, hg. von Armado Verdiglione, Paris 1978, S. 54–81.

Lambotte, Marie-Claude: Esthétique de la mélancolie, Paris 1984.

Lenzen, Dieter (Hg.): Melancholie als Lebensform. Über den Umgang mit kulturellen Verlusten, Berlin 1989.

Lepenies, Wolf: Melancholie und Gesellschaft (1969), Frankfurt/M. 1972.

Lessing, Hans-Ulrich: Melancholie, in: Historisches Wörterbuch der Philosophie, hg. von Joachim Ritter/Karlfried Gründer, Bd. 5, Basel 1980, Sp. 1038–1043.

‹Littérature et mélancolie›, Dossier, in: Magazine littéraire Nr. 244 (1987), S. 14–56.

Loos, Erich: Die Hauptsünde der «acedia» in Dantes ‹Commedia› und in Petrarcas ‹Secretum›. Zum Problem der italienischen Renaissance, in: Petrarca 1304–1374.

Beiträge zu Werk und Wirkung, hg. von Fritz Schalk, Frankfurt/M. 1975, S. 156–183.

Loquai, Franz: Künstler und Melancholie in der Romantik, Frankfurt/Bern/New York 1984.

Mattenklott, Gerd: Melancholie in der Dramatik des Sturm und Drang, Königstein ²1985 (erw.).

Mayer, Hans: Das unglückliche Bewußtsein. Zur deutschen Literaturgeschichte von Lessing bis Heine, Frankfurt/M. 1986.

McCarthy, Vincent A.: «Melancholy» and «Religious Melancholy» in Kierkegaard, in: Kierkegaardiana 10 (1977), S. 152–165.

Mehnert, Henning: Melancholie und Inspiration. Begriffs- und wissenschaftsgeschichtliche Untersuchung zur poetischen «Psychologie» Baudelaires, Flauberts und Mallarmés, Heidelberg 1978.

‹Melankoli›, Profil Nr. 1, hg. von Eivind Tjønneland, Oslo 1992.

Mohr, Ute: Melancholie und Melancholiekritik im England des 18. Jahrhunderts, Frankfurt/Bern (usw.) 1990.

Müri, Walter: Melancholie und schwarze Galle, in: Museum Helveticum 10 (1953), S. 21–38.

Nesbeda, Werner: Schwermut und Lyrik. Studien zur deutschen Romantik, Diss. München 1991.

Niel, André: Jean Paul Sartre. Héros et victime de la «conscience malheureuse». Essai sur le drame de la pensée occidentale, Paris 1966.

Oeschger, Johannes (Hg.): Melancholie, Basel 1965 (Privatdruck).

Panofsky, Erwin/Saxl, Fritz: Dürers Melencolia I. Eine quellen- und typengeschichtliche Untersuchung, Leipzig 1923.

Paumen, Jean: Ennui et nostalgie chez Heidegger, in: Revue internationale de Philosophie 43 (1989), Nr. 168, S. 103–130.

Philonenko, Alexis: Mélancolie et consolation chez Nietzsche, in: Revue de métaphysique et de morale 76 (1971), S. 77–98.

Pigeaud, Jackie: La maladie de l'âme. Étude sur la relation de l'âme et du corps dans la tradition médico-philosophique antique, Paris 1981.

Pigeaud, Jackie: Prolégomènes à une histoire de la mélancolie, in: Histoire Économie Société 3 (1984), S. 501–510.

Pigeaud, Jackie (Hg.); Aristote, L'Homme de génie et la Mélancolie. Problème XXX, 1, Paris/Marseille 1988.

Post, Werner: Acedia und Arbeit. Eine sozialgeschichtliche Skizze in systematischer Absicht, in: Biotope der Hoffnung, hg. von Nikolaus Klein/Heinz Robert Schlette, Olten/Freiburg 1988, S. 215–223.

Préaud, Maxime: Mélancolies, Paris 1982.

Puschmann, Rosemarie: Magisches Quadrat und Melancholie in Thomas Manns «Doktor Faustus», Bielefeld 1983.

Raddatz, Fritz J.: Revolte und Melancholie, Essays zur Literaturtheorie, Hamburg 1979.

Rehm, Walther: Gontscharow und Jacobsen oder Langeweile und Schwermut, Göttingen 1963.

Reijen, Willem van: Die Melancholie des Verharrens – das Verharren der Melancho-

lie, in: Philosophie und Psychoanalyse, hg. von Ludwig Nagl u. a., Frankfurt/M. 1990, S. 235–244.
Reijen, Willem van (Hg.): Allegorie und Melancholie, Frankfurt/M. 1992.
Ricke, Gabriele: Schwarze Phantasie und trauriges Wissen. Beobachtungen über Melancholie und Denken im 18. Jahrhundert, Hildesheim 1981.
Rius, Rosa: De la melancholía y la inspiración, in: Pasajes 8 (1987), S. 23–29.
Riva, Massimo: Saturne e la grazie. Ipochondria e malinconia nella letteratura italiana tra Sette- e Ottocento, Diss. New Brunswick 1986.
Rose, Gillian: The Melancholy Science. An Introduction to the Thought of Th. W Adorno, London 1978.
Roussel, F.: Le concept de mélancolie chez Aristote, in: Revue d'Histoire des Sciences et de leurs Applications 41 (1988), S. 299–330.
Rütten, Thomas: Demokrit – lachender Philosoph und sanguinischer Melancholiker. Eine pseudohippokratische Geschichte, Leiden 1992.
Sagnes, Guy: L'Ennui dans la littérature française de Flaubert à Laforgue (1848–1884), Paris 1969.
Sauerland, Karol (Hg.): Melancholie und Enthusiasmus. Studien zur Literatur- und Geistesgeschichte der Jahrhundertwende, Frankfurt/M./Bern (usw.) 1988.
Schär, Markus: Seelennöte der Untertanen. Selbstmord, Melancholie und Religion im alten Zürich, 1500–1800, Zürich 1985.
Schalk, Fritz: Diderots Artikel «Melancholie» in der Enzyklopädie, in: Zeitschrift für französische Sprache und Literatur 66 (1956), S. 175–185.
Schaller, Jean-Pierre: La Mélancolie. Du bon usage et du mauvais usage de la dépression dans la vie spirituelle, Paris 1988.
Schings, Hans-Jürgen: Melancholie und Aufklärung. Melancholiker und ihre Kritiker in Erfahrungsseelenkunde und Literatur des 18. Jahrhunderts, Stuttgart 1977.
Schipperges, Heinrich: Melancholia als ein mittelalterlicher Sammelbegriff für Wahnvorstellungen, in: Studium Generale 20 (1967), S. 723–736.
Schipperges, Heinrich: Vom «humor melancholicus» in der Heilkunde des Mittelalters, in: Leib – Geist – Geschichte. Brennpunkte anthropologischer Psychiatrie, hg. von Alfred Kraus, Heidelberg 1978, S. 141–159.
Schleiner, Winfried: Melancholy, Genius and Utopia in the Renaissance, Wiesbaden 1991.
Schmidt-Degenhardt, Michael: Melancholie und Depression. Zur Problemgeschichte der depressiven Erkrankungen seit Beginn des 19. Jahrhunderts, Stuttgart (usw.) 1983.
Schmidt-Degenhard, Michael: Versteinertes Dasein. Zur Geschichte der Melancholie, in: Aus Forschung und Medizin 5 (1990), 1, S. 45–56.
Schneider, Michael: Den Kopf verkehrt aufgesetzt oder Die melancholische Linke. Aspekte des Kulturzerfalls in den siebziger Jahren, Darmstadt/Neuwied 1981.
Schöner, Erich: Das Viererschema in der antiken Humoralpathologie, Wiesbaden 1964.
Schuster, Peter-Klaus: Das Bild der Bilder. Zur Wirkungsgeschichte von Dürers Melancholiekupferstich, in: Idea 1 (1982), S. 72–134.
Schuster, Peter-Klaus: Melancolia I. Dürers Denkbild, 2 Bde., Berlin 1992.

Screech, M. A.: Montaigne and Melancholy. The Wisdom of the Essays, London 1983.

Sena, John F.: The English Malady. The Idea of Melancholy from 1700–1760, Diss. Princeton 1967.

Sickels, Eleanor M.: The Gloomy Egoist. Moods and Themes of Melancholy from Gray to Keats, New York ²1969.

Simon, Bennett: Mind and Madness in Ancient Greek. The Classical Roots of Modern Psychiatrie, Ithaca/London 1978.

Skultans, Vieda: English Madness. Ideas of Insanity, 1580–1890, London/Boston 1979.

Soufass, Tersa Scott: Melancholy and the Secular Mind in Spanish Golden Age Literature, Columbia/London 1990.

Staiger, Emil: Schellings Schwermut, in: Verhandlungen der Schelling-Tagung in Bad Ragaz 1954, Basel 1954, S. 112–133.

Starobinski, Jean: Geschichte der Melancholiebehandlung von den Anfängen bis 1900, Basel 1960.

Starobinski, Jean: La Nostalgie. Théories médicales et expression littéraire, in: Studies on Voltaire and the Eighteenth Century 27 (1963), S. 1505–1518.

Starobinski, Jean: Démocrite parle. L' utopie mélancolique de Robert Burton, in: Le Débat 29 (1984), Nr. 2, S. 49–72.

Starobinski, Jean: Ironie und Melancholie, in: Der Monat Nr. 218 (1966), S. 22–35.

Starobinski, Jean: La mélancolie au jardin des racines greques, in: Magazine littéraire (7–8/1987), Nr. 244, S. 24–30.

Starobinski, Jean: Melancholie und Spiegelbild, in: Merkur 42 (1988), S. 751–765.

Starobinski, Jean: Le rire de Démocrite (mélancolie et réflexion), in: Bulletin de la Société française de Philosophie 83 (1989), S. 5–20.

Starobinski, Jean: Kleine Geschichte des Körpergefühls, übers. von Inga Pohlmann, Frankfurt/M. 1991.

Starobinski, Jean: Spiegel der Melancholie. Baudelaire-Lektüren, übers. von Horst Günther, München 1992.

Strumia, Anna M.: Melancolia e utopia nell ‹Anatomy of Melancholy› di Robert Burton, in: Il Pensiero Policito 18 (1985), S. 299–318.

Studhalter, Kurt: Selig die Melancholischen, Luzern 1987.

Tar, Zoltan: Linke Melancholie. The Social Theories of Max Horkheimer and Theodor W. Adorno, Diss. Illinois 1974.

Tardieu, Émile: L'Ennui, étude psychologique, Paris 1903.

Tellenbach, Hubertus: Gestalten der Melancholie, in: Jahrbuch für Psychologie, Psychotherapie und medizinische Anthropologie 7 (1960), S. 9–26.

Tellenbach, Hubertus: Melancholie. Problemgeschichte. Endogenität, Typologie, Pathogenese, Klinik, Berlin (usw.) 1961 (⁴1983 erweitert).

Tellenbach, Hubertus: Phänomenologie der Schwermut, in: Zeitschrift für klinische Psychologie, Psychopathologie und Psychotherapie 31 (1983), S. 100–113.

Tellenbach, Hubertus: Zwang – Wahn – Schwermut – Melancholie: Dekompositionen normativer Seinsweisen, in: Bausteine zur Medizingeschichte, hg. von Eduard Seidler/Heinz Schott, Stuttgart 1984, S. 139–146.

Tellenbach, Hubertus: Zur Zeitlichkeit der Schwermut, in: Zeitlichkeit als psychologisches Prinzip. Über Grundfragen der Biographie-Forschung, hg. von Karl-Ernst Bühler, Köln 1986, S. 170–172.

Tellenbach, Hubertus: Psychiatrie als geistige Medizin, München 1987.

Teroni, Sandra: Sartre et les séductions de la «mélancolie», in: Lectures de Sartre, hg. von Claude Burgelin, Lyon 1986, S. 39–48.

Theunissen, Michael: Melancholisches Leiden unter der Herrschaft der Zeit, in: ders., Negative Theologie der Zeit, Frankfurt/M. 1991, S. 218–281.

Theunissen, Michael: Melancholische Zeiterfahrung und psychotische Angst, in: Zur Philosophie der Gefühle, hg. von Hinrich Fink-Eitel/Georg Lohmann, Frankfurt/M. 1993, S. 334–344.

Titze, Marion: Die Stirnen schattenhaft vergittert. Mutmaßungen über Melancholie, in: Sinn und Form 45 (1993), S. 764–777.

Todorov, Tzvetan: Posttotalitäre Melancholie, in: Lettre international, Nr. 9 (1990), S. 96–97.

‹Tradition de la mélancolie›, Le Débat 29 (1984), Nr. 2.

Utters, Matthias: Wider die Schwermut. Wie begegnen wir der Depression sinnvoll?, Baindt/Regensburg 1987.

Vaihinger, Hans: Kant als Melancholiker, in: Kantstudien 2 (1898), S. 139–141 und S. 380–381.

Van der Eijk, Ph. J.: Aristoteles über die Melancholie, in: Mnemosyne 43 (1990), S. 33–72.

Völker, Ludwig: Langeweile. Untersuchungen zur Vorgeschichte eines literarischen Motivs, München 1975.

Völker, Ludwig: Muse Melancholie – Therapeutikum Poesie. Studien zum Melancholie-Problem in der deutschen Lyrik von Hölty bis Benn, München 1978.

vom Hofe, Gerhard: Kunst als Grenze. Hegels Theorem des «unglücklichen Bewußtseins» und die ästhetische Erfahrung bei Kierkegaard, in: Invaliden des Apoll. Motive und Mythen des Dichterleids, hg. von Herbert Anton, München 1982, S. 11–34.

Wahl, Jean: Le malheur de la conscience dans la philosophie de Hegel, Paris 1929.

Watanabe-O'Kelly, Helen: Melancholie und die melancholische Landschaft. Ein Beitrag zur Geistesgeschichte des 17. Jahrhunderts, Bern 1978.

Weber, Ulrich: Die Bedeutung des Wortes «ennui» in der französischen Romantik, Diss. Freiburg 1949.

Weber, Wolfgang: Im Kampf mit Saturn. Zur Bedeutung der Melancholie im anthropologischen Modernisierungsprozeß des 16. und 17. Jahrhunderts, in: Zeitschrift für historische Forschung H. 2 (1990), S. 155–192.

Wenzel, Siegfried: The Sin of Sloth. Acedia in Medieval Thought and Literature, Chapel Hill 1960.

Wenzel, Siegfried: Petrarch's «Accidia», in: Studies in the Renaissance 8 (1961), S. 36–48.

Wenzel, Siegfried: Acedia 700–1200, in: Tradition 22 (1966), S. 73–102.

Wilkins, Ernest Hatch: On Petrarch's «Accidia» and His Adamantine Chains, in: Speculum 37 (1962), S. 589–594.

Wyrsch, Jakob: Vom Sinn der Melancholie, Zürich 1980.

Namenregister

Abu-Maschar 19, 20
Adler, A. 105, 106
Adorno, Th. W. 61, 95, 96, 128, 132, 141, 145, 148, 156, 158–163
Albertinus, A. 42
Anaximander 171
Aristoteles 9, 13–18, 33, 246
Arnaldus von Villanova 18–20
Augustinus, A. 54, 133–140, 239
Averroes 33
Avicenna 33

Bachelard, G. 92
Balzac, H. de 223
Bang, H. 238
Barth, K. 144, 147, 148
Basinger, K. 245
Baudelaire, Ch. 55, 101, 102
Bauer, B. 133
Beauvoir, S. de 197
Beda Venerabilis 27, 252
Benjamin, W. 19, 156, 161, 162, 181, 183, 210–217, 224
Benn, G. 116
Bernegger, M. 249
Bernstein, E. 271
Bias 178
Bilguer, J. U. 62
Bismarck, O. von 215
Bloch, E. 131, 179, 183
Blumenberg, H. 225
Boethius 200
Bourget, P. 238
Brecht, B. 93, 136, 243
Brentano, C. 99
Brentano, L. 271
Brierre de Boismont, A.-J.-F. 55
Brutus 168, 169
Bucharin, N. 156
Büchner, G. 179

Burckhardt, J. 102–104
Burton, R. 240
Busch, W. 53, 243
Byron, G. G. Lord 38–40

Cabanis, P.-J. G. 123
Campanella, T. 253
Canisius, P. 41
Carus, C. G. 34
Chateaubriand, F. R. de 54, 82–88, 235
Chaucer, G. 42
Cicero, M. T. 16–18
Connery, S. 245
Constant, B. 83
Constantinus Africanus 33

D'Annunzio, G. 238
Dante Alighieri 42
De Wette, M. L. 255
Diderot, D. 51, 116, 117, 121–125, 186
Diodor 252
Dionysios Areopagites 148
Doderer, H. von 61
Douglas, A. Lord 207
DuCange, Ch. F. 49, 50
Dürer, A. 19

Eckhart (Meister) 137
Eco, U. 198
Eichendorff, J. von 97, 98, 201
Eliot, Th. S. 55
Empedokles 14, 15, 28, 29
Ersch, J. S. 53
Eschburg, J. J. 179
Esterházy von Galántha, N. 100
Euripides 170, 171

Fichte, J. G. 119, 133
Ficino, M. 240
Flaubert, G. 150, 152, 153, 207
Foucault, M. 121
Freud, S. 162–164

Gadamer, H.-G. 234
Galenus, C. 29–33
Garbo, G. 224
Gavi, Ph. 150
Gehlen, A. 160, 202
Geismar, E. 143, 144
Gervinus, G. G. 76
Girardin, M. 54, 55
Goethe, J. W. von 75, 76, 79, 105, 178, 201, 219, 220, 224, 228, 237, 247
Grabbe, Ch. D. 160, 161, 189
Grimm, F.-M. de 262
Gruber, J. G. 53

Haller, A. von 186
Hamann, J. G. 61
Harder, J. H. 186
Hartmann von Aue 203
Hegel, G. W. F. 15, 16, 62–75, 79, 81–83, 94, 122, 124–127, 128–135, 138–147, 149, 151, 152, 156, 157, 159, 167, 179, 216, 220, 228
Heidegger, M. 9, 247
Heine, H. 97, 101, 115, 117, 222, 247
Heinroth, J. Ch. A. 141
Helvétius, C.-A. 123
Herder, J. G. 200
Herrnschmid, J. D. 50
Hesiod 20, 21, 23, 24
Heym, G. 75, 240
Hiob 178, 200, 227
Hippokrates 27, 28, 30, 31
Hölderlin, F. 72, 106, 133, 199
Hofer, J. 186, 187
Hoffmann, E. Th. A. 220
Hofmannsthal, H. von 203, 230, 231, 233, 238
Homer 103
Horaz 52, 110–113
Horkheimer, M. 148, 149, 156, 159, 163
Huxley, A. 55

Jankélévitch, V. 40, 219
Jaspers, K. 120, 187
Jaucourt, L. de 186

Jean Paul 268
Jeremias 178
Johannes (Evangelist) 58
Johannes Chrysostomos 54
Jünger, E. 56

Kästner, E. 38, 156
Kant, I. 10, 13, 15, 16, 63, 69, 73, 76–78, 131, 162, 193, 220, 222
Keyserling, H. Graf 106, 107
Kierkegaard, S. 15, 16, 53, 55, 79, 94, 133, 141–149, 160, 225
Klee, P. 210, 213
Kleist, H. von 75–83, 179
Kleist, U. von 76, 257
Klingemann, E. A. F. 220

Lamartine, A. de 102
Landmann, M. 240
Lavelle, L. 219
Lec, S. J. 62
Lenz, J. M. R. 201
Lepenies, W. 81
Lessing, G. E. 179
Lorrain, C. 104
Lübbe, H. 189
Lukács, G. 79
Lukrez 54, 108–110
Luther, M. 35, 38, 39, 43, 45, 228

Mallarmé, S. 152–154
Mann, Th. 231–239
Marcuse, H. 156, 162–167, 229
Marquard, O. 71, 198, 227, 243, 246
Marx, G. 147
Marx, K. 174, 179, 180, 213
Maupassant, G. de 238
Mayer, H. 202
Mereau, S. 99
Michelangelo Buonarotti 200
Molière 60, 61, 73
Morgenstern, Ch. 205
Moritz, K. Ph. 133, 222
Müller, W. 97
Musaeus, S. 42–48
Musset, A. de 176

Napoleon Bonaparte 81
Nietzsche, F. 15, 16, 69, 70, 88, 163, 168–174, 182, 191, 194, 218
Novalis 133, 136, 183, 220, 231, 234–236, 238

Paludan-Müller, F. 59
Parny, E. de 259
Pascal, B. 116, 133, 153, 219
Paschasius Radbertus 181
Paulus 37, 45, 140
Petrarca, F. 42, 139, 140
Piaf, E. 40
Pieper, J. 55–58, 163
Platon 14, 15, 33, 69, 234, 235
Plessner, H. 223
Polybos 27
Protarchos von Tralles 252
Proust, M. 177
Pythagoras 23, 28

Rehm, W. 103–105
Riccio, Luigi del 200
Rilke, R. M. 238
Rose, G. 159
Rosenzweig, F. 88
Rousseau, J.-J. 95, 96, 133

Sade, D.-A.-F. de 40
Sagan, F. 40
Saint-Beuve, Ch.-A. 54, 55
Sartre, J.-P. 147, 149–154, 165, 190, 196, 197
Scheler, M. 40
Schelling, F. W. J. 15, 16, 117–120
Schiller, F. 196, 201, 207, 210
Schlegel, A. W. von 85, 86
Schleiermacher, F. 136, 148
Schmidt (von Lübeck), G. 99, 100, 102
Schmidt, J. 76
Schmitt, C. 79
Schnitzler, A. 238
Schopenhauer, A. 15, 16, 148, 240
Schubert, F. 97–105, 115
Senancour, É. P. de 82, 83, 210
Seneca, L. A. 107–115

Shakespeare, W. 168
Shaw, G. B. 244
Silenos 171, 178
Sokrates 14, 15, 112, 114, 115, 170
Sombart, W. 56
Sonnemann, U. 213–215
Staiger, E. 120
Stendhal 234
Stifter, A. 104
Strauß, B. 49, 121
Strauß, J. 172, 192
Strauß, R. 235
Szondi, Peter 211

Theophrast 13
Thomas von Aquin 56, 57
Trakl, G. 61
Tucholsky, K. 178

Vergil 25, 54, 193
Victor, P. 150
Vogt, W. 188
Volney, C. F. de 122–126, 216

Wagner, R. 235
Wahl, J. 141, 144, 145, 149
Walther von der Vogelweide 82
Warburg, A. 122
Watzlawick, P. 244
Weber, M. 56, 88
Werdeck, A. von 257
Werner, Z. 99
Wezel, J. C. 155
Whitehead, A. N. 269
Wieland, Ch. M. 110, 111
Wilde, O. 207, 210, 244
Wilhelm von Auvergne 53
Wilhelm von Conches 252
Windischmann, K. J. 70, 249
Wittgenstein, L. 12

Zedler, J. H. 49–51
Zenge, W. von 78, 257
Zelter, C. F. 99
Zwinger, Th. 186, 187